W0086957

SÖREN KITTEL

AN GUTEN TAGEN SIEHST DU DEN NORDEN

SÜDKOREA ZWISCHEN GEISTERN UND GLASFASSADEN

DUMONT

Erste Auflage 2016
© 2016 DuMont Reiseverlag, Ostfildern
Alle Rechte vorbehalten
Gestaltung: Herburg Weiland, München
Titelfoto: Huber Images, Garmisch-Patenkirchen, Borchi
Umschlagkarte: Gerald Konopik, DuMont Reisekartografie
Karten und Fotos Innenteil: Sören Kittel
Printed in Spain
ISBN 978-3-7701-8281-7

www.dumontreise.de

Für »Gin«

Inhalt

DIE STADT

Kapitel

1

Von Berlin ins »Berlin«

HAN 한 (TRAURIGKEIT)

Es muss mit »Berlin« beginnen. Genauer: Mit *dem*
»Berlin«. Und es muss mit einem Rausch beginnen. Nicht nur, weil
Korea ein Land ist, in dem sehr viele Menschen sehr oft betrunken sind, sondern weil dieser erste Rausch im »Berlin« am Anfang
von vielem steht. Wir haben uns angeschrien im »Berlin«, wir haben uns umarmt und getanzt, wir haben immer wieder koreanische Eigenheiten verhandelt und uns versichert, was normal ist
und was nicht. Die maskenhaften Gesichter in den U-Bahnen!
Warum zeigt hier keiner seine Gefühle? Oder warum fällt nur uns
das auf? Ganz spät haben wir uns leise gefragt, warum wir hier
sind. Die Antwort war oft: weil es weit weg ist.

Den Hügel hinauf, die Holztreppe zu der Bar hinunter, so begann der Anfang meiner Beziehung zu Seoul, dieser Stadt, deren
Name klingt wie ein Gong, zumindest dann, wenn man diese Silbe

ganz tief ausspricht: Seoullll. Ich laufe also an diesem Nachmittag
an der Bar vorbei, an deren Eingang weiß auf pink »Berlin« steht.
Ich bin müde, es ist mein zweiter Tag in Seoul und ich hatte meiner Heimatredaktion angeboten, verschiedene Berlin-Orte zu besuchen. Die deutsche Hauptstadt – so meine These – ist in Seoul
beliebt, gilt als hip wegen all der Clubs und wegen der Berliner
Mauer. Es heißt, Berliner verstehen das mit der Teilung einer Nation, geteilte Stadt, geteilte Halbinsel. Die Liste von Orten wurde
schnell lang: Es gibt den »Berlin-Platz« mit echtem Mauerstück im
Zentrum der Stadt, ein Restaurant »Bärlin« mit Buddy Bär (im
Hauptmann-von-Köpenick-Look) und Currywurst für umgerechnet 17 Euro. Im Studentenviertel steht eine Bierkneipe, die den
Namen in drei koreanischen Silben schreibt: »Be-Le-Lin«. Aber es
gibt sie nur einmal, diese Bar im berüchtigten Stadtteil Itaewon,
wo das Nachtleben nie aufhört, wo die leben, die Fremdsprachen
sprechen: das »Berlin«. Mein erstes Ziel.

Es ist Mai 2013. Ich betrete jetlag-blinzelnd die Bar und frage
nach dem Inhaber. Der ist da, hat Zeit und setzt sich mit mir auf
die Terrasse. Er ist Kanadier, Darrell heißt er, 46 Jahre alt. Er war
noch nie in der Stadt Berlin. Er sagt abweisend, dass es keinen
Grund gab, seine Bar so zu nennen, nur dass er penibel auf ihre
Sauberkeit achte, fast preußisch in seiner Art. Es gibt keine Hin-
weise auf Deutschland, nirgendwo auch nur einen Fernsehturm,
nichts Deutsches auf der Speisekarte, bis auf das »Paulaner«. Er
wirkt gereizt. Was will dieser müde Deutsche, der ständig gähnt?
Das Interview fällt kurz aus. »Koreaner mögen Deutschland«, sagt
er, »und Berlin hat einfach ein cooles Image hier.« Na dann.

Ein bisschen stolz ist er doch auf seine kleine Kneipe: Das
»Berlin« war der erste Laden auf dem Hügel. »Hier gab es nur Gras
und alte, schlecht isolierte Betonklötze.« Er erzählt, wie er vor 16
Jahren hierher kam, die Terrasse gebaut hat. »Koreaner denken
nicht daran, die Aussicht zu nutzen.« Ihm fällt ein, wie er sich mit
den koreanischen Behörden gestritten hatte, weil er Ausländer ist,

wie er der älteren Nachbarin eine Flasche Wein und Kuchen an-
bot, weil die Eröffnung etwas zu laut wurde. Er sagt, dass für uns
normale Restaurantsitten hier nicht gelten: Wie er auf Servietten
achtet, die man nicht aus einem Spender zupfen muss, oder darauf, dass Gäste auch wirklich am Tisch bedient werden – ohne erst
laut durch den Gastraum zu rufen, wie sonst in Korea. Wie er sich
freut, jedes Mal, wenn er die Fenster öffnen kann, im Frühling und
Herbst. Der Sommer sei zu heiß, der Winter zu kalt. Dabei denken seine Freunde immer, er lebe doch in Asien, da müsse es warm
sein. Er schimpft: Dieses Korea!

Ich erzähle ihm von meinem Stipendium, das mich hier nach
Südkorea brachte. Drei Monate lang soll ich für meine Zeitung berichten, Geschichten über Samsung-Telefone, LG-Fernseher, und
vielleicht treffe ich ein paar Nordkoreaner. Kennt er welche? »Viel
Glück«, sagt er nur. Da fällt mir das Mauerstück in meiner Tasche
ein. Ich hatte 30 Stück mit nach Seoul genommen, weil es in Korea
üblich ist, Geschenke mitzubringen. Auch zu Interviews. Es sind
diese bemalten Betonstücke, die schon lange kein Berliner mehr
für echte historische Objekte hält. Aber es gibt ein Zertifikat und
einen Stempel, und das DDR-Wappen ist auch darauf. Ich gebe
Darrell das erste Mauerstück. Er freut sich überschwänglich. Er
redet etwas von »Ehrenplatz« und plötzlich ertönt eine Sirene.

Darrell sagt, das habe er schon lange nicht mehr gehört. Das
Heulen kommt aus allen Richtungen. Die Autos auf der Straßen-
kreuzung unten vor der Terrasse bleiben stehen. »Für eine Viertelstunde darf in Seoul niemand auf die Straße«, sagt er. So lange
dauere diese Übung. Fußgänger müssen stehenbleiben – oder in
einen U-Bahn-Schacht laufen. Denn diese sind 100 Meter tief,
sie sind gleichzeitig Luftschutzbunker. Plötzlich wird mir klar,
dass Nordkorea wirklich nur 40 Kilometer von dieser Terrasse
entfernt ist. Direkt vor dem Fenster ist über die Straße ein Bogen gespannt, blau und metallfarben. Darauf stehen die Worte:
»Welcome to Korea«.

Es ist eine ernste Zeit, als ich zum ersten Mal in Südkorea bin. Nordkorea hat damit gedroht, Seoul »in ein Flammenmeer« zu verwandeln. Kim Jong-Un hat gerade sein erstes Jahr als Diktator hinter sich, es gibt Meldungen, dass er einige alte Kader hat verschwinden lassen. Er hat neue Atomtests angekündigt, angeblich droht wieder eine Dürre und außerdem ist der Frühling auch die Zeit des Jahres, in der die Truppen des Südens zusammen mit den USA Militärübungen an der Grenze des 38. Breitengrades durchführen. Der Norden reagiert gewohnt aggressiv auf diese Übungen.

Meine Gastgeberfamilie hat wegen all dieser Meldungen einen Notfallrucksack gepackt und neben den Eingang gestellt. Darin ist Wasser, eine Decke, etwas Nahrung und Medikamente. All das erinnert mich daran, dass Südkorea und Nordkorea offiziell nur einen Friedensvertrag unterschrieben haben. War diese Instabilität auch ein Grund, zu kommen? Ein Beinahe-Abenteuer schon allein durch das Leben hier?

Ich erzähle Darrell von dem Notfall-Rucksack und er winkt nur ab. Weil die Sirenen so laut sind, muss er laut werden.

»Das geht seit Jahren so!«

Nichts werde sich hier verändern.

»Nichts! Hier kommt kein Krieg mehr, auch keine Wiedervereinigung! Das geht immer so weiter! Glaub mir, ich schaue schon eine Weile zu!«

Wir blicken einen Augenblick stumm auf die Straße und hören die lauten Töne der Sirene. Ich denke daran, dass das natürlich auch ein Grund ist, warum ich hier bin. Mit den Mauerstücken und so. Ich möchte sie gern noch einmal erleben, diese Wiedervereinigung: Menschen, die auf den Straßen tanzen, Familien und Fremde, die einander nach Jahren erstmals wiedersehen und umarmen. Ich war zehn, als die Berliner Mauer fiel und meine Eltern mich aus Dresden mitnahmen nach Westberlin. Mein erster Radiowecker und mein erster Döner. Wahnsinn.

Auch das erzähle ich Darrell und plötzlich, trotz der Sirenen, schert ein Auto aus und fährt langsam über die Kreuzung. »Der hatte keine Geduld mehr«, ruft Darrell und lacht. Ihm gefällt es, wenn Koreaner sich einmal nicht an die Regeln halten, wenn sie ausscheren. Es gibt hier in Korea ein Sprichwort: Wenn ein Nagel herausschaut, kommt ein Hammer und haut drauf. Darrell spricht von Konfuzius und er fragt mich, ob ich noch Zeit habe. Er wolle eine Flasche Wein öffnen, es sei zwar noch Nachmittag, aber ein koreanischer Freund warte auf der Dachterrasse. Sie haben sich lange nicht gesehen. Ich könne ja bleiben ...

Und so wurde aus dieser etwas halbherzigen Recherche und halbherzigen Einladung ein sehr langer Abend. Ich lerne »Gin« kennen und durch ihn meine ersten koreanischen Freunde. Er heißt eigentlich anders, hat einen poetischen koreanischen Vornamen. Aber alle rufen ihn »Gin«. Er sagt: »Ich mag einfach Gin.« Zum Beispiel im Martini-Glas mit einer Olive an einem Spieß. Irgendwann rief Darrell: »Champagner!«

Einer am Tisch war sterbenskrank, einer hasste die Welt und einer wurde von der Liebe seines Lebens verlassen. Jeder hatte Grund zum Weinen, aber vor allem wurde an diesem Abend viel geraucht und gelacht. »Liebe des Lebens – das gibt es nicht!« – »Mach erst mal die Chemotherapie!« – »Die Glatze wird Dir ganz gut stehen!«– »Mit dem Hass auf das Leben ist das wie mit der Liebe des Lebens.« Und überhaupt: »Mehr Champagner, Dschuseoo!« *Dschuseo* heißt »bitte«.

Gin war es, der dann zuerst von »Han« sprach, einem Gefühl, das – so heißt es – nur Koreaner verstehen können. Gin sagt, es beschreibe eine Form von universeller Traurigkeit, die sich nie auflösen werde. Er sagt auf Englisch: »Never ever«. Einige sagen, es gehört zur DNA der Koreaner. Gin nennt einige Beispiele: Es sei »wie eine Rache, die man niemals vollziehen darf« oder »wie ein Knoten, der sich niemals lösen wird«. Dieses Gefühl sei so stark für Koreaner, dass einige dafür sterben. Man sagt dann, sie seien an *Han* gestorben. Aber es steckt eben auch Hoffnung in *Han*, weil man nicht allein ist in dem Leiden. Alle Koreaner teilen es. *Han* ist es, das sie zu Tausenden gegen die Regierung protestieren lässt, und ich bin mir sicher, es ist auch wegen *Han*, wenn Südkoreaner manchmal spontan weinen, während sie von Nordkorea sprechen.

Von der Dachterrasse aus wird der Blick auf alles leichter: Im Süden der Fluss, der auch ausgerechnet »Han« heißt, und die Hochhäuser von Gangnam, der Stadtteil aus dem notorischen YouTube-Hit. Dort die Bäume, die keinen Park anzeigen, sondern die US-Army-Base, über 20.000 Soldaten sind noch hier stationiert, gleich gegenüber, auf der anderen Straßenseite. Und im Norden auf einem Hügel der Namsan-Turm, der abends blau leuchtet, zumindest dann, wenn die Feinstaubbelastung unter 45 Mikrogramm liegt. Das meinen Koreaner wirklich so. Der Turm leuchtet also meistens, das ist beruhigend – und trotzdem hat er es doch aus irgendeinem Grund nie zur Weltberühmtheit geschafft hat. »Weil er hässlich ist!«, ruft Gin in die Nacht. »Dieses ganze Land ist unmöglich!« ruft Darrell. Ich grinse nur, denke an das Buch, dass ich zur Vorbereitung gelesen hatte – »Korea, das unmögliche Land« – und freue mich, dass der Turm ein bisschen wie der Fernsehturm am Alexanderplatz aussieht, dass dieser Raum hier wirklich »Berlin« heißt. Dass man gleichzeitig weit weg (in dem Land hinter Nordkorea) und im Zentrum (mitten in der Hauptstadt) sein kann.

Im Flugzeug hatte ich im Seoul-Reiseführer die Umschlagkarte aufgeklappt. Itaewon lag genau im Knick. In der Mitte der Mitte. Da bin ich also, im Zentrum Seouls, einer 25-Millionen-Metropole, eingeklemmt zwischen einem Berg mit blauem Turm und einem sehr breiten Fluss. Zwischen Nordkorea und dem Pazifik. Zwischen dem Riesen China und dem viel populäreren Japan: Sushi, Mangas. Doch hier mit »Gin« und Darrell auf der Dachterrasse fühlt es sich an, wie in Watte gepackt zu sein und vor allem: genau zur richtigen Zeit am besten Ort. Liegt es am Rausch und am Jetlag, dass ich mich schon am zweiten Tag in Seoul nicht mehr fremd fühle? Ich sage an diesem Abend häufig den Namen – der übersetzt nur »Hauptstadt« bedeutet – vor mich hin: Seoulllll. Gonggggg.

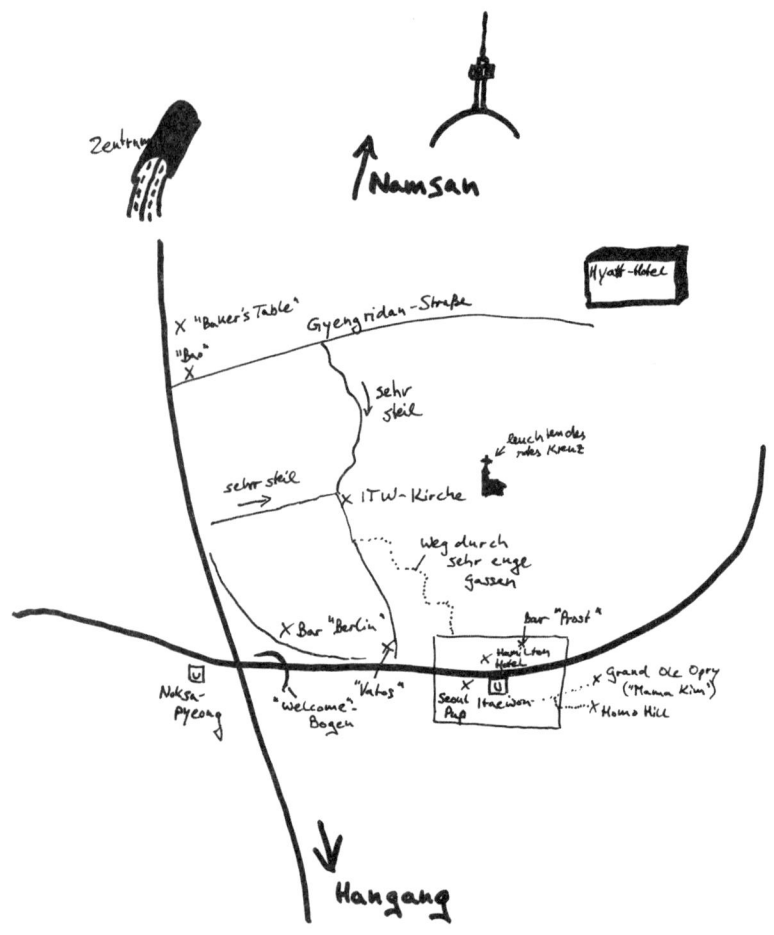

Dann löscht der Turm sein Licht und es ist Mitternacht. Bald darauf stolpere ich die Holztreppe hinauf, den Hügel hinunter, einen anderen hinauf. Welcome to Itaewon. Ich schrieb tatsächlich einen Text über die »Berlin«-Orte in der Stadt. Er erschien in einer Sonntagszeitung. Im Flugzeug nach Seoul liest der deutsche DJ Sven Väth den Text und will deshalb spontan Platten auflegen im »Berlin«. Und so stehen wir eine Woche später wieder in der Bar mit 100 Deutschen. Und von da an immer wieder.

Hier schrieb ich viele Texte, schaute dabei auf die Straße, und hier feierte ich meinen Abschied nach den drei Monaten und sagte damals allen, die da waren, dass ich wohl zurückkehren werde. Es war das Jahr, in dem alle zum Hit »Get Lucky« tanzten. Und in dem trotzdem das »Han« spürbar in der Luft lag.

ZWEI JAHRE SPÄTER

Ich sitze auf meiner eigenen Dachterrasse in Seoul, natürlich zwischen Turm und Fluss, es ist Frühsommer. Ich wohne seit neun Monaten hier, gleich kommen die Gäste für einen Abend mit Blick auf den Turm, keine Exzesse mehr. Das Dach liegt ganz oben auf einem Hügel, am Horizont eine Reihe von Hochhäusern, in denen gerade die Lichter angehen, wie Sterne an einem waagerechten Ersatzhimmel. Die Hubschrauberlandeplätze leuchten blau, der Namsan-Turm nebenan leuchtet heute pink, was heißt das für den Feinstaub? Die ersten Klimaanlagen laufen sich warm und bilden zusammen mit den Autos und der Musik aus dem nahen Itaewon das leise Grundrauschen des Sommers in der Stadt. Es hat wieder Probleme mit dem Norden gegeben. Der Norden, der Norden.

Meine Gäste heute Abend sind eine typische Mischung für das Leben hier als Ausländer: Koreaner (Nord und Süd), Deutsche, Amerikaner und Franzosen, Spanier. Nur die zwei aus dem »Berlin« fehlen, einer ist weggezogen und einer lebt nicht mehr. Das bedeutet, dass die, die heute kommen, auch Gebliebene und Über-

Morgens auf der Dachterrasse mit Namsan-Turm

lebende sind. Rund zwei Jahre nach unserem gemeinsamen langen
Abend habe ich beide Teile des Landes gesehen und über beide viel
geschrieben. Nordkorea ist immer interessant, und es ist die Zeit, in
der Trendscouts aus der ganzen Welt plötzlich auch Südkorea als
Thema entdecken. Sie sagen, es sei hier wie in Japan vor zehn Jahren.
Mode, TV-Serien, Popkultur und die technische Entwicklung kom-
men plötzlich für ganz Asien aus Südkorea. Seoul, ein Labor für neue
Apps und das Leben mit der digitalen Technik. Es ist die Zeit, in der
Kaffee zu einem hippen Getränk wird in dem Grüntee-Land – und
alle Koreaner verrückt nach Churros sind, ein Gebäck aus Spanien.
Und es ist eine Zeit, in der die koreanischen Wirtschaftsunterneh-
men sich überall in der Welt bemerkbar machen. »Go global« ist das
Schlagwort in Seoul, für LG, für Samsung und Kia sowieso.

Samsung-Telefone haben das iPhone in der Zwischenzeit auf
dem Markt überholt. Und BMW hat hier einen Milliardendeal für
Elektro-Autos abgeschlossen. Die Welt will mitbekommen, was

mit einer Gesellschaft wie der in Korea passiert, die technisch so
weit vorn ist und den Alltag über Mobiltelefone erledigt. Alles hier
ist extremer, als im Rest der Welt: die längsten Arbeitszeiten, die
niedrigste Geburtenrate, hohe Altersarmut und höchste Bildungs-
aber auch: Selbstmordrate. Aber fern all der Daten: Wie ist das,
wenn alle nur noch aufs Telefon starren oder eine seltene Krankheit ausbricht und über 100 Menschen sich sofort anstecken, wie
bei MERS? Und dann natürlich: Der Norden! Hat Kim Jong-Un
wirklich seinen Onkel umgebracht? Seine Ex-Freundin? Seine
Tante?

Genau dieses neue Korea möchte ich erkunden. Ich möchte
den Weg des Landes vom Status eines Entwicklungslandes in den
50er-Jahren zu dem modernen Powerhouse von heute erzählen.
Ich will durch das Land reisen und Menschen treffen, die das erlebt haben, diesen unglaublichen Wandel. Diktatur zu Demokratie, Armut zu Reichtum, Plumpsklo zu elektrischer Toilette. Paare, die sich über eine App miteinander beschäftigen. Alte Männer,
die auf ihre Stadt herabblicken und sie nicht mehr wiedererkennen. Ich will sie treffen, die Süd- und Nordkoreaner, die Deutschen und Amerikaner, die Briten und Franzosen und all die anderen, die aus irgendeinem Grund ihre »Seoul-Jahre« brauchen oder
hier für immer sind. Denn bei aller Kritik an Korea: Es ist das perfekte Land, um für einige Jahre schnell eine neue Heimat zu finden. Es gibt viel Arbeit, freundliche Menschen, sehr gutes Essen
und wohl eines der besten Transportsysteme weltweit. Hier gilt
das umgedrehte New-York-Prinzip: »If you can't make it anywhere
– you can make it in Seoul.«

Ich beginne hier im Zentrum mit einer Reise auf den Turm, der
diese Stadt ausmacht. Dann gehe ich in konzentrischen Kreisen
um den Namsan-Turm herum immer mehr in das Umland von Seoul, dann in andere Regionen und Städte wie Busan, Daegu und Jeonju und werde die Reise auf Koreas höchster Spitze beenden:

dem Berg Hallasan auf der Insel Jeju. Nirgendwo in Südkorea ist
der Norden weiter entfernt als dort. Immer wieder wird er Thema
sein: der Norden. Nicht nur wegen der Sirenen oder weil fast jeder
etwas zu diesem Teil des Landes sagt, sondern weil ohne den Norden -- da bin ich mir ganz sicher -- der Süden nicht so wäre, wie er
ist.

Und so ist es vielleicht wirklich ganz gut, mit einem Ort zu beginnen, der Trennungserfahrung hat. »Berlin.« Koreaner mögen
das große Drama, und ein größeres als »Berlin« hat Deutschland
eigentlich nicht zu bieten, die Mauer und die Stasi, zerrissene Familien, verlogene Ehepaare und all die Toten. Wasserleichen und
erschossene Jugendliche. Ich hatte in Berlin einmal einen Mann
interviewt, der kurz vor der Wende auf eine Fotoausstellung in
Lyon eingeladen war. Er hatte sein ganzes Leben in Pankow verbracht, im Norden Berlins. Plötzlich schaute er von einem Podest in Wedding über die Mauer auf Pankow. Er wusste: Wenn
er jetzt wirklich nach Lyon fliegt, kommt er nie wieder. Er ist in
jener Nacht nicht geflogen und hat Pankow bis heute nicht verlassen, trotz Mauerfall. Er arbeitet als tätowierter Türsteher vor
dem bekanntesten Club Berlins. Rein oder nicht rein. Das ist seine Lebensfrage und sie stellt sich nirgendwo so sehr wie in Südkorea.

Seoul kennt solche Geschichten und noch viel größere Dramen, der Satz »Ich habe einen Onkel im Norden«, Angst vor der eigenen Meinung, erschossene Menschen sowieso. Trotz all dieser
Gemeinsamkeiten will der neue koreanische Inhaber vom »Berlin« die Bar umbenennen. Darrell wohnt inzwischen in einem kleinen Ort an der Ostküste. Auch ihn will ich noch einmal besuchen.
Inzwischen finden in seiner alten Bar jeden Sonntagabend lockere
Tanzabende mit DJ statt, vielleicht die einzige Referenz auf die
Stadt Berlin: gute Musik. Von den Abenden auf der Dachterrasse
spricht schon lange keiner mehr. Der neue Name soll »Infusion«
sein, das klinge cooler, meint der Besitzer. Der Blick auf die Straße

wird bleiben, auch: das Gefühl von *Han*, von einer großen hoffnungslosen Trauer.

Die Spezialität des Hauses ist nicht der Champagner oder der Weißwein, es ist sicher nicht das Bier. Sie ist das Getränk, das bestens zu einer Stadt wie Seoul passt: dunkel, elegant und mit langer anregender Nachwirkung, wie ein großer Gong. Der »Espresso-Martini« im »Berlin« ist der beste der Stadt. Ein cremiger, umgedrehter Kegel, oben auf dem Schaum schwimmen drei Kaffeebohnen. Es dauert etwa fünf Minuten, bis er gebracht wird, der Kellner läuft dann ganz langsam quer durch den Raum, hochkonzentriert. Das sollte der Beginn sein für alle guten Geschichten.

Kapitel

2

Der Aufstieg

SAN 산 (DER BERG)

Song-yi sitzt auf dem höchsten Punkt Seouls, sie könnte auch schweben. Sie schaut auf die glitzernde Metropole, wartet auf Min-joon, einen jungen Mann, der ihr die ganze Zeit sagen wollte, dass er ein Außerirdischer ist. Er schafft es in 16 Folgen der TV-Serie nicht. Wahrheit und Ehrlichkeit sind in Korea schon lange nicht mehr das gleiche. Doch dazu später mehr. Während Song-yi oben im Turm sitzt, ist Min-Joon schon längst bei den Sternen. Die sonst so selbstsichere junge Frau, deren Job es ist, auf der Bühne Millionen Fans glücklich zu machen, sie wirkt verloren vor all den bunten Punkten. Ein trauriger Star. Und hinter ihr: die Sterne.

Die anderen Tische im Turmrestaurant des Namsan-Tower sind alle besetzt, fast nur mit Paaren. Ringe werden verschenkt, Glückwünsche ausgesprochen. Song-yi wollte nur einen guten

Abend mit Min-joon, ihrem Liebsten. Sie schwebt allein am Tisch, dreht sich um die Stadt oder die Stadt sich um sie. Dann weint sie, wie nur Stars weinen können.

»My Love from the Star« ist ein koreanisches TV-Drama, eine Serie, die jeder zwischen 15 und 45 Jahren kennt, in ganz Asien eigentlich. Die kühle K-Pop-Sängerin Song-yi, die sich in ein auf der Erde gestrandetes Alien verliebt, Min-joon, der genau wie sie überirdisch gut aussieht. Bei ihm hat das einen einfachen Grund, der nichts mit Schminke aus dem Herrenregal oder Gesichts-OP zu tun hat: Er wird nie älter. Der weibliche Pop-Star und das Alien – das birgt sehr viel Gelegenheit für traurige Blicke. Die unmögliche Liebe, mehr *Han* geht nicht. Denn Min-Joon muss nach Hause. Irgendwann sagt Song-yi zu Min-joon: »Lass uns das machen, was alle Paare tun, lass uns ein Schloss mit unserem Namen beschreiben, es am Namsan-Berg festschließen und dann im N-Tower unsere ersten 100 Tage feiern.« Er zieht die Augenbrauen zusammen, nur ganz kurz, der Zuschauer weiß, er würde so gern, doch er kann nicht. *Han* für Außerirdische. Dann seufzt Min-joon und lügt: »Ja«.

100 Tage später sitzt Song-yi dann allein im N-Turm, und spätestens seitdem ist das der Ort Nummer eins für verliebte Koreaner. Sie wollen dort auf diesem Berg Schlösser anschließen. Sie wollen sentimental auf die Stadt bei Nacht blicken, Hand in Hand zwischen den Bäumen laufen, Kirschblüten im Frühling, sattes Grün im Sommer, Tiefes Rot und Gelb im Herbst. Weiß im Winter. Für Touristen ist es nur ein Aussichtsort, sie sitzen in der Schwebebahn, ohne zu wissen, dass sich in dieser Bahn Tausende Verliebte so geküsst haben wie Min-Joon und Song-yi. Touristen stehen auf einer Treppe am unteren Ende des Bergs, ohne zu wissen, dass man hier Schere, Stein, Papier spielen muss mit seinem Partner. Um jede Stufe. Wer gewinnt, bekommt einen Kuss. Koreaner können das wie keine andere Nation: sentimental sein. Der Namsan ist deshalb ein Sehnsuchtsberg.

Dieser Sehnsucht laufe ich gegen 9 Uhr morgens vom Süden her entgegen, der N-Turm wird von der Sonne bestrahlt. N steht für »Natur« und für »Neu«, so steht es auf der Seite des Tourismusbüros der Stadt. Aber sehr wahrscheinlich steht es doch

Die Straße ist so steil, dass Autos gesichert werden müssen

einfach für »Namsan«. Nam, der Süden, San, der Berg. Er ist 262 Meter hoch, nur etwas höher als der Hügel, auf dem meine Dachterrasse liegt. Ich blicke ihn fast auf Augenhöhe an, als ich loslaufe. Verstellt wird der Blick nur von den vielen Drähten und Oberleitungen. Obwohl Südkorea eines der höchstentwickelten Länder der Welt ist, stehen alle paar Meter Pfosten mit einem großen Leitungskabelsalat.

Die Straßen hier sind so steil, dass sich die Planer in Deutschland sicher für Serpentinen entschieden hätten. Parkende Autos haben Ziegelsteine vor den Rädern stehen. Doch alternativ kann man wie fast überall in Seoul in kleinere Seitengassen abbiegen, zwischen den altmodischen Häusern mit koreanischen Dachziegeln und Kimchi-Töpfen an den Wegen entlang balancieren. Gerade genug Platz für eine Person. Kommt jemand entgegen, müssen sich beide ganz dünn machen. Und grüßen, Annyeonghasseo, wer das nicht tut, dem kann eine ältere Dame schon einmal zufällig vor die Füße spucken.

Auf dem Weg ins Tal sehe ich vor allem ältere Menschen, sie sprechen vor der Haustür miteinander, laufen mit Taschen den steilen Hügel hinauf, nicken freundlich. Sie sind Nicht-Koreaner gewöhnt hier im Bezirk. Es gibt Häuser, deren Namen schon darauf hinweisen, dass hier internationales Gelände ist: »Foreign Residence« oder »International Villa«. Korea ist eine der ältesten Gesellschaften der Welt und hat gleichzeitig eine der geringsten Geburtenraten. Sie liegt bei 1,3, noch niedriger als in Deutschland. Sollte sie unter die Grenze von 1,19 sinken, könnten Südkoreaner bis zum Jahr 2750 ausgestorben sein. So schrieb es der »Business Insider« – natürlich endet auch dieser Text damit, dass bei einer Wiedervereinigung alles anders wäre. Hach, eines Tages.

Gerade alte Leute haben oft die Hoffnung auf diese Wiedervereinigung nicht aufgegeben, heißt es. In einem koreanischen Restaurant in Berlin hatte ich eine lange Diskussion mit dem Inhaber, wie sie doch noch möglich wäre. Er will einmal auf den Paektusan, den größten Berg der Koreanischen Halbinsel. Von dort auf das vereinte Korea blicken. Er zeigte auf die Landkarte, die Karte, die immer beide Teile zeigt. Es gibt fast keine Landkarten, auf denen nur Südkorea abgebildet ist.

Als ich das Tal zwischen Itaewon-Hügel und Namsan erreiche, stehe ich plötzlich mitten im vielleicht angesagtesten Viertel ganz Koreas, Kyungridan heißt es. Seit rund zwei Jahren entstehen hier fast wöchentlich neue Kneipen, Restaurants und Clubs, öffnet sich ein ehemaliges Betonloch in der Wand zu einem neuen »Place-to-be«. Der beste Thai der Stadt, das beste Craftbeer, die beste Pizza. So ist zumindest »The Booth« entstanden, eine schon legendäre Pizza-Bier-Kneipe im Neuköllner Abrisslook, gegründet vom ehemaligen Economist-Korrespondenten. Er hatte schlicht keine Lust mehr, immer das gleiche über Nordkorea zu schreiben, sagte er vor zwei Jahren. Er verkauft nur selbstgebrautes Bier und ist damit so erfolgreich, dass er jetzt acht Filialen hat. Gleich daneben gibt es die deutsche Bäckerei »The Bakers Table«, deren Inhaber zwar immer schlecht gelaunt wirkt, aber das beste Brot im Schatten des Namsan backt.

Vorbei an meinem Fitnessstudio (»Body & Seoul«), einer Boutique (»Dentist Appointment«) und kleinen Geschäften, die eine ungewöhnliche Mischung aus Frozen Yoghurt, Handtaschen und Laptoptaschen anbieten (»Once upon a milkshake«). Dort beginnt auch schon wieder der Aufstieg, der ähnlich steil verläuft wie der Abstieg. Nur hat sich hier ein gut gelaunter Koreaner einfallen lassen, alle zehn Meter ein kleines Schild mit der Comicfigur einer Koreanerin aufzustellen, die zwei Taschen nach oben trägt. Auf den ersten Bildern am Wegesrand läuft sie noch lächelnd, aber mit zunehmendem Anstieg kommt sie ins Schwitzen. Oben angekommen, wartet ein Café mit Stühlen, auf denen sich die Comic-Frau – wieder auf einem Bild – ausruht. Clevere Werbung für ein privates Café, das noch keine Kette aufgekauft hat.

Nach einer Weile in Südkorea wundern einen solche Details nicht mehr. Restaurants werben mit Zeichentrick-Schweinchen, die selbst stolz ihre Körperteile anbieten, und in der U-Bahn erklären ein gelber und ein roter Wurm, wie sich Menschen auf der Rolltreppe verhalten sollen (»Bloß nicht überholen«). Diese Verniedlichungen kennt der Westen nur in Form von Olympia- und Fußballmaskottchen. In Asien bekommt jede Stadt ihr eigenes kleines Monster. Seoul hat einen kleinen gelben Löwen. Der Löwe heißt Haechi – und eine Statue von ihm steht oben vor dem Namsan-Turm.

Ich laufe den Berg hinauf, in den Wald hinein und im Zickzack nach oben in Richtung des Turms, der immer wieder zwischen den Bäumen auftaucht. Der Aufstieg ist wie viele Wanderwege in Südkorea sehr gut ausgebaut. Treppen aus Holz, Wege zum Teil mit rutschfestem Gummi und zum Verschnaufen nicht Bänke, sondern Fitnessgeräte. Doch in jeder der 30 Minuten, die dieser Aufstieg dauert, wird es schwieriger, mir vorzustellen, dass ich mich wirklich immer noch mitten in einer Großstadt befinde. Es gibt nur wenige Städte auf der Welt, die wie Montreal oder Rio de Janeiro einen Berg im Zentrum haben. Seoul hat nicht nur einen, sondern gleich mehrere. Der Namsan ist vielleicht der schönste.

Das koreanische Wort San (Berg) entstammt dem chinesischen »Shān«, und das entsprechende Schriftzeichen ist ein sehr einfaches mit nur drei Strichen: 山. Es ist eines der ältesten und tauchte schon im frühesten überlieferten chinesischen Wörterbuch vor fast 2 000 Jahren auf. Es bezeichnet einen Ort, »an dem die Erde atmet«. Und für einen Augenblick gibt es hier keine surrenden U-Bahnen, keine großen Brücken, die über den Fluss führen, keine nummerierten endlosen Hochhäuser, es gibt nur: das Eichhörnchen, das gerade auf einen Baum springt und das Pärchen, das mir entgegenkommt. Warum müssen es in Seoul immer Pärchen sein? Er trägt ein T-Shirt, mit einem Pfeil nach links, sie eines mit einem Pfeil nach rechts.

Kurz vor der Spitze erhebt sich eine Mauer neben dem Weg, dicke, schwere, versetzte Steine. Sie ist eher ein historisches Zitat, erinnert daran, dass dieser Berg einst eine südliche Stadtgrenze war und nicht mitten in der Stadt lag. Der Grundstein für diese Mauer wurde im Jahr 1396 gelegt, die Joseon-Dynastie war gerade vier Jahre alt, Seoul war zwei Jahre zuvor zur Hauptstadt ernannt worden. Damals hieß sie noch Hanyang, so hieß sie über Jahrhunderte. Erst nach der japanischen Kolonialzeit und der Kapitulation 1945 hieß sie Seoul und ist damit bis heute die einzige koreanische Stadt, die einen Namen hat, der nicht in chinesischen Schriftzeichen geschrieben werden kann.

Oben angekommen wartet ein Platz, der aussieht, als ob ein Architekt die lange Geschichte in einen Ort packen wollte. Ich stehe vor einer Pagode, sechseckig, sechs Bänke. Auf einer der Bänke sitzt ein älterer Herr, auf den ich zulaufe. Würde ich jetzt ein Foto von ihm machen, würde alles darauf sein, was ein typisches Seoul-Foto enthalten muss: traditionelle Mauer mit Türmen für Rauchzeichen (das Alte), im Hintergrund Hochhäuser (das Moderne), Menschen in altertümlicher Kleidung (das Exotische) und junge Koreaner, die auf ihr Mobiltelefon schauen (das Alltägliche). Und mittendrin ein sentimental blickender Herr Kun, der sich einfach ausruht. Er sagt, er wolle gleich weiter, er habe ein Treffen mit einem alten Freund im Stadtzentrum, aber er wollte einen Umweg über den Berg machen. Er lächelt und sagt mit einer fast feierlichen Würde: »Ich komme hier einmal im Jahr her, mindestens.« Er ist 74 Jahre alt, hat fast sein ganzes Leben in dieser Stadt gelebt, sie nur während des Krieges verlassen.

Als er hier zum ersten Mal nach oben kam, vor rund 50 Jahren, sagt er, habe es keinen großen Platz mit Pagode gegeben, keinen Turm, keine Schwebebahn, keine Liebespaare, die Schlösser beschreiben und Selfies machen. Dann nennt er den Namen, den Koreaner immer sagen, wenn es um Koreas Geschichte geht: »Das war die Zeit von Präsident Park Chung-Hee, als die Stadt noch aus

Slums bestand.« Die habe er von hier oben sehen können. An den
Hochhaus-Dschungel von heute war noch nicht zu denken. »Wo
immer die Leute einen freien Platz fanden, da bauten sie ihr Haus
hin.« Der Winter, das war die Zeit, als Menschen nur Soju tranken,
jenen koreanischen Reisschnaps, ohne den hier gar nichts geht.
Sie blieben zu Hause und taten nichts. Es sei alles ein Chaos gewesen, noch dazu die demonstrierenden Studenten. Er war in ihrem
Alter, im Alter der Studenten, aber er sagt nicht, dass er demonstriert hat. Park Chung-Hee, sagt er, habe das Land gerettet, das
werde heute oft vergessen.

Park Chung-Hee war der Präsident, der von 1963 bis zu seiner
Ermordung 1979 das Land führte und bis heute spaltet. Historiker
zeichnen kein einheitliches Bild von ihm, dem Volkshelden, der
das »Wunder vom Han-Fluss«, das Wirtschaftswachstum Südkoreas, eingeleitet hat – und gleichzeitig ein Diktator war, der bis
heute verhindert, dass Menschen offen über Politik reden. Zu seiner Zeit konnte ein falsches Wort Menschen ins Gefängnis bringen. Ich selbst war auf Partys, bei denen Menschen nicht über ihre
politische Meinung sprechen wollten. Sie sagten dann: »Ich weiß
ja nicht, was die anderen so denken.«

Ich hatte gehofft, dass hier oben auf dem Berg vielleicht auch
das leichter fällt, das Nachdenken über die dunklen Seiten der
Vergangenheit, so buchstäblich abgehoben von den Dingen, die
Stadt so weit unter uns, leise brummend. Aber Herr Kun denkt
auch hier oben mit Blick auf die 25-Millionen-Metropole an die
schwierigen 6oer-Jahre. Ich beginne zu ahnen, wie Gespräche mit
Großeltern in Südkorea ablaufen, welche Geschichten von Entbehrungen in den Familien wieder und wieder erzählt werden.
Auch das ist wohl Teil des allgegenwärtigen Gefühls von *Han*. Er
spricht weiter vom Studentenaufstand am 19. April 1960, der den
ersten Präsidenten und Diktator Syngman Rhee stürzte, und der
Hoffnung auf den Neuanfang danach. Er spricht wie viele in seiner
Generation voller Bewunderung: »Park Chung-Hee hatte nur eine

Mission, er wollte, dass es uns besser geht.« Neue Häuser, mehr
Wohlstand und mehr Bildung für alle. »Man darf nicht vergessen:
Nach dem Krieg ging es Nordkorea besser als uns.«

Dieses gute Image könnte auch ein Effekt der Verklärung in
den Medien sein – und die Nachwirkung eines Personenkultes,
den einige mit dem des nordkoreanischen Kim Il-Sung vergleichen. Vor allem ältere Koreaner verklären die Zeit unter seiner
Herrschaft als eine, in der klare Regeln galten. In Park Chung-
Hees Geburtsort Gumi steht heute ein Museum, und letztlich war
er das Hauptargument für die Wahl von Park Geun-Hye, seiner
Tochter, die im Jahr 2012 zur ersten Präsidentin Koreas gewählt
wurde.

Sie sitzt jetzt im Blauen Haus, dem koreanischen Regierungssitz mit blauem Dach, das ich sehr gut sehen kann von diesem Hügel. Es liegt in den Bergen, fügt sich perfekt in die Landschaft ein.
Von dort wiederum muss man einen guten Blick auf die »Korea
GmbH« haben, wie Ökonomen das Land oft nennen. Denn bei einem der großen Unternehmen zu arbeiten gilt fast als patriotische
Pflicht. Und der Präsident Südkoreas hat traditionell eine gute Beziehung zu den Chefs dieser großen Firmen. Park Chung-Hee unterstützte sie in den Anfangsjahren sehr – zum Beispiel ein kleines
Unternehmen, das ursprünglich nur getrockneten Fisch verkauf-
te. Die Regierungszuschüsse verhalfen dem Familienunterneh-
men zu einer Expansion, die ihresgleichen in der Welt sucht. Die
Firma hatte sich den Namen »Drei Sterne« gegeben. Auf Koreanisch heißt das: »Samsung«.

Herr Kun und ich müssen ein bisschen suchen, um im Häuser-
meer das Hauptquartier von Samsung erkennen zu können. Dabei
ist im Grunde alles hier zu Füßen des Berges ein Hauptquartier
von Samsung. Oder doch zumindest ein Hauptquartier der Groß-
unternehmen. Die zehn größten koreanischen Firmen zusammen
machen rund 75 Prozent des Bruttoinlandsproduktes aus. Neben
Samsung sind das Firmen wie LG, Hanwha, Kia, Hyundai, Lotte.

Das sind die Namen, die auf den Hochhäusern stehen, die abends erleuchtet werden.

Herr Kun war Bauingenieur, er hat Hochhäuser mitentworfen, lebt jetzt selbst in einem 15-stöckigen Gebäude, das man von hier aus nicht sehen kann. Es liegt hinter einem weiteren Berg, zwischen hier und Nordkorea, sagt er, dem Land, dass für ihn ganz nah ist. Wenn Kim Jong-Un die Truppen zusammenzieht, dann macht er sich Gedanken. »Natürlich denke ich immer an Nordkorea«, sagt er, er sei immerhin im vereinten Korea geboren worden. Doch Leute wie er werden weniger. »Ich habe keine Verwandten dort, aber ich weiß, dass es zu einer Wiedervereinigung kommen wird.«

Dann spricht er über den »Koreakrieg«, aber wie viele Südkoreaner nennt er ihn nicht bei diesem Namen, sondern sagt nur die Zahlen »6/25«, denn am 25. Juni 1950 begann der Krieg. »Ich war noch ein Schulkind, meine Mutter hat mir nur gesagt: ›Pack schnell alles zusammen, wir müssen hier weg.‹« Dann sei er für drei Jahre aufs Land gefahren. Keine Schule, keine Ferien. Gar nichts, nur nach Essen suchen, für sich, für die Familie. Nein, das mit dem Norden, das werde so schnell nicht gut enden. »Wenn es endet, dann nur blutig.«

Hinter uns läuft ein Pärchen vorbei, in Richtung Terrasse mit Aussicht auf den großen Fluss. »Die junge Generation«, sagt er, »die reisen heute viel, die sehen viel und sie fühlen viel.« Er sagt wirklich: Sie fühlen viel. Er meint vielleicht die großen Dramen im Fernsehen, Song-yi und Min-joon, die beiden Stars, die auch schon auf dieser Bank saßen und kuschelten. Er kennt sie nicht, kann nur wenig anfangen mit dem »niedlichen« Verhalten von Südkoreanern heute. Er hat die harte Seite kennengelernt. »Aber sie vergessen auch, wie dieses Land entstanden ist, und dass es nichts geschenkt gibt im Leben.« Er seufzt und wird ganz ernst. »Wenn Du kein Land hast, dann gibt es kein ›wir‹.« Sein Land leide bis heute an der Trennung. Er zeigt wieder auf das junge Paar, das gerade versucht, den Turm und sich auf ein Foto zu bekommen. »Die Wiedervereinigung müssen sie schaffen, nicht wir.«

Laut einer aktuellen Studie der Seoul National University fühlen sich rund 90 Prozent der Südkoreaner vom Norden bedroht, etwa 11 Prozentpunkte mehr als im Jahr davor. Trotzdem sehen nur 13 Prozent das Land als einen Feind an. Noch immer sind etwas mehr als die Hälfte der Südkoreaner für eine Wiedervereinigung als »beste Lösung« für einen Konflikt, der in diesem Jahr 70 Jahre alt wird. Das denken auch die jungen Menschen. Nur wie soll das je erreicht werden?

Ich gehe auf die beiden jungen Paarmenschen zu. Sie stehen jetzt auf ein Geländer gestützt und schreiben etwas auf ein Band. Sie sind umringt von Schlössern in allen Farben, meist grell. Auf ihnen stehen Namen und Liebesschwüre. Jong-Hun ist ein 24-jähriger Student, Ji-Won, ein Jahr jünger, ist seit 136 Tagen ist sie seine Freundin. Er musste nicht lange überlegen, diese Zahl zu sagen. Er hat sie gefragt, ganz offiziell. Sie hat Ja gesagt. Vor 136 Tagen. Er kennt das Datum so genau, weil es in Korea eine App dafür gibt. »Between« heißt sie und die meisten koreanischen Paare nutzen sie. Es ist wie Facebook, nur für zwei Menschen. Die App erinnert an Liebes-Feiertage, den ersten Kuss, zählt die Tage der Beziehung. Wenn man einander nicht sieht, verschickt man kleine Monster und Herzen an den Partner. Man ist virtuell immer erreichbar und die App zeigt sogar an, in welcher Stadt sich der Partner gerade aufhält und wie das Wetter dort ist. Fast alle jungen Südkoreaner, die ich traf, nutzten diese App. Und für eine kurze Zeit hatte ich sie auch installiert.

Jong-Hun umarmt Ji-Won von hinten, während sie etwas auf das Stück Band schreibt. Wieder ergibt sich ein fast zu schönes Bild hier oben vor dem Turm. Ich habe es so oft bei koreanischen Paaren gesehen: in der Öffentlichkeit kuscheln und die Liebe für alle sichtbar zu machen. Ji-Won schreibt: »Saranghae…« Das heißt: »Ich liebe dich.« Sie sagt: »Ich wollte kein Schloss mit einem Stift

beschreiben, ich wollte etwas, das keiner macht.« Das Band
stammt aus dem Restaurant, wo sie ihr Date anlässlich des 100-tä-
gigen Beziehungs-Jubiläums verbrachten. Das Restaurant im
Turm, das N Grill, das leisten sie sich später. Sie will das Band um
die Pappstatue wickeln, die an einer der Pärchenbänke aufgebaut
ist. Die Pappstatue stellt Min-Joon dar, natürlich, den Außerirdi-
schen aus der Serie. »Aber vielleicht wickeln wir es auch einfach
um das Geländer, das ist sicherer.«

Ich erzähle ihnen von Herrn Kun und sie sagen, dass sie sehr
wohl oft daran denken, was die ältere Generation durchgemacht
hat. »Aber«, sagt Jong-Hun, »unsere Generation hat auch ihre Probleme.« Er meint die schweren Prüfungen in den Universitäten
und den Kampf um die Arbeitsplätze. Es gebe weniger Jobs, die
Garantie, es mit einer guten Ausbildung geschafft zu haben, exis-
tierte schon lange nicht mehr – und dann immer wieder die Dro-
hungen aus dem Norden. Sie schauen auf die Stadt hinab, zeigen
,wo sie studieren, wo sie wohnen, wo sie einmal arbeiten möchten.
Immer wieder ein anderes Hochhaus. »Ich habe keine Angst«, sagt
er und meint Nordkorea. »Ich sehe unser Nachbarland wie einen
ungezogenen Bruder, der immer wieder peinliche Dinge tut.« An
guten Tagen, heißt es, könne man von hier bis Nordkorea sehen.

Dann betrete ich den Turm, das Sehnsuchtsziel der Verliebten,
den Fahrstuhl, der mich gleich auf den höchsten Punkt der Stadt
bringen wird. Ich denke an den Moment, als Song-yi und Min-
joon eingestehen müssen, dass sie nie wirklich zueinanderfinden
werden. Das große Drama zwischen den beiden endet nach 21 Folgen offen. Sie sind zusammen und doch wird er in ein Wurmloch
gesaugt, löst sich plötzlich in Sternenstaub auf. Als Song-yi, der
Popstar, auf dem roten Teppich gefragt wird, wie sie diese Unge-
wissheit aushalte, jetzt, da alle wissen, wer er ist, sagt sie: »Auf die
Art liebe ich ihn noch mehr, wenn er eines Tages hier ist.«

Auch da steckt viel *Han* drin. Die Abwesenheit von jemandem,
den man liebt. Ich glaube, Korea versteht man am besten, wenn

genau das am Beginn steht. Und als hätten die Designer des Fahr-
stuhls daran gedacht, an die Sterne, und die Reise ins All, beginnt
die Fahrt im Fahrstuhl mit einem Film, der an der Decke der Kabi-
ne gezeigt wird. Es ist eine Rakete, die in den Himmel steigt. Oben
steht gerade der britische Star-Koch Duncan Robertson und bereitet einen Nachtisch vor, in dem ein Ring liegt. Auf Koreanisch
schreibt einer seiner Assistenten auf ein Schokoladenplättchen
vorsichtig einen Satz, der so beginnt: »Willst Du...?«

Kapitel

3

Herr Yang erklärt die Stadt

GI 기 (DIE ENERGIE)

Der Blick von oben auf die Stadt ist ein sehr beruhigender, denn ich kann mein Haus sehen, meine Dachterrasse, dahinter den Hangang. »Gang« steht für Fluss und Gründe für ein »Han« im Wort gibt es immer. Dieser breite majestätische Fluss fließt in Richtung Nordwesten. In Seoul bildet er ein W, weiter im Norden bildet er die Grenze zu dem Land, über das früher bereits das Sprechen strafbar war. Doch hier in der Stadt hat der Fluss noch etwas Freundliches, wird sogar gesäumt von Grünflächen, die weiter ausgebaut werden.

Hinter ihnen die Hochhäuser aus dem Aufschwung in den 70er- und 80er-Jahren. Ein Freund von mir spielte tatsächlich noch Verstecken in einem Wäldchen, dessen Grundstück inzwischen von Hyundai zum unvorstellbaren Preis von 12 Millionen Dollar pro Quadratmeter gekauft wurde. Selbst Samsung, dem

Mitbieter, war das zu teuer, Hyundai bekam schließlich den Zu-
schlag. Blicke ich auf die andere Seite, sehe ich die Innenstadt von
Seoul, Jongno, von oben fällt dabei vor allem die Achse auf, die ge-
rade zum Königspalast führt. Statuen säumen den Weg, Polizei-
Busse sind sogar vage von hier oben zu erkennen, es könnte ja eine
Demonstration geben. Eingeschlossen von Hügeln, mit einem
Han-Fluss zu Füßen des Berges.

Es gibt einen Grund, warum dort der Sitz des Königs geplant
wurde. Und einer, der diesen Grund kennt, heißt Yang Man-Yeol
und malt zur Erklärung gleich zu Beginn unseres Treffens mit hei-
ligem Ernst ein weibliches Geschlecht an die weiße Tafel. Es
nimmt fast die Hälfte der Tafel ein. Er benutzt dazu einen schwarzen Permanentmarker und beginnt mit einem Punkt, dann malt er
einen kleinen Hügel darüber und zwei Klammern links und rechts
neben den Punkt. Dann immer mehr Klammern und weil er noch
nicht zufrieden ist, deutet er noch die Schenkel an. Er macht das
sehr gewissenhaft und schaut mir zwischendurch fest ins Gesicht.
Und tippt immer wieder auf den Punkt in der Mitte. »Das ist der
beste Ort!«

Ich hatte von Korea nach den ersten sechs Monaten eher den
Eindruck, dass Sexualität im Geheimen passiert, dass das Land,
nun ja, etwas prüde ist. Prostitution ist zwar verboten, aber solange sie im Dunkeln stattfindet und niemand darüber spricht, wird
sie fast gesellschaftlich akzeptiert. Gegen Homosexualität wird
gerade häufig von Christen mit absurden Plakaten protestiert
(»Gay Out!«) und in den Zeitungen werden diese Dinge meist tot-
geschwiegen. Alles irgendwie peinlich. Und hatte mir nicht oben
auf dem Namsan das Pärchen Jong-Hun und Ji-Won erzählt, dass
sie zwar zusammen sind, aber auf gar keinen Fall zusammenziehen
würden, ohne zu heiraten? Ihre Eltern würden sie enterben, sagten sie.

Und jetzt sitze ich gerade fünf Minuten im Büro dieses Pro-
fessors für Geomantie, so wird diese Wissenschaft der »guten

Yang Man-Yeol: Der Schamane zeigt mir seine Zauberwerkzeuge

Orte« genannt, und er malt eine Vagina an die Tafel, tippt immer wieder auf den schwarzen Punkt in der Mitte, malt kleine Kreise darum, so dass der Punkt noch größer wird. »Genau hier sollte ein Palast geplant werden«, sagt Yang Man-Yeol. »Hier ist man geschützt vor Wind und Feinden, es gibt Wasser und Nahrungsmittel.« Jeder Mensch komme aus solch einem Ort zu Beginn seines Lebens und es sei gut, wieder in solch einen Ort zurückzukehren. Deshalb sollten die Gräber der Ahnen auch entsprechend umgeplant werden.

Dann sagt er mehrmals das Wort Myeongdang, für »den besten Ort« und beschreibt die »Vagina« genau: Hinter dem »besten Ort« ist immer ein Hügel, an dessen Abhang der Palast entstehen müsse. »So staut sich die Luft nicht, sondern kann abfließen«, sagt er. Links und rechts sollten idealerweise ebenfalls Hügel stehen, im Osten einer, den die Schamanen »Blauen Drachen« nennen und im Westen einen Hügel, der »Weißer Tiger« heißt. Der Nordberg für Seoul heißt Baegaksan, im Osten und Westen stehen »Naksan« sowie »Inwangsan« zum Schutz der Innenstadt bereit. Im Süden steht der Namsan. »Doch das Wichtigste«, er machte eine Pause und malt einen Strich, der direkt aus der Mitte des »Myeongdang« entspringt. »Das Wichtigste ist der Fluss.«

Damit hat der Schamane seine Arbeit gut umschrieben. Sein Fach, die Geomantie, ist eine Wissenschaft, die auf dem »Feng-Shui« der Chinesen aufbaut, aber eigene koreanische Lehren entwickelt hat. Seit 40 Jahren arbeitet er in diesem Feld und hat in den Jahren die unterschiedlichsten Politiker beraten, sagt er. So kennen viele Koreaner die Geschichte, dass Präsident Kim Dae-Jung mehrfach die Wahl nicht gewann. Erst als er seine Eltern umbetten ließ, auf einen Ort, den ihm ein Geomantie-Experte empfahl, wurde er Präsident. Yang Man-Yeol hat den letzten Präsidenten Lee Myung-bak beraten, sagt er, und den aktuellen Bürgermeister Seouls, Park Won-soon, ein eigentlich progressiver Mann, aber das widerspricht sich in Korea nicht.

Herr Yang läuft hektisch durch den Raum, wenn er etwas erklärt. Er setzt sich, hört sich die Fragen an und geht dann immer schnell zur Tafel, um zu erklären, was er mit Worten nicht so gut kann – er wischt die Tafel und malt eine Erdkugel, um zu erklären, wieso die Erde sich dreht und warum seine Prinzipien universell sind. Was das mit den Polkappen und der Erddrehung zu tun hat, in Korea gelten soll und in Deutschland. Er rast durch die Entstehungsgeschichte der Erde auch zu schnell, als dass ich wirklich folgen kann.

Aber ich bin nicht wegen Naturphänomenen zu ihm gegangen. Ich besuche ihn, weil es als erwiesen gilt, dass die Stadt Seoul vor rund 620 Jahren von Schamanen bewusst als neue Hauptstadt ausgewählt wurde. Schon im 12. Jahrhundert hatten sogar Mönche die Verlegung der Hauptstadt von Kaesŏng nach Seoul verlangt und dafür einen Aufstand angezettelt, der aber niedergeschlagen wurde. Doch von da an war es vielen im Reich bekannt, dass die Geomanten, die Schamanen, die Zukunft des Reiches in Seoul sahen. Die Stadt liege an einem perfekten Ort, einem Myeongdang, wie die Schamanen sagen. So sicher wie in Mutters Schoß. Als dann die neue Dynastie begann, gab es keine bessere Möglichkeit, um den Bruch mit dem alten System sichtbar zu machen: Neue Hauptstadt, neuer Palast.

In China waren gerade die Fremdherrscher aus der Mongolei von der Ming-Dynastie abgelöst worden. Die Mongolen waren gut darin, ein Reich auf dem Pferd einzunehmen, heißt es, aber sie konnten es nicht vom Pferd aus regieren. Das betraf auch die koreanische Dynastie der Goryeo, die als die Namensgeber der Halbinsel im Ausland gelten: Korea. Diese Umbruchzeiten nutzte der General Yi Seong-Gye für sich und setzte den letzten König der Goryeo ab. 1392: Die Joseon-Dynastie war geboren, die bis heute einen großen Einfluss auf das Leben der koreanischen Gesellschaft hat – schon allein durch die eingeführte koreanische Schrift.

An der Tür zu Yang Man-Yeols Zimmer sind sie zu sehen, die acht Elemente, die auch auf der Flagge der Joseon-Dynastie abgebildet waren: Himmel, Erde, Feuer und Wasser sowie Donner, Wind, Berg und Fluss. Auf der koreanischen Flagge sind heute noch die ersten vier übrig geblieben, die wichtigsten Elemente der

Taoisten. Im Zentrum auf beiden Flaggen und auch an der Tür von Herrn Yang: das Yin und Yang. Oben und Unten, Gut und Böse, Männlich und Weiblich. In der taoistischen Lehre heißt es: Wenn beide Prinzipien in Harmonie zueinander sind, dann dringt das »Feuer«, die positive Energie, nach außen und gebiert Wind (Koreanisch »Pung«) und Wasser (»Su«). Herr Yang ist ein Meister des Pungsu.

Gleich zu Beginn unseres Gesprächs sagt Herr Yang, dass er Naturwissenschaften studiert hat, bis er 20 Jahre alt war. Bereits mit 16 las er erste Texte über die Geomantie und verglich sie mit den westlichen Naturwissenschaften. »Es gibt doch auch ganz natürliche Gründe, warum alle großen Hauptstädte an einem Fluss liegen«, sagt er, »fließendes Wasser ist schlicht zum Leben notwendig.« In der koreanischen Tradition kommen eben noch einige Faktoren hinzu, die aber auch praktisch sein können. Er erklärt das Prinzip eines idealen Standpunktes: »Es muss ein Ort sein, der die Energie, das Feuer der Erde, gleichzeitig bewahrt und wo sie trotzdem fließen kann.«

Yang Man-Yeol meint den Fluss, den eine jede Stadt haben muss. Doch für die Geomanten muss er auch immer von Ost nach West fließen, so wie der große breite Hangang in Seoul. Noch wichtiger sei der Fluss in der Innenstadt, jenes plätschernde Rinnsal, das für romantische Pärchenspaziergänge und Touristengruppen inzwischen unverzichtbar geworden ist: der Cheonggyecheon, der allerdings von West nach Ost fließt. Dieser Fluss war vor 600 Jahren entscheidend für die damaligen Geomanten, um den Standort auszuwählen, denn er floss nur wenige hundert Meter vom Palasteingang entfernt. Nach dem Koreakrieg wurde er zubetoniert, um dem Ansturm von Zuzüglern aus den Provinzen gerecht zu werden. Im Jahr 2005 wurde er wieder eröffnet, ein Herzensprojekt des damaligen Bürgermeisters der Stadt, Lee Myung-Bak, ein bekennender Freund der Geomantie. Umweltschützer kritisierten das Projekt, weil es einerseits so teuer (Schätzungen reichen von zwischen 280 und 900 Millionen US-Dollar) und andererseits doch nur ein versteckter Springbrunnen sei, mit einem wirklichen »Fluss durch die Innenstadt« nicht zu vergleichen. Befürworter laufen im Sommer und im Herbst entlang des Wassers, schauen abends auf die bunten Laternen und genießen die um rund drei Grad kühlere Luft.

Für Yang Man-Yeol gab die Freilegung des kleinen Stroms jene Energie frei, die der Stadt zu neuem Glanz verhalf. Zumindest sind auch meine Besucher immer beeindruckt, mitten in den Hochhäusern diese grüne Oase zu sehen. Seoul wirkt um ein Vielfaches einladender, definitiv. Diese Energie, das Gi, sei so stark, dass Seoul zur zweitgrößten Metropolregion der Welt aufgestiegen ist. Die Energie, die vom Stadtzentrum ausgehe, erklärt er, sei bis in die Außenbezirke spürbar. Davon gibt es viele in Seoul, sagt er, doch sie wären ohne das Zentrum mit dem Palast und den Bergen darum: nicht das geworden, was sie sind. Wenn ich hier sitze, klingt es fast so, als wäre Seoul eine Welthauptstadt und nicht der Ort, der im Schatten von Tokio und Peking liegt, zu nahe an einer gefährlichen Grenze.

Dann macht Yang auch schon eine Einschränkung: »Die Macht von Seoul ist nicht von Dauer«, sagt er. »Die geomantische Struktur verhilft nur zu einer trügerischen Form der Stabilität«, sagt er. »Schauen Sie doch die Geschichte Koreas an – wir waren immer von größeren Mächten abhängig: China, Japan und jetzt die USA.« Korea sei nie unabhängig gewesen und das spiegele sich in der Hauptstadt wieder, die Zerrissenheit. Außerdem sei sie nicht auf Dauer. »Die Stadt, wie sie jetzt ist, kann ihre Energie nur rund 600 Jahre behalten.« Diese Jahre seien schon um. »Wir erleben derzeit einen schleichenden Verfall.«

Viele Seouler kennen die Geschichte, und in der Tat fühlen sich Koreaner immer vom Ausland tendenziell bedroht, was dem geomantischen Schutz durch die Berge ja widerspricht. So hatte Korea zu China in den vergangenen 3000 Jahren koreanischer Geschichte immer ein geordnetes Verhältnis: Dort der Kaiser, in Korea nur ein König, der Tribute zahlt – aber auch Geschenke zurückbekommt. Und vom Ausland gingen im Grunde nie Wohltaten aus. Chinesen versuchten, ihre Macht auszubauen, oder von der anderen Seite bedrohte Japan, ohne dass China sein Versprechen von Hilfe dann einlöste. Die USA gelten bisher noch immer als die erste Nation, die eigene Soldaten für das Wohl der Koreaner geopfert hat. Doch jetzt sind die US-Soldaten 60 Jahre später noch immer mitten in der Stadt stationiert. Dem gegenseitigen Vertrauen hat das nicht sehr geholfen. Das Misstrauen gegenüber Dingen aus dem Ausland ist geblieben.

Und so wundert es nicht, dass Yang Man-Yeol die Zukunft seines Landes in der Wiedervereinigung mit Nordkorea sieht. »In den kommenden 40 Jahren«, da ist er sich sicher, »kommt es auf ganz natürlichem Wege zur Wiedervereinigung und spätestens dann werden wir die Hauptstadt wieder verlegen.« Die Struktur von Seoul sei einfach nicht dafür angelegt, noch länger eine stabile Hauptstadt zu sein. »Könige können hier nicht bleiben«, sagt er und es ist nicht klar, ob er Präsidentin Park Geun-hye meint. Er sieht die zukünftige Hauptstadt eher in Gyeryong, einer Stadt rund 140 Kilometer südlich von Seoul. Auch dort befindet sich ein Myeongdang, der noch viel besser sei: Berge, Fluss, gutes Klima, alles vorhanden. Nur wissen das noch wenige. Aber Yang ist sich sicher: »Das ist wie ein Modetrend, das ändert sich über die Zeit.« Die Menschen folgen nicht nur dem Geld, sie folgen seiner Meinung nach dem Erfolg. Und der sei eben mit guter Energie verbunden, koreanisch: dem Gi.

Ich glaube, an dem Punkt hat mich das Vertrauen in seine Worte verlassen. Er wurde auch immer schneller in der Beschreibung, sprang in den Themen herum. Es machte noch Spaß, ihm zuzuhören, sicher, seinen Theorien über die »magische Zahl der Erde« (49). Diese Zahl sei nicht zufällig auch das »Alter, in dem Frauen gerade noch Kinder gebären können«. So ging das immer weiter.

Er sah Verbindungen, die komplett absurd schienen und irgendwann schärfte er mir tatsächlich ein, dass wir alle bis zum 3. Februar 2017 die Dinge noch beeinflussen könnten. Danach verändere sich das Sternbild »Großer Wagen«, dann sei das Zeitalter der Menschen bald endgültig vorbei.

Ich hatte gelesen, dass Geomanten eine Renaissance erfahren im Seoul von heute. Das könnte damit zu tun haben, dass all das Digitale im Alltag plötzlich eine Gegenbewegung auslöst: Die Menschen möchten wieder analoge Dinge tun, die schon Menschen vor Hunderten von Jahren taten, und sie möchten wieder Geheimnisse haben. Die Geomanten mit ihren seltsamen Erklärungen, gemischt mit alten Geschichten von Berggeistern und einer nicht sichtbaren Kraft Gi. All das unterlegt mit Objekten, die wahnsinnig kompliziert aussehen, wie diese »Kompasse«, von denen Yang Man-Yeol gleich mehrere aus einer Kiste holt. Darauf sind Punkte und Zahlen und Tierkreiszeichen. »Der hier ist aus Deutschland«, sagt er und holt ein besonders schräges Modell hervor. Schwarz, rund, mit vielen Zahlen und Zeichen. Aber sehr korrekt zeigt eine Nadel in eine Richtung. Wie ein Kompass aus einem Fantasy-Roman. Kein Wunder, dass Schamanen in Korea noch immer angerufen werden, von Politikern und anderen, die es sich leisten können. Sogar im Norden: Erst kürzlich hat sich eine nordkoreanische Schamanin nach Südkorea aufgemacht und konnte berichten, dass es dort ganz ähnlich sei. Die Menschen würden sie befragen bei alltäglichen Entscheidungen, auch beim Bau neuer Gebäude.

Yang sagt, er bestimme meist nur noch die Gräber von Verstorbenen. In Korea gelten die Ahnen als diejenigen, die unsere Geschicke auch nach ihrem Tod weiter bestimmen. »Wir sind nur dünne Äste an einem dicken Baum«, sagt Yang Man-Yeol. »Deshalb ist es wichtig zu wissen, wo unsere Wurzeln sind, denn sie bestimmen alles für unsere Zukunft.« Der Ort, wo die Ahnen begraben liegen, zeuge auch von der Mühe, die wir uns mit ihnen geben. Er kann den Menschen nur Empfehlungen geben: Stell deinen Arbeitsplatz in einem Zimmer im Norden auf, schlafe im Osten. Ob sich die Menschen daran halten, das könne er nicht beeinflussen.

Aber natürlich passt das alles nicht mehr in eine Gesellschaft wie die koreanische. Was hilft all das Wissen um Wind und Wasser einem Menschen, der in einem 10-Quadratmeter-Appartement wohnt, und gar nicht die Wahl hat, den Arbeitsplatz in den Ostflügel zu verlegen? Und überhaupt: Warum ist nicht das Stadtzentrum das beliebteste Wohnviertel, sondern Gangnam, jener Teil von Seoul, der eigentlich so weit weg liegt vom Myeongdang, dem besten Ort, so weit weg vom Weißen Tiger, dem linken Hügel, und Blauen Drachen, dem rechten Hügel. Wie konnte es das Viertel mit den teuersten Quadratmeterpreisen ganz Koreas werden? Und was ist mit neuen Städten wie Songdo, die komplett ohne jegliches Pungsu entstehen?

Yang Man-yeol packt seine Kompasse ein, geht wieder zur Tafel und malt: den Hangang, den großen Fluss der Koreaner. »Alles Wichtige steckt im Fluss.« Er fragt noch, welchen Fluss Deutschland habe? Ich überlege: Oder? Elbe? Rhein? Er malt die Stelle zwischen der Innenstadt und Gangnam und sagt: »Der Fluss macht hier eine fünffache Biegung, wie ein großes W«, sagt er. Er dreht sich um und ich bin mir sicher, dieses Mal entdecke ich ein leises Lächeln auf seinem Gesicht: »Das ist ein sehr guter Ort, wie zwischen den Brüsten einer Frau, schauen sie mal, schön warm, perfekt.« Nichts wie hin.

Kapitel

4

Ein Fluss, der teilt und verbindet (am Hangang)

GANG 강 (DER FLUSS)

Der erste Eindruck dieses Landes, dieser gewaltigen Stadt, muss mit dem großen Strom aufhören, der mittendurch fließt. Ich begann mit dem Rausch, dem Berg, dem Turm und einem exzentrischen Pungsu-Experten. Am Ende steht der Fluss, der wie selbstverständlich die Stadt teilt, endgültig, und gleichzeitig zusammenhält, der »Han«, der Ausflugsziel und Bollwerk ist. Von meiner Wohnung aus fließt der Hangang in nur 20 Minuten Entfernung. Die beste Zeit, ihn zu besuchen, ist der Abend, wenn die Sonne sanfter wird, die grauen – fast bedrohlichen – Hochhäuser plötzlich zu einer sich ständig verändernden Metropolis-Kulisse werden, urbanes Gefühl, schnelle Lichter, ein breites Ufer, volle Brücken.

Dann ist selbst der niemals endende Verkehr eine Touristenattraktion. Koreaner sitzen dann auf der großen Wiese, alte Männer spielen chinesisches Schach »Jang-gi«, Radfahrer rasen mit Masken vorbei, Jugendliche holen sich Bier und Kinder setzen sich auf die rote Zunge eines Monsters und lassen sich von den Eltern fotografieren.

Alle kennen dieses Monster. Es hat keinen Namen, aber sein Auftauchen ist legendär im koreanischen Kino: Eine schwarze Riesen-Kaulquappe galoppiert – so muss man das nennen – aus dem Hangang und schnappt sich mit seinem schwarzen Schwanz ein Mädchen und zieht es mit sich in die Fluten. Der Vater, ein faltiger freundlicher Koreaner, ist außer sich vor Angst um seine Tochter. Er bitte die Polizei um Hilfe. Schließlich sendet das Mobiltelefon seiner Tochter noch Signale! Man könne sie finden. Aber die Beamten wiegeln ab. Die Familie zerbricht fast an dem Unglück, muss sich zusammenschließen, um eine noch größere Katastrophe zu verhindern. Denn das Monster bleibt keine Kaulquappe, es wird zu einem sehr, sehr großen schwarzen Ungetüm, das die ganze Stadt bedroht.

Der Film »The Host« ist einer der bekanntesten koreanischen Filme. Ich habe ihn noch in Berlin gesehen, ein klassischer koreanischer Genre-Mix aus Action, Science-Fiction und Familiendrama. Es gibt noch nicht einmal ein wirkliches Happy End. Es bleibt so vieles offen, es bleibt ein »Han«-Gefühl zurück, der Machtlosigkeit gegenüber der Staatsgewalt, der Natur und der Stadt als ganz eigenem Monster. Einige Filmkritiken haben vermutet, die USA könnten das Monster sein, wegen der großen US-Militärpräsenz im Land wähnen sich noch immer viele unter Besatzung. Im Film entsteht es, weil ein Doktor Formaldehyd in großen Mengen in den Fluss leitet. »Der Fluss ist breit«, sagt er zu einem Untergebenen, »Gießen Sie, das ist ein Befehl.«

Dem Giftmüll-Monster, das die Stadt bedroht, haben die Bewohner eine Monsterfigur geschenkt, wie um seinen Geist zu bannen, den der Regisseur Bong Joon-ho gerufen hatte. Am Flussufer auf der Insel Yeouido, nicht weit von der Haltestelle »Yeouinaru«, steht die Statue und streckt seine Zunge hinaus. Gerade an sonnigen Tagen wie heute sitzen Koreaner rund um die Statue und picknicken. Eine Gruppe älterer Leute macht Sport. Ein Koreaner mit T-Shirt, auf dem »PAᄅIS« steht – das ᄅ ist ein koreanisches R –, joggt an einer Bank vorbei, auf der ein Pärchen zusammen auf einem Mobiltelefon herumtippt. Ich setze mich auf die Bank gegenüber und schaue auf die Brücke hinter ihnen. Es ist die Banpo-Brücke, einer der Brücken, von der sich immer wieder Menschen herabstürzen. Ein paar Kilometer weiter ist die Mapo-Brücke, sie heißt sogar Todesbrücke, aber statistisch springen die Selbstmörder in Seoul von allen Brücken. Sie sterben dann nicht wegen des Aufpralls, sondern sie ertrinken, weil viele Südkoreaner nicht schwimmen können. Vor drei Jahren ließ die Lebensversicherungs-Abteilung von Samsung Sprüche an Brücken anbringen: »Hast du schon gegessen?« oder »Hast du an deine Mutter gedacht?« Die Stadt hat die Todesbrücke außerdem in »Brücke des Lebens« umbenannt. Es hat nicht geholfen, die Selbstmordrate ging nicht zurück. Wieder ist das so komisch und traurig zugleich, wie man es wohl nur in Korea erleben kann.

Das Pärchen auf der Parkbank jubelt und klatscht plötzlich ab. Jetzt merke ich erst, warum sie zusammen auf einem Mobiltelefon herumtippen. Sie lassen Blumen oder Diamanten zerplatzen. Zu zweit erwischen sie mehr und haben schnell wieder gewonnen. Er küsst sie vor Begeisterung auf die Wange. Dann tippen sie wieder auf dem Telefon, hinter ihnen der breite Fluss.

Nur sieben der 27 Brücken sind hier zu sehen, genug, um ein Gefühl dafür zu bekommen, welche Energie hier herrscht. Gin hätte gesagt, es stecke viel Gi hier in diesem Ort. Hier auf Yeouido haben die Japaner ihren ersten Flughafen errichtet, um Seoul zu kontrollieren. Heute steht mitten auf der Insel ein beeindruckendes Finanzzentrum mit einer Einkaufspassage und 4D-Kino in der Mitte. Nicht 3D, sondern 4D, mit beweglichen Stühlen und Spritzwasser und Wind im Gesicht. Seit neuestem haben sie auch verschiedene Düfte: Meerwasser, Frauenparfüm, Wald, Krieg. Ich gebe zu: Ich war oft im 4D-Kino. Jurrasic World macht einfach mehr Spaß mit einem Stuhl, der bei jedem Saurierschritt mitvibriert.

Neben dem glitzernden Einkaufszentrum stehen mehrere Wohnblöcke mit Zahlen auf den Seiten: 112, 113, 114. In einem dieser Häuser hat auch Gin gewohnt, mein guter Freund.

Seine Beerdigung war koreanisch nüchtern, in einem Seitengebäude des Seouler Krankenhauses. Vor seinen Eltern zu sterben macht eine Beerdigung in Korea besonders traditionell zu einem Ereignis, dem die Eltern nicht beiwohnen dürfen. Es soll ihnen die Trauer ersparen. Seine Mutter war trotzdem da. Natürlich hat es geregnet, als wir, die Freunde, ihn nachts um 11 Uhr noch einmal sehen durften. Wir wurden hereingebeten, legten einen Umschlag mit Geld ab, unsere Namen wurden aufgeschrieben, die Summen daneben. Wir stellten uns vor seine Urne, wir waren unsicher, wie das geht, das koreanische Verabschieden. Nach einer Minute wurden wir aus dem Raum geschickt. Seine Eltern, Geschwister, Freunde warteten in einem Nebenzimmer mit Bier und Snacks. Wir tranken also tatsächlich auf den, der immer zu viel getrunken hatte. Und noch heute reden wir darüber, wie es ist, ohne ihn zu trinken, wenn wir uns zum Trinken treffen. Auf Gin.

Dieses Vermissen von jemandem, den man mag, das ist oft ein Thema, wenn es um Korea geht – noch mehr bei Nordkorea. Die US-Amerikanerin Suki Kim hat ein halbes Jahr in Nordkorea gelebt und als wir uns darüber unterhielten, über das »Han«, das Vermissen und das Leben in Korea, sagte sie diesen Satz: »Man kann Nordkorea nur verstehen, wenn man außerhalb jemanden vermisst.« Dann wirke das Eingeschlossensein besser, hatte sie das begründet. Sie war Englisch-Lehrerin in einer Schule in Pjöngjang für die Kinder der Staatselite, linientreue Jugendliche und wohl der einzige Elite-Campus der Welt ohne Internetzugang. Suki Kim hatte aber kurz vor ihrem Pjöngjang-Aufenthalt einen Mann kennengelernt. In ihrem Buch »Without you there is no us« nennt sie ihn den »Lover in New York«. Sie wusste nicht, ob es halten würde mit ihm (hat es nicht), was er tagsüber, abends macht, sie schreibt kurze E-Mails, die sehr wahrscheinlich vom Geheimdienst gelesen werden, und: sie vermisst. »Nordkorea ist der einzige Ort, der wirklich aus der Welt ist«, sagte sie. »Das gibt es sonst gar nicht mehr.«

An Gin, an das Vermissen und an den Norden kann man hier am Hangang leicht denken, denn auch dieser Fluss wird an seiner Mündung zu einem Grenzfluss. Stacheldraht an beiden Seiten. Einmal war ich an der Mündung, schaute auf die andere Seite, eine besonders enge Stelle des Flusses. Im Winter versuchen Nordkoreaner über das Eis zu fliehen. Es ist nicht bekannt, wie viele dabei jedes Jahr sterben.

Auch hier am Fluss mit seinen Lichtern und Monstern vergesse ich nicht: rein geografisch liegt Südkorea eben abgetrennt von der Welt, noch hinter Nordkorea. Auf eine Art ist das Land damit noch isolierter. Manchmal hatte ich das Gefühl, dass Seoul, die Stadt zwischen Berg und Fluss, dass sie deshalb so beliebt ist bei Ausländern, weil sie eben auch weit weg ist vom Rest der Welt, dass sich einige Freunde Südkorea als Heimat und damit Nordkorea als Nachbarn bewusst gewählt haben. Hinzu kommt, dass Südkorea als beleidigter großer Bruder von Nordkorea zusätzlich – neben »Han« und dem Gefühl des »Vermissens« – noch eine andere Emotion voraussetzt und immer wieder vorlebt: die Unversöhnlichkeit. Mir sind in meinem Jahr in Seoul immer wieder Menschen begegnet, die unmöglich verzeihen konnten, oder etwas hinter sich lassen. Oder: Loslassen.

Da ist ein Australier, der bei einer betrunkenen Autofahrt einen Freund verloren hat. Er selbst saß am Steuer und hat es sich nie verziehen, Schuld am Tod eines Menschen zu haben. Mit den Freunden von früher in Australien hat er kaum Kontakt. Er saß im Gefängnis und ging danach nach Südkorea. Nach einigen Jahren als Lehrer machte er die besten Ginger-Mojitos von ganz Seoul. Dann verschwand er von einem Tag auf den anderen.

Da gibt es eine Jamaikanerin aus L.A., die eines Tages einen Anruf von einer Frau bekam, die sagte: »Lassen Sie meinen Verlobten in Ruhe.« Der Mann, ihr Verlobter, war doppelt verlobt. Sie packte ihre Sachen und lebt heute noch immer in Seoul. Sie sagte: »Ich brauchte einen Ozean zwischen diesem Typen und mir.« Keinen Kontakt bis heute.

Und es gibt eine Britin, die von ihrer Party-süchtigen Mutter mit 14 in ein Heim in London gegeben wurde, damit die Mutter weiter durch die Welt jetten konnte. »Im Heim war meine Zimmergenossin eine stille Südkoreanerin«, sagt sie. »Als ich mit 21 Jahren aus London wegging, dachte ich, warum nicht Seoul.« Ihre reisewütige Mutter hat sie nie besucht, sie telefonieren manchmal, nicht freundlich.

Und so zieht sich das Drama der Unversöhnlichkeit durch meinen Freundeskreis hier in Seoul. Auch ich bin gegangen, weil ich weit weg sein wollte, weil der Abstand manchmal die beste Lösung ist. Wie entsteht Unversöhnlichkeit und ist sie endgültig wie die Grenze im Norden? Ein deutscher Freund verliebte sich in eine Koreanerin, verbrachte mit ihr ein Jahr und eines Tages ging sie nicht mehr ans Telefon. Diese Geschichte habe ich in einem Jahr öfter gehört. »Ghosting«, nennen Koreaner das auch. Probleme nicht ansprechen, einfach aushalten. Sucht sich das Drama Korea aus oder ist es umgekehrt? Ich blicke auf die Banpo-Brücke, die weiter hinten hinüber nach Itaewon führt, in Richtung Namsan, dem leuchtenden Turm. Es ist die Brücke, aus der bald die Wasserspiele beginnen sollen. Fünfmal am Tag. Besonders abends sollen sie schön sein, heißt es. Doch noch passiert nichts hier am »Han«. Das Wasser verspätet sich.

Der Dichter Kim Kwang-Kyu wurde auch hier zwischen Berg und Fluss geboren. Er hat mit 35 seinen ersten Gedichtband veröffentlicht. Da er Germanist ist, sind sie glücklicherweise auch auf

Der Dichter Kim Kwang-Kyu in der Innenstadt von Seoul.
Im Hintergrund ist der Berg, an dessen Fuß er groß geworden ist.

Deutsch erschienen. Alle vier Jahre kam ein neuer Band heraus.
Kim Kwang-Kyu ist jetzt 75 Jahre alt. Er feiert das Jubiläum mit einem Band neuer Texte. Bei ihm geht es immer um die Natur in der
Stadt und wie Menschen darin leben. Sein berühmtestes Gedicht
heißt »Die Tiefe der Muschel«. Es stand ein paar Mal in der Tageszeitung, in Peru, in Deutschland, aber auch in Korea. Es ist ein
Prosa-Gedicht, das von einer sehr großen Unversöhnlichkeit handelt, die ein ganzes Leben lang währt. Von einem Paar, dass nicht
mehr miteinander spricht, den Kontakt abgebrochen hat.

Ich habe einmal mit Kim Kwang-Kyu sprechen können, nicht
weit von diesem Flussufer. Er sagte, dass es ihm bei diesem Gedicht nicht nur um ein Ehepaar ging. Das Drama der koreanischen
Gesellschaft setzt sich bis heute fort. Immer wieder: *Han*. Es begann für ihn vor seinem Elternhaus, er ist direkt neben dem Blau-
en Haus aufgewachsen. Er weiß noch, wie er mit zehn Jahren an
Leichen des Koreakrieges vorbeilief, wie er mit Mitte 20 seine
Armbanduhr verlor, als er während der Studentenaufstände von
den eigenen Soldaten beschossen wurde. Und er hat als Professor
Jahre später gegen diese Studentenaufstände geschrieben. »Ich
war so enttäuscht von den eigenen Errungenschaften, sie gingen
nicht weit genug«, sagt er. Er hat versucht, sich gegen die Militärdiktatur zu wehren, aber für ihn gingen die Studenten einen falschen Weg. Für diese Erkenntnisse braucht es Erfahrung. »Das ist
wie mit dem lyrischen Ich, es braucht Zeit, eines zu formen.«

Wenn ich das lese, werde ich mit jeder Zeile trauriger und ernster und verstehe, das nichts von dem, was hier passiert, sich wie-
dergutmachen lässt. Dass der Schmerz und die Anstrengungen
vergangener Generationen sich eben nicht auflöst in der nächsten. Schmerz wird hier vererbt, verstärkt sich. Kim Kwang-Kyu
sagte, sein Gedicht habe drei Ebenen. Da ist die zerbrechende Beziehung, dann ist da die Kritik am koreanischen Staat – und
schließlich das länderübergreifende Lügen aller Menschen. Dinge, die nicht mehr zurückzunehmen sind.

Vielleicht ist das ein guter Weg, Korea zu verstehen. Zum Beispiel, warum dieses Land von einer Präsidentin regiert wird, die mitansehen musste, wie ihre Eltern nacheinander bei Anschlägen ums Leben kamen. Das ist auf YouTube zu sehen. Da macht auch ein buntes Wasserspiel abends am Hangang nichts besser, aber es sieht schön aus, wenn Sie mal in der Gegend sind. Es dauert nur ein paar Minuten, die Brücke färbt sich bunt, spritzt Wasser in den Fluss, grün, gelb, rot, ein Regenbogen gegen die Selbstmorde.

Wenn Sie hingehen, nehmen Sie einen Gedichtband von Kim Kwang-Kyu mit, das »Kwang« steht für »Licht«, hatte er gesagt, wie am Ende eines Tunnels. Stellen Sie das Handyspielen ein und schauen Sie auf den Namsan. Solange der Turm dort oben beleuchtet ist, ist alles okay. Und dass Versöhnung möglich ist, beweist schließlich das »Berlin« jeden Tag.

Die Tiefe der Muschel

Nach der Heirat erzählte sie ihm nie von ihrer ersten
Liebe. Freilich auch ihr Mann hatte nie sein Geheimnis
verraten. Je länger man
lebte, desto mehr wurde das Leben die große
Enttäuschung. Um dies
voreinander zu verbergen, sprachen sie viel.
Doch blieb etwas
ausgespart.

Die Enttäuschung wuchs. Sie wurde wie Blei, und all das Unausgesprochene verhärtete sich wie eine Krebszelle im Herzen.

Gegen die Enttäuschung gab es kein Mittel. Dennoch: Sie wollten sprechen, sie wollten ihr Herz ausschütten. Wenn sich später nur niemand erinnern würde, hätten sie es sicher erzählt. Ab und zu gab es Fälle, wo andere Ähnliches berichteten. Wenn sie solche Sätze beim Lesen fanden, freuten sie sich und unterstrichen sie. Und manchmal hörten sie auf die Musik, die treffender war als die Worte. Aber bis zu ihrem Ende hielten sie ihren Mund fest verschlossen wie die Muschel.

Lange Zeit lebten sie so in ihrer endlosen Enttäuschung; und als sie dann starben, hatten sie bis zuletzt ihr Geheimnis im Herzen verborgen. Was sie verschwiegen, fehlt nun von der Geschichte und auch von der Wahrheit. Wir wiederholen bis heute ihr Leben, spekulieren über die Tiefe und glauben doch an den Sinn des Seins auf dieser Welt.

Kapitel

5

»Heidi Kang wird nicht gefoltert«

PPALLI-PPALLI 빨리빨리 (SCHNELL-SCHNELL)

Ich renne am Lotte-Hotel vorbei, zum Rathaus, das wie eine Welle aussieht, die über das alte japanische Rathaus schwappt. Es könnte auch ein Symbol für *Hallyu* sein, so heißt jene »koreanische Welle« von Kultur, Mode und Kunst, die gerade über Südostasien zieht. An der großen Welle geht es links vorbei ins Zeitungsviertel von Seoul, doch heute laufe ich nicht ins Pressezentrum, sondern am Finanzzentrum vorbei zu dem Mann, der dort immer vor dem Weltuntergang warnt. Hinter ihm ist schon die große Kreuzung zum Gwanghwamun-Platz. Die Statue von General Yi steht da wie ein Bewacher der Innenstadt, streng und kritisch, fast wütend schaut er herab. Erst weiter dahinter steht das gute Herz von Seoul. So nenne ich diese Statue, bei der plötzlich nichts mehr an *Han* erinnert, die große Traurigkeit. Dieser Ort ist relativ neu und strahlt doch vor allem Stolz aus, große Ge-

schichte. Er ist still und gleichzeitig laut. Weil um ihn herum so
viel gleichzeitig passiert. Auf meinem Mobiltelefon eine Nachricht von Heidi Kang: Sie ist schon da, der Bus fährt bald ab. *Ppalli-Ppalli!* Schnell-schnell! Eines der wohl wichtigsten koreanischen
Wörter.

Die Statue von König Sejong steht ganz im Zentrum von Seoul,
mitten auf dem Gwanghwamun-Platz. An meinem ersten Tag in
Seoul stand ich schon dort und schaute die zehn Meter hohe Bron-
zestatue hinauf. Sie ist weithin zu sehen, und sie ist der wohl beste
Weg, seinen Freunden mit einem Selfie zu sagen: »Ich bin in Seoul«. Auf dem Foto dann im Rücken: die Statue, der Königspalast,
die Berge, der Himmel. Diese zwanzig Tonnen Bronze repräsen-
tieren für mich ein »leichtes« Südkorea, ohne all die traurigen Erzählungen von Verfolgung und Unterdrückung. Unter Sejongs
Herrschaft wurde die koreanische Schrift entwickelt, wurden
Sonnenuhr und Niederschlagsmesser erfunden – und es wurde ein
eigener Kalender eingeführt. Unter ihm wurde Seoul erst zu einer
der ersten Megastädte der Welt. Er war so eine Art Super-König,
wie das gute Gewissen der Koreaner, einer, der fast alles richtig gemacht hat. Seine Statue strahlt all das aus: Größe, Güte, Gelassenheit. Auch Gemütlichkeit, denn er sitzt eben auf einem Thron und
nicht auf dem Fußboden. Die linke Hand hält ein Buch und die
rechte Hand ist wie zur Beruhigung von der Armlehne erhoben:
»Es wird alles gut« sagt die Geste. Oder auch »Jetzt mach mal
schön langsam.«

Aber Korea ist eben nicht langsam, hier geht es um »Ppalli-
ppalli«. Das ist eine der Folgen der schnellen Wirtschaftsentwick-
lung, es wurde nicht viel gefragt, sondern erst einmal gebaut. Die
Statue von Sejong wurde erst 2009 aufgestellt, auf diesem Platz,
der während der gesamten 2000er eine komplette Neugestaltung
durchmachte. Abreißen, Platz machen, Blick schaffen, auch: auf-
räumen. Seoul war bis dahin noch weit weniger vorzeigbar als
jetzt. Trotzdem hat Altkanzler Gerhard Schröder bei einem Be-

such 2015 die Stadt noch einmal als »grauenhaft« bezeichnet. Da
stand er auch genau hier, vor Sejong. Dabei entsteht mit dieser
Sichtachse und dem kleinen Fluss nebenan so etwas wie das Herz
einer Nation. Hier trauern fast zwei Jahre später immer noch täglich die Opfer des Schiffsunglücks der *Sewol*, hier finden die großen Demonstrationen statt, mit Hungerstreik und Polizeisper-
ren, und auch an normalen Tagen wie heute herrscht hier das
genaue Gegenteil von Stille: mehrspuriges Getöse. Seoul ist hier
bei sich.

Neben der Statue steht Heidi Kang, eine deutsche Philologin
und Übersetzerin. Sie ist eine der wenigen Nicht-Koreaner in Korea, die das gesamte »Schnell-schnell« mitgemacht haben, von
Slumhütten zu gläsernen Hochhäusern, vom Geheimdienststaat
zur Demokratie, auch: von einem Beinahe-Krieg zu einem Beina-
he-Frieden. Sie hatte mir den Kontakt zu dem Dichter Kim
Kwang-Kyu und seiner Frau verschafft, es sind alte Freunde von
ihr. Sie kennt seine Gedichte in beiden Sprachen und sie hat selbst
große koreanische Autoren übersetzt. Auch wenn sie das hasst,
aber man hat fast das Gefühl – allein weil sie so viele Deutsche
kommen und gehen sehen hat –, dass sie selbst den Botschaftern
etwas erzählen könnte, von früher. Heute zeigt sie mir ihren Lieb-
lingsort in Seoul. Er liegt *in* der Stadt und gleichzeitig *über* der
Stadt. Sie sagt, er sei zwar gut zu erreichen, aber trotzdem kämen
nur wenige Touristen dorthin. Ein Rätsel, wo doch Koreaner das
ganze Land mit ihren Wanderrouten überzogen haben.

Als wir uns im Schatten von König Sejong treffen, frage ich
Heidi Kang zunächst nach diesem Platz. Der Bus ist schon zu sehen, aber er kämpft sich langsam durch den fünfspurigen Verkehr.
Wie »grauenhaft« muss er früher gewesen sein. Heidi Kang winkt
ab und sagt: »Das tat früher schon viel mehr den Augen weh, hier
überhaupt hinzuschauen«, sagt sie und erzählt von Gebäuden mit
so seltsamen Kacheln außen an der Fassade, die alles noch steriler
wirken ließen. »Furchtbar war das.« Hier in der Gegend seien die

Straßenbahnen langsam um die Häuserecken gebogen, U-Bahnen
gab es noch nicht. Es sei eine dieser Trams gewesen, die nicht oft
halten, sondern bei denen man eben sehr fix auf- und abspringen
musste. »Mir waren die aber zu voll«, sagt sie, »die hängten sich da
so außen an die Wagen an, mir zu gefährlich.« Schnelligkeit war damals in Seoul noch kein Thema. Es war eher ein Leben, wie es auch
Konfuzius vorgibt: Verehrung der Ahnen, Gehorsam und Loyali-
tät gegenüber höher Stehenden und die Wichtigkeit von Bildung
im Alltag. »Es gab keine Arbeit, kein Geld, keine Unterhaltung«,
sagt sie, »Seoul war eine depressive Stadt, als ich hier 1963 herkam.
»Die Männer saßen abends vor den Häusern und spielten *Paduk*«,
sagt sie, so der koreanische Name des Brettspiels *Go*.

Heidi Kang sieht man ihre 75 Lebensjahre nicht an, vielleicht
weil sie noch jeden Tag arbeitet, die U-Bahn nimmt, sich einreiht
in den täglichen Kampf in Seoul um einen Sitzplatz im Bus, einen
Platz in der Schlange für einen Kaffee und noch immer weiter-
macht. Sie heißt Heidrun mit Vornamen, aber niemand in Seoul
nennt sie so. Sie hat das »Alumni-Netzwerk Deutschland-Korea«
mit aufgebaut und ist noch immer im Vorstand der »Deutsch-Koreanischen Gesellschaft«. Sie hat die Deutsche Schule in Seoul ge-
leitet und war Professorin für Deutsche Sprache an der Hankuk-
Universität in Seoul. Sie ist Ehrenbürgerin der Stadt und Trägerin
des Bundesverdienstkreuzes. Doch all das würde sie mit einem
Handwinken am liebsten wegwischen. Was interessiert das die
Leute jetzt …

Begonnen hatte ihre Zeit in Korea ja auch eher mit einem Zufall. Während eine koreanische Automatenstimme unseren Bus
7212 immer wieder ankündigt, erzählt sie, wie sie Englisch und
Französische Philologie studiert hat. 1960 begann sie ein Aus-
landssemester an der Universität in Dijon. »An meinem ersten Tag
dort stand ich wohl etwas verloren in der Mensa rum«, sagt sie, »da
hat mich ein Koreaner auf Französisch angesprochen, ich sah wohl
aus wie die arme Ausländerin, die Hilfe brauchte.« Die beiden re-

den heute noch Französisch miteinander, nach über 50 Jahren zusammen. Kurz darauf begann sie an der Münchner Universität ihren ersten Koreanischkurs, Anfang der 60er-Jahre. »Damals dachte man noch, Koreanisch wäre irgendwie mit dem Indogermanischen verwandt«, sie schüttelt den Kopf, »verrückte Zeiten.« Der Bus quält sich zur Haltestelle, er ist voll und wir müssen stehen. Der Bus biegt beim Palasttor scharf nach links und dann bald wieder nach rechts, ruckelt den Berg hinauf. »Peking ist ja auch ganz schön«, sagt Heidi Kang mit Blick auf den Gyeongbokgung-Palast. »Die Verbotene Stadt im Zentrum wie hier in Seoul, aber in Peking ist eben kein Berg dahinter.« Westlich hinter dem Palast beginnen wieder kleine Cafés mit seltsamen englischen Namen, wie es für sonst hippe Gegenden üblich ist: Second Story, Alice`s Teapot, Roasters Paradise. Doch der Bus rast durch das Viertel und als ich mal wieder in eine Kurve geworfen werde, verdrehe ich die Augen wegen der ruppigen Fahrweise des Fahrers. Aber Heidi Kang sagt lächelnd ihren wohl typischsten Satz: »Jetzt haben Sie sich mal nicht so, das war früher noch ruckeliger, die fahren jetzt sanft!« In Korea könne man nicht so zartbesaitet sein. So viele Sachen seien jetzt besser als früher.

Heidi Kang sagt, dass hier die Schamaninnen wohnen, hinter diesem Gestrüpp von Oberleitungen und Kasten-Gebäuden, die schon gar nicht mehr städtisch wirken, weil direkt hinter ihnen die Berge beginnen – und somit, laut den Geomanten, einen perfekten Hintergrund abgeben. Wir reden über das koreanische Feng-Shui, das sich ihrer Meinung nach perfekt einfügt in dieses bergige Land. Sie erinnert sich, dass sie sich sofort wohl gefühlt hat damals hier, trotz der tristen Architektur. Als sie das sagt, hat sie so ein hintergründiges Lächeln, als wisse sie immer noch mehr als das, was sie sagt, nicht nur über Korea, sondern über das Leben an sich. Als ob Korea eine ganz eigene Lebensschule sei.

Zumindest ist sie damals noch aufgefallen und musste sich ihre Stellung als Ausländerin noch mehr erkämpfen als heute. Damals

gab es diese nur im Diplomatenviertel, es waren Militärs oder
Touristen auf Studienreisen. Allerdings war auch die Frau des ersten Präsidenten Syngman Rhee eine Österreicherin. »Das hat für
mich zumindest als Deutsche schon einiges erleichtert.« Sie zog
bei ihren Schwiegereltern ein – und wurde sofort Teil der Familie.
Sie mochte das koreanische Essen und die Schwiegereltern moch-
ten es sogar, wenn Heidi Kang einmal kochte. Es war ein kleines
koreanisches Häuschen mit drei Generationen unter einem Dach.
Aber es funktionierte gut, sagt sie. »Damals hatten Frauen noch
keinen Führerschein«, sagt sie. »Wenn ich dann einmal meinen
Schwiegervater von einem Abend mit seinen Freunden mit dem
Auto abgeholt habe, ist der immer geplatzt vor Stolz – ›Jetzt holt
mich meine deutsche Schwiegertochter ab!‹«

Als wir an der Station, die nach dem Tempel »Seunggasa« benannt ist, aussteigen, erstreckt sich rechts von uns ein großer
Zaun mit einer russischen Flagge dahinter. An der Residenz der
russischen Botschaft vorbei, laufen wir zu einem kleinen Minibus.
Der fährt immer zur vollen Stunde die steile hügelige Strecke den
Berg hinauf. Sie ist die Strecke früher auch gelaufen, aber heute
nimmt sie lieber den Bus. Eine Gruppe von koreanischen Frauen
setzt sich in den Bus und schon ist er voll. Heidi Kang sagt, dass sie
sicher zum Beten hinauffahren. »Vor allem zur Zeit der Aufnah-
me-Prüfungen von Studenten fahren die Mütter in die Tempel
und beten für ihre Kinder.« Man könne aber auch Betzeit beim
Tempel bestellen, dann müsse man nicht selbst den Berg hinauf.
Anders als wir sind die Koreanerinnen perfekt ausgerüstet für die
Berge, sie tragen farbenfrohe Kleidung aus einem Material, das
nach Raumfahrtforschung aussieht. Dann ruckeln wir los.

Wieder ist sie ungerührt, als das Auto mit Vierradantrieb über
den Waldboden rast, an Hängen entlang, auf einer Straße, die an
den meisten Stellen immerhin so breit ist wie das Auto, durch immer engere Kurven und steile Hügel. Der große Königspalast ist
umgeben von Hügeln, »beschützt«, heißt es, nur deswegen gibt es

diese Hauptstadt an dieser Stelle. Immer wieder quiekt eine der älteren Damen im Auto bei einer abrupten Bewegung, das beruhigt mich, weil ich so nicht der einzige bin, den diese Achtbahnfahrt irritiert.

Heidi Kangs erste Jahre in Korea waren aber auch Jahre, in denen das Land sich noch selbst finden musste. Dem Norden ging es wirtschaftlich besser, und die Machthaber wollten um jeden Preis einen Linksruck in der Bevölkerung eindämmen. Ihr Mann war Mitte der 60er-Jahre ein junger Professor, der in Europa zu einer linken Studentengruppe um den inzwischen berühmten, aber politisch liberalen Komponisten Isang Yun gehört hatte. Noch heute ist die Beziehung zu diesem Komponisten schwierig, er wird einerseits verehrt, aber wenn seine Stücke gespielt werden, gibt es immer eine politische Dimension im konservativ regierten Land. Als er verhaftet wurde, waren sie schon Eltern zweier Kinder, doch die Stimmung im Land war damals aufgeheizt. Selbst Heidi Kang wurde vorübergehend festgenommen, wurde aber »freundlich behandelt«. Sie redet nur knapp über diese Zeit. Das führe noch heute so schnell zu Missverständnissen. Aber ihr half, sagt sie heute, dass sie sich nicht habe einschüchtern lassen. »Andere Ehefrauen kamen auch ins Gefängnis und die weinten dann«, sagt sie, »ich aber hatte vor allem eine Riesenwut, das habe ich denen beim Verhör auch gesagt.« Sie war deutsche Staatsbürgerin – und ist es letztlich aufgrund dieser Erfahrung in den 60er-Jahren bis heute geblieben. Nach ihrer Freilassung »legte man mir nahe, für eine Weile auszureisen«. Sie dachte, sie sei nur ein paar Wochen weg und ließ ihre jüngere Tochter, die damals noch ein Baby war, bei der Schwiegermutter. »Es hätte denen das Herz gebrochen, uns alle gehen lassen zu müssen«, sagt sie. Und dann doch: »Nein, leicht war das nicht, für keinen von uns.«

Mir fallen die Puppen ein, die ich im Seodaemun-Gefängnis gesehen habe. Das Gefängnis ist heute ein Museum, nur eine U-Bahnhaltestelle von der König-Sejong-Statue entfernt. Dort kann man noch heute sehen, wie die Japaner ihre Gegner behandelt haben. Es gibt dort lebensgroße Plastikpuppen, die darstellen sollen, wie Folter ausgesehen hat: Daumenschrauben, mit dem Füßen an einem Seil hängen – und Verstümmelungen. Im letzten Raum gibt es eine Kamera, die ein digitales Foto von Besuchern im Gefängnis an eine E-Mail-Adresse schickt. Ich habe eines gemacht, auf dem halte ich eine unechte Handgranate in der Hand. Lächelnd. Heidi Kang lächelt: »Das ist lustig, genau in dem Gefängnis in Seodaemun, da war ich eben kurz drin. Das war noch bis in die 70er Jahre Untersuchungsgefängnis.« Aber wieder beschwichtigt sie: »Ich war nur drei Wochen lang dort, Man hat mir eigens ein Bett in das Einzelzimmer gestellt.« Sie sei gut behandelt worden. »Es gab damals sogar in der Bild-Zeitung die Schlagzeile: ›Heidi Kang wird nicht gefoltert‹.«

Das Auto hält und wir sind oben am Tempel angekommen. Vor uns liegt ein großer Treppenaufgang, zu einem Ort, der im Jahr 756 nach Christus errichtet wurde. Der Mönch Su-tae erbaute den Tempel Seunggasa, weil ihm der chinesische Lehrmeister »Seungga« erschienen war, der in ganz Asien als eine Art »lebender Buddha« verehrt wurde.

Als wir die Stufen hinaufgehen, erzählt Heidi Kang, dass dieser ganze Vorplatz gerade erst renoviert wurde. Früher seien die Stufen nicht so gleichmäßig gewesen. Es sei ein Nonnenkloster, das nach und nach Geld erwirtschaften konnte. »Gerade, weil so viele Frauen hierher gekommen sind, um zu beten.« Schwierig hatte es das Kloster noch, weil während der Regenzeit die Gebäude schwer zu erreichen sind, die Erosion tut dann ihr übriges, um die Gebäude zu beschädigen. Doch je weiter wir aufwärts steigen, umso mehr wird klar, dass diesen Tempel auch die Grundeigenschaft aller koreanischen Tempel auszeichnet: Seine Lage ist bemerkenswert. Ich habe inzwischen einige Tempel in Korea besucht, am Wasser, in den Bergen, in der Stadt, doch selten ist ein Tempel so »eingebaut« in die Natur, dass er fast Teil ihrer selbst ist. So ähnlich

Von hier oben wirkt Seoul plötzlich wie eine ganz friedliche Stadt

funktionieren auch koreanische Gärten: Anders als englische oder japanische Gärten verändern sie die Umwelt feinfühlig, versuchen einen Einklang herzustellen. So wie hier, mitten in den Bergen.

Der Berg, der Bukhansan, ist der Nordberg, direkt hinter dem Palast, er war früher die Nordgrenze der Stadt. Anders als beim Namsan ist der Weg hier hinauf wirklich eine Bergwanderung, kein Spaziergang für einen Sonntagsausflug. Es fühlt sich auch nicht mehr an wie ein Stadtgebiet. Es ist windig, es riecht nach Wald und das einzige Geräusch stammt von einer betenden Nonne aus den Lautsprechern. Heidi Kang ist schon fast auf einem Platz mit einer Pagode angekommen. Sie dreht sich um und sagt: »Dort, diesen Blick hat man nur von diesem Tempel. Von hier aus kann einem Seoul den Buckel runterrutschen.«

Und richtig, es ist ein Blick, der sich einprägt. Die Hochhäuser von Seoul wirken wirklich umschlossen von Natur, durch Bäume hindurch erhebt sich weit hinten die Innenstadt und direkt dahinter der Namsan mit dem Turm. Der Lotte-Tower. Von hier oben sind noch viel mehr Hügelketten zu entdecken. Plötzlich ist die Aussage, dass 70 Prozent Südkoreas aus Bergen bestehen, wirklich plastisch zu sehen.

»Vielleicht liegt es auch an den Bergen«, sagt sie, »dass die Koreaner so schwierig zu regieren sind.« Wenn jemand buchstäblich über die Berge sei, wisse man ja nicht mehr, was er denke, ob er zurückkomme. Sie erzählt von dem Volkslied *Arirang*, das auch von einem jungen Mann handelt, der hinter den Bergen verschwindet. Das liege hier immer in der Luft, das Verschwinden und Nichtmehr-Auftauchen. Und dann diese Unversöhnlichkeit, die auch sie bemerkt hat. Die Jungen und die Alten, die Stadt Seoul und der Rest des Landes, natürlich der Norden mit dem Süden, aber auch: der Osten mit dem Westen des Landes. »Versuchen Sie mal als Westküstenkoreaner eine Ostküstenkoreanerin zu heiraten«, sagt sie, »es gibt nicht nur Norden und Süden hier.« Und manche Seouler können heute noch Dinge, die nicht von hier kommen, nicht ernst nehmen. Das Schnelle, das Moderne, das Alles-auf-einmal, es kann auch süchtig machen.

Wir laufen in den Tempel hinein, in die Gegend, aus der die Gebetsgeräusche kommen. Eine Nonne steht am Eingang und trommelt auf einem Holzgerät. Erst langsam, dann immer schneller, es klingt wie ein Ball, der in immer kürzeren Abständen auf den Boden trifft. Klack, Klack, klackklack, klaklaklaklakalalaa … Der Tag im Tempel beginnt gegen vier Uhr mit einem gemeinsamen Gebet, das hatte ich gelesen. Wie in den meisten Tempeln des Landes kann man auch hier eine Übernachtung buchen. Ich nehme mir vor, mir einen Tempel auszusuchen und das zu versuchen. Später auf der Reise.

Heidi Kang erzählt von den drei Jahren, in denen sie in Deutschland auf ihren Mann wartete. Es kamen Briefe aus dem Gefängnis, aber die waren übertrieben positiv, ihr Mann wusste, dass sie vorher gelesen werden. Heidi Kang machte in Deutschland ihr Referendariat und kümmerte sich abends ehrenamtlich bei Amnesty International um inhaftierte Koreaner – auch um ihren Mann. Im Jahr 1970 durfte er nach Deutschland ausreisen, mit der Tochter, musste aber seine Eltern zurücklassen. Fast 20 Jahre nach dem Koreakrieg war das Land nicht nur in Nord und Süd gespalten, sondern trennte auch Familien innerhalb Südkoreas. Die kleine Familie Kang war wieder zusammen – nur dass die zweite Tochter ihre Mutter nicht mehr wiedererkannte und vor allem Koreanisch sprach. Heidi Kang zuckt bei solchen Erzählungen mit den Schultern, so war das eben, sie haben versucht, das Beste daraus zu machen. Heute ist alles leichter, was haben die Jungen schon für eine Ahnung.

Es war die Zeit, in der die USA und Südkorea in eine Geheimdienstaffäre verwickelt waren, die bis heute nicht aufgearbeitet ist. Ein südkoreanischer Lobbyist soll angeblich in den 70er-Jahren an mehrere US-Kongressabgeordnete hohe Geldsummen gezahlt haben, damit sie in einer Abstimmung für den Verbleib der US-Truppen in Seoul stimmen. Präsident Park Chung-Hee verbat sich zudem jede Einmischung in seine Interpretation der Menschenrechte zu jener Zeit. Man könnte sagen, es waren raue Zeiten und Park wollte vor allem die Wirtschaft ankurbeln. Dabei hätten Bedenkenträger gestört. Der Geheimdienst hatte damals viele Freiheiten – offenbar zu viele. Obwohl Schmiergeldzahlungen an US-Politiker ermittelt wurden, ist auf Seiten Südkoreas niemand verurteilt worden. Das »Koreagate«, wie es genannt wurde, wurde ohnehin von dem Original »Watergate« überschattet, sodass es eigentlich bis heute keine bekannte Affäre ist.

Manchmal ist es wie verhext in der Geschichte von Korea. Da sterben vier Millionen Koreaner in den 50ern, niemand spricht darüber, kein großer Hollywoodfilm entsteht, und auch später, als die Skandale größer werden, ebenso wie die Summen, die gezahlt werden, wenn beim Riesen Samsung eine Leukämie-Häufigkeit bei Mitarbeitern festgestellt wird, erfährt das niemand. Es interessiert niemanden. Das Land liegt noch immer im Schatten des Nordens. Es befindet sich im Wettbewerb und jedes Eingeständnis von Schwäche ist ein Minuspunkt im Kampf gegen den Norden. Also schweigen alle.

Heidi Kang steht vor einem Telefon, das aus dieser Zeit stammen könnte. Es ist ein Münzfernsprecher, der die Digitalisierung des koreanischen Lebens überstanden hat, mitten im Bergtempel. »Von hier aus hab' ich schon ein Mal in Deutschland angerufen, nur so, ich wollte einmal von hier aus sagen, dass es mir gut geht.« Er müsste noch funktionieren, denn in diesen Tempeln hat sicher nicht jeder ein Mobiltelefon.

Sie spricht von Deutschland noch immer als »zu Hause«. Dabei ging sie im August 1976 wieder nach Seoul und ist bis heute geblieben. Zunächst wegen der Schwiegereltern, später, weil sie sich ein Leben in Deutschland nicht mehr vorstellen konnte. »Aber es war nicht mehr das gleiche Leben«, sagt Heidi Kang. Die Familie war dem Staat aufgefallen und plötzlich galten sie als zumindest suspekt für die Führung. Plötzlich sei da immer jemand hinter ihnen gewesen, der in ein paar Metern Abstand in die gleiche Richtung lief. »Schon von deren Aussehen her war uns klar, dass die vom Geheimdienst waren.« Aber gerade, weil es so berechenbar war, wirkte es für sie weniger bedrohlich. Außerdem war der Geheimdienst nicht der unhöflichste: »Einmal hat mein Mann einen der Verfolger direkt angesprochen«, sagt sie, »der aber wiederum habe ganz offen gefragt, ob er bei uns im Auto mitfahren dürfe.« Die Beamten hätten damals schlicht kein Budget für Transport gehabt. »Er meinte, er wolle nur drei Tage dabei sein, seinen Bericht schreiben und alles sei erledigt.« Sie schüttelt noch Jahrzehnte später den Kopf. Das sei alles nicht so leicht zu erklären, diese Zeit und sie möchte sich da auch heute nicht zu weit aus dem Fenster lehnen. Politik in Korea, das ist ein Minenfeld.

Die 70er-Jahre waren in Korea auch die Zeit, in der Park

Chung-Hee die Saemaul-Bewegung einführte, in den Dörfern
sollte der Wohlstand ankommen, der von den Städten erwirt-
schaftet wurde. Die Straßen sollten überall sauberer werden, es
wurden moderne Geräte angeschafft, moderne Wohnanlagen
auch in entlegenen Gegenden Südkoreas errichtet. Es war die
Zeit, in der im Land das Wort »Ppalli-ppalli« häufig zu hören war –
»Schnell-schnell«. Noch heute ist es ein geflügeltes Wort, das sich
Koreaner zurufen, wenn sie einander anspornen wollen. »Ppalli-
ppalli!« zum Taxifahrer, zum Architekten, zum Städteplaner. So
entstanden im ganzen Land in Windeseile Hochhäuser, Brücken,
Tunnel, Bahntrassen. Es war die Zeit, als Zehntausende Koreaner
nach Westdeutschland gingen, um dort in Minen und Kranken-
häusern zu arbeiten, es war auch die Zeit, in der der Süden den
Norden wirtschaftlich überholte.

Für Heidi Kang war diese Zeit vor allem: spannend. »Ich bin
nicht nach Korea gekommen, weil ich auf der Suche nach Ruhe
war.« Genau hier ginge es ihr gut, sagt sie. »Ich glaube, ich war in
Deutschland immer irgendwie angespannt, erst hier war ich wirklich immer zufrieden, so wie angekommen.« Die Hausarbeit konnte man abgeben an eine Haushälterin, Essen ist gesund und am
Wochenende in die Berge. »Bis auf den heißen Sommer ist hier
auch das Wetter viel besser«, sagt sie. Noch heute, wenn sie ihre-
Verwandten in Braunschweig oder Bielefeld besuche, sei da sonn-
tags immer so wenig los. »Da werd ich ganz kribbelig.«

Wir laufen die Treppen zu dem Haupttempel hinauf, drehen
uns immer wieder um. Berg im Rücken, Fluss im Tal, Wind um
uns. Die Holztüren sind offen, drinnen hängen Gebets-Lampen,
stehen Buddha-Statuen. Zwei Nonnen beten und vier Besucherin-
nen ebenfalls. Ihre neonfarbenen Sportschuhe stehen am Eingang. Wir sehen den Nonnen bei der Arbeit zu. Sie erheben sich,
sie verbeugen sich, sie knien sich hin, legen ihre Stirn auf den Boden, erheben sich ... Eine von Ihnen hat eine Nickelbrille auf und
lächelt mit geschlossenen Augen. Sie klopft auf einer Holztrom-

mel, während sie sich verbeugt. Auf den hinteren Sitzkissen sitzt
eine ältere Koreanerin in bunter Outdoor-Kleidung. Es ist das Ge-
genbild der gehetzten Menschen auf dem Platz unten in der Stadt.
Holzhäuser statt der Hochhäuser. Farben statt grauem Beton.
Wandgemälde statt LCD-Bildschirmen. Kein Ppalli-ppalli. Wie
eine andere Zeit.

Wir laufen um den Tempel herum. Wir reden über die Farben
der Wandzeichnungen (»so zwischen Blau und Grün, das gibt es
nur hier«), über die Figuren auf den Dächern (»die sollen Dämonen
fern halten, die können nur geradeaus laufen«) und Heidi Kang erzählt, wie bei jedem ihrer Besuche mehr Gebäude hier standen.
An den Außenwänden ist die Geschichte von einem Jungen aufgemalt, der einen Ochsen sucht – es ist die Geschichte, die auf den
meisten koreanischen Tempeln in irgendeiner Form zu sehen ist,
wie der Kreuzweg in Kirchen. Diese hier sind besonders deutlich
gemalt, vielleicht frisch restauriert. Der Junge steht für alle Menschen und der Ochse für sein Selbst, das der Mensch verloren hat.

Das erste Bild zeigt einen Jungen, der allein in die Berge läuft, er
sieht Spuren eines Tieres auf dem Weg. Schließlich findet er einen
Ochsen im Wald grasend und setzt sich zu ihm. Dieser Ochse ist
ein Symbol für den Weg zur Erleuchtung. Es gibt verschiedene Aus-
führungen dieser Bilder. Im Seunggasa ändert der Ochse noch seine
Hautfarbe in Weiß – bevor der Junge auf ihm zurück ins Dorf reitet,
auf der Flöte blasend. Die erste Stufe der Erleuchtung ist erreicht.
Doch das ist nicht das Ende der Reise. Das nächste Bild überrascht,
weil es komplett aus dem Schema fällt, kein Berg, kein Ochse, sondern nur ein Kreis auf schwarzem Grund. Seit tausend Jahren, nur
ein Kreis, hundertfach in ganz Südkorea auf Tempeln. Er soll das
Gefühl der Leere darstellen, die nächste Stufe der Erleuchtung.
Kein Anfang, kein Ende, auf jeden Fall: kein Ppalli-ppalli.

Heidi Kang kennt diese Bilder und ihre Bedeutung. Sie muss
lächeln wie ich, als wir bei unserem Rundgang einige Kisten unter
den Bildern entdecken, für Getränkekistenstapel oder Gerümpel

gibt es nirgendwo in Korea Stauraum, warum sollte es in einem Tempel anders sein? Immer muss irgendwas draußen rumstehen, selbst in guten Restaurants kann man neben einem Bierdosenstapel sitzen. Wenn es alle machen, ist es nicht so schlimm.

Wir laufen weiter um den Tempel herum. Auf dem nächsten Bild sind wieder die Berge zu sehen, aber sonst nichts. Nur Natur. Die nächsthöhere Stufe der Erkenntnis ist die Konzentration auf das Wesentliche. Auf dem letzten Bild ist er dann wieder da, der Junge, aber er sieht anders aus, älter, reifer. Weiser? Er hält einen Stab und eine Gebetskette in den Händen.

Wir reden noch etwas über die 80er- und 90er-Jahre, aber da war Heidi Kang schon längst etabliert in Korea. Sie ist inzwischen das Gesicht für den literarischen Austausch, viele, die in Seoul irgendetwas mit Übersetzung in der Botschaft zu tun haben, kennen sie zumindest oder haben mal bei ihr studiert. Sie könnte noch viel erzählen, von dem Tag zum Beispiel, als sie beinahe unter den 32 Menschen gewesen wäre, die beim Einsturz der Hangang-Brücke in Seoul gestorben sind, (»Ich hatte nur an dem Tag eine andere Route genommen«) oder wie ihr die Ehrenbürgerschaft von Seoul verliehen wurde (»Das hat mich gefreut, ich würde das aber auch nicht an die große Glocke hängen«). Bevor sie mich noch zu der höchsten Statue schickt, schauen wir noch einmal von oben auf Seoul herab. »München ist auch schön«, sagt sie, »aber sobald ich länger in Deutschland bin, fehlt mir das hier.«

Ich frage sie nach *Han*. Kennt sie das? Das Gefühl der großen Traurigkeit? Die Antwort ist fast eine Anleitung dafür, wie man in Korea so lange leben kann, voller Verständnis, aber auch mit Abgrenzung.

»Ach, wissen Sie, ich bin nicht so eine Grüblerin. Ich schaue eher nach vorn. Die Koreaner schlucken so viel herunter und ihre Position war ja in der Geschichte so lange so hoffnungslos. Wir Deutschen sind so nicht konditioniert. Wir äußern unsere Gefühle eher. Und ich glaube, für jahrzehntelanges Grämen und Nach-

Der in Stein gehauene Buddha von Seunggasa blickt seit 1000 Jahren auf die Stadt Seoul herab.

tragen habe ich schlicht kein Talent.«

Schließlich laufe ich allein eine steile Treppe hinauf, unten steht ein Schild, das sagt, es sind genau 108 Stufen. Die stehen demnach für 108 Leiden auf dem Weg zur Erleuchtung. Jeder, der es hier nach oben schafft, sollte den Buddha von Nahem gesehen haben. Nur rund eine Stunde von Seouls Stadtkern entfernt, wo sicher gerade wieder irgendjemand irgendeinen anderen anrempelt. Und sich nicht entschuldigt. In Korea gilt es als unhöflich, weil man erst durch die Entschuldigung auf die Tat hinweist. Also tut man einfach so, als wäre nichts passiert.

Mich regt das manchmal noch immer auf, das Rempeln und Weiterlaufen, es läuft komplett meinem Höflichkeitsempfinden entgegen. Dabei sollte ich dann vielleicht an Buddhas wichtigsten Spruch denken: Auch das geht vorbei.

Dieser Buddha hier im Fels hat auch so ein Pokerface, so neutral und tiefenentspannt. Je länger ich es anschaue, desto ruhiger werde ich. Der Fels war schon hier, bevor Seoul gegründet wurde, bevor die Chinesen und Mongolen und Japaner hier waren. Vielleicht auch, bevor die Koreaner so traurig wurden. Schon immer saß dieser Buddha hier im Schneidersitz auf Lotusblüten. Ich schaue den Felsen lange an, während das Gesicht im Stein starr auf die große Stadt herabblickt. Vom Tempel her werden die Gebetslaute hinaufgeweht, ich drehe mich um und laufe die Stufen hinab. Normalerweise nehme ich zwei auf einmal, in Berlin, in Seoul, dazwischen. Nur hier im Tempel geht das nicht, die Stufen sind zu steil und heute auch etwas glatt und ich hab noch viel vor.

Außerdem: Warum die Eile?

Kapitel

6

Dogderella, der Vermittler

HAN-SE-SHI 한스씨 (HERR HANS)

Diesmal ist es ein anderer Deutscher, der quer durch die Hochhausschluchten von Seoul rennt. Daniel Lindemann, 29, läuft über die Insadong-Straße, durch das Touristenviertel von Seoul, hinter ihm eine koreanische Schulklasse, Mädchen, die ihre Mobiltelefone in die Luft halten. Kreischen: »Daniel!!!« Neben ihm läuft, grinsend, ein alter Kumpel, gerade zu Besuch aus dem Rheinland, einer, der jetzt auch verstehen kann, wie sich das anfühlt, »다니엘 린데만« (Da-ni-el Lin-de-mann) in Südkorea zu sein. Seoul kann einem Besucher schon bisweilen seltsam vorkommen, die vielen Kneipen mit Namen wie »Oktoberfest« oder »Hofbräu« zum Beispiel. Aber der ruhige Daniel aus Langenfeld, der klavierspielende Kampfsportler, aufgezogen von der Großmutter und der Mutter, plötzlich ein Star? Was ist da los?

Lindemanns Geheimnis, so sagte er mir in einem Café in Seoul, ist Gelassenheit. Wir hatten uns verabredet, weil ich einfach
zu oft auf ihn angesprochen wurde: Kennst Du Daniel? Ich kenne
jemanden, der kennt Daniel! Ich würde so gern einmal Daniel Lindemann treffen. Gesagt wurden diese Sätze immer von weiblichen
Bekannten von mir.

Als ich ihn dann in einem Café danach frage, erzählt er mir zunächst diese Szene aus der Insadong-Straße. Er rennt und die Mädchen immer hinterher. Da wurde ihm klar, dass sich für ihn hier
wirklich etwas verändert hat. Aber er sehe das ganz nüchtern: »Ich
versuche halt, durch meine ruhige Ausstrahlung meinen Beitrag zu
leisten, dass Deutschland nicht als das strenge Land mit dem Mili-
tärton gilt.« Beide Staaten verbinde viel, die Liebe zur klassischen
Musik, zur Wissenschaft und zur Kunst.

Er hat recht. Wenn man als Deutscher in Korea lebt, dann bekommt man häufig zu hören, dass Korea und Deutschland verwandte Nationen seien – nicht zuletzt teilen beide den 3. Oktober
als Nationalfeiertag. In jedem Jahr kommt es deswegen zu Problemen in den Botschaften: Wo feiern wir in diesem Jahr? Zudem heiße nicht zufällig eines der größten koreanischen Unternehmen
»Lotte«, benannt nach der jungen Frau in Goethes »Werther«. Außerdem wandern Koreaner wie Deutsche am Wochenende gern.
Auch Bertold Brecht und Michael Ende werden hier in der Schule
durchgenommen.

Daniel Lindemann sagt, er sei sich vieler Ähnlichkeiten der
Kulturen erst durch seine Arbeit bewusst geworden: »Im Ausland
wird jeder auch ein bisschen patriotischer.« Lindemanns patriotische Arbeit ist seit Juli 2014 einmal wöchentlich im koreanischen
Kabelsender JTBC zu betrachten, immer montagabends ab 23
Uhr. Aber auch in der Woche verteilt läuft die Sendung immer
wieder tagsüber. Ich habe ihn gesehen, als ich meine Brille bestellt
habe und eine halbe Stunde warten musste, bis die Gläser fertig
waren (länger dauert in Korea ein Brillenkauf nicht). Und immer

wieder in einem der Restaurants, in denen ein Fernseher hing oder im Büro. Immer wieder war da dieser Herr Lindemann und erklärte den Koreanern Deutschland.

Er sitzt dann mit elf anderen Männern im Anzug an einer langen Tafel; jeder kommt aus einem anderen Land, aus Kanada, Russland, Belgien, Nepal, China, Italien, Frankreich, Ghana, Australien, den Vereinigten Staaten und eben Deutschland, lebt aber in Südkorea. Die Sendung heißt grob übersetzt: »Anomales Gipfeltreffen«. Angefeuert durch drei koreanische Moderatoren, stellen die inoffiziellen Botschafter ihrer Heimatländer jede Woche kulturelle Eigenheiten auf den Prüfstand. Warum holen Italiener ihren Frauen »die Sterne vom Himmel«? Wieso müssen die Kinder in Korea bis spätabends in die Schule gehen? Aber auch: Wie war das genau mit Hitler?

Als ich Lindemann darauf anspreche, auf Hitler, atmet er noch einmal durch. »Ja, das mit Hitler war das erste Mal, dass ich merkte, dass meine Aussagen in der Show eine große Wirkung haben«, sagt er. Er spricht auf diesen Moment an, als es um Vergangenheitsbewältigung ging. »Ich war es einfach leid, von koreanischen Taxifahrern erklärt zu bekommen, dass Hitler ein toller Typ war, oder auch nur, wie gut seine Uniform aussah.« Natürlich ist er auch bei diesem Ausbruch vor der Kamera ganz Diplomat geblieben. Er relativierte, auch Deutsche wüssten schließlich erschreckend wenig über den Pazifik-Krieg. Als er in einem anderen Zusammenhang wieder von Aussöhnung und Vergangenheitsbewältigung sprach, begann der Chinese in der Runde zu weinen: »Ihr geht mit eurer Geschichte viel ehrlicher um«, sagte er. »Das würde hier so viel erleichtern.«

Die Deutschen gelten in Korea als diejenigen, die sich dem schrecklichen Teil ihrer Vergangenheit gestellt haben. Gleichzeitig muss einer wie Daniel Lindemann auch aufpassen. Er kann zum Beispiel Korea nicht zu sehr kritisieren, vor allem nicht im Staatsfernsehen. Ich war selbst einmal eingeladen, zu einer Sendung, in der ausländische Korrespondenten über südkoreanische Themen diskutiert. Dabei wurden uns nicht nur die Fragen vorgegeben, damit wir uns vorbereiten konnten, sondern neben jedem Namen standen auch die »erwarteten Antworten«. Wer sich in Südkorea öffentlich äußert, muss eben vorsichtig sein. Das hatte schon Heidi Kang angedeutet.

Das kann auch die Autorin Vera Hohleiter bestätigen. Sie war Teil einer Fernsehshow, in der Ausländer auf Koreanisch über die Eigenheiten ihrer Länder diskutierten. »Quatschende Schönheiten« hieß die Show grob übersetzt. Sie war der Vorgänger der Sendung mit Lindemann. Nach ihrer Rückkehr erschien ihr persönlicher Korea-Ratgeber »Schlaflos in Seoul«. Als der aber ins Koreanische übersetzt wurde, musste sie regelrecht untertauchen: Sie bekam Todesdrohungen in Deutschland – nur weil sie in ihrem Buch auch beschrieb, wie unangenehm die strengen Sitten sein können und wie schwierig das Leben als Vegetarierin in Korea sein kann.

Doch auch die Sendung mit Lindemann, das »Anomale Gipfeltreffen«, blieb nicht ohne Skandale: Der erste Aufruhr der Sendung war denn auch, dass ausgerechnet zur Vorstellung des japanischen Diskutanten ein bekanntes Kriegslied aus Japan gespielt wurde. Koreaner, die es erkannten, fanden das gar nicht komisch. Der zweite große Skandal betraf den bis Ende 2014 wohl beliebtesten in der Runde: den Türken Enes Kaya. Seine Plakate hingen überall in Seoul, Korea sei das »Bruderland« der Türkei, betonte er immer wieder in der Sendung, und meinte, dass beide Völker konservative Familienwerte vertreten. Er war witzig, ein kleiner Macho, sah gut aus, verheiratet, ein Kind, und sprach das beste Koreanisch von allen. Doch dann stolperte ausgerechnet dieser junge Mann über eine schlüpfrige SMS, die er offenbar an mehrere Koreanerinnen verschickt und darin auch seine Familie und Ehe geleugnet hatte. »Die hat mir das TV-Team als Tarnung aufgeschwatzt«, log er. Ganz geklärt wurden die Vorwürfe nie, aber

seine Reaktion war fast schon koreanisch in der Konsequenz: Er
entschuldigte sich bei all seinen Fans und verließ das Land.

Doch derlei Tratsch ist mit dem diplomatischen Deutschen
Daniel Lindemann nicht zu besprechen. Auch hier bleibt er Medi-
en-Profi: »Wir sind alle gut befreundet«, sagt er, knapp lächelnd,
und: »Klar, es sei nicht immer leicht, bei dem plötzlichen Ruhm einen kühlen Kopf zu bewahren.« Nein, er habe kein Medientrai-
ning erhalten, nein, er habe sein Leben auch nicht groß umge-
stellt, lebe noch immer in einer kleinen Zwei-Zimmer-Wohnung
in Itaewon, dem einzigen Stadtteil von Seoul, in dem ein nicht-asi-
atisches Gesicht wenig auffällt. »Ein Freund sagte mir zu Beginn
der Sendung, ich werde merken, dass mich viele mögen werden,
obwohl sie mich nicht kennen.« Diesen Satz hat er jetzt immer im
Kopf, wenn er die Kapuze etwas tiefer zieht, sobald er in die U-
Bahn geht.

Seine Beziehung zu Korea begann, als er als Jugendlicher Taek-
wondo lernte, 2006 die Sprache und im August 2008 als Aus-
tauschstudent nach Seoul kam. Zwei Jahre später kehrte er für ein
Masterprogramm zurück. Im Frühjahr 2014 erreichte ihn in seiner
Universität die Casting-Anfrage einer Fernsehshow, noch am
Abend der Vorstellung beim Sender kam die Zusage. Wir können
uns beide nicht vorstellen, dass sich in Deutschland solch ein
Konzept heute noch ohne weibliche Beteiligung durchsetzen
könnte. Sonst allerdings schon, schließlich wird Deutschland derzeit immer internationaler und in sozialen Netzwerken in Korea
kann man eher bestätigt finden, dass sie ihre Vorurteile über diese
Sendung abbauen konnten. Eine schrieb dort: »Daniel, du bist für
mich Deutschland.«

Und doch wird manchmal deutlich, dass schon mit einer Frau
im Raum die Stimmung eine andere wäre. Man kann im Internet
noch heute sehen, wie Daniel Lindemann in seiner ersten Sendung mit dem Franzosen Robin Deiana darüber streitet, welches
Land das bessere Brot habe. »Deutsches Brot schmeckt wie ein

Ziegelstein«, sagte Deiana auf Koreanisch mit einem französischen Akzent, »aber wir alle schauen eure Pornofilme am liebsten!« Dann wurde Daniel noch auf »Socken in Sandalen« angesprochen und die deutsche Humorlosigkeit. Er musste viel einstecken an diesem Tag. Seitdem aber hat er viel getan für das deutsche Image in Korea. Lindemann hat seinen Lieblingssatz von Erich Kästner in der Sendung untergebracht (»Mut ohne Klugheit ist Unfug und Klugheit ohne Mut ist Quatsch«), hat Komplimente für deutsches Bier bekommen und sich als »Dogderella« sogar einen lustigen Spitznamen erkämpft. Die Cinderella, die sich für Deutschland (koreanisch: »Dog-il«) einsetzt.

Über genau dieses »Dogil« hat er eine zwölfteilige Vortragsreihe organisiert und in vollen Sälen in ganz Korea vor meist weiblichem Publikum seine Heimat erklärt – und Klavier gespielt. Seit 2014 hat er auch eine Kolumne in der südkoreanischen Tageszeitung »Korean Joongan Daily« und das alles könnte genauso weitergehen, sagt er. Ursprünglich sei die Sendung nur für ein Jahr angesetzt gewesen, aber die Einschaltquoten haben sich inzwischen verzehnfacht. Er macht Werbung für Telefone, Autovermietung und Gesichtscreme. Er weiß auch, dass er vorsichtig sein muss. Als er kürzlich einmal in der Sendung sagte: »Heiraten ist, wenn man sich frohen Mutes ein Grab gräbt«, bekam er kurz darauf eine Tasse geschenkt, mit diesem Spruch eingraviert. »Die Fans hier sind wirklich unglaublich«, sagt er, »aber sie haben eben auch immer ein Mobiltelefon dabei.« Als er kürzlich mit einer guten Freundin am Arm durch Itaewon lief, merkte er, wie schnell Gerüchte entstehen können, nur weil er mit einer Frau durch die Straße läuft.

Dabei wissen die Fans schon jetzt viel von ihm, er hat es irgendwann in der Sendung erzählt und sagt es noch einmal: Sein Vater ist ein israelischer Soldat, den er nie kennenlernte. Aufgezogen wurde er von der Mutter und der Großmutter. Seinen Vater hat er erst vor kurzem angerufen, per Skype. Auch davon hat er in der Sendung ganz Korea erzählt, wie fremd er sich fühlte bei dem

Gespräch. »Ich habe diese Offenheit bisher nicht bereut« sagt er.
In diesem Jahr besucht die Sendung alle Teilnehmer zu Hause.
Dann wird er in Langenfeld plötzlich ganz viel Koreanisch sprechen müssen. So langsam rufen auch die ersten deutschen Zeitungen und Radiosender bei ihm an. Bisher hat er alle Anfragen immer sehr freundlich und diplomatisch beantwortet.

Und genau das ist vielleicht das Problem, wenn man ihm zu-
hört und versucht, ihn kennenzulernen. Er bleibt irgendwie glatt,
freundlich, aber zurückhaltend. Er erzählt die Sätze aus seinen
Vorträgen, wie gut sich die Nationen verstehen, die Deutschen,
die Koreaner. Daniel Lindemann steht auf und schon nach zwei
Metern in Richtung Tür wird klar, dass sie nur gewartet haben. Sie,
das sind die Koreanerinnen, die Fans. Ein Mädchen verbeugt sich
und fragt nach einem Foto mit ihm. Er verbeugt sich auch, macht
das Victory-Zeichen, lächelt wahnsinnig freundlich. Als er auf die
Straße tritt, sind da plötzlich ganz viele Mädchen mit Mobiltelefo-
nen. »Daniel! Dürfen wir?« Er nickt, verbeugt sich – und es sieht
dabei auch ein bisschen so aus, als knicke er ein.

Auf die Frage, wie sehr er sich als Diplomat sehe, auf einer Ska-
la zwischen 1 und 10, hatte er eben noch geantwortet: »Vielleicht
eine 8,5«. Jetzt muss er es beweisen.

Kapitel

7

Ecke Hamilton,
nachts um vier

KIM 김 (WICHTIGSTER NACHNAME)

Nördlich vom großen Fluss in Seoul hat sich kürzlich ein Drama ereignet, das zwar wenig mit *Han* zu tun hatte, aber trotzdem sehr koreanisch gelöst wurde. Ein deutscher Geschäftsmann ließ im Park seinen Schoßhund frei herumlaufen. Dieser bellt die 72-jährige Ehefrau des Chefs eines koreanischen Baukonzerns an, doch statt sich auf den Boden zu werfen vor der honorigen Businessfrau, die immerhin wiederum seinen Hund angriff, kam es offenbar sogar zu einem Handgemenge. Die Frau behauptet später, sie sei gebissen worden – vom Hund – und sogar die deutsche Botschaft musste sich einschalten. Artikel in den Tageszeitungen und die Online-Kommentare über die unhöflichen Ausländer machten alles noch schlimmer. Alles ein Desaster, die Ausländer und die Koreaner.

Die Ortsangabe in solchen Zeitungsmeldungen im »Korean Herald« lautet in Fällen von Fehlverhalten von Ausländern eigentlich immer: Itaewon. Dieser Ort war in Seoul lange verhasst und übt inzwischen eine Anziehungskraft aus wie nur wenige andere Stadtviertel. Dort laufen Ausländer bei Rot über die Straße! Dort trinken Männer ihren Gin-Tonic auf der Straße und knutschen miteinander! Dort ist ein nackter Koreaner gesichtet worden, der vor dem Bordell schwankend eine Zigarette rauchte. In Itaewon darf sich jeder alles erlauben. Nur zwanzig Meter neben diesem Bordell mit dem nackten Raucher habe ich mein iPhone gekauft. Der Pakistaner wackelte mit dem Kopf, verließ kurz sein Geschäft und brachte das Gerät. Es war originalverschweißt, in meiner Erinnerung zumindest. Es war auf jeden Fall sehr neu und ein bisschen günstiger als in Deutschland. Ich könne ihm vertrauen, sagte er. »Ich bin dein Freund.«

Dieser Pakistaner ist es auch, der mir einmal im Monat das Guthaben auflädt – und mit der Frau, die von ihm immer nur die Zahlen einer Telefonkarte hören will, am Telefon flirtet. Ja, er spreche fließend Koreanisch, Arabisch, Hindi und Urdu. Sie könne ja einmal vorbeischauen, hier in Itaewon. Er ist bestens vernetzt, kennt die nigerianischen Geschäftsleute, die wenigen syrischen Flüchtlinge, die Türken, die Döner verkaufen, der hier irgendwie besser schmeckt als in Berlin. Itaewon ist voller hoffnungsvoller Migranten, die hier, so fernab der üblichen Flüchtlingsrouten zwischen Nordafrika und Europa, ihr Glück versuchen. Itaewon ist für sie zu einer Heimat geworden. Hier steht die einzige Moschee der Stadt. Und es gibt sogar ein Lokal namens »Foreign Restaurant«.

Es gibt im Stadtmuseum von Seoul eine Tafel, auf der die Ausländer aufgezählt sind, die im 19. Jahrhundert in Seoul lebten. Im Jahr 1890 genau acht Deutsche. Nicht weit davon der Satz: »Im Jahr 1888 machten sich die ersten ausländischen Elemente in Korea breit.« Es ist nicht gerade freundlich formuliert – und die Tatsache, dass es noch immer im Stadtmuseum so dasteht, zeigt eine generell skeptische, fast ablehnende Haltung gegenüber allem Fremden. Doch in den letzten Jahren ist eben auch eine Faszination hinzugekommen. Für alles europäische, alte, kulturelle: Tango, Salsa, klassische Musik, für all diese Dinge gibt es inzwischen Experten in Seoul. Und Itaewon repräsentiert diesen einzigen Schmelztiegel, den Seoul zu bieten hat.

Das prägendste am Straßenbild in Itaewon sind aber die US-Soldaten. Sie laufen in schweren Schritten – wegen ihrer schweren grauen Tarnuniformen – die Straßen auf und ab. Sie füllen die Kneipen, sie sind der Grund dafür, dass in Itaewon fast überall auch Englisch verstanden wird. Als die USA nach dem Koreakrieg ihre Garnison auf der anderen Seite des Namsan aufschlugen, war das außerhalb der Innenstadt. Sofort bildete sich ein Dorf gleich neben dieser Basis: Haebangchon, wörtlich: das »Befreiungsdorf«. Hier sind wir sicher, dachten sich die ersten Koreaner, die herkamen. Dabei hatten auf dem Gelände schon 1910 die Japaner ihr Militärhauptquartier aufgeschlagen. Traditionell galt für Südkoreaner schon immer: In Itaewon sind die Fremden. Das Gelände mit einer Fläche von fast drei Quadratkilometern wollte Obama zwar schon im Jahr 2012 an die Koreaner zurückgeben, aber das Datum wurde ständig nach hinten verschoben – aktuell auf 2019. Selbst das wird mit jeder Drohung der Nordkoreaner immer unwahrscheinlicher und irgendwie haben sich die Südkoreaner auch an die 21 000 US-Soldaten mit ihren schweren Schritten und ersten Erfahrungen mit Alkohol im Land gewöhnt. Viele der Soldaten sind erst 18 oder 19 Jahre alt. In Korea dürfen sie trinken, daheim nicht.

Für lange Zeit war Itaewon fast eine eigene Stadt. Die Mieten blieben vielleicht deswegen bis heute günstiger als in Gangnam oder Jongno, denn Ausländer sind für Koreaner kein Standortvorteil. Sie bleiben nicht lang, sie sprechen kein Koreanisch und wissen nicht, wie man sich benimmt. In Kneipen wollen sie nur trinken und nicht auch teure getrocknete Tintenfische bestellen, die zwischen den Zähnen hängenbleiben und für Mundgeruch sorgen. Das ist der Grund, warum manchmal noch heute Nicht-Koreaner in Bars von den Kellnern gemieden werden. »Bitte keine Ausländer«, stand einmal an der Tür.

Auch wenn mich das am Anfang gestört hat, sehe ich inzwischen mehr die Lage eines Landes, das eine lange Geschichte von Abgrenzung, Isolation und Misstrauen hinter sich hat. Schon während der Joseon-Dynastie hat der König einst das Bauen von Dörfern verboten, die vom Strand aus sichtbar wären. So sollte verhindert werden, dass ausländische Piraten ermuntert werden, anzugreifen. Als im 17. Jahrhundert ein niederländisches Schiff vor Korea Schiffbruch erlitt, nahm der König die Besatzung gefangen – sie sollten nirgends erzählen, dass es ein Land wie Korea gibt. Über die Jahrhunderte sind Koreaner von ihren Nachbarn, den

Meine Straße in Itaewon, sie hat sich im Laufe des Jahres stark verändert

Chinesen und Japanern, immer nur als unterlegen wahrgenommen zu worden. Zusammen mit der Tatsache, dass sie vor 70 Jahren ohne eigenes Zutun getrennt wurden – all das hinterlässt wohl in jedem kollektiven Gedächtnis nicht unbedingt eine Offenheit gegenüber Fremden.

Und so gibt es Itaewon als Getto für die Weißen, wo sie nicht auffallen, wo europäische Lebensmittel verkauft werden, englische Theatergruppen auftreten und Irish Pubs immer Dienstags zwei Fish&Chips-Portionen zum Preis von einer verkaufen. All das ist inzwischen für Südkoreaner eine beliebte Kulisse für Selfies geworden. Deutsches Gebäck, britischer Tee, belgische Waffeln, italienische Süßspeisen, mexikanische Quesadillas, die sogar mit Kimchi angeboten werden. Kurz vor meiner Abreise eröffnete auch endlich eine Bar namens »Berlin Pingpong« Der Inhaber hatte das in Berlin gesehen: Club-Mate trinken und Tischtennis spielen. Gleichzeitig. So lässig. Die Flasche kostet hier 9 US-Dollar, weil das -Kult-Getränk importiert wird.

Das ist koreanische Willkommenskultur oder zumindest ist das die Art, wie es integriert wird. Es wird komplett kopiert und erzeugt fast einen Ersatzaufenthalt in der Fremde. Die Gäste stehen vor der Tischtennisplatte und machen ein Foto von sich in einer fast internationalen Umgebung, irgendwo ist immer ein Ausländer im Hintergrund. Itaewon erfüllt damit alles, was Zoo und Freizeitpark zusammen nicht erfüllen können. Andererseits ist in Itaewon kein Südkoreaner irritiert, Nicht-Koreanern zu begegnen. Alle Restaurants haben mehrsprachige Karten oder Farbfotos und wer hier wohnt, wird schnell Teil der internationalen Gruppe, die einem das warme Gefühl gibt: Woher kommst du? Noch einen Drink? Die Kneipen schließen erst lange nach Mitternacht, weil die meisten der Englisch-Lehrer erst am Nachmittag arbeiten müssen. So entsteht dieser angenehme Grundrausch, der die Koreaner anzieht, die Englisch können, aber nicht immer gleich ins Ausland fliegen wollen.

Auch ich bin also Teil des ausländischen Gefühls, wenn ich durch die Straßen laufe. Wahrscheinlich wie eine asiatische Kellnerin in einem deutschen Thai-Restaurant für Authentizität sorgt, egal aus welchem asiatischen Land sie kommt. Das Aussehen macht eben doch den Unterschied. Doch diese Entwicklung zum Touristenziel für Koreaner ist noch relativ neu hier in Itaewon Noch bis vor wenigen Jahren warnten die Eltern ihre Kinder vor der Gegend. Inzwischen ist es am Wochenende so voll, dass selbst koreanische Popstars einen Tisch vorbestellen müssen. Doch es gibt überall Craft Beer, Brew-Coffee, aufwendige Cocktails und all das, was sogar schon in Deutschland zu einer Titelzeile über einem Seoul-Porträt geführt hat: »Eine Stadt wie eine Droge«. Darin spielt Itaewon die Hauptrolle – das Ausgehen, der Alkohol, die gut gekleideten Südkoreaner. Drogen selbst spielen darin keine Rolle, weil sie auch in Koreas Ausgehszene sehr unüblich sind. Nur wer in der Eckkneipe ganz hinten an der Straße den Mann hinter der Theke kennt, der kann über die Soldaten eingeschmuggeltes Gras kaufen – heißt es. Aber selbst der Besitz kleinster Mengen ist streng verboten, führt bei Nicht-Koreanern aber meist nur dazu, dass sie sofort das Land verlassen müssen.

Ohnehin dreht sich in Korea vieles um Alkohol, dessen betäubende Wirkung passt gut zum Land. Nur ganz spät, morgens um vier, erwachen dann die Orte zum Leben, die in ihrer Schmuddeligkeit an die 90er-Jahre erinnern. Besonders, wenn ich gegenüber des Hamilton-Hotels die Tür zum »Seoul Pub« auftrete (man möchte die Tür nicht anfassen), blicken die Lehrergesichter und Soldaten zurück. Manchmal um Jahre gealtert. Das schale, koreanische »Max« kostet 3 US-Dollar und muss immer sofort bezahlt werden. Es gibt einen Billardtisch und die widerlichsten Toiletten der ganzen Itaewon-Straße.

Dort ist es auch gewesen, dass ich zum ersten Mal von »Mama Kim« gehört habe. Ihr Name wird nur unter Ausländern in Itaewon verbreitet und wer sie besuchen will, der muss in das dunkle

Herz von Itaewon vordringen. Auf dem dunklen Hügel, der von Reiseführern konsequent verleugnet wird. Sie sagen dann: »Es gibt keinen Hooker Hill in Itaewon.« Es gibt ihn und Mama Kim weiß alles.

Als Mama Kim zum ersten und letzten Mal in ihrem Leben zu einem Wahrsager ging, da war sie 29 Jahre alt. Der Koreakrieg war schon eine Weile her, Park Chung-Hee, der verehrte Diktator, schon zehn Jahre an der Macht. In dieser Zeit war Mama Kim an einem Scheideweg in ihrem Leben. Sollte sie in Incheon bleiben, da wo sie aufgewachsen war und nach der Zeit des Krieges ein Auskommen hatte? Sie war Fischverkäuferin am Hafen. Die Arbeit war schwer, es roch widerlich, aber sie verdiente gutes Geld.

Der Wahrsager sprach: »Du hast ein großes Leben vor dir.«

Mama Kim: »Aber ich habe keinen Schulabschluss, der Krieg!«

Wahrsager: »Das ist egal, dein Leben ist zu groß für Incheon, noch bevor du 30 wirst, musst du gehen und dein Glück woanders suchen.«

Sie tat das und ging nach Seoul, nahm dort verschiedene kleine Jobs in Restaurants an, sogar als Schauspielerin. Im Jahr 1975 hatte sie die Gelegenheit, eine Bar zu eröffnen, mitten in dem Bezirk, der dafür berüchtigt war, dass dort vor allem Ausländer wohnten. In der Nähe des Yongsan, des »Drachenhügels«, in einem Viertel namens Itaewon.

Auf das Jahr genau 40 Jahre später steht sie noch in der gleichen Kneipe, benannt nach der berühmtesten Country-Music-Bühne von Nashville: »Grand Ole Opry«. Dort verkauft sie hinter der gleichen Theke Bier an US-Amerikaner. Mama Kim heißt eigentlich Kim Sam-Suk, ist 75 Jahre alt und führt den Laden weiter und weiter. »Ich werde den sobald nicht schließen«, sagt sie, »das ist mein Leben hier.« Sie meint den Country aus den Boxen, sie meint den importierten guten Whiskey – und die tausenden Ein-Dollar-Scheine an der Wand hinter ihr. »Das hat einmal jemand in

Mama Kim in ihrer Kneipe, der Grand Old Opery in Itaewon

den 80er-Jahren angefangen«, sagt sie, verrauchte Stimme, zu viel
mitgesungen vielleicht. »Er sagte: ›Irgendwann komme ich wieder
und dann will ich diesen Schein noch einmal sehen, dann nehme
ich ihn mit.‹«

Die tausende Dollar- und Won-Scheine sind ein Zeichen dafür,
wie sehr die Bevölkerung dieses Ortes sich verändert. Wie nie jemand irgendwann wiederkommt und alle etwas hinterlassen wollen. Vor allem die Soldaten, die nur hier stationiert sind, als wären
sie auf dem Mond. Mama Kim ist nicht ganz unvoreingenommen,
zum einen lebt sie seit Jahrzehnten von den Soldaten, zum anderen hat sie sich in einen Soldaten verliebt. Das heißt, sie hat sich
erst einmal gewehrt.

»Er war schon dreimal verheiratet«, sagt sie, »mit einer Japanerin, einer Amerikanerin und einer Koreanerin vor mir.« Was
sollte sie da denken? Dass es mit ihr anders werde? Niemals.
»Außerdem hat mein Vater meine Mutter immer geschlagen,

ich wollte keinen Mann in meinem Leben.« Aber er kam in ihre
Kneipe, fast jeden Tag und schaute sie an, dieser Soldat. Irgendwann zwischen 1975 und 1981 ist ihr Herz weich geworden. Sie
heiratete ihn – und er führte schließlich nach seiner Entlassung
aus der Armee die Kneipe mit ihr. »Er machte das beste Chili con
Carne der ganzen Region.«

Damals gab es hier im Bezirk noch nicht viel Unterhaltung für
die US-Soldaten. Koreaner mieden den Bezirk, andere Ausländer
siedelten sich an, die erste und bis heute einzige Moschee der
Stadt wurde 1976 eröffnet und strahlt bis heute mit ihren Minaret-
ten über den Bezirk hinaus. Der »UN-Club« war der erste Hip-
Hop-Laden im Bezirk und der »Kings-Club« schon immer ein
schäbiger Kennenlernladen, genauso wie die Pubs »Maloneys« und
»JR«. Aber selbst in den 80er- und 90er-Jahren entwickelte sich
nur wenig in der Gegend. Die Soldaten gingen und kamen.

Richtig schlimm wurde der Ruf der Gegend durch den »Itaewon Mordfall«. Ein Koreaner wurde im April 1997 in einem Bur-
ger King erstochen aufgefunden, direkt vor der Station Itaewon.
Nur fünf Tage später wurden zwei US-Koreaner gefangen genommen. Die beiden beschuldigten sich allerdings gegenseitig und das
Englisch des Staatsanwalts war nicht gut genug, um Nachfor-
schungen im »Milieu« anzustellen. Außerdem wurde einem der
beiden mutmaßlichen Täter – gleichzeitig der Besitzer des Mes-
sers – die Ausreise gewährt. Offenbar wurde vergessen, die Reise-
sperre zu erneuern. Der zweite Verdächtige kam in Haft, wurde allerdings nur Monate später wieder freigelassen – aus Mangel an
Beweisen. 18 Jahre später wurde der Fall wieder aufgerollt. Auch
Mama Kim kann sich noch erinnern.

Ende der 90er entwickelte sich um ihre Kneipe herum so etwas wie ein Rotlichtviertel. Und weil die Straße steil nach oben
geht, entstand der Spitzname »Hooker Hill«. »Das mit den Huren
hat mich nie gestört«, sagt Mama Kim. »Die bleiben draußen und
was meine Gäste machen, wenn sie hier raus gehen, geht mich

nichts an.« Aber seit etwa fünfzehn Jahren passiert mit der Gegend etwas anderes. »Ein Hotel steht schon gegenüber«, sagt sie, »die anderen Häuser sind auch schon verkauft.« Begonnen hatte es zunächst mit einer wirtschaftlichen Krise im Jahr 2001, oder wie Mama Kim sagt: »9/11«. Sie meint den 11. September 2001, nach dem für lange Zeit nicht mehr viele Gäste kamen, Soldaten waren nonstop in Alarmbereitschaft. »Aber ich war darauf angewiesen, dass Ausländer kommen«, sagt sie, »ich habe nur eine Lizenz für Ausländer, an Koreaner darf ich nur ausschenken, wenn sie in Begleitung von Ausländern sind.«

Das zeigt einen Teil von Itaewon, der schwer zu verstehen ist. Gerade im internationalsten Stadtteil werden die Gäste streng in Koreaner und Nicht-Koreaner geteilt. Es gibt mitten im Bezirk ein Restaurant, das ein Schild aufstellt: »Bitte keine Ausländer«. Ganz in der Nähe wurde erst im Sommer 2015 ein Club eröffnet, der wegen der »MERS«-Epidemie keine hellhäutigen Gäste zulassen wollte. Darauf von Medien angesprochen, entgegnete der Inhaber nur, er wolle Rücksicht auf seine Gäste nehmen. Das gleiche passierte im Jahr 2014 mit dunkelhäutigen Gästen wegen der Ebola-Krise. Das Schild »Bitte haben Sie Verständnis, dass wir keine Afrikaner bedienen« wurde auf sozialen Netzwerken weltweit geteilt und brachte dem ganzen Land keine gute Presse.

Für Mama Kim aber ist es umgekehrt: Sie darf nur Ausländern ausschenken, hat eine spezielle Lizenz aus den 60er-Jahren. Mehr und mehr gilt Seoul als hippes Reiseziel für einen Zwischenstopp auf dem Weg nach Japan. »Ich habe Gäste aus der ganzen Welt, eine Zeitlang kamen vor allem Deutsche gern in meine Kneipe«, sagt Mama Kim. »Viele mögen, dass es bei mir so friedlich ist – überall wo Country läuft, kann es nur friedlich sein.« Sie mochte diese Musikrichtung schon immer und mit ihrem Mann war sie auch mehrmals in Nashville bei Konzerten. Inzwischen aber kommen die Stars zu ihr. »Charlie Rich war hier«, sagt sie, »und Johnny Rodriguez und Teeny Tucker.« Sie haben ihr alle ein Album signiert. Ein Glas Whiskey kostet zwischen drei und zehn Dollar und ihr selbst gebrannter Apfel-Schnaps gilt als legendär. »Er hat nur 17 Prozent, aber das reicht hier manchen.«

Geschlossen hatte sie in all den Jahren nie. Wenn sie mit ihrem Mann im Urlaub war, dann übernahm einer ihrer Geschwister den Betrieb von Dienstag bis Sonntag. Nur einmal da machte sie zu, da war dann alles egal. »Vor zwei Jahren ist mein Mann an Krebs gestorben«, sagt sie, während hinter ihr Charlie Rich von dem singt, was »behind closed doors« passiert. Da musste sie für länger in die USA. Es war kein Urlaub, es war die Rückführung eines amerikanischen Staatsbürgers. Sie war bei der Grabrede dabei. Seine Töchter aus der ersten Ehe waren da, aber sie kannten ihn nicht, er war in Südkorea, die Mutter zu verbittert. Wieder ist da die Unversöhnlichkeit. Die Koreanerin, die in den USA niemand als Mama Kim kennt, sagte immer wieder diesen einen Satz, zu den Kindern, zu den Freunden: »Er war ein guter Mensch.«

In den letzten fünf Jahren hat sich ohnehin noch einmal alles verändert hier. Der Sänger Psy – weltbekannt durch seinen Hit »Gangnam Style« –hat ein großes Haus gekauft und verklagt gerade ein Künstlercafé darin. Ein Schauspieler, der sich 2000 als schwul geoutet hatte – der erste überhaupt in Korea – verlor seinen Job und öffnete ein Restaurant im Ausländerbezirk. Inzwischen gehören »Mr. Hong« sechs Läden und alle sind sehr erfolgreich. Nicht zufällig machte einen Hügel hinter den »Huren« der »Homo Hill« auf, sechs Kneipen mit so originellen Namen wie »Queens« oder »Why not?«.

Und doch wirkt die Countrykneipe auf dem Hooker Hill wie eine freundliche Lüge. Nichts ist mehr »Grand« an der »Grand Ole Opry«, es gibt auch kein großartiges Chilli mehr, aber es gibt eine Menge guter Geschichten, die Mama Kim erzählen kann, die auch voller *Han* sind. Über die Besitzer verschiedener Geldscheine zum Beispiel. Einer hat »Big asshole« auf seinen geschrieben. Jemand anderes »Crazy Slut«. Einige davon sind tot. Andere werden

sich nie wieder melden. Und wie die BHs auf den Lampenschir-
men landeten, das muss man aus dem Mund von Mama Kim hören. Nur soviel: Es war eine verrückte Nacht und die Freundinnen
zweier Soldaten hatten eine Wette verloren. Sie hat sie nie wieder
angerührt.

Und ganz nebenbei bringt sie den Soldaten bei, was gute Musik
ist, wo es sich lohnt mitzusingen und dass es hier in der Ferne jemanden gibt, der jede Nacht um Punkt 12 Uhr, seit 40 Jahren, egal,
was gerade aus dem Lautsprecher dringt, mitten in Seoul, alle An-
wesenden ein Lied anstimmen lässt: »O say can you see, by the
dawn's early light, ...«

Warum die Nationalhymne der Vereinigten Staaten? Mama
Kim hat viel erlebt, das kann sie alles nicht weglächeln, sie war es,
die den nackten Koreaner vor dem Bordell gebeten hat, sich etwas
anzuziehen. Das sei hier schließlich immer noch auch ihre Straße.
Und während aus den Lautsprechern die Hymne plärrt, muss sie
laut werden, um die Soldaten zu übertönen, als sie vier Begrün-
dungen liefert: »Weil ich dankbar bin, hier zu sein. Weil ich einen
Amerikaner liebe. Weil der jetzt tot ist. Und: Weil uns das alles die
verrückten Nordkoreaner vom Hals hält.«

Kapitel

8

Das »Petit Han«
in Hongdae

KIBUN 기분 (GEFÜHL)

Itaewon bleibt das Ausland im Inland. Es gibt Tage, da wünschte ich, ich hätte mich für einen anderen Stadtteil entschieden: Hongdae zum Beispiel. Dann wäre ich zwar immer noch innenstadtnah und auch in einem hügeligen Gelände nicht weit vom Fluss, international ist Hongdae auch, aber mit Sicherheit wäre ich mehr von Koreanern umgeben. Hongdae ist so etwas wie das koreanisierte Itaewon. Immer laut, immer lebendig, laut Statistik auch die gefährlichste Gegend Seouls, aber das heißt hier eigentlich wenig, Seoul gilt als eine der sichersten Metropolen der Welt. Auch hier gibt es überall Alkohol in verschiedenen Farben und Konzentrationen und weil der eben auch günstig ist, beginnt der Rausch als Ziel des Abends weniger attraktiv zu werden – und weniger wichtig, zumindest für mich. Der Nicht-Rausch ist der Zustand, der hier auffällt und der verantwortlich werden lässt.

Vielleicht liegt es auch daran, dass ich von Hongdae immer etwas überfordert war. Es ist wirklich laut und gedrängt und Reizüberflutung ist wohl etwas, das sich erst mit über dreißig einstellt. Denn alle Studenten hier im Viertel scheinen genau das zu suchen: Die Rockband neben dem Schießstand neben der Girl-Pop-Tanzgruppe neben einem Restaurant, das lautstark für sein Fleisch wirbt.

Also wird mein Besuch in Hongdae heute ein beinahe rauschfreier. Es wird sehr starken Kaffee geben. In der U-Bahn nach Hongdae stehe ich an diesem Tag und schaue einem Mann über die Schulter, der Monster in den Krieg schickt, er verzieht dabei keine Miene und drückt immer wieder auf eine Feuer-Taste. Die Monster feuern und plötzlich muss ich umsteigen. Die Haltestelle Hapjeong ist schon Teil des Erlebnisses. Es gibt unterirdische Läden für Kosmetik, Unterwäsche, Alkohol und vor allem viele hektische Menschen. Sie sind jünger, erlebnishungriger und auch etwas blasierter. Sie haben die Welt gesehen und sich für Seoul entschieden, aber wenn schon Seoul, dann wenigstens Hongdae. Kleine Cafés mit internationalen Namen (»NEIN DANKE« oder »Mike's Cabin«) und immer ein neues kleines Geschäft mit Mützen aus Japan, Schuhen aus Italien und Jacken mit einer Deutschlandflagge an der Schulter. Wenn Trendscouts von Seoul begeistert sind, dann wegen Hongdae.

Nur eine Station von Hapjeong dann der Gang nach draußen in der Station Hongdae – das geht nie ohne Drücken und Schieben, mit dem Blick nach oben. Dabei hat die Haltestelle, die komplett ausgesprochen »Hongik Daehaggyo«(Also Hongik Universität, kurz: »Hongdae«) heißt, immerhin neun Ausgänge. Auch heute ist »Exit 9« die beste Möglichkeit, zu starten. Dort gibt es keine Rolltreppe, sondern nur genug Platz für genau zwei Menschen: einer geht nach unten, einer nach oben. Und dort heißt es dann warten auf die anderen. Rumstehen, schauen, wer hier noch wartet, wie gekleidet, während pro Sekunde immer mehr Menschen die

Treppe hinaufgepresst werden – wie aus der Zahnpasta-Tube auf
den »Play Ground«, wie ein Platz gleich um die Ecke heißt. Dieser
U-Bahn-Stopp ist auch das Versprechen, es vielleicht zu schaffen.
Ein Star zu werden?

Der »Playground«, der Spielplatz, liegt etwas entfernt von der
U-Bahn-Haltestelle, aber er ist das Zentrum von Hongdae. Dort,
wohin vor allem junge Studenten ziehen, um andere zu treffen, laut
zu sein, Kleidung zu kaufen, auch nachts um zehn. Es ist ein großer Platz mit Schaukeln und Spielbuden und: Musikern. Alle trinken oder sind betrunken, so wie das eben laufen muss in Seoul. Das
Schmiermittel für einen Abend in Hongdae ist Soju, jener billige
Reisschnaps, der in grünen Flaschen verkauft wird, für umgerechnet einen Euro pro Flasche. Wenn »Soju«und »Maekju« - also »Bier«
– gemischt werden, entsteht »So-Maek«. Das Gemisch ist nur halb
so widerlich, wie es klingt und ist am besten draußen zu genießen.

Ich bin hier heute nicht zum Trinken, nicht zum Tanzen und
nicht zum Die-Nacht-durchmachen. Ich bin hier, um zwei Künstler zu treffen, die mir »Hongdae« erklären sollen – oder zumindest
ihre Musik. Beide kommen aus diesem Viertel, beide haben inzwischen Videos auf YouTube und versuchen es weiter: bekannter
werden, mitspielen im Rennen der Stars, ein richtiger K-Star zu
werden. Beide singen vor allem Balladen, langsame Lieder über die
Liebe. Wohl keine Gegend in ganz Korea ist am weitesten entfernt
vom *Han* und am nächsten dran an der ausgelassenen Stimmung
eines Freitagabends. Und doch, ohne mit *Han* zumindest in Berührung zu kommen, geht auch hier kein Abend zu Ende.

Dabei bietet nicht einmal die Geschichte dieses Viertels viele
traurige Momente, eher solche des Stolzes. Während der Zeit des
Präsidenten Park Chung-Hee wurde hier der Kampf um Demokratie auf kultureller Ebene ausgetragen. Im Jahr 1975 wurde ein
Rockmusiker noch ins Gefängnis gesperrt, weil seine Musik als
»ungesund« galt. US-amerikanische Musik im Radio war ohnehin
verboten und es liefen patriotische Lieder wie »Mein Heimatland«

– geschrieben von Park Chung-Hee selber. Doch ein wirklicher Star der Szene kam damals schon heraus: Cho Yong-Pil mit seinen großen Hits »Seoul Seoul Seoul« oder »Komm zurück zum Hafen von Busan«. Es klingt nach einer frühen Form des K-Pop. Trotz oder vielleicht auch gerade wegen mehrerer Marihuana-Skandale – die 70er-Jahre waren selbst in Korea noch wild – konnte er sich erst 2013 wieder zurückmelden, mit seinem Song »Hello«.

Allerdings ist er Hongdae längst entwachsen, hier ist es generell für Menschen über 30 schwer, wirklich dazuzugehören. Die meisten sind eben Studenten und wollen auch unter sich bleiben. Vor allem Kunststudenten zieht es in dieses Viertel und das kann man sehen, am Samstag beim Künstlerflohmarkt oder einfach auf der Straße: die Menschen in Hongdae kleiden sich anders als der koreanische Standard es vorsieht, Röcke noch kürzer, Jacken bunter, aber niemals: Ausschnitt tiefer. Das wäre unkoreanisch. Auffallen wollen sie. Bunte Schirmmützen helfen dabei oder Tattoos, die noch bis vor Kurzem komplett tabu waren in Korea.

Park Jun-Ha trägt ein großes Brillengestell ohne Gläser, als wir uns treffen, groß und schwarz umrandet es seine Augen. Aber etwas anderes lässt ihn hier im Viertel herausstechen: Er sieht so ernst aus. Er ist schlaksig, trägt Lederjacke, die Justin-Bieber-Frisur nach vorn gekämmt und sieht trotz seiner 32 Jahre aus wie 23. »Die Brille?«, fragt er. »Die habe ich nur, weil sie mich ernster und melancholischer macht.« Dann lacht er doch. Darunter trage er Kontaktlinsen, denn wenn er wirkliche Gläser drin hätte, wären die sehr dick. Er sieht sich selbst als jemanden, der nicht zu sehr auffallen will. Gedeckte Kleidung ohne Farben. »Farben sind so aufdringlich.« Aber er ist kurz irritiert, von jemandem so nach seinem Geschmack ausgefragt zu werden. »Wollen wir nicht über meine Musik reden?«

Ich wollte ihn treffen, weil seine Balladen genau das Lebensgefühl treffen, das ich hier in Korea oft finde, wenn ich Menschen in der U-Bahn ins Leere blicken sehe. Mittdreißiger-Single-Musik. Die Quote von einsamen jungen Menschen ist in Seoul so hoch

Der Sänger Park Jun-Ha

wie fast nirgends auf der Welt. Es heißt, dass auch deshalb das »Meogbang« so beliebt ist, also das Zuschauen, wie andere essen. Menschen setzen sich vor ihren Computerbildschirm und schauen tausendfach einem anderen dabei zu, wie er Nudeln in sich hinein schaufelt. Es gibt richtig berühmte Esser, die Millionen von Fans haben, es ist eines dieser seltsamen koreanischen Phänomene, die es in deutsche Medien schaffen und die zunächst merkwürdig klingen, aber die eigentlich so seltsam nicht sind. Wer will schon allein essen? Wie mit so viel Einsamkeit umgehen?

Diese Einsamkeit, das ist das Thema von Park Jun-Ha. Er sagt, dass seine Lieder tatsächlich oft vom Verlust von Nähe handeln, von einem Nicht-mehr-miteinander-reden. Viele Liedermacher singen natürlich davon, aber nur wenige haben so traurige Augen dabei. »Nicht operiert«, sagt Park Jun-Ha. Er könnte das nicht. Ihm war Aussehen nicht so wichtig. Aber er weiß, dass es auch in Hongdae, im Künstlerviertel, eine Rolle spielt, dass viele seiner männlichen Kollegen Make-up selbstverständlich benutzen, aber er habe noch Ideale, sagt er.

Als wir an diesem Tag durch die Straßen laufen, sind da viele andere, die auch Ideale haben, die spielen, singen und tanzen für ihre Ideale. Lieder von der »Schönsten Frau im Universum« oder dem Ende einer Beziehung: »Lass mich in Ruhe!« Park Jun-Ha sagt, er habe hier auch angefangen, unter diesen Bäumen, gleich neben Exit 9 der Station Hongdae. Vor zehn Jahren habe es anders ausgesehen. »Das ist nicht mehr meine Gegend«, sagt er. Heute seien alle so laut, müssen so laut sein, sonst versteht sie keiner. »Sie bringen ihre Verstärker mit und übertönen einander gegenseitig.«

Direkt neben den Balladensängern sind ein Breakdancer, dahinter einer, der aus Luftballons Blumen bastelt und an Frauen verschenkt, und dahinter eine Frauengruppe, die immer nur ein Wort in ein Mikrofon ruft: »No! No! No!« und gleichzeitig synchrone Bewegungen macht. In Hongdae sei sehr oft die Polizei im Einsatz, sagt Park, um genau das zu verhindern, dass Menschen einander nicht mehr verstehen und nur noch lauter werden.

Park Jun-Ha steht noch am Anfang vom großen Erfolg. Er hat ein paar melancholische Videos gemacht (er läuft in schwarz-weiß vor Hochhäusern den Fluss entlang) und gerade ist seine zweite Platte erschienen. Der Titel: »Mein Name ist Liebe«. Es ist eigentlich eher eine EP, mit fünf Liedern, zum Teil ganz fröhlich. Aber er ist sich treu geblieben: Seit über zehn Jahren ist er nicht nur Gitarrenlehrer, sondern eben auch Sänger, mit Managerin, und Auftritten, vor denen er Angst hat. So viele Leute, was ist, wenn er einen Fehler macht? Oder, noch schlimmer, was, wenn seine Mutter erfährt, dass er Sänger geworden ist? Sie wohnt in Busan, weit weg, sie denkt, er unterrichte nur Gitarre.

Und wieder wundert es mich nicht, dieses Lügen, das in Korea nicht Lügen heißt, weil es zur konfuzianischen Kultur gehört: Jeder Mensch ist für das Gefühl des anderen mitverantwortlich. Deshalb werden schlechte Nachrichten, die für negative Stimmung sorgen, zurückgehalten. »Harmonie« gilt es zu erreichen, dabei stört direkte Konfrontation. Ich habe Koreaner erlebt, die mir ohne Not erzählten, wie sie ihre Eltern, ihre Freunde oder ihren Partner anlügen. Es ging um Kleinigkeiten, etwa dass sie keine Zeit oder einen Film noch nicht gesehen hätten, obwohl sie ihn schon kannten. Aber diese kleine Lüge verhindert eben Schlechtes »기분« (Kibun), schlechtes Gefühl bei anderen. Das Schlimme bei Park Jun-Ha: Wenn die Mutter es doch herausfinden sollte, dann wird sie nicht nur traurig sein, sondern es wird ein ganz großes Drama geben. Vielleicht wird sie sich auch *Han* fühlen, weil es doch so traurig ist, dass der eigene Sohn seit zehn Jahren nicht mehr die Wahrheit zu Hause erzählt. Aber vielleicht übertreibe ich nur.

Park Jun-Ha sagt letztlich nur: »Sie will nicht, dass ich so etwas Unstetes mache wie Musik.« Dabei sagt er von sich, dass er ein konservatives und langweiliges Leben führe. »Keine Exzesse, kein Drama, keine durchwachten Nächte.« Zumindest nicht mehr. Als er noch auf der Straße sang, musste er die Lieder anderer singen. So wie das heute viele der Sänger hier machen. Sie wollen Aufmerksamkeit für ihre Stimme, nicht für ihre Lieder. Die kommen dann später. Den Schritt hat er jetzt gemacht, ausgerechnet mit einem Lied vom großen Verlust. Im Liedtext zur Gitarre klingt das dann so:

Jemand, der mir einmal am nächsten war, ist jetzt so weit weg wie niemand sonst. Ich weiß noch nicht einmal, wie es ihm jetzt geht ...

Das reimt sich im koreanischen Original und klingt trotzdem sehr kühl. Er habe versucht, extra hart zu klingen, sagt er, obwohl es ein Liebeslied ist. Er singt nicht davon, wo und wann er sie getroffen habe, die Liebe. Es bleibt abstrakt, könnte um Freunde, um eine Hauptfigur in einem Film oder Buch gehen. Es könnte sogar Nordkorea sein, der Nachbar, der irgendwie zu einem gehört und doch der Feind ist. Park Jun-Ha sagt: »Es könnte auch eine Erfahrung von mir sein.« Doch er will nicht erzählen, was ihn antrieb. Dann lacht er schüchtern, er sei persönliche Fragen nicht gewohnt. Oder: Das Geheimnis ist ihm wichtig.

Dann reden wir weiter über die Szene hier im Bezirk, dass es Kneipen rund um die Station »Sangsu« gebe, in denen er immer saß und mit anderen bis spät in die Nacht über genau diese Themen sprach: Kunst und Liebe. Das Iri Café und das Bird Café waren seine Orte. »Aber beide gibt es nicht mehr«, sagt er. Und im »Moonlight 5«, das gibt es zwar noch, aber es ist auch nicht mehr das gleiche. »Man darf nicht mehr rauchen«, sagt er. Er mochte das, andere Sänger auf der Bühne zu sehen, manchmal selbst seine Gitarre in die Hand zu nehmen und eine Ballade einer seiner Vorbilder zu singen. Und dazwischen bei einer Zigarette über die Zustände hier im Land zu reden. Zu schimpfen. Heute könnte er seine eigenen Lieder vortragen, aber es ist schon die nächste Generation dort. Es ändere sich alles zu schnell in dieser Stadt. Er wirkt nicht nostalgisch, sondern fast froh, dass diese Zeit vorbei ist. Jung sein ist anstrengend, hier in Südkorea. All die Dinge, die gleichzeitig vorbereitet werden müssen: Studium, Praktika, Familienplanung.

Zeit für Kunst? Manchmal.

Für Glück? Eher wenig.

Doch das Glück sucht Park nicht. Park Jun-Ha will das große Gefühl. Das steckt in seinem neuen Album. Sein bestes Lied darauf oder das, was seinem Herzen am nächsten liegt, wie er es ausdrückt, hat einen englischen Titel: »Pink Rain«. Als er davon anfängt, wird er wieder schneller in seinen Erzählungen. Das kann er, das Reden über seine Musik. Inspiriert wurde er von René Magritte, er zeigt sein Telefon, ein Magritte-Bild ist der Bildschirm-Hintergrund. Das Bild »Golconde«, Männer in schwarzen Mänteln und Melonen, die zu tausenden aus den Magritte-Wolken fallen. Er sagt: »Ich hatte das Gefühl, dass ich jemanden so sehr vermisse, dass er als Regen auf die Erde kommt.« Ein Mensch, der so erfrischend um einen herum ist, dass es wie Regen ist. Warum Pink? »Ach so, es geht um eine Frau.«

Dieser Park Jun-Ha, dieser farbenhassende Herzbeschwerer. Er will einfach morgens aufstehen, einen Kaffee trinken, seine eigenen Lieder schreiben und damit Erfolg haben wie Noel Gallagher von Oasis. Der ist sein wirkliches Vorbild, hatte er gesagt. Raus in die Welt und auf die große Bühne. Und abends will er sich zu »The Long and Winding Road« von den Beatles an seine Freundin kuscheln. Das Lied hört er oft.

Er hat mehr etwas von einem Dichter, mit seiner großen Brille ohne Gläser, als einem Popstar, das ist beruhigend bei all dem Schrillen, das Hongdae sonst bietet. Da geht es um Tanzschritte, die in Thailand und Indonesien jeder kennt. »Big Bang«, »Super Junior«, »Wonder Girls«. Die großen Bands aus der K-Pop-Welt. Da gibt es Frisuren, die plötzlich jeder in Asien trägt, weil ein Star diese Idee hatte. Es gibt Hologrammkonzerte, da läuft ein Programm auf der Bühne ab, die Stars müssen nicht einmal mehr anwesend sein, 3D-Playback sozusagen. Alles ist einen Schritt weiter. Und gleichzeitig: Der leise Park Jun-Ha, der sich nach zwei Stunden Gespräch über das Singen einen Satz wie diesen sagt: »Ich glaube, ich habe Angst davor, zu sehr Teil vom Leben eines Anderen zu sein, die Verantwortung ist zu groß.«

Dann spricht er doch noch über die Scheidung seiner Eltern und wie sehr ihn das in der Jugend geprägt habe, wie er gern mehr Freundinnen gehabt hätte als junger Mann. Die Erfahrung, die jetzt fehlt. »Aber ich konnte niemandem trauen, mich nicht öffnen.« Er habe zu viel Angst gehabt, Angst vor Frauen. »Wenn ich noch einmal etwas anders machen würde: mehr Frauen.« Dieses Mal lacht er nicht.

Die Verarbeitung von Vergangenheit funktioniert in Korea wohl anders. Park Jun-Ha sagt, als wir uns verabschieden, dass er diese Art von Interview noch nicht gewöhnt sei. »Vielleicht erzähle ich deshalb so viel von mir.« Bisher sei es immer nur um Veröffentlichungen und Konzerte gegangen oder höchstens um die Frage, warum er noch nicht verheiratet sei. Das werde mit Yozoh anders laufen, sagt er bei der Verabschiedung. Sie sei schon ein Star, hat mehr Alben und Videos veröffentlicht als er, sie ist bekannt in Hongdae und darüber hinaus.

Ihr bekanntestes Lied ist im Soundtrack zu »Coffee Prince« zu hören: »One cup of coffee«. So hatte ich sie kennen gelernt, diese sanfte hauchende Stimme. »Coffee Prince« ist *das* TV-Drama Südkoreas, es wurde sozusagen zum koreanischen Bestseller. Auf den Philippinen und in Thailand wurde es gleich noch einmal gedreht. Manche sagen, erst durch dieses TV-Drama ist Kaffeetrinken in Südkorea überhaupt so wichtig geworden. Es ist eine romantische Komödie über einen reichen Sohn, Han-Kyul, der ein Café in Hongdae übernimmt und dabei Eun-Chan kennenlernt. Er denkt, sie sei ein Junge und befreundet sich mit ihr. Sie verliebt sich in den Schnösel.

Unglaublich, wie diese Serie es schafft, mit diesem Konflikt 17 Episoden zu füllen. Aber selbst als er sich wirklich in sie verliebt, wird es nicht besser, denn er denkt ja immer noch, sie sei ein Junge! Deswegen denkt sie wiederum, er mag Mädchen nicht. Wieder will keiner irgendjemanden verletzen und so wird gelogen. Erst am Ende wird allen klar, dass die beiden wirklich zusammen gehören und sogar die skeptische böse Großmutter wird ganz sanft. Das Happy-End ist realistisch: Eun-Chan zieht in der letzten Folge nach Italien und macht einen Kurs als Barista. Später wird sie zusammen mit Han-Kyul den besten Kaffee der Stadt machen – und bis heute sind beide aus der Kaffeewerbung dieses Landes nicht mehr wegzudenken. Er, der romantische Han-Kyul, der nach all den Lügen zu ihr steht.

Über all diesen Missverständnissen über falsche Kaffeebohnen (»Ich hatte gesagt, bestelle die aus Ecuador!!!«) und das falsche Geschlecht singt die sanfte Stimme von Yozoh »Let's have one more cup of coffee«. Leichter Easy-Listening-Pop. So hatte ich ihre Musik kennengelernt. »Wenn ich morgens meine Augen öffne«, heißt es in einem von Yozohs Liedern, »dann bist du schon in meinem Universum.« So große Sätze mit zarter Balladen-Gitarre.

Zum ersten Mal hatte ich sie in meinem Lieblingscafé in Hongdae
gehört: »The Bridge«. Im ersten Stock gibt es einen Raum, der im
Sommer keine Wände hat und mit einem großen Ventilator an der
Decke sehr angenehm belüftet ist. Dort wehte ihre Stimme perfekt durch den Raum.

Für das Treffen mit Yozoh muss ich mich allerdings in ein anderes Café begeben. Hongdae ist Yozohs Arbeitsplatz, aber sie will
dort nicht mehr ihre Freizeit verbringen. Dort sind inzwischen
alle Musikmanager, auch die große Firma »YG Entertainment«,
für die Psy den »Gangnam Style« machte, hat dort ihren Sitz. Und
die Fans sind sowieso dort. Die Zeit, in der Yozoh in Hongdae auf
der Straße gesungen hat, ist lange vorbei. Sie singt Lieder für TV-
Dramen und zwischendurch sitzt sie mit der Gitarre auf der Bühne. Also hat sie sich ein kleines Café an einem sanften Hügel nördlich von Hongdae ausgesucht.

Sie ist bunter gekleidet als Park Jun-Ha, wirkt aber noch ru-
hender in sich. Als hätte sie wirklich viele Orte in der Welt ausprobiert, Paris, Budapest, – und jetzt ist sie eben hier. Sie hat ein französisches Lächeln, wie aus einem ihrer gehauchten Lieder. Ihr
Arm ist voller bunter Tattoos, auch am Hals sind welche. Immer
ein guter Eisbrecher. Eines kenne ich, weil ich es auf einem Al-
bumcover gesehen habe. Da nimmt sie ihre Haare nach oben und
am Haaransatz steht das Wort »Traveler« in Schreibschrift. Das sei
sie, sagt sie gleich zu Beginn, ein »Wanderer«.

Ich: »Was ist das zweite Tattoo am Hals? Ein Baumblatt?«

Sie: »Nein, das ist Koriander, darunter steht das Wort »Hate«.
Ich hasse Koriander, wissen Sie. Neulich war ich in einem Restaurant in Thailand und da ist ja fast überall Koriander drin – denen
musste ich nur meinen Hals zeigen. Sie haben sofort verstanden.«

Das ist ein bisschen verrückt, aber wohl Teil der Inszenierung. Sie
sagt, sie heiße eigentlich Shin Sujin, hat sich aber nach einer japa-

nischen Comicfigur benannt: Yozoh. Vor zehn Jahren fing sie an, allein aufzutreten. Sie sagt, dass sie eigentlich nur Glück hatte, dass sie hier gelandet ist.

Ich: »Haben Sie denn dem Glück nachgeholfen?«

Sie: »Nun, ich bin in einer Gegend von Seoul geboren, in der viele Schamaninnen leben. Viele dieser alten Frauen, die von Koreanern befragt werden zu ihrer Zukunft. Sie haben dann Bilder gemalt und so den Menschen geraten, was sie tun sollen im Leben.«

Ich: »Was waren das für Bilder?«

Sie: »Da waren schreckliche Monster drauf, das hat mir einerseits Angst gemacht, aber diese alten Damen waren auf meiner Seite. Eine habe ich manchmal besucht, in ihrem dunklen Haus. Bis heute fühle ich mich beschützt von dieser Frau.«

Dann reden wir über Musik und wie ihr Hongdae dabei geholfen hat, »ihre Stimme« zu finden. Hier sehe sie das eben überall, auf der Straße, dass Menschen Musik lieben. Doch auch sie erinnert sich noch, wie das war, hier in Hongdae zu sitzen und die Aufmerksamkeit der Zuhörer mit guter Musik zu fordern. Es stimmt, damals gab es keine Verstärker, aber die Menschen waren schon damals nicht leicht dazu zu bewegen, stehen zu bleiben.

Ich: »Gehst du noch manchmal dorthin?«

Sie: »Erst kürzlich habe ich einen angesprochen, den ich über Wochen immer wieder gesehen hatte. Ich stand immer auf der gegenüberliegenden Straßenseite und manchmal hab ich ihm etwas in seinen Gitarrenkasten geworfen. Mir hat seine Art gefallen, wie er gesungen hat, eher für sich als für andere.«

Ich: »Was sang er?«

Sie: »Es war so ein kleiner unscheinbarer Typ, rundlich, mit Brille. Meist singt er Coverversionen von Coldplay oder so und er spielt dazu auf seinem Keyboard. Sogar im Winter habe ich ihn sitzen sehen, er haucht dann in seine Hände und spielt weiter.«

Ich: »Wie lange spielt er?«

Sie: »Mehrere Stunden, ich bin schon oft sehr lange stehen geblieben. Einmal kam er zu mir und hat sich für das Zuhören bedankt. Das muss man sich vorstellen, der Straßenmusiker steht auf, kommt zu mir und bedankt sich für das Zuhören, das hat mich berührt.«

Wenn sie vom Singen spricht, klingt es mehr wie eine Berufung, etwas, das einem aufgetragen wird. Wie so vieles in Korea. Das Leben ist eben nicht eine Fülle von Gelegenheiten, von Möglichkeiten, sondern von Aufgaben, die erledigt werden müssen. So wirkt es bei ihr auch, obwohl die Kunst doch eigentlich der Berufszweig ist, der Selbstverwirklichung verspricht. Bei Yozoh – und eigentlich auch bei Park Jun-Ha – geht es eher darum, Dinge zu erfüllen, die andere für den Job bestimmt haben. Die großen Plattenlabels sind Teil von noch viel größeren Konglomeraten. Der größte von allen, YG-Entertainment, sitzt auch hier im Bezirk. Ich denke daran, dass mir einmal ein Schönheitschirurg erzählte, wie ein Musikmanager mit einer 12-Jährigen zu ihm kam für eine Gesichts-OP. Das war das einzige Mal, dass er einen Auftrag abgelehnt hat.

Ich: »Wie wichtig ist Schönheit für deinen Beruf?«

Sie: »Machen wir uns nichts vor, ohne mein Aussehen hätte ich das nicht geschafft, das weiß ich. Ich bin im Jahr 2007 zur »Hongdae-Göttin« gewählt worden, so eine Art Schönheitswettbewerb, danach ging es ganz schnell.«

Ich: »Aber damals hast du noch studiert ...«

Sie: »Ich hätte nicht studieren sollen, sondern gleich einfach singen. Die Uni hat mich so gelangweilt, aber ich dachte, es sei wichtig. Ich habe abgebrochen und dann meine Lieder gesungen.«

Ich: »War das die beste Zeit, dieser Anfang?«

Sie: »Nein, das war die schwierigste Zeit. Denn in der Zeit ist mein Bruder gestorben. Mein großer Bruder war das Opfer eines U-Bahn-Unglücks in Seoul, am 12. August 2007. Es ist das Datum, das für mich alles veränderte.«

Dann erzählt sie, warum doch alles schwer ist bei ihr, warum ihr Album »Giant« heißt, nach ihrem Bruder, der so groß und wichtig war für sie, warum es keinen Tag gibt, an dem sie nicht an ihn denkt. Sie hat das Datum seines Unfalls, seines Todes, auf ihrem Arm tätowiert, mit einem Herz und dem Wort: Giant. Die Schmerzen dabei, die haben ihr gut getan, sagt sie. Solche Sätze klingen auf Koreanisch nicht ganz so dramatisch. Vielmehr ist es fast normal sie zu hören. Sie hat an ihn gedacht, als sie auf der Bühne bei ihrem ersten Konzert stand und sie merkte über die Jahre immer mehr, wie wichtig ihr diese Momente werden, mit der Familie.

Demnächst will sie ein Lied zusammen mit ihrer Mutter singen, auf der Bühne. Aus Dankbarkeit, dafür, was sie gemeinsam alles durchgestanden haben. Nur einen Song wird sie nicht mit ihr singen. Es ist der mit dem Zitat, das ich schon vorher kannte und erst jetzt verstehe:

> »In meinen Träumen kann ich dich nicht sehen - aber
> wenn ich meine Augen öffne, bist du schon in meinem
> Universum.«

Es war also kein Liebeslied. Es ging um jemanden, der nie wieder kommen wird. Nicht, weil er in Nordkorea ist oder in Europa, oder auf einem anderen Planeten, wie in der K-Serie »My Love from the Star«. Ich bin nicht nach Hongdae gekommen, um das *Han* zu suchen, sondern die schöne Stimme und dann landen wir doch beim Schmerz, der nie vergeht. Auch das ist schon irgendwie *Han*, beinhaltet etwas Schweres, etwas, das einem den Weg zum

Glück verstellt. Doch so weit würde sie gar nicht gehen. Sie spricht
von *Petit Han* und meint, dass es alles nicht so weh tut. Schließlich
mache ihr Musik auch Spaß.

»Petit Han«, ich muss lachen, als ich aus dem Café komme. Das
kleine *Han*, wie eine Brosche, die sich ablegen lässt. Ich laufe noch
ein Mal durch Hongdae, vom Café durch die große Einkaufsstra-
ße, vorbei an den Musikern und den Allein-Unterhaltern. Gerade
bastelt einer von ihnen aus Ballons Blumen. Diese Mischung aus
Jahrmarkt und Talentschmiede funktioniert und ist doch in der
Fülle schlicht zu viel, um wirklich herauszustechen. Ein paar Meter weiter ist der Design-Supermarkt mit kreativen Europa-Kar-
ten, kunstvollen Karten aus Seoul und einem kleinen Plastikteil-
chen, das sie wohl auch nur in Seoul verkaufen. Es ist orange und
sieht aus wie eine Zahnspange. Es ist ein Smile-Maker. Man spannt
ihn sich zwischen die Lippen und diese werden so auseinander ge-
drückt, dass ein Lächeln entsteht. Ein Lächeln made in Korea.

Schneller laufe ich hinaus, als ich hineinkam. So langsam wird
es dunkel in Hongdae, dann drehen das Tempo und die Lautstärke
noch weiter auf. Am Ende der Langen Straße ist die Station »Sangsu«. Dort etwas versteckt im Keller ist eine Whiskey-Jazz-Kneipe,
»Sangsuri«. Der Inhaber, ein alter Koreaner, will nicht über *Han* reden, aber er weiß alles über Single-Malts und wer es sich traut, for-
dert ihn zum Schach heraus. Er spielt immer konzentriert, sein
Sohn übernimmt dann die Bar. Ein Bauer ist verloren gegangen, er
wird von einem Raben aus Gold ersetzt. Der alte Koreaner macht
Fehler, oder hat er den Läufer absichtlich geopfert? Verloren habe
ich leider trotzdem.

Kapitel

9

Sterben auf Probe

HWAITING 화이팅
(WÖRTLICH: FIGHTING! ETWA: WIRD SCHON)

Mein Kopf stößt an die obere Seite des Sarges, die Füße liegen mit der Fläche auf der unteren Seite. Dieser Sarg hat wirklich genau meine Größe. Das ist kein schöner Gedanke, zugegeben. Bevor er zuging, hatte mich Kim Giho angewiesen, meine Arme parallel vor die Brust zu legen. Sonst ginge der Deckel nicht zu. Ich hatte aber nicht bedacht, dass ich diese Position später nicht mehr ändern kann. Sie engt mich noch mehr ein.

Der Sargdeckel liegt auf und verhindert jede Bewegung. Ein kleiner Spalt Luft bleibt. Draußen ist es Nacht, sonst sehe ich: nichts.

Durch die Holzwand höre ich das entfernte Rauschen eines Waldes, noch entfernter eine koreanische Schnellstraße tief im Süden von Seoul, ganz nah plötzlich Schritte im Wald, eine Glocke, das muss Kim Giho sein, der Zeremonienmeister. Er läuft an den Särgen auf und ab, mit der Glocke, und er murmelt etwas auf Koreanisch.

Und ich beginne mit dem Nachdenken. Über meine Zeit, die bleibt.
Und die Frage: Was mache ich hier?

Das Sterbe-Seminar, das ich gebucht habe, heißt »Happy Dying«,
seit zwölf Jahren veranstaltet es der koreanische Mönch Kim
Giho, immer samstags in einem Tempel etwas außerhalb von Seoul, direkt neben einem Waldstück auf einem Hügel. Die große
Buddha-Statue ist eingerüstet, davor steht eine zweite in Gold.
Als er mich begrüßt, lächelt er einen Tick zu offen und zu breit, ich
erinnere mich kurz an den seltsamen E-Mail-Wechsel und das
noch seltsamere Telefonat. Er hatte gesagt, dass er gern Westler
dabei hat, wenn er dieses Seminar macht, aber wir sollten uns ruhig verhalten. Seine Adresse enthielt das Wort »Neo« und als ich
ihn danach frage, sagt er: »Ich mag Neo aus Matrix.« Ich schaue
ihn fragend an: »Weil er ein Auserwählter war?« – »Ja, ich möchte
den Menschen auch den Schleier von den Augen reißen.«

Ich denke, na gut, ein Messias für die Südkoreaner, und wir setzen uns unterhalb des riesigen Gold-Buddhas auf eine Bank und er
erzählt, wie er jahrelang als Palliativ-Pfleger gearbeitet hat. »Ich
habe so viele Menschen sterben sehen«, sagt er. Auf dem Weg nach
Hause durch die Stadt habe er hingegen die Einwohner Seouls gesehen, wie sie von einem Ort zum anderen hetzten, wie auf der
Jagd. »Sie haben die Richtung verloren«, sagt er, »die meisten wissen nicht mehr, was wichtig für sie ist.« Da merkte er, dass er den
Menschen etwas zurückgeben kann, durch seine Erlebnisse mit
dem Tod kann er anderen helfen.

Dann habe Kim Giho angefangen zu meditieren und dabei ist
es passiert: »Ich habe das Ganz Große gefunden.« Er könne nicht
genau sagen, was das Ganz Große sei, aber es drück sich in kleinen
Wahrheiten aus. »Wir sind die Hauptfigur in unserem Film«, sagt
er. »Schon das wissen viele nicht, ich muss es ihnen sagen.« Gerade
Menschen in Seoul seien so müde. Er schaut mich an und fragt:
»Du siehst auch müde aus, bist Du müde?«

Ich war müde, ja, Seoul ist eine anstrengende Stadt, ja. Am Abend zuvor war ich mit einer guten Freundin in der Oper gewesen. Es wurde »Die Fledermaus« gegeben, auf Deutsch, nur von Koreanern gesungen. Ich hatte diese Operette noch nie gesehen und nun ausgerechnet in Korea. Fast alle Sänger sprachen akzentfreies Deutsch und selbst das Bühnenbild war eine deutsche Villa. Nur an einer Stelle tauschten sie das »Schnitzel« aus dem Original mit dem traditionellen Korea-Gericht »Bulgogi« aus. Danach waren wir noch in der Gegend etwas essen und es wurde wieder ein langer Abend. Und was weiß Kim Giho schon, wie schwierig es ist, ein Taxi nachts um zwei in Gangnam zu bekommen. Aber das erzählte ich nicht. Ich sagte nur: Müde, eigentlich immer, ja.

»Dann wird Dir mein Seminar gefallen. Es bringt einem Antworten näher, auch für Fragen, von denen man nicht einmal wusste, dass man sie sich stellte. Nur wer dem Tod nahe kommt, verliert die Angst vor ihm.«

Im Sarg habe ich nicht das Gefühl, hier etwas Großes zu finden. Es ist einfach verdammt eng. In den fünf Stunden, bevor ich hier einstieg, habe ich genug über das Ende nachgedacht, wie schnell es vorbei sein kann, wer mich vermisst. Ich dachte auch, will ich in Deutschland begraben sein? Ist Korea nicht vielleicht der bessere Ort, ein Grab am Hang, wie der Pungsu-Meister es empfiehlt? Sodass Wind und Wasser die besten Möglichkeiten für die Nachkommen bieten.

Kann dieses Tot-Stellen nicht auch riskant sein? Nein, hatte Kim Giho gesagt, riskant sei hier gar nichts. Und Menschen mit einem schwachen Herz dürften die Sargzeremonie am Ende ohnehin nicht mitmachen.

Ich höre leise ein Schnarchen aus dem Nachbarsarg. Ich muss grinsen, ja, müde bin ich auch, aber schlafen im Sarg? Der Meister Kim hatte gesagt, diejenigen, die schlafen, die verpassen etwas Wichtiges hier. Verlorene Zeit, nannte er dann das Seminar. Oh, er geht gerade wieder mit der Glocke an meinem Sarg vorbei. Ich liege also einfach da und bin still.

Das Seminar begann mit einem Handyfoto, das eine ältere Frau
von mir gemacht und ausgedruckt hat. Sie versieht es mit einer
schwarzen Schärpe an den Rändern, es ist jetzt das Trauerfoto eines Toten, manch andere Teilnehmer versuchten ein Lächeln, aber
der schwarze Rand überschattet jeden Gesichtsausdruck: Alles ist
vorbei. Es sieht ernst aus.

Die Damen stellen die Fotos ordentlich auf den Tisch, daneben kann jeder und jede sich seinen Grabspruch aufschreiben. Es
sind achtzehn Teilnehmerinnen und zwölf Teilnehmer, die gesamte koreanische Gesellschaft ist hier versammelt, alt, jung, Trai-
ningsanzug, Abendkleid. Darunter auch ein junges Pärchen. Sie
sehen beide entsetzlich traurig aus. Kim Giho geht zu ihnen und
sagt, dass sie sich in unterschiedliche Teile des Raums setzen sollen. »Im Tod«, sagt er, »ist jeder allein.« Das Mädchen wirft einen
unsicheren Blick zu ihrem Freund. Doch sie tut es.

Dann muss jeder einen Zettel ausfüllen, in dem freie Stellen er-
gänzt werden müssen. »Ich bin am... (ich trage das heutige Datum
ein) an... (ich trage Verkehrsunfall ein, so viele sterben hier auf den
Straßen) gestorben. Ich hinterlasse... (und so weiter). Er wird als...
Mensch erinnert. Besonders sein(e)... wird ihn vermissen.« Es ist
nur ein Blatt Papier, doch man merkt allen im Raum an, dass es ihnen nicht leichtfällt, ihre eigene Todesurkunde zu unterschreiben.
Dann können wir etwas auf den Grabstein schreiben. Ich halte es
mir offen und lege das Papier zur Seite.

Bevor Kim Giho über den Tod zu reden beginnt, zeigt er uns
Filmausschnitte. Zuerst läuft ein Teil aus »The Impossible« mit
Ewan McGregor, der in der Szene beinahe seine Familie im Tsunami in Thailand verliert. Hunderttausende verloren ihr Leben
durch den Tsunami, erzählt er. Dieser Film zeige aber etwas Wichtiges: »Familie ist das Wichtigste überhaupt«, schärft Kim Giho
den Zuhörern ein. »Sie trauert am meisten, wenn ihr nicht mehr
seid.« Er fragt einzelne Teilnehmer, welche Beziehungen sie zu ihrer Familie haben. Ein paar Teilnehmer erzählen von Dramen zu

Hause, Eltern, die mit ihren Kindern gebrochen haben und zerstörten Ehen. Eine Frau beginnt zu erzählen und muss so weinen, dass sie wieder an ihren Platz geführt wird. Sie hatte seit acht Jahren keinen Kontakt zu ihrem Sohn. Er lebt im Ausland.

Ich denke an Gin, ich muss lächeln, er hätte das hier furchtbar gefunden, die Grabsteinsprüche und die großen Worte über das Lebensende. Er war schon früher beinahe gestorben, hatte bereits den Krebs besiegt und feierte vielleicht deswegen zu ausgelassen in Itaewon. Man sagt ja: als ob es kein Morgen gäbe. Irgendwann gab es wirklich kein Morgen mehr. Und jetzt bereite ich mich in einem Seminar auf den Tod vor, als ob das etwas bringt. War Gin vorbereitet?

Als nächstes zeigt Kim Giho einen Ausschnitt aus dem Film »Ghost – Nachricht von Sam«, in dem der verstorbene Hauptdarsteller in ein gleißendes Licht geht. Kim erklärt, dass es keine Idee von Hollywood sei, dieses gleißende Licht. »Sterben ist etwas friedliches«, schärft er den Zuhörern ein, »haben Sie keine Angst davor.« Doch die meisten im Raum sind skeptisch. Eine ältere Frau fragt nach Schmerzen, was sei mit den Todesqualen?

Der ehemalige Palliativ-Pfleger zeigt wieder einen Film, dieses Mal eine Dokumentation, die nur schwer zu ertragen ist. Ein alter Mann stirbt an Krebs. Röcheln, Husten, weinende Verwandte. Auch viele der Teilnehmer weinen. Spätestens hier nimmt Kim sie mit auf seine Reise in das, was danach kommt. »Wir alle müssen sterben«, sagt er, »aber wir können jetzt entscheiden, uns dem zu stellen und unser Leben so zu leben, wie wir wollen.«

Im Sarg fällt mir plötzlich ein, dass ich in Korea ohnehin häufiger mit dem Tod konfrontiert wurde als in Deutschland. Natürlich durch Reportagen und Interviews, aber auch im Freundeskreis. Ich hatte einen Deutschen getroffen, der mich auf sein Landgut einlud. Wir saßen mitten in den Feldern, seine koreanische Frau, die kein Wort verstand, brachte uns Es-

sen. Sie verstand nicht, dass er mir von ihrer Krankheit erzählte. Sie hat-
te Krebs, Endstadium, er mache sich Sorgen um sie. Seine fünf Hunde lie-
fen um ihn herum, sie schimpfte mit ihm auf Englisch und Koreanisch. Er
ignorierte sie, zeigte seine Felder und war ganz stolz auf das Erreichte,
hier in diesem fremden Land. »Für sie hab ich Koreanisch gelernt«, sagt er.
Doch ein Satz, ganz am Ende des Abends, hatte sich mir eingeprägt. »Ich
liebe sie nicht mehr«, hatte er gesagt. »Sechzehn Jahre mit ihr und ich
weiß, dass ich nur noch bei ihr bin, weil sie bald sterben wird.« Er schulde
ihr das. Aber sie weiß, dass er auf seinen Ausflügen nach Seoul nicht nur
neues Baumaterial kauft.

Das Treffen mit dem Deutschen ist zwei Jahre her. Die Frau ist sicher
inzwischen tot. Nur was ist aus ihm geworden? Hat er sie wirklich nicht
geliebt? Und warum lebte er hier am Ende der Welt, noch hinter Nordko-
rea, versteckt zwischen Reisfeldern?

Gegen Ende des wirklich langen Vortrags von Kim Giho wirft er
eine Botschaft an die Wand: »Wir sind nur eine Energie, die wei-
terwandert, wenn wir sterben.« Ein Schniefen geht durch den
Raum, die älteren Helferinnen bringen Taschentücher an die Tische. Das mit der Energie ist natürlich etwas, das man schon gehört hat. Buddhismus, Taoismus, Leben ist Leiden. Und doch ist
Sterben ein sehr persönlicher Prozess. Auch ein sehr einsamer.

Dann fragt Kim Giho in die Runde, was das Wichtigste sei:
Gesundheit, Liebe oder Zeit? Er lüftet das Rätsel gleich selbst: die
Zeit. »In Seoul geht das Leben so schnell vorbei und die Menschen
merken gar nicht, wie wichtig Zeit ist«, sagt er. Deswegen seien
Koreaner wohl empfänglicher für so ein Seminar. Nicht einmal
Entschleunigung helfe hier noch, sondern Entzug von allem. Kim
sagt: »Du bist kein Statist in deinem Leben, du bist der Hauptdar-
steller. Verhalte dich in Zukunft auch so.«

Eine koreanische Freundin von mir hatte das Seminar gemacht, da war sie 18 Jahre alt. Sie hatte mir geraten, es zu probieren, weil sie unsicher war, was sie mit ihrem Leben anfangen sollte.

»Das Seminar hat mir gezeigt, dass alles zu Ende geht und ich die Zeit nutzen soll.« Die Erfahrung, im Sarg zu liegen, das werde sie nie wiederholen, aber sie wisse, wie alles wohl enden wird. Bis dahin gebe es noch so viel zu sehen.

Im Seminar verteilt Kim Giho Fragen an die Besucher, sie füllen sie aus, zum Teil lesen sie ihre Antworten allen vor:

Welche Menschen haben Dich bis heute beeinflusst?

Was hast Du bisher erreicht?

Was würdest Du tun, wenn Du noch sechs Wochen zu leben hättest?

Worauf bist Du stolz?

Wer ist über Deinen Tod am traurigsten?

Wann warst Du zuletzt so richtig glücklich?

Oder die wichtigste Frage:

Welche Lehre hast Du bisher aus dem Leben mitgenommen?

Das Schnarchen hat aufgehört, dafür weint ein paar Särge weiter leise eine Frau. Dann ein Flüstern. Kim kümmert sich um sie. Das Leben da draußen auf den Straßen mit seinen Millionen kleinen Mobiltelefonbildschirmen und großen Straßenbildschirmen, mit den Hochhäusern und Betrunkenen vor kleinen Eckkneipen ist nur noch gedämpft und weit entfernt zu hören.

Im Sarg ist kein Platz für jemand zweiten. Ich bin wirklich allein, mit mir, mit den Gedanken über meine Gesundheit (Mit dem Rauchen aufhören! Ja!) und Liebe (Geht auch vorbei!) und Zeit (Besser organisieren, was mache ich heute Abend noch?). Ist das schon Meditieren oder nur Nachdenken? Warum muss ich dafür in eine Holzkiste?

Immer wieder melden sich Teilnehmer und erzählen aus ihrem Leben, von ihrem autistischen Kind, vom verstorbenen Vater, den entfremdeten Geschwistern. Kim Guan Yeol, 31, der junge Mann, der am Anfang von seiner Freundin getrennt wurde, stellt sich vor alle auf und sagt, er hatte schon einmal den Lebenswillen verloren.

Hastig fügt er hinzu, er wollte sich aber nicht umbringen. Nur sei dieser eine Schicksalsschlag sehr schwer gewesen. Auch seine Freundin – er nickt ihr zu – habe ihm da nicht mehr hinaus helfen können. Sie ist deshalb mitgekommen zu diesem Seminar, um auch da nah bei ihm zu sein.

Eine ältere Dame, sie nennt sich Frau Park, sagt, sie habe erst hier bei »Happy Dying« gelernt, dass sie ihr Erbe regeln muss. »Sobald wie möglich.« Sie sei alt und es sei doch alles so unsicher heutzutage. Die Koreanerin wohnt seit Jahren in Los Angeles, ihre Enkel seien zwar abgesichert, aber bei der wirtschaftlichen Lage derzeit in ihrem Heimatland, da wisse doch niemand, wie sicher das sei. Sie blickt stumm in die Runde, viele nicken.

Die Menschen, die hierherkommen, wollen Bilanz ziehen, wollen das Nachdenken über den Tod, das Ende in den Griff bekommen. Religion spiele keine Rolle, das bestätigen die Teilnehmer, auf die Frage ob sie religiös sind, sagen viele, nein, manche christlich, manche buddhistisch. »Gestorben wird weltweit«, hatte Kim Giho gesagt.

Im Sarg draußen vor dem Haus, im Wald, liege ich schon über fünfzehn Minuten. So langsam sollte sich eine Erkenntnis eingestellt haben. Das, was dann kommt, ist eher ein: zur richtigen Zeit am richtigen Ort. Vielleicht habe ich mich noch nie so passend gefühlt. Auf einem Hügel, im dunklen Wald, mit vielen traurigen Koreanern, die irgendeinen Schicksalsschlag überwinden müssen. Gemeinsam liegen wir in der Sarg-Schule und lassen uns erklären, warum das Leben besser ist. »You only live once«, YOLO, so könnte das Seminar auch umschrieben sein.

Fast ein Wunder, denke ich, dass sich diese Seminare nur in Korea und Japan so entwickelt haben, als ob der Tod, als ob sich durch die Summe der Rituale schon eine Erkenntnis ergibt. Vielleicht geht es nur um das Nachdenken darüber? Vielleicht ist hier wirklich das Klassenziel erreicht, wenn jemand auch nur das Gefühl hat, etwas gelernt zu haben.

Am Ende des Seminars haben alle die Gelegenheit, einen letzten
Brief an die wichtigsten Personen zu schreiben. Die Familie, die
Freunde. Alle lesen ihren Brief vor, die meisten entschuldigen sich
darin, dass sie zu Lebzeiten ihre Liebe nicht genug gezeigt haben.
Das Weinen vor Fremden ist nach diesen vier Stunden schon nicht
mehr ungewöhnlich. Ich lese meinen Brief auf Deutsch vor.

»Ihr Lieben«, geht er los, »ich bedanke mich für das Abenteu-
er der letzten 35 Jahre.« Dann entschuldige auch ich mich für Fehler, beschreibe zwei konkrete. Aber am Ende des Briefes zitiere
ich Kim Giho, weil er gesagt hatte, »Tod sei auch Neubeginn.« Das
schreibe ich und dann: »Nicht traurig sein. Hab Euch lieb.« Als ich
den Zettel zu Ende vorgelesen habe, sehe ich, dass ich jede Zeile
von links bis rechts vollgeschrieben habe. So wie ich früher eine
SMS auch immer bis genau 160 Zeichen geschrieben habe. Das
Maximum herausholen. Sollte das auf meinem Grab stehen?

Als ich an den Tischen vorbeigehe, sehe ich, dass die Koreaner
immer nur ihren Namen auf den Grabstein schrieben. Mit dem
Datum. Auch die Gräber sind in Korea schlicht gestaltet: ein kleiner Grashügel, ein Stein mit Daten. Alles andere wäre hier vielleicht eitel.

Im Sarg mit dem Luftschlitz werden diese Dinge plötzlich furchtbar egal.
Energie, weiterziehen, wir sind nur Gäste auf dem Planeten, auch diese
Theorien werden egal. Darf ich jetzt aufstehen? Die zwanzig Minuten im
Sarg fühlten sich länger an. Ich sehe dort Licht, am Ende meines Sarges.

Als ich aufstehe, den Deckel zur Seite schiebe, habe ich keine
Lust mehr, noch mehr von Kim Giho und seinen Weisheiten zu hören. Im Nachgespräch wird er auch wirklich ein bisschen anstrengend, ein Fernsehteam ist dabei, ihn zu filmen und plötzlich wirkt alles doch etwas zu eitel. Er sagt, er wolle die Welt erleuchten, so wie
Neo im Film »Matrix« die Menschen erleuchten wollte. Wir seien nur
Hologramme auf der Welt, sagt er und macht mir ein bisschen Angst.

Bevor sich die Gruppe trennt, lässt er noch einmal alle zusammenkommen, er lächelt wie am Anfang, so seltsam breit – das hat er nicht oft getan an diesem Tag. Alle, die Jungen und Alten, die Reichen und Unterschicht-Koreaner, die alle gerade einen kleinen Tod gestorben sind, rufen dieses eine Wort laut und gemeinsam, dabei heben sie die recht Faust: »Hwaiting! Hwaiting! Hwaiting!«

Dieser koreanische Ausdruck wird oft verwendet im Alltag hier im Land, vor Prüfungen, oder morgens, wenn man keine Lust hat, zur Arbeit zu gehen. Er geht auf ein englisches Lehnwort zurück: »Fighting!«, Kämpfen.

Die meisten sehen gelöst aus. Die, die vorhin weinten, lachen jetzt besonders laut. Wir sind alle nicht gestorben. »Happy« sind sie wohl, weil es vorbei ist, weil irgendwo ein Familienmitglied bald einen Anruf von ihnen bekommt. Vielleicht ändern sich wirklich einige Dinge jetzt, das Liegen im Sarg ist eine Erinnerung daran, dass jeder die Dinge in die Hand nehmen kann. Die kalifornische Koreanerin fliegt morgen zurück nach Amerika. Kim Guan Yeol geht mit seiner Freundin etwas essen, er sterbe vor Hunger, hatte er gescherzt. In den 50.000 Won (rund 35 Euro) Seminargebühr waren keine Snacks enthalten. Draußen vor dem Gold-Buddha rauscht der Verkehr und mein Mobiltelefon erinnert mich an vier Nachrichten, die ich beantworten muss.

Ein Bus bringt mich zurück in die Hochhausschluchten. Der Unterschied zwischen dem Tempelinneren und dem Großstadtleben ist immer wieder sehr beeindruckend in Südkorea. Diese Gegensätze von großer Ruhe und Nachdenklichkeit, während es auf der Straße nicht schnell genug gehen kann. In meiner Tasche liegen das ausgedruckte Trauer-Foto mit der schwarzen Schärpe und das Papier mit dem aufgemalten Grabstein. Darauf steht mein Name, mein Geburtstag und das Datum von heute. Manche rahmen sich das Blatt ein, hatte Kim Giho gesagt. Es solle sie daran erinnern, wie wertvoll Zeit ist. Und auch daran, dass sie überlebt haben.

DER WESTEN

Kapitel

10

Die Stadt der Zukunft

DAEHAN MINGUK MANSE 대한 민국만세
(LANG LEBE DIE REPUBLIK KOREA)

Als ich den »Frühling« von Vivaldi höre, ist der Tag in Songdo fast zu Ende. Eine weibliche Stimme sagt mit entsetzlicher Freundlichkeit auf Englisch – ganz sanft: »Wir hoffen, Sie haben ihr Erlebnis in der Canal Street genossen.« Mit dem, was sie anfügt, wird mir klar, warum ausgerechnet Klänge von Vivaldi hier in der Einkaufspassage einen Einkaufstag beenden. Die Stimme erklärt noch einmal allen Besuchern, dass die »Canal Street«, jene lang gezogene Straße mit Geschäften auf zwei Etagen links und rechts in vier Jahreszeiten unterteilt ist, vier Abteilungen, mit einem Flusslauf in der Mitte: »Im *Frühling* finden Sie Lifestyle, im *Sommer* die Kinderkleidung, im *Herbst* vorwiegend Kosmetik und im *Winter* vor allem Schuhe und Outdoor-Jacken.« Die großen Marken sind alle hier, Adidas, New Balance und Guess. Der Springbrunnen spritzt

Sonnenstrahlen von sich, während die samtene Frauenstimme sagt: »Wir versichern Ihnen, wir tun wirklich alles dafür, dass es Ihnen hier gut geht.«

Nur: Niemand hört zu.

Songdo, das ist ein seltsamer Ort in Korea, modern und gleichzeitig ein bisschen wie ein Märchen, das ich erst nicht glauben konnte und deswegen mehrmals besucht habe. Ich wollte verstehen, warum Menschen hierherziehen, warum sie für kleine Wohnungen mit Aussicht auf andere Hochhäuser sehr viel Geld bezahlen, welche Hoffnungen sie damit verbinden – auch weil es viel über den koreanischen Traum insgesamt aussagt: das moderne, perfekte, saubere Leben. Außerhalb Südkoreas kennen Songdo fast nur Architekten, oder besser: Architektur-Studenten, weil es eine der wenigen wirklichen »Smart Cities« in der Welt ist, ein Leuchtturm-Projekt vom Leben in der Zukunft.

Doch als ich an einem Dienstagmorgen im Hochsommer den Bus M6405 von Seouls Zentrum nach Songdo nehme, dann ist er fast leer und der Busfahrer lächelt sogar bei der Begrüßung. Niemals vergessen in Seoul, den Busfahrer zu begrüßen. Ein paar Stationen fährt er durch das hektische Gangnam, dann biegt er auf eine Autobahn und landet eine Dreiviertelstunde später in einer perfekten Kulisse für einen Zukunftsfilm. Es kann kein düsterer Film sein, denn alles strahlt und wirkt nicht mehr so gestapelt wie sonst in Südkorea, wo Architektur wie ein spontanes Tetris-Spiel organisiert wird. Hier in Songdo stehen Fahrräder (rot) an sauberen Fassaden (ocker) gelehnt, der Park (grün) setzt sich merkwürdig militärisch von der fünfspurigen Straße (grau) ab und erst, wer sich an diesen Anblick gewöhnt hat, merkt: Die Sonne produziert fast nur eckige Schatten. Sehr viele rechte Winkel. Das hat einen ganz praktischen Grund: Die Bäume sind alle noch so klein. Und noch etwas: Wo sind die Menschen? Und so viel Platz für so wenige Autos. Und woher kommt diese Drohne, die plötzlich vor mir über den Fluss fliegt?

Ach so, ein Vater zeigt seinem Sohn, wie die Drohne funktioniert. Ich laufe also in der prallen Sonne durch die leeren Häusergassen. Ich bin zu früh für all meine Termine: den mit der Maklerin, mit dem Erfinder, dem Vermarkter und schließlich den Einwohnern von Songdo. Ich setze mich in ein Café, das aussieht wie eines in Frankreich, es liegt im ersten Stock eines Hochhauses, die Fenster sind offen, die Balkone wirken wie ein Jugendstil-Zitat, sanfter Jazz erklingt, es gibt Zimtschnecken und der Ausblick ist rechteckig auf viele weitere rechte Winkel. Direkt gegenüber öffnet gerade ein Mobiltelefon-Geschäft. Die Mitarbeiter stellen sich zu dritt vor den Eckladen und machen eine Art Tanz. Zur eigenen Motivation? An solche Dinge werde ich mich wohl nie gewöhnen. Alle drei bewegen ihre Arme und singen ein Lied. Niemand sieht ihnen dabei zu, die Straßen sind ohnehin fast leer. Als sie fertig sind, winkt mir einer von ihnen zu. Ich winke zurück.

Begonnen hat diese Stadt damit, dass Park Yeon-Su in Incheon ein Date hatte. So zumindest erzählte es der Ingenieur und Professor an der Korea-Universität, als ich ihn traf. Er nennt sich selbst am liebsten einen »Visionär«. Gerade erschien ein Buch mit seinem Gesicht auf dem Cover: »Der Mann, der die Erdoberfläche veränderte« steht dort auf Koreanisch. Ich hatte ihn am Tag vor meinem Ausflug getroffen, zur Vorbereitung. Er hat genauso gelächelt wie auf dem Bild in seinem Buch. Sehr breit. »Es stimmt«, sagt er, »dass diese Stadt meine Idee war.«

Und begonnen habe es eben mit einem Date. »Ich war 17 und wollte mit meiner neuen Freundin einen ruhigen Ort besuchen. Wir fuhren mit dem Bus auf die Insel vor Seoul, Incheon. »Dort gab ich ihr einen Kuss«, sagt er. Es war nicht sein erster Kuss im Leben, aber der erste Kuss mit diesem Mädchen. »Wir standen auf einem Hügel und ich schaute auf eine Ebene.« Es war einsam, niemand sah ihnen zu. Er weiß noch, dass er für einen Bruchteil dachte: eigentlich ideales Bauland.

Als er Jahre später, in den 80er-Jahren beauftragt wurde, einen Standort für einen Flughafen zu suchen, dachte er an den Kuss und die Ebene. Er fuhr noch einmal nach Incheon und begann kurz darauf, eine Sonderwirtschaftszone für diese Gegend zu planen. 1986 war der Plan fertig. Der damalige Präsident Chun Doo-hwan wollte aber mehr als einen Ort, er wollte eine Vision. Drei Stichworte schrieb Park Yeon-Su schon damals auf: »Energieeffizient sollte sie sein«, sagt er, »modern und für die Zukunft gewachsen.« Der Flughafen auf Yeongjongdo, der Insel vor der Stadt Incheon, war nur ein Teil des Plans, der andere lag gegenüber, auf der anderen Seite des Marschlandes, ein kleiner Ort namens »Kieferninsel«. Koreanisch: Songdo. Dort sollten die modernsten Hochhäuser stehen.

Der Flughafen Incheon wurde 1997 fertig gestellt, die feierliche Eröffnung war 2001, doch dieser Flughafen war nur das erste

Direkt am Wasser mit Hochhäusern im Hintergrund, Songdo ist für Koreaner die ideale Stadt

Standbein für sein großes Projekt, Park Yeon-Su wollte mehr. »Das war die Zeit«, sagt er, »in der klar wurde, dass Südkorea nicht mit Manufakturen und Fabriken seine Rolle international behaupten kann.« Es musste noch andere Zweige geben, in denen Südkorea führend werden kann. Der Druck wurde erhöht, weil im Jahr 1997 die Asienkrise über das Land hereinbrach und alle Großprojekte infrage stellte. Millionen von Koreanern spendeten ihr Familiengold für den Staat, etwas, das in Europa mehr als unüblich wäre. »Dabei war es genau der richtige Zeitpunkt, solch ein Großprojekt aufzubauen«, sagt er. Das Wirtschaftswachstum des Landes konnte auch von der Asienkrise nur kurz aufgehalten werden. In der Tat hat Südkorea wenig Bodenschätze und auch die Hersteller von kleineren Produkten für den internationalen Markt begannen, nach China und Indien umzuziehen. Deshalb wollte Park eine Sonderwirtschaftszone mit dem Fokus auf Forschung und internationales Business setzen.

Wohnungen? Er winkt ab, das war für ihn damals Nebensache, er wollte große Namen, Firmen, Universitäten, Forschungszentren. Doch man brauchte Geld aus dem Ausland. »Ich führte damals die Verhandlungen und holte die New Yorker Investment-Firma Gale International mit ins Boot«, sagt Park Yeon-Su. Die hatten Erfahrungen mit solchen Großprojekten. Ich merke ihm an, dass es ihm wichtig ist, dass sie aus New York kommen. New York und Seoul, beides Städte mit großen Versprechen. Hier kannst Du es schaffen, sagen sie. »Songdo konkurriert nicht nur mit Schanghai und Tokio«, sagt er, »sondern auch mit London und New York.« Im Jahr 2001 steigt Gale International mit ein, im gleichen Jahr wird der Flughafen Incheon fertiggestellt. Incheon ist bis heute eine Erfolgsgeschichte, schnell, schön, effizient und gewinnt jedes Jahr Preise. Jetzt muss es nur noch mit Songdo klappen.

Ich verlasse das Jugendstil-Frankreich-Café und laufe hinüber zum schönsten Hochhaus in Songdo, dem Northeast Asia Trade

Tower. Er überragt alle Gebäude hier, liegt direkt am großen Park. Vorbei an leeren Straßen, an einer großen Brache, auf der ein Farmer Mais anbaut, eine GruppeFahrradfahrer fährt gemütlich vorbei. Ich bin um 11 Uhr mit Scott Summers von »Gale International« verabredet und um 10.55 Uhr ruft mich seine Assistentin an, wo ich denn bleibe. Da laufe ich gerade die letzte Diagonale über einen rechten Winkel auf das Gebäude zu. Es ist heiß, die Bäume werfen keinen Schatten und, um diese Zeit, auch die Häuser nur sehr wenig.

Im 25. Stock hängt an der Wand eine Weltkarte, auf der nur zwei Städte eingezeichnet sind: New York und Songdo. Darunter ist ein Modell der asiatischen Stadt zu sehen, glitzernd und beeindruckend. Ich werde in den Versammlungsraum geführt und da steht er, Scott Summers, selbstbewusst, freundlich und sichtlich stolz auf die Stadt und den Park zu seinen Füßen. »Das ist doch eine herrliche Aussicht, nicht wahr?« Er hat Recht. Songdo sieht von hier zwar beängstigend nach einer »Sim City« aus dem Computerspiel aus, aber auch: modern, grün, futuristisch. Dann zeigt der Amerikaner mit dem Finger auf die Orte und hat keine Mühe, immer wieder fast den gleichen Satz zu sagen: »Wir haben den Park gebaut, wir haben das Convention Center gebaut, wir haben die Internationale Schule gebaut, wir haben den Golfplatz gebaut.« Er ist stolz, aus einer Branche zu kommen, in der Dinge vorher nicht da waren und plötzlich groß und für eine lange Zeit da sind.

Dabei verschweigt er nicht, dass das Convention Center nur zu einem Teil fertig ist und auch die Bürogebäude noch nicht die Erwartungen erfüllt haben. »Da sind unsere Reserven.« Scott Summers kam 2005 als Leiter der Bauabteilung zu dem Projekt dazu und erinnert sich, dass es damals noch komplett anders aussah in der Stadt, viele Brachen, Baustellen, Ideen. »Wenn ich Koreanern erzähle, dass dieses Gelände dort hinten vor zehn Jahren noch Marschland war, dann zucken die mit den Schultern.« Die Geschwindigkeit

hier in Südkorea habe ihn schon damals gepackt. Nach fünf Jahren
wechselte er die Abteilung und ist jetzt für das Foreign Investment
und das Marketing zuständig. »Aber das passt für mich gut, denn ich
weiß schließlich, dass dieses Produkt ein gutes ist.«

Doch es sind eben nicht die Geschäftskunden und die koreanischen oder internationalen Firmen, die sich hier bisher ansiedeln,
es sind vor allem Bewohner. Besonders die Wohnhäuser wurden
von koreanischen Firmen wie Daewoo Construction, Hyundai
und POSCO schnell hochgezogen. Gale gab die Höhe und die Fläche der Bebauung vor und konnte auch mit New Yorker Star-Ar-
chitekten aufwarten. Wenn man sich die Gebäudefront am Central Park in Songdo genau anschaut, erkennt man, dass sich eine
der Firmen nicht an den optisch abgestimmten Plan der US-Amerikaner gehalten hat. Im Modell, das hier auf der Etage steht, waren die Häuser noch einheitlich mit einer verspielten Glasfront
gestaltet. In der Realität sehen zwei Häuser wie ein Gebrauchs-
hochhaus aus der Innenstadt von Seoul aus. Doch beliebt bei Käu-
fern seien die Wohnungen trotzdem, sagt Summers.

Doch das sei erst der Anfang. »Wir haben jetzt ungefähr 60
Prozent der Wohnungen gebaut.« Bis 2022 sollen es rund 28.000
Wohnungen werden. »Mir ist aber wichtig, dass es keine Traban-
tenstadt wird.« Deshalb habe Gale in den letzten Jahren den Fokus
verschoben auf die Verbesserung der Lebensqualität. Wieder
schaut er auf den Park mit dem Fluss hinab: »Das ist Salzwasser«,
sagt er, »Menschen haben gern Wasser um sich.« Demnächst kommen Einkaufszentrum und Kino dazu, geplant ist auch eine
Schnellverbindung mit dem Zug nach Gangnam. Denn auch er
kenne die Artikel, die von Songdo als der »Geisterstadt« reden, in
der weder tagsüber noch abends irgendetwas los ist. Er wird dann
ein bisschen trotzig: »Wir haben nur die Hardware geliefert«, sagt
er, »die Software muss jemand anderes liefern.«

Dann führt er in diesem Büro mit fantastischer Aussicht einen
Film vor, der an pathetischen Sätzen nicht spart: »Dieses Land war

einmal Ozean« und »ist jetzt eine Stadt in Harmonie mit den Menschen.« Auf YouTube sieht man, wie ein gelber Papierflieger (computeranimiert) zwischen den Hochhäusern entlang gleitet und Kinder (echt) in die Kamera winken. In dem Film gibt es immer wieder Momente, in denen nicht klar ist, wann die Simulation endet und die echte Baustelle gezeigt wird. Das kann dafür sprechen, dass die Vision von Park Yeon-Su aufgegangen ist und alles dem Traum sehr nahe kommt, aber es kann auch dafür stehen, dass selbst die echten Gebäude wie Hologramme in der Landschaft glänzen.

Ich muss daran denken, was mir ein Freund über Gangnam erzählt hat. Dort waren auch nur Reisfelder gewesen und heute stehen überall riesige Flachbildschirme. Manche Koreaner haben damals Weitblick gezeigt und sich dort einige Wohnungen gekauft, als sie noch günstig waren. Zwanzig Jahre später sind einige von diesen Koreanern Millionäre geworden. Genau das ist der Traum, der sich hier wiederholen soll. Ein neues Gangnam, nur noch besser. Weil es weniger koreanisch sein soll, dafür internationaler.

Das ist das Versprechen, dass normale Bürger in Songdo erfahren können, wie es ist, in der Zukunft zu leben. Mit einem Fernseher, der mich live mit einem der besten Yoga- oder Englisch-Lehrer der Welt verbindet und mein Bild in sein Studio schickt. Angeschlossen an Universitäten können ganze Uni-Kurse absolviert werden oder die Kinder Nachhilfe bekommen. Wenn man das Haus verlässt, dann sind die Wege sowie U-Bahn- und Bushaltestellen so berechnet, dass jeder Bewohner in Songdo einen möglichst kurzen Weg zurücklegen muss. Und dann erst das Abfallsystem.

Scott Summers steht noch einmal auf und zeigt auf ein kleines Häuschen am Rand der Hochhäuser. »Wissen Sie, warum es keine Abfalleimer gibt in Songdo?« Der Müll werde über ein kompliziertes Röhrensystem in dieses kleine Häuschen dort gesaugt. »Wir brauchen nicht mehr als drei Angestellte für das Müllsystem in dieser Stadt.« Außerdem rieche es nicht und liege nicht wie in Seoul tagelang am Straßenrand herum. Alles hier verspricht: So kann das Leben der Zukunft aussehen. Digital, sauber, gesund – und international. Denn Songdos offizielle Sprachen sind Koreanisch und Englisch, und eine elegante 21 Kilometer lange und gewundene Brücke verbindet Songdo zumindest theoretisch in rund vier Stunden mit 61 anderen Millionenstädten der Welt.

Wir gehen hinunter, noch etwas essen. Auf dem Weg, sagt er, wolle er mir das Highlight zeigen: den Park mit dem Damwild. Mit den Schiffen. Wir könnten die fünfspurige Straße einfach so überqueren, weil es zu wenig Autos gibt. Aber wir laufen doch zur Ampel. »Ein anderer Grund ist der Golfplatz, nur zehn Minuten von hier«, sagt er. Andere ziehen vor allem wegen der Schulen her. Eine der größten und besten Privatschulen des Landes befindet sich im Zentrum von Songdo. »Bildung ist in Korea so wichtig, dass die Eltern alles auf sich nehmen, um ihren Kindern das Beste zu bieten.«

Doch auf dem Weg zum Restaurant sehen wir wieder wenig Menschen. Ein paar Touristen. An den Fenstern eines Gebäudes hat jemand das Schild aufgehängt: »# go home«. Das »#« ist das Symbol eines der größten Immobilieninhabers in Songdo. Es prangt auf fast jedem zweiten Gebäude, aber offenbar ist die Firma nicht nur beliebt. Summers sagt, da müsse ein unzufriedener Mieter wohnen. Normalerweise versuchten die Vermieter hier, Probleme gleich zu lösen.

Beim Mittagessen besprechen wir das Leben in Korea. Der US-Amerikaner ist gern hier im Land, mag die Effizienz und den Willen, Dinge schnell durchzusetzen. »Es gibt hier auch keine Skepsis gegenüber Neuem«, sagt er. In Europa wollten die Menschen gern etwas Altes, hier in Korea könne man auch etwas sehr Neuem eine Chance geben. Er sagt, ich solle später die Wohnung einer Mitarbeiterin besuchen.

Bevor wir uns verabschieden, habe ich noch zwei Fragen. »Wohnen Sie hier?«

»Nein, ich fahre jeden Tag nach Seoul zurück.«

»Kennen Sie Park Yeon Su?«

»Nie gehört, wer ist das?«

Derjenige, der die besten Seiten dieses Ortes herauskehren soll, kennt also den Visionär nicht und wohnt auch nicht hier. Immobilien sind einerseits eine sichere Geldanlage, heißt es, aber andererseits doch nur dann, wenn sie sich im Wert nach oben entwickeln, also wenn Menschen an sie glauben. Sonst bleiben sie nur Plätze zum Wohnen und Schlafen. Und gerade in einer Stadt, in der es so wenig zu sehen gibt wie in Songdo, müssen die Gründe für eine Anlage doch erst geschaffen werden. Dinge, die Songdo fehlen:

Kino, Theater, Touristenattraktion, Literatur, ein alter Tempel, Clubs, berühmte Restaurants, Bars, Rotlichtviertel ...

Das stimmt nicht ganz. Es gibt eine Bar, aber dazu später.

Zuerst laufe ich durch die Stadt, setze mich an den künstlichen Teich und lerne Yu Jin Seok kennen. Sie ist mit ihren beiden Töchtern auf einem Spaziergang. Ihr Mann hatte vor vier Jahren die Idee, hierherzuziehen.

»Meine Familie ist ursprünglich aus dem alten Songdo«, sagt sie, »Wenn mich jetzt Freunde besuchen, beneiden sie mich.« Sie mag, dass es ruhiger ist, dass man einander wiedererkennt auf der Straße. Sie fühlt sich auch als eine Art Revolutionärin. »Wir machen hier alles zum ersten Mal«, sagt sie. Es ist, als würde sie ein neues Buch aufschlagen und jede Seite selbst beschreiben können. »Nur ein Kino fehlt mir manchmal, aber dafür müssen wir nur über die Brücke zum Flughafen.« Ihre Tochter geht auf die internationale Schule und sie lernt dort richtig gut Englisch. Nicht nur schriftlich, wie in anderen Schulen, sie spreche jetzt schon flie-

ßend mit neun Jahren. Die Schulgebühren von umgerechnet 2.500
Euro im Monat nimmt sie dafür in Kauf.

Doch das sind Preise, die für Eltern, die in Seouls teuerstem
Stadtteil Gangnam wohnen, keine Besonderheiten sind. Makler
verkaufen auch diesen Traum. Eine von ihnen ist Juli Lee von »Star
Realtor« in Songdo. Ich hatte sie vorher per Telefon um einen Termin gebeten und sie hat sofort zugestimmt. Man merkt, sie nimmt
sich Zeit für ihre Kunden, hat aber auch kein Problem, zwischen
zwei Kundengesprächen noch einen Anruf entgegenzunehmen.
Ihr Geschäft ist, wie viele in Seoul, etwas chaotisch eingerichtet
und für einen Augenblick ist man nicht mehr im neuen glänzenden
Songdo, sondern in irgendeiner Kleinstadt vor Seoul. Die Möbel
sind etwas willkürlich zusammengestellt und an der Wand hängt
eine große Landkarte von Songdo.

Sie zeigt auf diese Karte: »Es ist überall noch etwas zu haben«,
sagt sie, »am beliebtesten sind die Wohnungen mit Blick auf den
Central Park. Hier zum Beispiel, 200 Quadratmeter, Fenster-
front, 1,2 Millionen US-Dollar.« Sie ist nicht anbiedernd, über-
freundlich, sondern eher gönnerhaft, wie eine freundliche Nachbarin, die von einem guten Geschäft gehört hat. »Die kleinere
Wohnung mit 40 Quadratmetern im gleichen Gebäude habe ich
für 300 000 Dollar noch da.« Vor zwei Jahren lag sie bei 250 000
Dollar. Zwanzig Prozent Wertsteigerung in zwei Jahren, das sei
normal derzeit für Songdo. »Das wird noch einmal viel mehr werden, wenn die Bahnverbindung zu Seoul steht.« Sie könne sich
mindestens rund 100 000 US-Dollar Differenz vorstellen.

Begonnen hat der erste Boom im Jahr 2011, erzählt sie mir, damals kamen dreimal so viele Interessenten für Wohnungen in
Songdo als es Wohnungen gab. Doch als Berichte von der Geisterstadt die Runde machten und die Ersten ihre Wohnungen ohne
Gewinn wieder verkauften, stagnierte die Nachfrage etwas. Vor
allem Familien zogen dann in die neue Stadt. Als die renommierte
koreanische Universität Yonsei einen Campus in Songdo eröffne-

te, zogen die ersten Studenten in kleine Wohnungen. Doch diese beschwerten sich bald in Internetforen, dass es kein Nachtleben gebe. Das ist bis heute so, doch es ist etwas anderes passiert, was für Korea einen fast typischen wie sicheren Popularitätsgewinn bedeutet: Im Sommer 2014 zog ein Star nach Songdo.

»Ich kann eindeutig einen Unterschied in der Zeit vor und nach dem Einzug von Song Il-Guk feststellen«, sagt Juli Lee. Song ist ein berühmter Filmschauspieler und außerdem Vater von drei Söhnen. Sie heißen »Dae-Han«, »Min-Guk« und »Han-Se«, was zusammen »Lang lebe Korea!« bedeutet. Daraufhin wurde er gebeten, für das Fernsehen seine Vater-Tage mit den Kindern filmen zu lassen. Mit der Sendung »Superman ist zurück« wurde er zum Liebling der Zuschauer und Songdo ganz nebenbei zur besten Sendezeit als kinderfreundlichster Ort Koreas ausgerufen. Immer wieder sieht man den Star mit seinen Drillingen durch den Park laufen, joggen, Fahrrad fahren.

Ich gehe noch etwas vor die Tür. Die vielen positiven Zahlen, all die Werbung, die Scott Summers für diesen Ort macht, irgendwie will sich trotzdem kein Gefühl dafür einstellen. Ein letzter Gang durch den Park. Am Nachmittag ist der Ort nicht mehr ganz so geisterhaft. Verliebte Paare machen Selfies von ihrer Phase des Frisch-Verliebtseins. In der Einkaufspassage sitzen ältere Koreanerinnen beim Tee zusammen. Sie reden darüber, wann sie Babysitten müssen, das höre ich zumindest im Vorbeigehen. Selbst in der »Winter«-Abteilung ist es am Nachmittag fast gemütlich. Die Gebrauchskunst an der Straße erfüllt einen nüchternen Deko-Zweck, Kugeln, große Rohre, kantige Symbole, wie überall auf der Welt in neuen Orten. Doch die meisten Menschen, die dazwischen herumlaufen, sind sehr kleine Menschen. Sie planschen glucksend im Springbrunnen, sie spielen auf der Wiese, fangen einen Baseball, den ihr Vater ihnen zugeworfen hat. Sie fahren Rad oder Segway mit Helm, oder lernen eben von Papa, wie man eine Drohne

fliegt. Es gibt einen Bootsverleih - und wie sagte Scott Summers: »Menschen mögen Wasser.«

Vielleicht ist das einzige, was dieser Ort braucht: Zeit. Viel
Zeit, in der die Bäume groß werden können und wirklich Schatten
spenden, in der Dinge an Orten passieren, an die sich die Menschen gern erinnern. Er wirkt wie die IKEA-Version eines Parks.
Alles ist da, aber es bleibt doch ein Massenprodukt, zweckmäßig,
aber gänzlich ohne Patina, eben auch etwas trist. Summers sprach
von einem Flohmarkt und einem Jazzfestival an diesem Wochenende. Doch irgendwie klingt das alles noch nach Maßnahmen.

Mitten im Park, direkt am Wasser, sehe ich drei Statuen von
pinkelnden Riesen-Kindern am Fluss. In hohem Strahl ergießt
sich Wasser in den Fluss, während die drei Riesen-Bronze-Kinder
grinsen. Sie sehen aus wie aus einem Comic-Buch. Park Yeon Su
liebt diese Statuen, hatte er gesagt. »Ich hab in dem Dorf früher

Lieblingsstatuen von Songdo: Die pinkelnden Jungs

wirklich solche Kinder gesehen, die im Watt halb nackt nach Tieren suchten«, sagte er, »die nächste Toilette war eben weit.« So wird langsam Tradition geboren, dort, wo einst Ozean war. Denn so ist das Land hier entstanden, das meiste ist dem Marschland abgerungen. Insofern ist Songdo auch ein Beispiel dafür, was Südkoreaner aus dem Nichts aufbauen können. Ganz ohne Kirche oder Tempel im Zentrum, dafür mit einer Grünfläche, die so heißt wie der große Park in New York. Doch für einen Augenblick merkt man auch, dass es dem Visionär nicht reicht, dass die Menschen im »Central Park« in Ruhe essen, spazieren und schlafen können. Park Yeon Su und Scott Summers wollen beide, dass endlich die große Industrie kommt, nicht nur die Biotech-Abteilung von Samsung oder ein BMW-Autohaus, so wie jetzt, sondern noch viel mehr.

Aus Kreisen der Investoren – so heißt das, wenn man nicht sagen darf, wer es gesagt hat – hört man, dass auch sie es lieber hätten, wenn die lokale Regierung sich mehr darür einsetzen und die Regeln ändern würde. Sonst bekämen sie die Bürogebäude nie gefüllt. Der Staat könne doch nicht ernsthaft acht Sonderwirtschaftszonen im Land eröffnen und dann noch hoffen, dass sich in allen genau die erforderliche Industrie niederlasse. Der Rahmen sei zu eng gesteckt, nur internationale Bildungs-, Forschungs- und Entwicklungsprojekte zu ermöglichen, werde auf lange Sicht nicht ausreichen, heißt es aus einem Planungsbüro.

Als ich die zuständige Abteilung der Sonderwirtschaftszone von Incheon (IFEZ) anrufe, meldet sie sich sofort und gibt sich selbstkritisch: »Ja, diese Kritik kennen wir und sie ist berechtigt«, lautet die etwas vage Antwort. Es gebe in der Tat mit acht Sonderwirtschaftszonen inzwischen zu viele in Südkorea. In den kommenden Jahren, so IFEZ weiter, sollen deshalb Synergien noch besser genutzt werden – »vor allem mit dem Potenzial des Flughafens in der Nachbarschaft«. Konkret heiße das dann nicht mehr nur wissensbasierte Unternehmen, sondern auch: IT-Unternehmen, Krankenhäuser, Freizeit und Tourismus, sogar ein Kasino ist vorstellbar.

Potenzial, Synergien, denkbar. Das alles klingt irgendwie kleiner als die große Vision, die Songdo einst war. Am späten Nachmittag sitze ich wieder in der Canal Street. Glitzernd, modern und im Bann der freundlichen Frauenstimme. »Willkommen«, sagt sie. Es sollte der lebhafteste Ort sein. Aber ich sehe nur wenige Menschen. Ich warte auf einen Bekannten. Er ist Lehrer an der internationalen Schule, sehr gut bezahlt und die Wohnung wird ihm gestellt. Ich hatte ihn gefragt, ob ich die Wohnung sehen kann. Er bejahte und sagte, dass er sich verspäten werde. Er wollte noch joggen, am Wasser entlang, da sei eine neue Fitnessmeile eröffnet worden, also eine der typischen Anlagen mit Kraftgeräten, die auch in Seoul in den Parkanlagen stehen. Abends will er mir den Pub zeigen, den einzigen in dieser Stadt mit 90.000 Menschen.

In der Canal Street sind die meisten Geschäfte bereits geschlossen. Die Springbrunnen sind noch angestellt und an beiden Seiten des Kanals sind noch Stühle aufgestellt. Auf einer der Brücken ist ein Delphin so aufgemalt, dass es aussieht, als springe er aus dem Beton heraus. Aber es ist nur eine Illusion, ein weiteres Fotomotiv für Selfies. Ich war in Songdo.

Mein Bekannter kommt. Er hat nicht viel Zeit, seine Wohnung ist gleich nebenan. »Ich muss sagen, dass es nicht so besonders aufgeräumt ist«, sagt er, aber natürlich ist es makellos. »Die Wohnungen sind vor allem praktisch«, sagt er, »wie hier dieses Panel gleich hinter der Tür.« Er zeigt auf ein großes Touch-Display. »Hier kann ich die Temperatur für alle Räume einstellen und auch überprüfen, ob das Licht noch an ist, bevor ich aus dem Haus gehe.« Dieses Display könne er auch mit seinem Mobiltelefon verbinden. »So kann ich auch von unterwegs sehen, wer an meiner Tür klingelt.«

Dann zeigt er mir den großen Bildschirm, aber er nutzt ihn selten, er hat schließlich einen Laptop, mit dem er auch Skypen

kann. »Aber das Beste ist das Müllsystem.« Er nimmt einen Müll-
sack und läuft auf den Flur. Mit einem kleinen Schlüssel öffnet er
ein kleines Loch in der Wand, dahinter rauscht es leise, er wirft die
Tüte hinein. Ein kurzes Sauggeräusch und dann nichts mehr.

Wir waren dann noch etwas trinken in der »Cinder Bar«, dem
einzigen Pub in Songdo. Dort erzählt er, dass ihm nichts fehle in
Songdo. Auch Seoul sei doch im Grunde eine neue Stadt. Songdo
ist nur die Erweiterung davon. Seoul ist wirklich im Jahr 1953 dem
Erdboden gleich gemacht worden. Der Koreakrieg hat das Land
auf den Stand eines afrikanischen Entwicklungslandes zurückge-
worfen. Die meisten Gebäude mussten danach schnell gebaut
werden. Dieser Luxus, große Wohnungen nah am Wasser zu haben, das sei für viele Koreaner eben deshalb noch immer ein
Traum.

Wir trinken noch weiter, als wären wir in Seoul. Er ist Lehrer
an der internationalen Schule hier. Die Kinder seien alle unglaublich motiviert. Mit seinen Schülern in den USA nicht zu vergleichen, sagt er. Die Bezahlung sei sehr gut und ja, er sei trotzdem
nicht gekommen, weil er in Songdo leben wollte. Er erzählt von einer unglücklichen Liebe und davon, dass er einfach nicht mehr im
gleichen Land wohnen wollte. In Korea hat ihn noch keiner seiner
Freunde besucht. Zu weit weg. Aber das ist gut, sagt er. Abstand.
Nur weit weg von da, wo es Probleme gab. Abends Bücher lesen,
auch hier im Pub bei dem freundlichen Iren, Bier für drei Dollar,
und morgens joggen gehen. Am Wochenende den Bus 4605 nehmen. Gangnam.

Als ich ihn verlasse und einen der letzten Busse nehmen will,
bin ich mir nicht mehr so sicher. Vielleicht ist Songdo irgendwann
das bessere Seoul: geplant, gesünder, internationaler. Auf dem
Weg zum Bus treffe ich noch den alten Lee Je-Cheon und seine
Frau. Sie sitzen am Pier unter der Laterne und schauen auf das
Meer. Lee ist 65 Jahre alt, er hat sein ganzes Leben in Seoul gearbeitet, hat die Entwicklung vom Slum zur Hightech-Stadt miter-

lebt, die Diktatur überlebt. Jetzt wohnt er in Central Park 1, 38. Stock, im gleichen Haus wie der Superman-Vater der patriotischen Drillinge.

Billig sei sie nicht gewesen, sagt Lee, aber dafür hat er über hundert Quadratmeter mit Blick auf das alles hier. Die Holzbank (braun), die Riesen-Brücke (weiß) und die Sonne, die klar dahinter versinkt (dunkelrot). Bald wird dieser Blick von einem Hochhaus verstellt sein. Aber das störe ihn nicht. »Vielleicht verkaufe ich die Wohnung in zehn Jahren wieder.« Er klingt nicht so, als wolle er Geld machen oder spekulieren. Lee nimmt die Hand seiner Frau. »Uns gefällt es hier jetzt, oder?« Als sie anfängt zu erzählen, wie einmal eine Mülltüte im Absaugrohr stecken blieb und es dann tagelang schlecht roch, zirpen die Grillen hinter ihr immer lauter.

Als ich an der Bushaltestelle stehe, merke ich zu spät, dass es die falsche Straße ist. Sie sehen alle gleich aus. Aber laut Bus-App müsste der Bus zurück nach Seoul gleich kommen. Da sehe ich ihn, wie er um die Ecke biegt, M6405, die Lebenslinie zur Zukunft. Doch er fährt weiter, ich bemerke meinen Fehler und renne dem Bus hinterher. Warum sieht hier alles so gleich aus? Warum leben Menschen gern in so viel Rechtecken? Warum sind die einzigen Statuen hier drei pinkelnde Kinder? Der Busfahrer öffnet die Tür und ich lasse mich in die weichen Sitze fallen. Ich habe nicht Einen getroffen, der hier ungern ist, aber ich muss ganz dringend wieder etwas mehr Leben um mich spüren. Und nicht nur das Versprechen, dass es einst hier sein wird.

Kapitel

11

Der Traum im Topfhotel

DO 도 (INSEL)

Als ich heute morgen aufwachte, lag ich in einem runden Zimmer, unter einer gewölbten Decke, bemalt mit Blumen. Draußen vor dem Fenster stand ein sechs Meter hoher Steinkrug, aus dessen Öffnung oben Rauch herauskam. Mir wurde klar, ich liege selber in einem von denen. Das hatte ich auch geträumt, aber da war noch mehr. Ein Koffer voller Papier, ein seltsamer Anruf aus Nordkorea. Wir haben Deutsch geredet, das weiß ich noch, und dass er mir erklären wollte, warum man in Nordkorea auch ganz einfach versucht, sich durchzuschlagen, morgens aufzuwachen und mit der Familie zu frühstücken, die Wäsche sauber zu halten. Ich bin aufgewacht, weil die Fußbodenheizung ein anderes Geräusch gemacht hat als zu Hause. Sie ist nicht leise hier, aber sie gluckert so angenehm vor sich hin. Als ich aufstehe und auf der anderen Seite durch das Fenster blicke, sehe ich weiter hinten das Meer – und das andere Ufer.

Ich bin nach Yeongheung-do gefahren, diese kleine Insel tief im Nordwesten hat wenig Sehenswürdigkeiten, dichte Wälder, einen Windenergiepark und einen schönen Strand, mit Blick in Richtung des Landes, ohne das es Südkorea so nicht geben würde: Nordkorea. Die Küste ist meist daran zu erkennen, dass sie kahl ist, alle Bäume im Norden sind gerodet. Aber weil es in Südkorea immer noch etwas Überraschendes oder Unerwartetes geben muss, steht hier eben auch: Das Topfhotel – »The Pottery Pension«.

Insgesamt sieben bemalte Riesentöpfe und -krüge sind hier nebeneinander in einer Kieselstein-Straße gebaut, mit Holztüren und kleinen runden Fenstern mit Fensterkreuz, wie die Kulisse aus einem Kinderfilm. Auf Bildern sieht es so aus, als kommen jeden Augenblick kleine, knubbelnasige Wesen aus den Türen. Ich hatte im Internet von diesem kleinen Hotel gelesen und dabei auch gesehen, dass »ungewöhnliche Hotels« in Südkorea ein Massenphänomen sind. Es gibt Hotels, in denen jedes Zimmer nach einer Biersorte oder Automarke gestaltet ist. Es gibt Gefängnishotels (mit Streifenpyjama zum Ausleihen), Schlosshotels (mit kleinen Türmchen wie im Märchen), sogar kleine Pilzhütten für »Ferien bei den Zwergen« oder ein riesiges Kreuzfahrtschiff, das aber nur ein Schiff-förmiges Haus ist. Alles »fake«, könnte man sagen, nicht echt, nur eine Spielerei mit Architektur – oder man kann es einfach kreativ finden, dass diese Träume in Stein gehauen werden, so häufig wie wohl nirgendwo auf Welt. Weil man es hier kann, in diesem Land, vielleicht auch, weil diese Gesellschaft kleine Brüche mit der Norm so nötig hat wie keine andere.

Denn da ist auch eine große Gleichförmigkeit in Seoul, im Alltag, da sind sehr viele rechte Winkel und identische Hochhäuser. Trotz der Parks und 4D-Technik-Anlagen oder Hologramm-Konzerten, die Unterhaltung des 21. Jahrhunderts anbieten. Mir geht es nach ein paar Wochen doch so, dass ich fast flüchten muss am Wochenende, aus Seoul. Weil die Stadt so groß ist und eine Reise

mindestens eineinhalb Stunden dauert. Schon in der S-Bahn beginne ich, die ersten Berge zu sehen, das erste Ufer, die Brücke
vom Festland weg. Von Oido auf die nächste Insel und dann weiter
mit dem Bus auf die kleine Insel Yeongheung, zu einem sehr einsamen Busbahnhof. Ein kleines Häuschen. Und schon nach knapp
drei Stunden bin ich an einem Ende von Südkorea.

Hier auf dieser Insel, so sagen Koreaner, entschied sich der
Koreakrieg. Es war diese Insel, auf der die Streitkräfte der USA
sich versammelt hatten. Das war 1950, der Koreakrieg hatte gerade erst begonnen. Die Truppen von Kim Il Sung hatten den Breitengrad überquert und Seoul in drei Tagen eingenommen. In nur
wenigen Wochen war das Land bis zur Südspitze von Nordkoreanern überrannt. Erst als die USA von Süden einen Gegenangriff
starteten, wichen sie langsam zurück. Der zweite große Angriff,
»Operation Chromite«, war fast noch wichtiger und begann später
hier: in Yeongheung. Hier trafen sich die US-Militärs und berie-
ten, wie sie von der Insel aus Südkorea wieder einnehmen können,
erst Incheon, dann Seoul, dann das Land.

Der letzte Bus meiner Reise nimmt mich mit bis nach Jang-
Kyeong-Ri. Das ist meine Endstation, sagt mein Telefon. Hier in
Südkorea hilft Google Maps nicht weiter. Es muss »Naver« sein, die
größte südkoreanische Suchmaschine. Schon wegen der koreanischen Schrift hat es Google nie über einen Marktanteil von 10 Prozent geschafft. Auch die Landkarte ist ungenauer als bei Naver.

Ich steige aus und bin gleich neben dem Strand. Dort ist ein
Café, mit vielen Plüschsofas und Teddybären im Schaufenster. Vor
dem Haus sitzt eine Frau auf einer breiten Bank mit einem Dach,
fast ein Pavillon. Sie ist dick angezogen, kehrt mir den Rücken zu
und schaut aufs Meer. Vielleicht ist das auch *Han*, dieses betont
melancholische Aufs-Meer-Schauen. Das Alleinsein, das Sich-Un-
verstanden-Fühlen. Manchmal sehe ich diesen Blick bei Koreanern in der U-Bahn, die eben nicht auf ihr Mobiltelefon starren,
sondern nach oben schauen, fast, als suchten sie das Meer.

Vielleicht ist Teil des *Han* auch, dass so viele außerhalb von Südkorea so wenig wissen von Südkorea, von Kimchi, vom Stadtteil
Gangnam – oder eben vom Koreakrieg. Es ist seltsam, dass ein militärisch wie international so wichtiges Ereignis niemals in das All-
gemeinwissen der Welt aufgenommen wurde. Der Vietnamkrieg,
der ähnlich viele Todesopfer forderte, hat ungleich mehr Filme hervorgebracht, doch über den Koreakrieg will irgendwie keiner reden,
vielleicht weil er im Grunde noch nicht vorbei ist. China und die
USA standen einander an den Grenzen gegenüber und eigentlich
tun sie das noch immer. Der Krieg ist bis heute ein Grund für Titelseiten: Nordkorea bedroht, Südkorea streckt die Hand aus. Eine
ganze Generation ist erwachsen und alt geworden mit diesen Über-
schriften. Alle warten auf die Wiedervereinigung, aber es wird jedes
Jahr Winter und Sommer und wieder Winter hier auf Yeongheung-
do und das dort hinten auf der anderen Seite bleibt Feindesland.
    Ich hatte mir die Musik von Yozoh auf meinem MP3-Player
geladen, meine tätowierte Musikerin aus Hongdae. Als ich am
Strand entlanglaufe, in Richtung eines kleinen Dorfes, läuft ein
Lied von ihr: »Fly away« singt sie auf Englisch. Es ist das Lied über
ihren toten Bruder. »Ich kann dich in meinen Träumen nicht finden«, singt sie. Das klingt auf Koreanisch viel kürzer und noch ver-
zweifelter. Und hier an diesem Ort ist das Wegfliegen gar nicht so
unwahrscheinlich. So nah am Flughafen Incheon, die ganze Insel
wirkt fast wie eine Startrampe, so als ob sich von hier das Land abheben könnte, endlich etwas Altes, Schweres abschütteln, auf zu
etwas Neuem. Aber die traurige Geschichte kettet es an die selbst
geschaffenen Fakten, die Trennung. Vielleicht ist *Han* auch: die
Trennung aushalten.
    Dann also lieber Rückzug ins Private und hier auf Yeongheung
heißt das: in einen Steintopf. Die kleine Topfsiedlung zeigt sich
gerade hinter einem Hügel, sie könnte also ein Teil davon sein.
Eine kleine Rebellion, weil eben nicht alles in einen rechten Winkel passen muss. Die Krüge sind etwas kleiner, als ich sie mir vor-

Jun Myeong-Hua ist die Chefin des Topfhotels auf der Insel Yeongheung«

gestellt hatte und als ich den lauten Kies der Siedlung betrete, neben einem wackelnden Holzschild »Topf-Pension«, öffnet sich
schon die Tür zur Rezeption. Inhaberin Jun Myeong-Hua kommt
auf mich zu, es sei kalt und ich solle doch schnell hereinkommen.
Die freundliche ältere Dame gibt sich sichtlich Mühe mit ihrem
Äußeren. Der Hut sitzt, die Jacke ist modisch und drinnen stellt
sie sofort Tee auf den Tisch. Sie macht den Eindruck, als möge sie
es, Fremden zu erklären, wie sie auf diese Idee kam.

Doch zuerst zeigt sie mir »meinen Topf«, mein Zimmer, betont, dass die Möbel innen nur aus Holz bestehen, weil das lebendiger sei. Dann setzen wir uns zum Tee und sie erzählt, warum sie
überhaupt begann, hier draußen solche Töpfe zu bauen. »Zunächst
hatte ich gesundheitliche Gründe«, sagt sie. Das habe mit der In-
dustrie-Luft ihrer Heimat zu tun. Geboren wurde sie in Ansan, einer südlichen Vorstadt von Seoul, die aber auch inzwischen eine
eigene Großstadt ist. »Ich hatte immer Kopfschmerzen.« Viele Fabriken stehen dort, vielleicht ging es ihr deshalb so schlecht.

Ansan hatte ich ein paar Mal besucht, ich wollte illegale Indo-
nesier finden, von denen bis zu 600.000 in Südkorea leben sollen.
Tatsächlich arbeiten sie in den großen Fabriken und verdienen ein
Vielfaches von dem Gehalt eines Fabrikarbeiters in Jakarta. In
Ansan gibt es die besten indonesischen Restaurants und als ich
abends durch die Stadt lief, hatten sich alte Paare unter freiem
Himmel zum Tanzen getroffen. Das war ein schönes Bild, auf dem
Platz: die alten Koreaner und die jungen Indonesier. Auch der
Topf-Hotel-Inhaberin gefiel Ansan, Aber sie zog sie nach Seoul,
auf der Suche nach besserer Arbeit. Das aber bekam ihr noch
schlechter, und so versuchte sie die kleine Insel. Sie mochte das
Meer und es ging ihr schlagartig besser. Keine Kopfschmerzen
mehr. Doch dann wurde ihre Haut zu einem größeren Problem.
»Ich bekam Ausschlag und die Ärzte konnten nicht sagen, womit
es zusammenhängt.« Ein Alternativ-Mediziner schließlich verord-
nete ihr eine Schlammkur. Und als die half, sagte er, sie solle am
besten in Schlamm und Lehm wohnen.

Sie überlegt, Lehm, Steingut Sie mochte die koreanische Topf-
Tradition. »Jede Region hat eigene Formen in Südkorea, wussten
Sie das?« Sie meint die Kimchi-Töpfe, die im Herbst gefüllt wer-
den und den ganzen Winter über fermentierten Kohl in sich tra-
gen. »Eines Nachts träumte ich dann von den großen Töpfen«, sagt
Jun Myeong-Hua. Mehrere Topfe bildeten ein kleines Dorf, ange-
malt wie große Vasen, Monumente und Wohnhäuser in einem.
»Warum also nicht gleich ein Haus aus Erde?« So entstand der ers-
te Topf. Die Idee mit der Pension kam ihr nach und nach, weil der
Strand so nah bei ihrem Haus war. Der Ort, wo die Menschen aufs
Wasser schauen.

Ganz unbewusst ist sie damit auf eine der wichtigsten Voraus-
setzungen für koreanische Reisende eingegangen: Der Urlaubsort
muss als ein guter Selfie-Hintergrund taugen. Da Koreaner mit die
längsten Arbeitszeiten in der OECD haben und nur ein bis zwei
Wochen Urlaub im Jahr, muss in der wenigen Zeit, an den kurzen

Wochenenden möglichst Ungewöhnliches erlebt werden, damit
die Kollegen und Freunde auf Facebook ins Staunen kommen. Romantische Hintergründe für Pärchenfotos, interessante Bilder
mit den Kindern vor den bunten Töpfen. »Schaut, wo ich am Wochenende war«, können Koreaner dann sagen. Es liegt nur zwei
Stunden von Seouls Innenstadt entfernt, ihre Gäste, sagt die Inhaberin, kommen aber inzwischen von überall. »Seit ein Blog in New
York über meine Töpfe geschrieben hat und CNN hier war, gibt es
auch viele Ausländer, die hier einmal wohnen wollen.« Die wollen
dann auch die verschiedenen Topf-Formen lernen. »Der dort ist
aus Gwangju«, sagt Jun Myeong-Hua und zeigt auf einen Topf mit
besonders rundem Bauch, »und der dort aus Yeosu im Süden.«

Sie habe immer wieder mehr angebaut und ein Freund aus dem
Dorf hat die Töpfe für sie bemalt. Es sollen noch viel mehr werden,
das Dorf soll wachsen, vielleicht ein Sauna-Topf und ein Restaurant-
Topf. Nur im Winter sei es noch schwierig, die Töpfe immer voll zu
bekommen. Es ist eben doch die dritte Insel vom Festland aus. Und
was, wenn der Norden wieder auf dumme Gedanken kommen sollte? Architekturprofessoren seien auch schon gekommen, um sich
das Dorf anzusehen. »Als Beispiel für moderne Spielarten der koreanischen Architektur.« Außerdem kam ein Regierungsvertreter, der
hier bei ihr zum Tee saß. »Sie wollten eine große Statue bauen, zu
Ehren der koreanischen Töpfer-Kultur.« Bei Frau Jun wollten sie sehen, wie das geht, sechs Meter hohe Töpfe herzustellen.

Doch mit solchen großen Konkurrenten wollte Jun Myeong-
Hua nie mithalten. In jedem ihrer Töpfe ist nur Platz für maximal
acht Gäste. Ihr schmeichelt es, wenn heute Spaziergänger stehenbleiben. Die bittet sie dann auch mal an ihren Tisch, schließlich
hat sie immer etwas Kimchi in einem kleinen Topf. Wir sitzen
noch abends beisammen, trinken Soju und Bier. Sie fragt nach
Deutschland und ich nach Nordkorea. Wie ist das, so nah an der
Grenze? Sie will, wie die meisten Südkoreaner, mit Fremden nicht
darüber sprechen. Ich erzähle, dass ich einmal dort war, auf der

anderen Seite. Dann will sie hören, wie es dort war und man sieht in ihren Augen auch diese Traurigkeit. Sie sagt, dass sie häufig vergesse, dass sie so nahe an der Grenze wohne. Sie höre nur wenig. Manchmal kommen Menschen, allein, buchen sich ein Zimmer in einem Topf und gehen dann an den Strand, um stumm auf das Wasser zu sehen. So ruhig ist die Grenze sonst selten, von Südkorea aus. Fast friedlich.

Am nächsten Morgen mache ich einen langen Spaziergang über die Insel. Yeongheung-do liegt nicht nur strategisch günstig, sondern ist auch noch sehr ursprünglich. Direkt hinter den Töpfen steigt ein Hügel in die Höhe und als ich dort hinauflaufe, entdecke ich einen Wanderweg, mitten durch Gestrüpp und über umgefallene Bäume. Das ist einer der wenigen Wanderwege in Südkorea, die nicht mit Treppen und Matten zu Luxus-Wanderungen ausgebaut wurden. Ich laufe diesen entlang und gelange schließlich zum Westende der Insel. Vor mir erhebt sich ein riesiges Windkraftwerk, das die gesamte Küste einnimmt. Windräder, die Strom erzeugen, für das Powerhouse. Südkorea versucht gerade, Deutschland den Rang abzulaufen bei erneuerbaren Energien. Es gibt große Solarstrom-Konzerne hier im Land und auch sonst setzt das Land nicht so stark auf Atomkraft wie Japan. Der Schock von Fukushima sitzt auch hier tief. Monatelang wollte niemand japanischen Fisch essen. Noch jetzt sind viele Koreaner skeptisch.

Ich laufe auf dem Hügel weiter, zurück zum Strand, das Kraftwerk auf der einen, das Topfhotel auf der anderen Seite des Hügels. Als ich zum Strand komme, sitzt da wieder jemand allein auf einer Bank und schaut Richtung Norden. Plötzlich fällt mir wieder ein, was das für ein Traum war, den ich im Topfhotel geträumt habe. Es war tatsächlich ein Anruf aus dem Norden. Aber ich muss kurz ausholen:

Als ich zwei Jahre zuvor in Pjöngjang mit der U-Bahn gefahren war, stand ich etwas abseits meiner US-amerikanischen Reisegruppe. Neben mir konnte ich einen Nordkoreaner erkennen. Er

las in einem deutschen Buch. Ich fragte ihn, ob er Deutsch versteht und er nickte. Aber er könne nicht mit mir sprechen, sagte er
noch und stieg aus. Mir ging die ganze Reise lang die Situation
nicht aus dem Kopf und jetzt, zwei Jahre später schlafe ich in einem Topfhotel und mir fällt der Mann wieder ein.

In meinem Traum gab er mir eine Tasche in der U-Bahn. Er
musste vorsichtig sein, aber niemand schaute hin. Ich konnte den
Koffer sogar mit zurück in den Süden nehmen. Niemand fragte
mich danach. Darin waren nur Zettel, sie waren auf Deutsch, sodass die Grenzbeamten damit nichts anfangen konnten. Es waren
seine Memoiren, aufgeschrieben für die Außenwelt. In seinem
Buch ging es nicht um Folter oder um Hunger. Es handelte davon,
wie er sich verliebte und wie er seine spätere Frau kennen lernte.
Es ging um Familienprobleme und um den Unfalltod eines Verwandten. Im Traum rief er mich an und fragte, ob ich das Buch ver-
öffentlich habe. Ich hatte es an Freunde geschickt, aber keiner
wollte es lesen. Er sagte: »Dann musst du es umschreiben.«

Da bin ich aufgewacht. Ich soll eine nordkoreanische Liebes-
geschichte umschreiben. Das war ein seltsamer Gedanke. Mir
wurde kalt in meiner Winterjacke, am Strand. Ich ging noch einmal zum Hotel, machte ein paar letzte Fotos, der Himmel war so
blau, was die Töpfe zum Leuchten brachte. Jun Myeong-Hua kam
noch einmal heraus, hinter ihr tauchte ein älterer Herr auf, trotz
der Kälte nur in einem Unterhemd. Er winkte und lächelte müde.
Sie sagte, ich solle wiederkommen. »Bringen Sie beim nächsten
Mal jemanden mit«, sagte sie. Im Topf sei es doch gemütlich. »Allein wird es hier draußen schnell einsam.«

Jetzt sitze ich am Busbahnhof in Yeongheung-po, der Bus zurück über Seonjae-do und Daebu-du schließlich über die große
Brücke zurück nach Oi-do fährt einmal in der Stunde. Ab Oi-do
bin ich wieder im S-Bahn-Netz von Seoul.

Ein paar Jugendliche sehen so aus, als warten sie auf den gleichen Bus zurück in die rechteckige Großstadt, mit 4D-Kinos und

Soju-Bier-Bomben. Hier draußen ist nichts als blauer Himmel und ein paar kleinere Häuser im koreanischen Baustil, sie schauen auf ihr Mobiltelefon, auf viele rechteckige Felder.

Dann klingelt mein Telefon und ein guter Freund aus Berlin ruft an. Es ist noch mitten in der Nacht in Deutschland, er ist in einem Club und tanzt und trinkt und es ist laut. Er wollte einmal Südkorea hören, sagt er. »Wie klingt es da drüben?« Die paar Cent, die der Anruf kostet, sind egal. Es geht um Gleichzeitigkeit, trotz acht Stunden Unterschied. Aber vielleicht ist dieser Ort auch gar nicht so schlecht für eine Klangprobe an einen Betrunkenen da draußen. Ich sage ihm, dass ich den Norden von hier aus sehen kann, was nicht ganz stimmt, da noch der Flughafen Incheon zwischen hier und der Grenze liegt, und halte grinsend das Telefon hoch. Kein K-Pop, keine koreanische U-Bahn-Ansage, kein Fischmarkt mit streitenden Verkäuferinnen, die mit Eiswürfel werfen, wenn sie sauer sind. Südkorea ist kein großes Land, nein, aber es ist groß genug, dass man sagen kann: An den meisten Orten der Republik klingt es genau so: Bäume, Rauschen, Krähen – und in der Ferne kommt ein Bus.

Kapitel

12

Der Regenbogen aus Beton

GAEGULI 개구리 (FROSCH)

Ich würde mir jetzt sehr gern eine Zigarette anzünden und dem Rauch dabei zusehen, wie er sich auflöst, zwischen den Teilen dieses merkwürdigen Denkmals. Das geht natürlich in Korea nicht, sofort würde eine Dame mit einem Hut in Neon-Farben kommen und mich nachdrücklich bitten: »Hier jetzt bitte auf gar keinen Fall « und danach noch wütend in eine Ecke spucken. Aber wenn ich rauchen würde, dann würde der Rauch nach oben steigen, genau an die Stelle, an der sich die drei großen Betonbögen über mir in der Mitte treffen. Oder besser: treffen sollten. Denn an der Stelle ist: nichts, nur Himmel.

In diesen blauen Himmel ragen also sechs spitze Linien, immer zwei genau gegenüber, sie sehen aus wie große Stoßzähne aus Beton, von Weitem sah es noch so aus, als berührten sich die Spit-

zen oben, wie die Finger von Adam und Gott bei der »Erschaffung
Adams« in der Sixtinischen Kapelle.

Es ist kaum auszuhalten: Natürlich werden sie einander nie berühren! Es ist schließlich eines der größten Monumente für die
Wiedervereinigung Koreas. Oder könnte es auch ein Monument
der permanenten Trennung der beiden Länder sein?

Noch mal: jetzt eine Zigarette rauchen. Ich hatte damit aufgehört, hier in Korea, weil es so einfach war, hier nicht zu rauchen.
Im Gegensatz zu Berlin rauchen nicht überall Menschen an jeder
Straßenecke und in fast jeder Kneipe. Das Nichtrauchergesetz
wurde in Windeseile umgesetzt in Korea. Und ich hatte Abschied
genommen vom Rauchen, wie man von einem guten Freund Abschied nimmt. Aber jetzt, fast zwei Jahre später, würde es gut passen. Ausatmen, der Zeit beim Verschwinden zuschauen, etwas aus
der Erde, den Tabak, in etwas aus Luft, den Rauch, zu verwandeln.

Ich bin nach Cheonan gefahren, rund 80 Kilometer südlich
von Seoul, die Stadt liegt noch im Einzugsbereich des U-Bahn-
Netzes, es ist wirklich keine schöne Stadt, aber ich wollte in den
Süden, an der Westküste entlang. »Cheonan« ist ein Wort, das bei
Koreanern große Gefühle auslöst. Zum einen ist es der Name eines Schiffes, das im März 2010 vom Norden angegriffen wurde.
Damals starben 46 Seemänner, das Schiff wurde versenkt, der
Norden stritt jegliche Beteiligung ab. Deswegen wollte ich hier
her, wegen dieses Ortes, all dieser Symbole. Hier ist das Gegenteil
von *Han* zu finden, nämlich der ganz große Stolz, ein Koreaner zu
sein.

Der Park, in dem ich sitze und auf das riesige Betonmonument
der Trennung schaue, gehört zum Komplex »Halle der Unabhängigkeit«. Es ist eine große Anlage für Patrioten. Die stalinistische
Architektur, viele harte Kanten, ist schlicht überwältigend.

Als ich aus dem Bus steige, kann ich die Stoßzähne noch nicht
sehen, dafür steht am Eingang eine 50 Meter hohe Skulptur. Sie
sieht aus wie zwei gefaltete Hände, es könnten auch Flügel eines

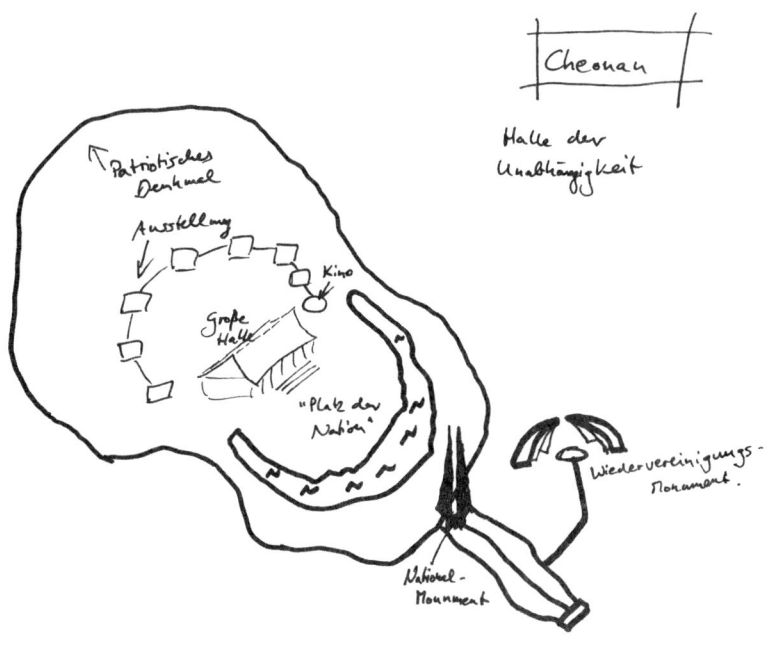

Engels sein, weiß und riesig. Dahinter liegt eine große Halle, voller martialischer Statuen für die Kämpfer der Unabhängigkeit, wie in Russland oder beim Völkerschlachtdenkmal in Leipzig. Davor liegen Blumen, als wäre es auch ein Grabmal. Und überhaupt laufen hier vor allem Familien durch die Halle. Ein Vater hat eine Fernbedienung in der Hand, damit steuert er ein Auto, in dem sein Kind wild den Lenker hin- und herbewegt, ohne etwas ausrichten zu können. Das perfekte Spielzeug für Vater und Sohn. Es ist warm und fast wirkt es, als ob sie, all diese fröhlichen südkoreanischen Familien, Teil dieser Inszenierung sind: das Korea, das es geschafft hat, sich zu befreien und eine Insel des Fortschritts gegründet hat, in der Kinder ferngesteuert durch den Park fahren. In allen Blickrichtungen flattert irgendwo eine koreanische Flagge.

Von diesem Hauptplatz aus führt eine kleine Seitentreppe weg
auf dieses Wiedervereinigungs-Monument zu. Es liegt hinter Bäumen und einem Hügel. Der »Regenbogen aus Beton«, so wird er
genannt auf einer Tafel, liegt nicht auf dem Weg, das bedeutet
auch, dass hier in diesem Park die Wiedervereinigung eine Sack-
gasse ist.

Direkt vor mir, in der Mitte des Monuments, baut sich eine
drei Meter hohe Glocke auf. Auf deren Körper ist das gesamte
Land Korea eingeprägt, ohne eine Grenze. Und weil es so ein
schönes Symbol ist, gibt es nicht einen Schlegel, um die Glocke
anzuschlagen, sondern zwei: Einer schlägt vom Norden her und
einer vom Süden. Die Stangen sind festgestellt. Unbeweglich. Erst
zur Wiedervereinigung soll der Klang zu hören sein. Der Süden,
das sagt dieses Monument mit der Glocke in der Mitte, der Süden
ist bereit, die Feier ist vorbereitet, der Sekt steht schon kalt. Auf

Die Glocke beim Wiedervereinigungs-Denkmal in Cheonan

einer Tafel am Eingang steht der Satz: Wir hoffen auf eine friedliche Wiedervereinigung. Ich habe es so oft gehört, dieses Bekennt-
nis dazu, auf beiden Seiten. Und hier draußen wird die Glocke ge-
putzt für den großen Moment und manchmal kommt eine
Schulklasse vorbei und eine Lehrerin erklärt, was eines Tages hier
passieren wird: Die Glocke wird angeschlagen und Korea ist endlich Korea.

Heute kommt niemand, erst als ich eine Weile in dem Abseits-
Monument sitze, kommt ein Mann mit einer großen, offensichtlich teuren Kamera die Treppe hinauf, hinter ihm tritt seine Freundin auf den Platz. Ich gehe zur Seite, denn er will offenbar ein Foto
von ihr machen, sie macht das Victory-Zeichen vor der Glocke
und dem »Regenbogen«, der kein Bogen ist, weil für immer die
Verbindung fehlt. Wie das Luftbrückendenkmal in Frankfurt und
Berlin, das auch eine Verbindung symbolisiert, nur sind diese Pfei-
ler direkt nebeneinander, sie sind gleichzeitig zusammen und getrennt.

Vielleicht zeigt dieses Monument auch, wie sehr sich Korea
wünscht, wirklich unabhängig zu sein, nicht nur von der Geschichte mit Japan, die noch lange nicht aufgearbeitet ist, sondern
auch vom Ausland überhaupt. Ausländer, die an die dunklen Seiten
der eigenen Vergangenheit erinnern, Ausländer, die sich über den
Alkoholkonsum wundern und darüber, dass sie nicht in einige koreanische Bars eingelassen werden. »Sorry, tonight only Korean«,
heißt es dann. In jedem anderen Land ein Skandal, in Südkorea
vollkommen akzeptiert. Mal unter sich sein, das wollen Koreaner
gern. Einmal nicht Englisch reden müssen, einmal nicht erklären
müssen, warum sie zu jeder Runde Bier auch immer für 20 Euro
Essen auf den Tisch stellen. Koreaner trinken fast nie, ohne Essen
auf dem Tisch stehen zu haben.

Erst auf dem Weg nach Cheonan hatte ich wieder einen Text
gelesen von einem Koreaner, der genau das den westlichen Bewohnern von Südkorea vorwarf: »Warum müsst ihr überhaupt

überall Einlass haben, es muss Orte geben, die nur für uns Koreaner sind«, schrieb er. Dieser Park hier ist fast so ein Ort. Nicht-
Koreaner haben zwar Zutritt, aber es fehlt etwas für einen wirklichen Zugang: diese Lücke zwischen den beiden Bögen ist auch
eine Lücke zwischen Korea und dem Rest der Welt.

Für Nicht-Koreaner ist im Grunde dieser ganze Park nicht
wirklich verständlich, es ist eine einzige große Propaganda-Show
auf rund 25.000 Quadratmetern über die Geschichts-Version des
Südens. Es sind sieben Hallen, mit vielen Wachsfiguren und bekannten Szenen aus dem koreanischen Alltag der letzten 5000
Jahre.

In sieben Hallen werden die großen Momente der Geschichte
betont, in denen sich Korea gegen die Nachbarn wehrte: die
Schildkröten-Schiffe mit ihren stacheligen Panzern, die fast aussehen, als hätte sie sich ein Comic-Autor ausgedacht, schon allein,
weil am Bug wirklich ein martialischer Drachen-Schildkröten-
Kopf angebracht ist. An einer Stelle, gerade dort, wo die blutigen
Kämpfe gegen Japaner thematisiert werden, ist ein virtueller
Schießstand aufgebaut. Gewehre sind so eingestellt, dass Kinder
sich hinter die Waffen stellen können. Sie schießen auf Luftbal-
lons, aber umgeben von japanischen Wachs-Besatzern. Die Ge-
räusche der Spielgewehre machen mir ein wenig Angst. Es ist ein
Lärm wie in einer Spielhalle, anfeuernde Eltern, feuernde Kinder.
Der Kampf mit dem Ausland, so ist das Gefühl beim Verlassen des
Parks, hat eigentlich nie aufgehört. Als ob Koreaner noch immer
um ihre Freiheit fürchten.

An der Bushaltestelle steht das Paar, das ich vorhin beim Monument gesehen habe. Sie rauchen und ich stelle mich zu ihnen.
Dieser vertraute Geruch, warum denke ich ausgerechnet jetzt daran. Sie liest ein Buch über den Barock. Ich frage, ob sie schon in
Europa waren.»Prag«, sagt die Frau mit einem lang gezogenen »a«.
Dort wollte sie schon immer hin, sie hatte nur ein paar Tage Urlaub, aber für Prag habe sich die Reise gelohnt. Sie war allein. Ihr

Freund musste arbeiten und die Eltern hätten nicht gewollt, dass
sie unverheiratet zusammen wegfahren. Sie schaut gespielt genervt gen Himmel, als wollte sie sagen: »So läuft das hier.« Als wir
in den Bus in Richtung Bahnhof einsteigen, fällt mir auf, dass sie
beide eine ähnliche Schirmmütze tragen. Auf seiner steht das
Wort »Big Boy«. Ich bin froh, dass sie nirgends »Big Girl« aufge-
druckt hat. Er sagt, er sei Modedesigner in Seoul, »Street Wear«,
das »nächste große Ding in Südkorea«. Er bekommt gerade häufig
Besuch aus Europa, er versucht, sich auf Schuhe zu spezialisieren.
»Sie mögen unsere Mode dort«, sagt er. Wir müssen nur mehr Geschichten erzählen mit unserer Kleidung. Das sei schwierig für
junge Labels. »Ihr habt Modehäuser, die seit 100 Jahren und länger
arbeiten, bei uns ist alles neu.«

Er will wissen, wie mir der Park gefallen habe. Ich erzähle von
dem Gefühl, dass es für Nicht-Koreaner schwierig sei, vielleicht
gerade für Deutsche, die eigene Nation so unkritisch gefeiert zu
sehen. Er wisse doch auch, wie schwer sich die Demokratie hier
erkämpft wurde. Er sagt: »Darum geht es bei dem Park nicht.« Er
ist ruhig dabei, nicht beleidigt, auch nicht angegriffen, er sieht diesen Park mehr als eine »Verbeugung seinen Vorfahren gegenüber«.
Er meint, auch der Besuch sei für ihn eher so etwas wie ein Fried-
hofsbesuch. »Mir ist die Ausstellung auch nicht so wichtig.« Er
wisse von den Massakern in den 1950ern, seine Eltern wohnen in
Daejeon, da wo ich als nächstes hinreisen möchte. »Langweilig«,
sagt er, »erwarte nicht zuviel.« Aber auch dort, fährt er fort, hätten
sie erst vor ein paar Jahren Massengräber gefunden. »Das ist uns
allen schon ein Begriff, auch, dass unsere Gesellschaft nicht perfekt ist – aber es muss doch einen Ort geben, wo wir unseren Kindern auch stolz etwas beibringen können.« Sie haben noch keine,
aber das wäre so ein Ort, den sie ihnen zeigen würden. »Das hier,
er zeigt aus dem Busfenster, ist doch auch gut!« Ein nicht wirklich
schönes Cheonan zieht an uns vorbei, enge Straßen, Schaufenster
von Billig-Restaurants und Schuhgeschäften, viel Verkehr, wir er-

reichen gerade das Vergnügungsviertel, in der Ferne blinken die
Motels mit ihren Namen, die im Westen eher Bordellen gegeben
werden: »Adonis«, »Cherry«, »Vanilla«. Ich schaue ihn ratlos an.
»Ich meine nicht diese Stadt«, sagt er, »ich meine den Frieden!
Wir leben in Frieden! Das ist unseren Vorfahren zu verdanken!«
Deshalb sind für ihn die großen Monumente, Statuen und Gebäude im Park eher wie ein Dankeschön. Nicht wie ein: »Wie toll wir
sind.« Dann sagt er diesen Satz: »Wir Koreaner hätten beinahe
nicht existiert!«

Seine Freundin flüstert ihm etwas ins Ohr. Er spricht mit ihr
leiser, wahrscheinlich wollte sie ihn beruhigen, und dann müssen
wir aussteigen. Sie laden mich aber auf einen Kaffee auf Eis ein, bestehen darauf, zu zahlen, und sagen mir, ich solle unbedingt *Hodu
Guaja* essen, die Walnusskuchen, die es nur hier gibt. Er fragt, ob
ich Yi Jun kenne. Dessen Geschichte sei ein typischer Teil von Korea, sagt er. Einer der Professoren seiner Freundin sei ein Nach-
fahre von Yi Jun gewesen. Sie hat Geschichte studiert. »Yi Jun«,
sagt sie dann, »war einer unserer wichtigsten Helden.« Er erzählt
die Geschichte von drei koreanischen Diplomaten, Yi Jun war einer von ihnen, die im Jahr 1907 nach Den Haag gereist seien. Sie
sind damals über Land in die Niederlande gefahren. »Sie waren
rund drei Monate unterwegs, völlig erschöpft kamen sie in Europa
an.« Ihre Mission war damals, bei der »Zweiten Friedenskonfe-
renz« für ihre Heimat vorzusprechen. Korea war schon seit 1905
ein Protektorat Japans gewesen und selbst die Flagge zeigte klein
den japanischen Roten Kreis.

König Gojong entsandte heimlich die drei Diplomaten nach
Den Haag. Doch als diese nach ihrer Reise bei der Versammlung
um Einlass baten, wurden sie schon an der Tür aufgehalten. »Man
muss sich das so vorstellen«, sagte sie, »dass den drei Männern gesagt wurde: Es tut uns leid, ihr Land gehört außenpolitisch leider
zu Japan.« Sie sagt, das war so etwas wie bei einem Club am Eingang und jemand sagt: Ihr seid nicht auf der Liste. Was für ein

Schlag ins Gesicht für eine Nation. Der Designer sagt: Davon reden wir heute noch. Dass Korea damals nicht mit am Tisch sitzen durfte. Doch Yi Jun sollte nicht lange mit dieser Nachricht leben. Bis heute ist nicht bekannt, ob er von japanischen Spionen ermordet wurde oder Selbstmord beging. Jedenfalls war er zwei Tage später tot. Keiner der drei Gesandten kehrte wieder zurück nach Korea. Drei Jahre später war Japans Annexion komplett.

Ich kaufe mir eine Zehnerpackung *Hodu Guaja*. Die junge Frau hinterm Tresen fragt, ob ich Deutscher sei, mein Akzent hätte mich verraten. Sie habe Deutsch studiert und beginnt, perfekt auf Deutsch zu antworten. Auch das gibt es immer wieder. Der Designer sagt, das sei normal. »Wahrscheinlich hat Korea die am besten ausgebildeten Kaffee- und Kuchenverkäufer der Welt«, sagt er. Es gebe gerade einfach nicht genug Jobs und solange müssen eben auch Studierte sehen, dass sie eine Arbeit finden. Auch seine Freundin arbeitet bei Samsung in der Personal-Abteilung, obwohl sie Geschichte studiert hat. Gern hätte sie etwas anderes gemacht, aber sie kann zumindest ihre Eltern beruhigen: Sie arbeitet bei einem großen Unternehmen. Sie stellen sich an eine Seitenstraße und rauchen. Beide. Ich dachte, rauchen sei so verpönt, hier in Südkorea. »Meine Eltern wissen nicht, dass ich rauche«, sagt sie, »«aber viele rauchen noch.« Es sei nur ungewöhnlich, sich auf die Hauptstraße zu stellen und zu rauchen, man mache das eher etwas zurückhaltend. Sie sagt, sie wolle bald aufhören, sobald ihr Leben nicht mehr so stressig sei. »Ich bin oft bis abends um zehn im Büro.« Sie zeigen mir noch, wie ich nach Daejeon komme und sagen, ich solle bloß nicht wieder anfangen. Mit dem Rauchen.

Im Zug nach Daejeon esse ich die Cheonan-Kuchen und schlafe danach sofort ein. Als ich aufwache, es können nur zehn Minuten gewesen sein, sitzt neben mir eine alte Frau. Sie war vielleicht die seltsamste Begegnung der ganzen Reise. Die Koreanerin war sehr gut gekleidet, sie sagte nichts, auch nicht, als ich sie begrü-

ße. Sie nickte nur, lächelte sehr freundlich, sie mochte vielleicht
70 Jahre alt sein. Sie hat keine Begleitung dabei, aber ich habe das
Gefühl, sie beobachtet mich. Ich biete ihr, etwas aus Verlegen-
heit, einen Walnusskuchen an. Sie nimmt ihn, aber wickelt ihn in
ein Taschentuch ein und steckt ihn in die Handtasche. Wie ein
Beweisstück. Oder einfach ein Geschenk, denke ich. Sie erinnert
mich an die Frau in dem koreanischen Film »Mother«, die für ihren
Sohn, der unter Mordverdacht steht, alles tun würde. Aber anders
als im Film steht diese Dame nicht auf und tanzt einfach vor sich
hin. Auch wenn ich es für eine Sekunde für möglich gehalten hätte.

Die Fahrt dauert nicht lang, ich schließe dann doch noch einmal meine Augen, kann aber nicht mehr einschlafen. Als ich in
Daejeon aussteige, passiert das Seltsame: Sie hält mir eine Zigarette hin. Ich schüttle den Kopf. Manche Abschiede müssen für immer sein. Ich sage etwas wie: »Das ist vorbei.«

Wer in Daejon ist, sollte Hubo einmal gesehen haben, zwei Arme,
zwei Beine, 1,80 Meter groß ungefähr und 80 Kilo schwer. Es ist
beeindruckend, wie er eine Tür öffnen, ein Auto fahren und mit einer Bohrmaschine in den Händen ein Loch bohren kann. Wahnsinn. Er kann das alles sehr gut, führt sicher seine Hände, nur
manchmal wirkt er wie ein Betrunkener, wackelt, unsicher, ob der
nächste Schritt noch auf dem Boden landet. Das Aussteigen aus
dem Auto ist zum Beispiel so ein Moment. Oder eine Treppe hin-
aufsteigen, das geht nur langsam. Aber immerhin kann er all das so
gut, dass er den ersten Preis gewonnen hat. In einem der unge-
wöhnlichsten Wettbewerbe, die es gibt auf der Welt, einen, den
Korea für sich entschieden hat. Hubo ist der weltbeste Roboter.

Weil Hubo aus Daejeon kommt, wollte ich dorthin fahren. Ein
Freund aus Seoul meinte immer, Daejeon sei »zu langweilig für einen Besuch«. Als ich trotzdem dorthin fahre, schickt er mir immer
wieder Nachrichten über *KakaoTalk*. »Daejeon ist so eine Stadt für
die Südkoreaner, die nur arbeiten wollen und abends TV schauen«,

schreibt er. Drei Vorteile habe Daejeon: »Das erste ist das Wasser«. Es gibt in der Stadt mehrere Flüsse, die schließlich in den Geumgang, also »Seidenfluss«, münden. An deren Ufern sei es fast so schön wie am Han-Fluss in Seoul. Abends, wenn die Sonne orange wird und sich spiegelt. Der zweite Grund liege schon im Namen »Daejeon«, das bedeute ursprünglich »weiter Acker«. Nur hier hätte man das Gefühl, dass nicht überall Berge sind, die man überqueren muss, zum nächsten Ort. »Die Stadt ist so flach, dass man sogar Fahrrad fahren kann.« Und der dritte Vorteil? »Bildung, wenn man das möchte.«

Daejon hatte schon zu Zeiten der Joseon-Dynastie einen Ruf als Bildungshauptstadt. Von hier kamen die Gelehrten im Konfuzianismus, viele der besten Schulen standen hier. Im Koreakrieg war die Stadt zu 70 Prozent zerstört. In Windeseile aufgebaut, beherbergt sie heute 230 Forschungszentren, das bekannteste ist die beste technische Universität des Landes: KAIST, das »Korean Advanced Institute of Science and Technology«. Es ist ein großer Komplex vor allem für technische Forschung und Entwicklung, vergleichbar mit dem MIT in den USA. Es gilt als das Silicon Valley von Korea. Hier werden die großen Ideen geboren.

Aus diesem Tal stammt also Hubo, er ist einer von 23 Robotern, die bei dem »Internationalen Wettbewerb der Roboter« teilgenommen haben. Im Sommer 2015 kamen Wissenschaftler-Teams aus der ganzen Welt nach Kalifornien, neben den Gastgebern waren Roboter aus China, Deutschland, Italien und Japan dabei. »Hubo« ist der Kurzname für »HUmanoid roBOt«. Stolz trug die Maschine den Namen auf der Brust und sie sollte der Held des Wettbewerbs werden. Die Aufgaben wurden so gestellt, dass sie einen Reaktorunfall imitierten. Deshalb musste der Roboter Schutt zur Seite räumen, Türen öffnen, Löcher bohren. Nur zwei Roboter schafften alle Aufgaben. Hubo war auch der schnellste.

Kweon In-Su, Professor für Elektrotechnik, war dabei in Kalifornien und jetzt, Monate später in Daejeon, weiß er noch, was das für ein Moment war. »Wir hatten einen Anruf aus dem Blauen Haus«, sagt er. Zwar war es nicht die Präsidentin, die anrief, aber dem Team war spätestens in diesem Moment klar, dass »Team Kaist« nicht nur den Ruf der Universität vertreten hatte, sondern dass Hubo der ganzen Welt gezeigt hat, dass südkoreanische Technik einen großen Vorsprung hat. »Vielleicht ist das auch ein Vorteil«, sagt er, »unser Nationalismus, wir wollen gewinnen, weil wir für unser Volk einstehen wollen.« Sie sind so ein kleines Land gegenüber China und den USA. »Wir waren die Underdogs des Wettbewerbs, aber das hat uns nur noch mehr motiviert.« Motivation ist eine Grundeigenschaft in Südkorea, die man wohl nicht lernen kann, wie das *Han*, ein großes Gefühl für das kleine Land. »Aber sie wollen wirklich gewinnen«, sagt er.

Südkorea der Underdog? Beim Thema Bildung sind sie das schon lange nicht mehr. Das Land rangiert jedes Jahr unter den Top-Fünf in der Welt und ich habe Schüler in Südkorea sagen hören, dass sie sich fürchteten nach Hause zu kommen, weil sie die Note B bekommen haben, die in Deutschland einer 2 gleichkommt. Ein Schüler erzählte mir einmal, sein Lehrer hätte ihnen am Anfang des Schuljahres die Frage gestellt: »Wollt ihr diejenigen sein, die das Hühnchen bestellen am Schalter? Oder diejenigen, die hinter dem Schalter stehen und Eure Bestellung annehmen? Oder die, die das Hühnchen schlachten?« Mit solchen Sprüchen werden sie auf Leistung eingestellt. Die Selbstmordrate ist hoch, denn alles läuft auf eine große Prüfung hinaus, jedes Jahr im November. Doch alle haben bestanden, die es auf diese Hochschule KAIST schaffen.

Kweon Insu sagt, dass KAIST heute eine andere Philosophie habe, zumindest er will nicht so sehr mit Druck arbeiten, um aus seinen Studenten das Beste herauszuholen. »Natürlich müssen sie gut sein, in dem was sie studieren und sie müssen ein hohes Pensum abarbeiten«, doch das ist eher eine Grundvoraussetzung. »Ich will auch sehen, dass sie Fortschritte in ihrer Arbeitseinstellung machen.« Viele seiner Schüler denken, wenn sie nach KAIST kommen, dass Korea das Zentrum der Welt sei und alle so wie Samsung arbeiten.« Professor Kweon hat lange in den USA gelebt und studiert, er wolle sie genau an der Stelle herausfordern. »Ich versuche meine Studenten möglichst früh ins Ausland zu schicken und wenn es nur für eine Konferenz ist.« Sie sollten sehen, dass es mehr gebe als Noten und Fleiß und eine Karriere bei LG und Kia. »Sie sollen Apple und Google kennenlernen.«

Reuters nannte die koreanische Universität erst im Jahr 2015 einen der innovativsten Orte der Welt. Rund vier von fünf Kursen werden hier auf Englisch gehalten und als ich über den Campus gelaufen bin, hatte ich plötzlich das Gefühl, in Itaewon zu sein. Internationale Studenten, die natürlich alle Koreanisch-Kurse belegen und bis nachts am selbst fahrenden Auto forschen, aber schon längst nicht mehr am Fahrmechanismus. Ich kann mir vorstellen, dass die Forschung an dieser Technik in Südkorea schon relativ weit fortgeschritten ist. Die Sicherheit des Fahrenden wird wohl jetzt im Vordergrund stehen. Und die Energie: In KAIST wird gerade eine Auflade-Technik entwickelt, die über den Kontakt zur Straße funktioniert. Die Batterie, die sich über die Straße auflädt? Auch das würde mich nicht wundern, wenn es zuerst in Seoul ausprobiert würde. Bei einem Rundgang durch die BMW-Häuser in Seoul hatte mir der Vertreter schon angedeutet, dass für eine Stadt wie diese Elektroautos perfekt wären: Besser für die Umwelt und mit einer hohen Dichte an Aufladestationen.

Professor Kweon lächelt beim Thema Autos nur, er möchte da nicht zu viel sagen, außer, dass sie derzeit auch mit der deutschen Firma Bosch zusammenarbeiten, um die Sicherheit von Autos zu verbessern. »Wenn alle Autos eine Kamera vorinstalliert hätten«, sagt er, »könnte ich das, was das Auto vor mir sieht und mit der Kamera aufzeichnet, auch für meine Sicherheit in meinem Auto nutzen.« Der Effekt wäre, dass man durch das Auto vor einem hindurchschauen könnte. Das wäre bei einen Laster ideal. Dafür müssten die Kameras in einem Netzwerk angemeldet sein. Die Autokameras sind in Südkorea schon längst normal, Probleme über Datenschutz werden zwar auch ernst genommen, aber anders.

Als es im Jahr 2014 hieß, die Nachrichten in *KakaoTalk* würden von der Regierung mitgelesen, gab es einen Aufstand in sozialen Netzwerken und Millionen von Nutzern wechselten zu einer anderen App: *Threema* oder *Telegram*, aber nur für ein paar Wochen. Letztendlich aber landeten sie doch wieder bei *KakaoTalk*, wegen der Emoticons, wegen des niedlichen »Kakao«-Geräuschs, wenn eine Nachricht ankommt, oder weil, ähnlich wie bei WhatsApp in Europa, schlicht die meisten Freunde dort sind. Außerdem sind Südkoreaner ohnehin vorsichtig mit politischen Aussagen in der Öffentlichkeit.

Professor Kweon gibt mir eine Tour und zeig mir das Team des HUBOs. Der Roboter ist überall zu sehen, an der Wand, neben Bildschirmen auf Fotos. »Wir hatten sieben Monate Zeit, dem Roboter alles beizubringen«, sagt er. Das war nicht viel Zeit, vor allem, weil der Roboter weitgehend autonom agieren soll und nur aus großer Entfernung gesteuert werden dürfe, und musste im Prinzip die Aufgaben selbstständig erledigen. Kweons Spezialgebiet ist es, dem Roboter das Augenlicht zu schenken. Hubo muss erkennen, dass vor ihm eine Klinke ist, die er drücken muss. Er geht zu einem Studenten und lässt es vorführen. »Er muss 3D sehen können für eine Klinke«, sagt Kweon. Sie ist ein komplexer Gegenstand, der nur im Raum existiert. »HUBO muss die Hand an die richtige Stelle setzen und nach unten drücken.« Für die Hand seien andere zuständig gewesen, sagt er lachend.

Für seinen Doktortitel, erzählt er, sollte er damals einem Computer beibringen, einen Baum zu erkennen – da Bäume aber in verschiedenen Formen und Größen in der Natur auftreten, dauerte das einige Zeit. Was ist alles ein Baum? Sieht ein Baum in zwei Dimensionen immer gleich aus? In Zeiten, bevor Supercomputer riesige Datenmengen auswerten konnten, war das noch ein wirkliches Problem, sagt er. Inzwischen seien solche Aufgaben für Maschinen längst kein Problem mehr. Heute geht es um ganz andere Dinge: Wie erkennt ein Auto, dass sich ein Fußgänger bald auf die Fahrbahn bewegen wird?

Das Besondere aber an dem Wettbewerb in Kalifornien, sagt er, sei die Zusatzaufgabe gewesen. Als die Aufgaben verteilt wurden, gab es Proteste, weil eine Aufgabe zu schwer war: das Stromkabel-in-eine-Steckdose-Stecken. Doch genau diese Aufgabe hatten die Roboter-Chefs als letzten Teil des Wettbewerbs wieder auf die Liste gesetzt, als Bonusaufgabe. »Das braucht einfach eine sehr präzise Feinmechanik«, sagt Professor Kweon. Der Roboter müsse das Stromkabel erkennen und seine Finger genau koordinieren. »Und es braucht mehr Kraft als bei einer Türklinke. »Wir mussten vor allem als Team zusammenarbeiten«, sagt Professor Kweon, »jeder musste auf seinem Feld das Beste geben.«

Er habe in der Vergangenheit häufig mitbekommen, dass Studenten an anderen Universitäten in Korea wenig motiviert seien. »Hier in KAIST bekommen sie außerdem meist ein Stipendium.« Das führe dazu, dass alles als gegeben hingenommen wird. »Wozu noch anstrengen?«, denken einige, sagt Kweon. Warum geben sie dann trotzdem alles bei einem solchen Spaß-Projekt, bei dem es um nichts geht, außer um ein bisschen Ehre für Korea? Kweon sagt, er plädiere dafür, Studenten mehr aus ihrer Komfort-Zone herauszunehmen. Auf Koreanisch: »Den Frosch aus dem Brunnen holen.« Das Sprichwort stammt aus dem Chinesischen und Professor Kweon sagt: »Für den Frosch im Brunnen ist das, was er sieht, die Welt.« Er kenne genug Studenten, die unterrichtet werden nach fast militärischen Regeln. Er wird leiser, denn jetzt begibt er sich auf ein Terrain, das schwierig ist: Kritisiert er das Militärische in Südkoreas Arbeitskultur? Und wenn er das tut, ist er damit zu wenig patriotisch? Er bleibt ganz diplomatisch: Er musste auch bei diesem Roboter-Projekt mit solchen zusammen arbeiten. Er macht eine Pause. Es klingt, als wolle er sich nicht zu weit

vorwagen. Denn wer das militärische Lernen an koreanischen
Schulen angreift, der greift auch den harten Umgangston insgesamt in der Gesellschaft an. Die Härte, an die sich alle gewöhnt
haben, wegen der permanenten Bedrohung aus dem Norden. »Das
aber ist der Tod der Kreativität und ohne die hätte Hubo nicht gewonnen.« Es gibt Professoren, die sagen bei einem Widerwort:
»Haben Sie nicht gedient?«

Kweon sagt: »Aber ich will das für meine Studenten nicht.« Er
wolle seine Studenten von der militärischen Pflichterfüllung im
Leben abhalten. Gerade in der Wissenschaft gehe es um mehr und
er sagt es nicht, aber ich habe fast das Gefühl, dass er einer von denen ist, die auch gern das ganze Land Korea aus einer Art Brunnen
holen wollen. Diese Tendenz zur Abschottung, zum »Ihr da draußen, was wollt Ihr von uns?«, die gibt es nach wie vor. Dieses Misstrauen.

Bevor ich den Professor verlasse, reden wir über den Ursprung
dieses Misstrauens. Da sagt er das Wort: *Han*. Er sagt sofort: »Die
Zeit der Besatzung löst das in mir aus. Wie die Japaner mit uns Koreanern umgingen das war nicht gerecht. Sie brachten den Fortschritt, aber sie brachten auch großes Leid.« Er lese gerade ein
Buch über diese Jahre. Diese Zeit sei wie ein Schlüssel, der auch
die Begeisterung für die »Halle der Unabhängigkeit« erklärt. Sie ist
der Schlüssel für viele aktuelle Probleme, denke ich: Das Gefühl
der Zerrissenheit, von den Japanern eine Zeit lang abhängig gewesen zu sein und doch auch davon profitiert zu haben.

Als ich über das Gelände von KAIST gehe, beschließe ich, von
hier bis in die Innenstadt zu laufen. Normalerweise wäre ich längst
im Taxi, aber der Frosch muss raus aus dem Brunnen und Daejeon
ist hier am Fluss, da hatte mein Freund in Seoul recht, eine wirklich schöne Stadt. Und ja, als ich am Fluss entlanglaufe, werde ich
langsamer. Es heißt, die Einwohner Daejeons tun alles etwas langsamer. Sie sind erst seit 1905 an Seoul gut angebunden. Bis dahin
war es eine verschlafene Stadt. Unter den Japanern wurde die

Schienenstrecke Busan-Seoul eröffnet, Daejeon lag plötzlich in bester Lage, war sogar einmal für einen Regierungssitz im Gespräch. Berge im Rücken, das Wasser zu den Füßen.

Von Weitem sehe ich das Stadion, von dem heute noch die Koreaner schwärmen: Hier in Daejeon hat Südkorea Italien geschlagen, bei der Fußball-WM 2002 im eigenen Land. Das legendäre 2:1, nach Verlängerung, die ganze Halbinsel brüllte aus einem Mund, erzählte mir ein Freund in Seoul. Er sagte, seine Mutter hat geweint vor Freude. Dabei hasste sie Fußball. Es war auch eine gute Geschichte: Der Spieler Ahn Jung Hwan, geboren in Paju, einer Stadt direkt an der Grenze zu Nordkorea, bekam in der 5. Minute des Spiels die Gelegenheit zum Elfmeter – er verschoss ihn. Dann in der Verlängerung traf er das Golden Goal. Dae-Han-Min-Guk. Großes Korea.

Die Hektik von Seoul ist hier nicht mehr zu spüren. Auf der anderen Seite steht eine Windmühle, so bunt wie aus einem Zeichentrickfilm, und sonst ist viel Grün zu sehen, gerade als ich die Straße überqueren will, liegt vor mir ein grinsender Zwerg, das heißt, er ist auf den Fußboden gemalt. Der Zwerg ist gelb, hat keine Arme, aber eine Antenne auf dem dreieckigen Kopf. Er ist der Grund, warum Daejeon schon einmal bekannt wurde, vor dem großen Tor der WM.

Dieser kleine Weltraum-Elf taucht plötzlich immer häufiger auf: an der Wand, auf einem Stück Papier, das am Zaun flattert, auf einem Schild mit einem Pfeil. Nichts ist abgesperrt, das Tor ist offen, ich laufe hinein und stehe vor einer großen, seltsamen Ruinenlandschaft. Halb abgerissene Wartehäuschen, ein Tunnel, der aussieht wie eine Geisterbahn, weiter hinten ein Turm, der früher einmal eine Achterbahn gehalten haben muss, ein Wagen, der die Form eines Schwans hat, und daneben eine kleine Eisenbahn mit einem lächelnden Gesicht, das langsam abblättert. Irgendwann einmal muss sie Gäste durch den Park gefahren haben. Doch jetzt sind die Gebäude geschlossen. Nur der kleine Weltraum-Elf lacht noch. Aber Moment: Auf den meisten Bildern hat er keinen Mund. Er lacht nur mit den Augen. Sein Name ist: *Kumdori*.

Lange bevor Hubo Daejeon bekannt gemacht hat, war *Kumi-dori* da, das Maskottchen für die Expo 1993. Die Weltausstellung in Südkorea, damals war es noch offiziell ein Entwicklungsland, doch schon damals, das zeigt dieses Gelände, gab es diese Vorliebe der Koreaner für die ganz große Geste. Der Expo-Turm ist das einzige Gebäude, das noch völlig unangetastet dasteht, skurril herausragt aus dem Komplex, durch den die Welt einmal Korea kennenlernen sollte. Er ist der Stolz des Geländes und wird wohl auch noch lange stehen bleiben.

Ich laufe am Fluss entlang, über die blau-rote Brücke, ein weiteres Wahrzeichen von Daejeon, das von der Weltausstellung bleiben wird. Das Motto war damals: »Die Herausforderung einer neuen Straße der Entwicklung«. Ich war auch in Yeosu, einer Stadt an der Südspitze, in der 2012 die Weltausstellung stattfand. Auch in Yeosu sind überall Maskottchen aufgemalt, benannt nach der Stadt: *Yeoni* und *Suni*. Auch dort wissen die Verantwortlichen nicht, was sie mit dem Gelände anfangen sollen. Verwaist die Schilder mit »Schweden« und »Brasilien«. Die Welt ist längst wieder abgereist. Hoffentlich sieht es in Yeosu nicht auch bald aus wie auf diesem Gelände: wie auf einer Party, bei der jemand vergessen hat, die Gläser und Flaschen wegzuräumen.

Südkorea kann nicht genug davon bekommen, im Mittelpunkt zu stehen, zumindest für ein paar Tage. Aber auch das hat wohl mit dem Norden zu tun. War es Zufall, dass genau in dem Jahr, in dem hier in Daejeon die Welt zu Gast war, 1993, Nordkorea beschloss, aus dem Atomwaffensperrvertrag auszusteigen? Damit begann der Ärger, der einer Wiedervereinigung bis heute im Wege steht. Hat Nordkorea die Atombombe? Kann es Seoul oder Busan oder Daejeon in ein Flammenmeer verwandeln?

Ich laufe quer durch die Stadt, durch ein Künstlerviertel mit Galerien, an einem Craftbeer-Haus vorbei, das auch in Itaewon

stehen könnte, in meinem Viertel. Es ist wohl auch das Rotlichtviertel, ich setze mich in ein Café. Große Sitzsäcke liegen auf dem
Boden, es läuft Easy-Listening-Musik und erst nach einer Weile
erkenne ich, dass es Yozoh ist, die da singt. Es ist das Lied »Sun-
day«. Ich muss lächeln: Jede Strophe endet mit der koreanischen
Zeile: »Es gibt gute Nachrichten.« Einmal singe ich es mit und die
Inhaberin des Cafés kommt an den Tisch. Du kennst Yozoh?

Es wird ein langes Gespräch. Wieder geht es schnell um eine
Trennung, sie ist nach Daejeon »geflohen«, sagt sie, sie wollte
hier ein Café aufmachen, in dem alles langsamer sein muss. Was
könnte besser sein als Daejeon, der Ort, an dem alles langsam ist.
»Wehe Du schreibst den Namen auf«, sagt sie. »Es soll hier ruhig
bleiben, in dem Café, hast Du verstanden?« Manchmal kommen
Menschen zu ihr, die schlafen wollen. Sie kann auch eine CD ein-
legen, auf der nur Vogelgezwitscher oder Regen oder Wind zu
hören sind.

Wir reden bis spät in die Nacht über das Unterwegssein und
warum das in Korea vielleicht nie passieren wird: Ankommen.
»Glaub' mir, ich habe schon Ausländer kennen gelernt«, sagt sie,
»die wohnen seit Jahrzehnten hier und haben vielleicht einen oder
zwei gute Freunde gefunden.« Es sei nicht so einfach. »Gib nicht
auf«, sagt sie noch.

Irgendwann kurz bevor ich in mein Rotlichtviertel-Hotel
gehe, das witziger- und sicher unerlaubterweise ein riesiges Luft-
hansa-Logo als Werbung benutzt, spielt sie mir noch den
»Daejeon«-Song vor. »Den musst du kennen!«, sagt sie. »Der wird
immer in Karaoke-Läden gespielt, überall in Korea.« Man müsse
dann ganz laut mitsingen. Ja, es ist wieder ein Lied von einem Abschied, oder besser: von jemandem, der weggeht, ohne Abschied
nehmen zu können. Einer bleibt zurück, wie es heißt: »laut weinend im Dunkeln«. Manchmal denke ich, dieses Land hat sich
mich ausgesucht und nicht umgekehrt. Immer wieder Abschiede,
Trennungen, Schweigen und Menschen, die irgendwie eine Ni-

sche suchen, in der sie sich am Abend betrinken können, während draußen ein Sturm vorbeizieht.

»Daejeon-Blues«:

»Leb wohl, ich gehe jetzt,
Ohne Abschied zu nehmen.
Der erste Zug von Daejeon geht um 0:50 Uhr.
In dieser stillen Nacht, in der alles schläft.
Wer hätte gedacht, dass ich alleine laut herausschreien würde.
Ah...der Zug nach Mokpo
fährt immer weiter.
Auf dem Bahnsteig der Tränen erklingt ein trauriger Pfiff
Ich bin verbittert darüber, jetzt weinend zu gehen,
wir hatten doch geschworen, uns niemals zu ändern,
Der langsame Zug nach Mokpo,
er wird nass werden im Nieselregen.

Kapitel

13

Im Korea-Disneyland

AEGYO 애교 (NIEDLICH)

Korea kann als Single schon anstrengend sein, weil Südkoreaner nichts dabei finden, zu fragen, ob man verheiratet sei. Zwei Dinge, die Europäer nicht so schnell tun, wie Südkoreaner: nach dem Alter und dem Familienstand fragen. Letztlich gewöhnt man sich daran. Aber als ich an diesem sonnigen Tag in Jeonju im Westen der Halbinsel auf einer Bank sitze, in dieser schönen aufgeräumten Straße in der Altstadt, umgeben von alten und neuen (aber alt aussehenden) koreanischen Häusern, habe ich schlechte Laune.

Nicht einmal die sehr seltsamen Koreanerinnen vor dem Palasteingang können mich aufheitern. Sie tragen große Schilder auf dem Körper, die davor warnen, dass wir alle, wenn ich es richtig verstehe, einen Chip implantiert bekommen, einen VeriChip. Und dass Jesus bald kommt. Eine von ihnen weint ganz überzeugend. Eine von ihnen gibt mir auch einen Zettel auf Englisch: Dort steht, dass uns der Staat mit diesem Chip überwachen und dass Jesus uns vor dem Chip retten kann. Normalerweise heitert mich so etwas auf, ich muss an die Sekte denken, die ich einmal in Seoul getroffen habe: eine Sekte, die den Weltfrieden erreichen will und gerade in Deutschland versucht, durch Bibelstunden Anhänger zu »fischen«, sie nennt es wirklich »fischen«. Dafür müssten sich nur alle Religionen vereinen unter dieser einen Sekte ... Der Grund für meine schlechte Laune sind wohl all die glücklichen Paare. Ich schreibe meiner Freundin Eunji in Seoul auf *Kakao Talk,* das südkoreanische WhatsApp mit niedlichen eigenen Emoticons: »Hey bin in Jeonju, alles ist schön hier, aber es ist gerade die Hölle.«

Eunji antwortet sofort und sie weiß, was ich mit »Hölle« meine, ich muss gar nicht viel erklären. Ich kenn sie schön länger, sie half mir mit meinen Koreanisch-Hausaufgaben in Seoul, seit Gin gestorben ist. Sie hat lange im Ausland gelebt, aber ist schließlich zurückgekehrt nach Korea, wegen ihrer Eltern. Sie wollte noch mehr Zeit mit ihnen verbringen, sagte sie. Manchmal bereut sie das jetzt, nicht der Eltern wegen, aber: Sie ist Single geblieben und mit 36 Jahren ist das kein angenehmer Zustand in Korea, auch weil ihre Eltern längst dabei sind, anstrengende Fragen zu stellen. Eunji selbst will ja eine Beziehung und sie versucht es auch. Sie schreibt: »Ich war gestern Abend wieder auf einem Blind Date, es ist so furchtbar.« Dann schickt sie diese niedlichen *Kakao Talk*-Symbole, das sind Hunde und Katzen und sie machen wirklich niedliche Grimassen. Wenn sie wütend ist, dann schickt sie eine Ente, die mit den Füßen einen Tisch umwirft. Oder einen Kopf, der explodiert. Ich weiß, ich werde diese Symbole schon vermissen, weil sie selbst schlimme Gefühle so ausdrücken können (mit Katzen und Enten!), dass man selbst in der Wut lächeln muss.

Dann schreibt sie, wie ihr Date den ganzen Abend von einem Videospiel erzählt hat. »Es ging um Weltraum-Monster und um irgendeine Computerspiel-Meisterschaft, die er im Fernsehen gesehen hatte, er dachte wirklich, das interessiert mich!«, schreibt sie. »Wir saßen mitten in Gangnam und ich dachte, wir gehen noch tanzen.« Er meinte, er müsse nach Hause, die Meisterschaft im *League of Legends* weiter anschauen. »Der Mann war Mitte dreißig! Aber wenigstens hat er die Rechnung im Restaurant bezahlt.« Sie schreibt: »Das war's! Ich kann keinen Koreaner mehr daten.« Wahrscheinlich hält das wieder nur eine Woche an bei ihr. Erst neulich war einer, der mit ihrer »westlichen Art nicht klarkam«. Der davor meinte: »Meine Mutter hat mir verboten, dich zu sehen.« Ich schicke ihr einen Hasen, der ein Krokodil streichelt. Ein Bild, dass sie beruhigen soll.

Ich laufe durch Jeonju und während um mich die glücklichen Paare der Welt beweisen, wie sehr sie einander lieben, schaue ich immer wieder auf meinen kleinen Bildschirm. Dabei ist Jeonju wirklich pittoresk. Diese Dächer, die gemütlichen Café-Häuser, eines heißt »Liebesbaum« auf Koreanisch, kleine Mauern, hinter denen grüne Innenhöfe zu sehen sind. Es ist Dorf, Stadt und Museum in einem. Und das wichtigste für die Meisten hier: Es ist ein perfekter Hintergrund für ein Selfie, allein oder mit Partner. Die Menschen hier laufen in langen koreanischen Kleidern, den *Hanboks*, durch die Straßen, als ob sie von einer Hochzeit kommen. Man kann sie hier leihen und sich so fast wie vor zweihundert Jahren fühlen. Nur noch besser. Denn an jeder Ecke gibt es in Jeonju einen kleinen Laden mit putzigen Geschenken, einem Tee-Ei in Form eines Tauchers, oder eine Schlafbrille mit Comic-Augen, und daneben wieder eine alte Mauer eines Palastes, ein alter Mann vor seinem *Hanok*-Haus, als ob er seit Jahrhunderten hier sitzt und dem Leben zuschaut. Hier ist alles Hintergrund für das nächste Profilfoto bei *KakaoTalk* oder das Foto, das Freunden zeigen soll, wie glücklich verliebt man ist. Ich halte mein Mobiltelefon hoch und mache ein Selfie in Jeonju, ganz allein. Die Pärchen und ich.

Viele tragen in Jeonjudie traditionelle Kleidung, den Hanbok

In der Altstadt von Jeonju ist jedes Haus im koreanischen Stil gebaut, über 700 davon stehen hier, schwere Dächer aus dickem Holz, kleine Fenster, Türen mit Papier bespannt. Manche sind tatsächlich alt, aber die meisten wirken frisch renoviert, »ein *Hanok*-Disneyland«, schreibt Eunji, sie hat recht, aber auch sie kommt gern hierher. Weil es eben funktioniert. Man läuft automatisch langsamer, man fügt sich ein in die Niedlichkeit von allem. Ich schicke ihr einen Hasen mit Glitzer-Augen. »So toll hier.«

Ich hatte mich in einem der Original-Hanok-Pensionen eingemietet, mitten in der Altstadt, rund vierzig Euro kostet eine Nacht, mit dem Komfort der alten und der neuen Zeit: Ein Bett auf dem Fußboden, eine Tür mit Papier bespannt, ein Flachbildfernseher, die typische Toilette mit vielen kleinen Knöpfen für Dinge, die am Körper per Wasserstrahl gereinigt werden können. Meine Hausherren, ein älteres Ehepaar, stellen mir morgens Tee neben meine Schuhe neben der Tür. Es gibt WLAN und Katzen und eine Terrasse im Innenhof. Das Haus ist nicht weit von der Hauptgasse des *Hanok*-Dorfes entfernt. Ein kleiner Bach führt am Rand der Straße entlang, wie in Freiburg im Breisgau, es plätschert angenehm, Kinder spritzen einander mit Wasser an, es gibt Eis und Kartoffelchips am Stiel: eine Kartoffel als Spirale auf einen Spieß gezogen und frittiert würde überall funktionieren.

Als ich an den Hügel komme, am Rande der Hanok Altstadt, habe ich angefangen, mit Eunji zu telefonieren. Wir sprechen darüber, warum sie es so schwer hat, einen Freund zu finden. Sie sieht gut aus, spricht fließend Englisch und Koreanisch, lernt Chinesisch, ist sportlich und kleidet sich teuer, nicht Gangnam-teuer, sondern: Sie hat Geschmack. Sie trinkt nicht zu viel und geht nie ohne Make-up aus dem Haus. Aber sie hatte, sagt sie, ungefähr fünfzig Blind Dates in den vergangenen Monaten. »Bei uns gibt es dieses Ich-lerne-in-der-Kneipe-jemanden-kennen nicht«, sagt sie. In Korea geht das so: Freunde arrangieren ein Date. Das Verfahren heißt *Sogeting*. »Der könnte zu dir passen«, heißt es dann. Die arrangierte Form hat den Vorteil, dass zumindest schon einmal eine Vorauswahl getroffen wurde. Der Nachteil: Es ist sehr formalisiert und jegliche Spontaneität geht verloren. Er zahlt das Essen, sie bezahlt den Nachtisch. Er bringt sie zur U-Bahn und dann die Frage: Wer textet zuerst?

»Ich werde ihm auf jeden Fall nicht schreiben«, sagt Eunji. »Ich sollte jetzt auch in Jeonju sein und meine Flitterwochen feiern, stattdessen bin ich wieder bei meinen Eltern und sie haben erst vorhin wieder gefragt, ob ich nicht bald jemanden finden will, ob ich nicht langsam zu alt werde.« Sie ist nicht allein damit, viele meiner Bekannten in Seoul haben den Absprung nicht geschafft und fragen mich, ob ich nicht jemanden kennen würde. »Letztens hat mich ein Taxifahrer nachts auf dem Heimweg gefragt: Wie, Sie wohnen noch bei Ihren Eltern? Wenn Sie sich nicht beeilen, sehen sie sehr alt aus in Ihrem Hochzeitskleid!« Das ärgert sie, aber andersherum hatte sie schon Dates, bei denen die Männer schon Heiratspläne offenlegten und sogar schon die Anzahl der Kinder diskutieren wollten. »Jeonju ist toll, aber es würde mich jetzt fertig machen«, sagt sie, »wenigstens hast du den guten *Bibimbap*.«

Das hatte ich fast vergessen. Jeonju ist außer der Kulissen-
altstadt für drei Dinge bekannt: Zum einen kommt hier das Nati-
onalgericht her, *Bibimbap*. Das ist warmer Reis unter einer Menge
Gemüse, in Seoul gibt es das an jeder Straßenecke, in der Mitte
immer ein Spiegelei, serviert in einem heißen Steintopf (nicht anfassen!). Oder eben auf »Jeonju-Art«, in einem Messing-Topf. Ich
gehe in ein Restaurant und bestelle eine der vielen verschiedenen
Arten, die es in Jeon gibt.

Als ich an den Rand der Altstadt komme, ist dort ein Fluss und
ein kleiner Hügel. Ich laufe den Hügel hinauf, an den Mauern hat
jemand großflächig Szenen aus japanischen Filmen aufgemalt. Ein
Geist mit einer weißen Maske sitzt in einer U-Bahn, daneben ein
westlicher Batman, das Raumschiff Enterprise und eine Wand ist
einfach nur schwarz. Ganz oben steht in Weiß: »Bevor ich sterbe,
möchte ich ...« Viele haben »heiraten« geschrieben. Jemand hat auf
Englisch geschrieben: »Korea wiedervereint sehen«. Ganz in der
Ecke steht auf Koreanisch: »Kim Tae-Yeon treffen.« Ich glaube es
hieß »treffen«. Kim Tae-Yeon ist die Sängerin von *Girls' Generation*,
einer der bekanntesten K-Pop-Bands. Als ich oben auf dem steilen
Berg angekommen bin, ist dort wieder eine Pagode und rings um
mich stehen drei Paare. Sie alle legen sie den Zeigefinger an die
Wange und schauen wie ein Baby in die Kamera. Ich beschreibe
Eunji, was ich sehe.

»Das ist das Schlimmste«, sagt Eunji, »dieses *Aegyo* überall.« Sie
meint das koreanische Babygesicht, dieses niedliche Schauen, die
Augen aufschlagen, einen Schmollmund machen, die Lippen zusammenziehen. Es hat sich in den letzten Jahren erst entwickelt
und das auch nur in Südkorea. »Aber du bist doch auch manchmal
Aegyo«, sage ich ihr. Wenn wir in Gangnam unterwegs sind, und wir
das Restaurant nicht finden, das mit den dreißig Salatsorten, es
liegt etwas versteckt in einer Seitenstraße, da hatte sie auch schon
so einen »niedlichen« *Aegyo*-Anfall bekommen, wie man ihn oft
bei Südkoreanerinnen sehen kann: Frauen trampeln dann mit den

Füßen auf, blähen ihre Backen auf und rufen: »*Eottokkae?!*« Auf
Deutsch: »Was ist los?!« Dann schlagen sie schwach dem Mann
mit der flachen Hand auf den Oberarm. Oder boxen so ganz
schwach, nicht, weil sie wirklich sauer sind, sondern weil sie damit
zeigen wollen, wie harmlos und süß sie sind, so verletzlich.

Jeonju ist *Aegyo*-Land. Mädchen kreischen, ziehen Schmoll-
münder und sogar Männer stehen hier an einer Mauer nebeneinander und legen ihre Finger an die Wange, formen sie zu einem V.
Eunji sagt: »Weil die Männer das hier in Korea von mir erwarten.«
Das sei das Paradoxe, dass sie einerseits einen Job haben soll, Karriere machen, gebildet sein, weit gereist – »aber letztlich sollen wir
alles tun, um unsere Schwäche gegenüber den Männern zu zeigen!« Das passe überhaupt nicht zusammen. »Ich glaube, ich bin
Teil einer Generation, bei der sich die Erwartungen der Männer
und der Frauen komplett auseinander entwickelt haben.«

Es gibt Studien über dieses Phänomen, die es *Dollification* nennen,
also dass südkoreanische Frauen sich mit ihren Gesten »zur Puppe
machen«. In Japan heißt es *kawaii* und bezeichnet ein ganz ähnliches
Verhalten. In Korea kommt es eher im Süden vor, in Nordkorea gilt
Aegyo als etwas dekadent Südkoreanisches. Das hatte mir unser Guide dort erzählt. Frauen sind härter im Norden, sagte sie. Auch weil
Frauen ebenfalls zum Militär gehen und auch häufiger Männerarbeit
übernehmen. Und wer *Aegyo* ist, der gebe auch indirekt zu, südkoreanische Pop-Musik zu kennen, hatte ich später gehört.

Denn daher kommt der Trend oder wird zumindest verstärkt.
Das hat der Soziologe Aljosa Puzar in einer Art Standardwerk über
Dollification geschrieben. Er untersuchte den Ursprung von *Aegyo*
und landete immer wieder bei K-Pop-Videos, also den koreanischen Musikvideos. Das Video »Gee« von der Band *Girls' Generation* sei so eines, zum Beispiel, da kommt es besonders oft vor. Aber
eigentlich in fast jedem Lied, ein Grund warum diese Bands in
ganz Ostasien so beliebt sind derzeit – und sogar in Berlin vor aus-
verkauften Hallen spielen.

Als ich mit Eunji über *Girls' Generation* und K-Pop spreche, ruft sie: »Genau! Du bist in Jeonju, du musst doch zum Optiker, dem Vater von Kim Tae-yeon!« Eigentlich heißt es ja, dass Papier der dritte Grund ist, warum man nach Jeonju fahren sollte. *Hanji* heißt das Schöpfpapier, auf dem schon die koreanischen Könige ihre Memoiren geschrieben haben. Eine Fabrik im Osten der Stadt hat einen Museumstrakt, bei dem jeder Gast selbst etwas Papier herstellen kann. »Aber um ehrlich zu sein, der Vater von Kim Tae-yeon ist die bessere Sehenswürdigkeit.« Sie sagt, ich müsse zum Seodo Plaza und dort im Erdgeschoss sei der Laden ,Eyebis'. »Die Leute die dort arbeiten, das sind die Eltern von Kim Tae-yeon.«

Ich komme also vom Hügel wieder hinunter, suche mir ein Taxi und der Fahrer weiß sofort, welchen Laden ich meine. Er grinst nur und singt grinsend: »Tokyo, Seoul, London, New York! Lass uns einfach losfahren heute Nacht« und dann singen wir beide: »Mister Taxi Taxi Taxi«. Das Lied »Mr. Taxi« war 2011 eines der bekanntesten Lieder von *Girls' Generation*. Im Video tragen sie eine gelb-schwarze enge Taxi-Kluft, inklusive Mütze. Sie heben ihre Arme nach vorn, tun so, als hielten sie ein Lenkrad und lenken links und rechts im Takt. Die Tanzschritte kennen alle in Asien. Und sicher auch dieser Taxifahrer. Großartig, in einem Taxi mitten in Korea zu sitzen und ein etwa fünfzigjähriger Mann ruft auf Englisch: »I'm! So! Shy!«

Nur Minuten später stehe ich vor dem Laden. Es ist später Nachmittag und drinnen arbeitet nur noch ein Herr, das muss Herr Kim sein, der Vater. Er merkt gleich, dass ich keine Brille kaufen will, sondern weist mit einer Hand sich höflich verbeugend in eine Ecke des Raumes. Dort ist eine Art Schrein, ein eigener kleiner Glasraum, eigens aufgebaut für Fans von Kim Tae-yeon. Es gibt Stühle, man kann sich in eine Ecke setzen und rund 200 Bilder des Stars anschauen, leise läuft K-Pop, ein langsames Lied von *Girls' Generation*. Hinter Glas stehen hier signier-

te CDs und Preise, die sie gewonnen hat. Es ist auch ein Schrein
für alles, was *Aegyo* ist: Tae-yeon im Matrosenanzug, in Schuluniform, im Glitzerkleid.

Ich schicke Eunji ein kleines *KakaoTalk*-Kätzchen, dass sich
Luft zufächelt. Das ist schon echt viel hier. Sie hatte nicht übertrieben. Manchmal wünschte ich, mir würde K-Pop noch mehr gefallen. Herr Kim kommt in den Raum und stellt eine Tasse Tee für
mich ab. Er verbeugt sich und geht wieder. Er möchte nicht über
seine Tochter sprechen, er hat so oft von ihr erzählen müssen. Ich
schicke Eunji ein Foto vom Schrein und sie antwortet mit einem
Kakao-Talk-Häschen mit zwei roten Herzen anstelle von Augen.
Wahnsinnig »niedlich« und ich weiß für einen Moment nicht, ob
sie das ironisch meint, oder wirklich heimlich ein Fan ist. Wir diskutieren weiter, ob sie nicht doch eigentlich einen starken Mann
will. »Es ist mehr ein Spiel«, schreibt sie. »Wir Frauen spielen den
Männern vor, was sie sehen wollen und wenn wir sie haben, können wir aufhören damit.« Also ist all das *Aegyo* nur ein Spiel? Sie
antwortet nicht mehr, sondern schickt nur ein kleines Bild: ein
gelber Hase, der die Schulter hochzieht.

Jetzt füllt sich der kleine Raum oder K-Pop-Schrein mit anderen Fans und ich frage Herrn Kim noch, wo es den besten *Bibimbap* gibt. Er sagt: »Hier in Jeonju ist er überall gut.« Und richtig. Als
ich bei einem kleinen *Bibimbap*-Laden namens »Sinpaengi« auf
dem Rückweg einfach hineingehe, mir den Standard »Jeonju Bibimbap« bestelle, in der Messing-Schale, muss das mindestens der
100ste Bibimbap sein, den ich in Korea gegessen habe. Aber keiner hat so gut geschmeckt wie dieser hier. Zeit für ein Selfie. Die
Schale und ich.

Kapitel

14·

Der Mai, der nie vergeht

SAN NAKJI 산낙지 (LEBENDER OKTOPUS)

Am nächsten Morgen bin ich doch noch einmal in das Papiermuseum in Jeonju gegangen, es liegt etwas außerhalb der Innenstadt und ich bin fast der einzige Gast an diesem Morgen. Es ist eines dieser Museen, die versuchen, die besondere Rolle der Koreaner in der Welt herauszustellen: Am Ende der Ausstellung habe ich das Gefühl, das koreanische Papier ist besser als das japanische und das chinesische – auf einer Tafel steht wörtlich, es sei »kräftiger« als das der anderen beiden Nationen. In einem kleinen Papierlabor am Ausgang zeigt mir ein älterer Koreaner mit großer Geduld, wie ich das Sieb in die milchige Flüssigkeit halten muss, wie ich die aufgenommen kleinen Teile miteinander verklebe und dann trockne. Am Ende kann ich es mit meinem Signum von Jeonju versehen und habe somit ganz neues Papier nach einer sehr alten Methode hergestellt.

Ich falte es sorgfältig und mache mich auf den Weg nach
Gwangju. Sobald ich dort aus aus dem Zug steige, bin ich wieder in
einer richtigen Großstadt. Gwangju hat rund 1,5 Millionen Einwohner, ein Nachtleben, die wichtigste Kulturmesse des Landes –
die Gwangju Biennale – und das Besondere: Schon der Name löst
bei Südkoreanern große Gefühle aus. Gwangju steht für Rebellion
gegen alles was schlecht läuft in Südkorea. Keine andere Region
wird so sehr mit Aufstand in Verbindung gebracht wie dieser Ort.
Manche sagen, in Gwangju geht der Frühling nie zu Ende. Es bedeutet leider nichts Positives.

Frühling meint in Gwangju den Mai 1980. Park Chung-Hee
war im Herbst zuvor ermordet worden und in der Zeit des Macht-
vakuums hofften einige auf eine Demokratisierung – während andere die Unsicherheit nutzten und die Macht ergriffen. Der damalige Premier Choi Kyu-Ha versprach zunächst demokratische
Reformen, wurde aber von General Chun Doo-Hwan mit einem
Putsch seiner Macht enthoben. Mitte Mai 1980 gingen Zehntausende in Seoul auf die Straße, das Kriegsrecht wurde verschärft,
politische Gegner verhaftet – der prominenteste war Kim Dae-
Jung, der spätere erste linke Präsident Südkoreas. Am 18. Mai 1980
versammelten sich ein paar Hundert Studenten vor der Universität in Gwangju und demonstrierten für demokratische Grund-
rechte. Ihnen wurde der Zugang versperrt, plötzlich waren überall
Soldaten, viele von ihnen selbst sehr jung. Chun hatte Schießbefehl erteilt. Der Prager Frühling war 1968, der Arabische Frühling
2010 und der Koreanische Frühling 1980.

Gwangju, so hatte ich gehört, ist eine Stadt der Denkmäler, die
dramatisch aussehen – und passend dazu regnet es, als ich am
Bahnhof ankomme. Ich nehme gleich die U-Bahn und will in ein
Hotel in der Nähe des Memorial Parks. Es wird Abend und ich will
einmal durch den Park laufen. Gleich bei der Station Uncheon ist
ein Hotelviertel, das fast noch bunter ist als ich Straßen von Seoul
gewohnt bin. Vielleicht glänzen die Neonlichter nur besonders

stark wegen des Regens? Die Wörter klingen betont nach weiter
Welt, fast nur englische Namen: »New York Bar«, »Style«, »Luxu-
ry«. Ich nehme das Motel »Amor«, bekomme einen Regenschirm
am Eingang geliehen und laufe gleich los in Richtung Park.

    Das Gwangju-Massaker am 18. Mai 1980 ist einer der dunklen
Flecken in der Geschichte Südkoreas, es ist der Tiananmen-Mo-
ment: Soldaten feuern auf Studenten und verriegeln die Stadt.
Doch das stachelte die Einwohner Gwangjus an: Am 20. Mai waren es mehr als 10.000 Menschen, die demonstrierten. Taxifahrer
fuhren die Verwundeten in die Krankenhäuser. Am 25. Mai waren
es 50.000 Protestierende. Doch: In Seoul bekommt kaum jemand
etwas davon mit, zumindest nicht durch offizielle Medien. Auch
Telefonieren war schwierig in jener Zeit. Doch ältere Einwohner
in Seoul erzählten, dass sie damals Nachrichten hörten aus Gwangju, aber es waren nur Gerüchte; Augenzeugen berichten von Leichen, die in den Straßen aufeinander gestapelt waren. Viele Bürger
schlossen sich trotzdem den Protesten an, der sich über Tage hin-
zog. Straßenkämpfe, Hinrichtungen. Im Gedicht »Massaker« hat
der Menschenrechtler Kim Nam-Ju es so formuliert: »Zu Mittag
war der Himmel blutrot, in den Straßen weinte jedes Haus, der
Mudeung Berg versteckte sein Gesicht und der Fluss hielt den
Atem an und starb.«

    Aber ich hatte nicht häufig von Gwangju gehört in Seoul, mei-
ne koreanischen Freunde reden nicht viel über Unglücke oder
schlechte Dinge. Sie schütteln dann den Kopf und sagen: schwie-
rige Zeiten damals. Auch heute noch: eher Schweigen. Über etwas,
das gerade 35 Jahre zurückliegt? Deshalb hatte ich versucht, einen
Psychologen zu finden, in Gwangju. Ich fand Oh Su-Seong, einen
Trauma-Psychologen, der sich in den vergangenen 30 Jahren vor
allem mit Patienten in Gwangju beschäftigt hat. Ihn wollte ich am
nächsten Morgen treffen. Doch den Abend wollte ich im Memorial
Park verbringen. Der Park ist groß und es wird dunkel, als ich ihn
von Süden her betrete. Der Regen ist heftiger geworden, als ich

die Statue der Studenten erreiche. Es sind drei Männer, die einander stützen, aber trotz ihrer Muskeln geschlagen wirken. Als wüssten sie, sie haben bereits verloren, und lehnten sich noch einmal dagegen auf.

Nicht nur Gwangju hat den Ruf, voller Rebellen zu sein, die Einwohner der Provinz Süd-Jeolla gelten als eigensinnig und nicht sehr obrigkeitshörig. Mitte des 19. Jahrhunderts marschierten Farmer von Gwangju bis nach Seoul, das waren die ersten Anzeichen der Revolte, die als Donghak-Aufstand bekannt wurde. Während der japanischen Besatzungszeit kam es vor allem in dieser Region immer wieder zu Aufständen, die größten 1919 und 1929. Und selbst heute: Kim Yong-chul, der Whistleblower und Autor des wohl bekanntesten Buches über Samsungs Aufstieg, wurde in Gwangju geboren. Auch er hat einen Kampf gekämpft, den er nicht gewonnen hat: Er wollte über Korruption und Vetternwirtschaft des Technikriesen aufklären, aber sein Buch hat mehr Aufsehen außerhalb Südkoreas erregt, im Land selbst hat er sich zurückgezogen.

Ich betrete eine Grotte neben der Statue, die Stimmung darin ist ähnlich der »Neuen Wache« in Berlin, das Gebäude mit der Statue der Mutter und ihrem Sohn von Käthe Kollwitz. Auch hier in Gwangju steht eine große Bronze-Statue im Zentrum. Eine Mutter, die einen Sohn trägt und verzweifelt nach oben schaut. In der Wand sind Namen von Opfern eingeprägt. Die Kims, die Parks, die Chos, die Lees. Ich muss an den zynischen Titel denken, den General Chun seiner Militäraktion gab: »Faszinierende Ferien«. Das hier ist das Ergebnis dieser Ferien. Und wieder die Frage: Warum sprechen alle von Tiananmen und niemand kennt Gwangju?

Chun heißt heute »San nakji«, der Oktopus, wegen seiner Glatze. Er wurde später zum Tode verurteilt, dann aber begnadigt.

Als ich hinaustrete aus der Halle, ist es dunkel geworden. Direkt vor dem Eingang reckt eine einzelne Statue ihre Hand verzweifelt in die Höhe. Die Figur sieht aus, als würde sie schreien, wie der Hilferuf eines Menschen, der gerade untergeht, der noch einmal alle warnen will, dass sie auch untergehen werden. Hinter der Hand heben sich die Hochhäuser, die Lichter der Stadt besonders deutlich ab. Der nasse Boden reflektiert die Neonanzeigen der Umgebung. Am 27. Mai endete der Aufstand mit einer Kapitulation der Studenten. Es gab weit mehr als die rund 200 Opfer, von denen offiziell immer die Rede ist. Internationale Menschenrechtsorganisationen rechnen heute noch mit rund dem Zehnfachen.

Am nächsten Morgen betrete ich das Büro von Oh Su-Seong, dem Trauma-Psychologen, als er gerade telefoniert. Er deutet mir, dass ich mich setzen soll. Er telefoniert noch weiter und legt schließlich auf. »Entschuldigen Sie«, sagt er, »das war einer meiner Klienten, ich betreue ihn schon seit einer Weile.« Er erzählt, dass er ihn wegen einer Persönlichkeitsstörung behandele, und erst während der Therapie sei herausgekommen, dass dieser Mann von einem Soldaten mit einem Gewehr geschlagen wurde, damals 1980. »Er konnte sich plötzlich genau an den Moment erinnern. Der Mann hatte erst gesehen, wie die Soldaten auf Studenten schossen, einige rannten in sein Geschäft, um sich zu verstecken, da kam ein Soldat in sein Geschäft. Der Mann rief dem Soldaten zu: Was macht ihr da? Hast Du keinen Bruder oder Schwester? Wie könnt ihr das tun? Dann fühlte er den Schlag.« Er wird den Mann später zurückrufen, er wolle noch einmal darüber reden. Plötzlich sind die Ereignisse, von denen die Statuen erzählen, nicht so weit weg.

Oh Su-Seongs Büro liegt im Osten der Stadt, nicht weit von der Gegend, die damals so heiß umkämpft war. Heute steht auf dem Gelände eines der ambitioniertesten Museumsprojekte Asiens: ein Stahlglas-Koloss mit Kunstwerken aus dem ganzen Kontinent. Herr Oh sagt, er sei eigentlich nicht von hier, er zog erst 1979 nach Gwangju, nur sieben Monate vor dem Massaker. Er war gerade Vater geworden, war 30 Jahre alt und wollte seine Stelle an der

Chaeonnam-Universität antreten. Er war überfordert mit der Situation, als die Proteste begannen. Was sollte er als junger Professor den Studenten raten? Er war damals nicht besonders politisch interessiert. Außerdem wohnte er genau außerhalb des eingekesselten Rings. Das heißt auch: in Sicherheit. Er sah die Blockade der Soldaten und hatte fast Mitleid mit diesen Männern in Uniform, viele waren selbst noch halbe Kinder, überfordert mit der Situation, einen Schießbefehl gegen das eigene Volk ausführen zu müssen.

Während der Zeit des Massaker war er zur Untätigkeit verdammt. Er hörte die Schüsse, aber konnte nichts tun. Er sagt, er selbst musste ein Trauma überwinden nach dem Massaker. Er wusste nichts vom Ausmaß, aber er konnte sich denken, von dem, was er hörte, dass es schlimm gewesen sein musste in der Innenstadt. Er kannte viele der Protestierenden, seine Studenten. »Nach dem Massaker fiel ich in ein Loch«, sagt er, weil es ein Massaker war, das nicht in den Medien stattfand. Es war bei Strafe verboten, darüber zu sprechen. Auch nach dem Massaker landeten noch viele Protestierende in Gefängnissen. »Ich war Alkoholiker nach dem Massaker, ich trank jeden Tag Soju, um zu vergessen.« Die Geschichten, die er hörte, die Unfähigkeit und auch die Angst um sein Kind und seine Frau. »Ich hatte nicht einmal genug Kraft, um ein Seminar vorzubereiten.«

Es dauerte zwei Jahre, dann schmiedete er einen Plan: Er könnte sein Wissen der Psychologie nutzen, um zu helfen. Er begann, Menschen zu interviewen, wollte ihre Traumata lindern und begann, sie zu kategorisieren. Er wurde so zu dem Experten für diese Stadt, wie es keinen zweiten gibt in Korea. »Diese ganze Stadt ist traumatisiert«, sagt er, »bis heute hat sich nicht viel geändert.« Fast alle, die hier leben, haben entweder jemanden verloren, den sie kannten oder wurden selbst mit dem Tod konfrontiert. Hinzu komme, dass einige noch immer nicht offen darüber sprechen. Die Angst, etwas Falsches zu sagen, wirkt nach. »So funktioniert Trauma.«

Es war nicht so, dass das Ausland von dem Massaker nichts mitbekam. Es waren rund 50.000 US-Soldaten in Südkorea stationiert, sie erhielten Berichte von dem Massaker, aber in den Berichten hieß es, unter den Opfern seien viele Sympathisanten mit Nordkorea. Oder kurz: Kommunisten. Die einzigen Film-Aufnahmen, die bis heute aus dieser Zeit existieren, hat ausgerechnet ein Deutscher gemacht. Der damalige Ostasien-Korrespondent der ARD, Jürgen Hinzpeter, reiste nach Gwangju und filmte das Geschehen. Er schmuggelte die Aufnahmen später, getarnt als Hochzeitsgeschenk, außer Landes. Sechs Jahre später war er wieder auf einem Protest in Seoul und wurde von Sicherheitskräften so zusammengeschlagen, dass er in den vorzeitigen Ruhestand ging.

Oh Su-Seong begann, immer mehr Menschen zu interviewen in den 80er-Jahren. Es wurden über 200, aber seine Kollegen zweifelten daran, dass sich daraus eine wissenschaftliche Arbeit machen ließe. Er begann die Krankheiten zu kategorisieren.

Störungen wegen Kopfverletzungen
Schizophrenie
Posttraumatische Belastungsstörung

Noch in den 80er-Jahren baute er ein Traumazentrum auf, leitete es 14 Jahre lang und übergab es schließlich an jüngere. »Ich dachte, ich bin fertig mit dem Thema.« Aber dann holte ihn der Selbstmord eines Opfers ein. »Es war 2005«, sagt er, »ich dachte, die Zeit habe diese Wunden geheilt, aber die Verwandten sagten mir, er habe den ›Mai‹ nicht verwunden.« Für manche, so sagt man in Gwangju, gehe der Mai nie vorbei. Herr Oh begann eine zweite großangelegte Studie. Er interviewte mit einem Team 600 Einwohner von Gwangju, die in der Innenstadt wohnten, damals 1980. »25 Prozent haben noch immer Ängste und Panikattacken, Albträume«, sagt er. Es war ein Gruppen-Trauma. Er nennt es: Mai-Trauma.

Das Schweigen sei dafür ein Hauptgrund. Das Feld, wo die Opfer begraben waren, durfte nicht besucht werden. Dabei sei es wichtig, einen Ort für die Trauer zu haben. Heute gibt es diesen Ort, die Familien der Opfer können dort hingehen, beten, trauern, auch: darüber sprechen. Es gibt Romane, Gedichte und sogar einige Filme zu dem Thema aus Südkorea. Doch der Ruf, die Toten seien Kommunisten gewesen, wirkt nach. Noch heute reicht dieses Schimpfwort aus, um Diskussionen zu beenden. So verbot Präsidentin Park Geun-Hye erst kürzlich das Singen der Protestlieder von Gwangju bei Erinnerungsfeiern zum Mai 1980. Es bleibt ein Thema für die Rebellen.

Am Nachmittag fahre ich zum großen Mai-Denkmal, wo auch der Friedhof sein soll. Er liegt in den Bergen in Mangwol, direkt neben einer Seilbahn, man kann den großen Gedenkpark also in eine Tagestour einbauen. Wieder mehrere Kämpfer-Statuen und in ihrer Mitte: eine gigantische Skulptur, vierzig Meter hoch, wie in Cheonan, wieder eine Ähnlichkeit mit zwei betenden Händen, dieses Mal mit einer Kugel in der Mitte, oder soll es ein Ei sein, für die Wiedergeburt?

Eine junge Frau spricht mich auf Englisch an. Sie sagt: »Lasst uns die Fackeln der Demokratie weitertragen.« Ich muss fast lachen. Was meint sie? Sie sagt: »Das ist der Satz, den man oft hört, wenn es um Gwangju geht.« Ob ich den nicht kennen würde? »Demokratie, darum geht es doch.« Ich bin in Südkorea noch nie einfach so angesprochen worden. Sie sagt, ihr sei langweilig. Sie hätte Zeit, wenn ich wollte, zeigt sie mir das Gelände. Sie fragt, was ich hier mache. Warum allein. Ich sage, ich suche *Han*. »Da bist du hier richtig«, sagt sie. Aber vergiss nicht, den wirklichen Friedhof anzuschauen. Auf dem Lageplan in meiner Hand sei der nicht drauf. Ich weiß nicht, was sie meint. Sie sagt: Ok, ich zeig ihn dir.« Auf dem Weg über das Gelände (es ist wirklich ein sehr großer Park, die Gedenkveranstaltungen müssen gigantisch sein) sagt sie, dass sie auch Journalistin werden will. Sie studiert an der Universität Cheonnam und schreibt für die Studentenzeitung, aber sie war etwas desillusioniert. »Man muss so viel kämpfen um Texte.« Erst neulich habe ein Professor versucht, einen Artikel zu verhindern. Das wurde dann ein richtiger Skandal. »Wir haben gestreikt, weil wir uns nicht den Mund verbieten lassen wollten.« Es ging um einige Einsparungen an der Universität. Was haben ihre Eltern dazu gesagt, dass sie streikt? »Meine Eltern haben den 18. Mai erlebt«, sagt sie. »Mein Vater ist noch in einer dieser Gedenk-Organisationen aktiv, sie hatten nichts dagegen.«

Wir laufen auf den Friedhof zu, er ist unscheinbar, an einem Hügel angelegt. »Das hier sind die wirklichen Gräber«, sagt sie. »Ich muss leider los, aber wenn du *Han* suchst, solltest du noch etwas bleiben.« Da liegt auch ein frisches Grab. Für einen Herrn Choi. Blumen liegen neben dem Erdhügel, er liegt auf einem abschüssigen Gelände, im Rücken die Berge, ich bin mir sicher, nicht weit von hier fließt ein Fluss. Herr Oh, der Psychologe, hatte recht. Es ist noch nicht zu Ende. Dieser Mai dauert länger.

DER SÜDEN

Kapitel

15

Arirang und
die Tür im Wasser (in Jindo)

SA-SIM-YUK 사십육 (4-16)

Nach Jindo zu fahren, das war einmal gleichbe-
deutend mit Meerblick, salziger Luft und vor allem mit einem schö-
nen Naturschauspiel. Die Leute nennen es auch: ein Wunder. Jedes
Jahr Mitte Mai teilt sich das Meer und es passiert etwas Biblisches:
Das Wasser gibt einen Weg frei, auf dem dann rund eine Woche lang
Menschen hin- und herlaufen können. »Hin«, das ist auf die kleine
Insel Modo und dann wieder »her« nach Jindo, diesen beschaulichen
Ort im Südwesten von Südkorea. Im Prinzip geht die Ebbe einfach
so weit zurück, dass ein schmaler Streifen Land begehbar wird. Ko-
reaner aus dem ganzen Land kommen und es gibt ganz wunderbare
Bilder auf Postkarten mit dem Wort Jindo oben rechts in der Ecke.
Die Insel, die Menschen auf dem schmalen Streifen, das Wasser
links und rechts, das alles sieht nach Rettung aus, vielleicht die Rettung von den Problemen auf der Halbinsel, ein Neuanfang.

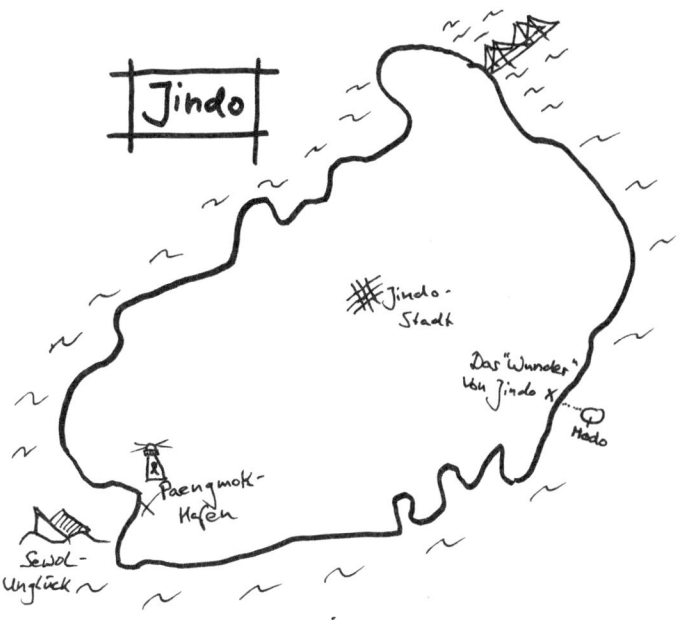

Heute heißt es, dass die Einwohner von Jindo endlich dieses Ideal zurückhaben wollen, diese unschuldige Touristenidylle. Das lese ich in der Zeitung, kurz bevor ich in den Überlandbus steige, der vom Busbahnhof durchfährt bis an den Ort im Süden. Die Sitze sind übrigens wahnsinnig bequem, die Busse brummen zurückhaltend, die Klimaanlage ist verstellbar, kurz, die nächsten Stunden in diesem Bus werden angenehm sein. Ich will in den Süden und dort ein paar Tage in Ruhe verbringen. Ruhe ist das, was in Seoul dann doch immer wieder zu kurz kommt, selbst auf meinem Hügel, auf der Dachterrasse, leise brummt die Stadt ohne Unterlass. Die Strecke Seoul-Jindo wird dreimal am Tag bedient. Im Jahr 2014 fuhren viele Busse diese Strecke. Und fast jeder Journalist aus dem Ausland ist mindestens einmal dort gewesen. Ich hatte ihn bisher gemieden. Ein befreundeter Fotograf aus Seoul meinte, dort werde sehr viel geweint. Noch immer.

Das alles hat zu tun mit dem Morgen des 16. April 2014, seitdem steht Jindo für ein Ereignis, das schlimmer nicht hätte ausgehen können. Das Schiff Sewol ist mit rund 470 Menschen an Bord auf dem Weg nach Jeju, eine Insel rund 120 km südlich von Jindo. Es ist überladen, eine ruckartige Lenk-Bewegung lässt das Schiff umkippen und voller Wasser laufen. Der Kapitän geht zuerst von Bord und lässt vorher per Lautsprecher die Passagiere warnen, unter Deck zu bleiben. Die Rettungsmaßnahmen laufen zu langsam an, einige Ertrinkende werden von Fischerbooten gerettet. Doch insgesamt sterben an diesem Morgen vor Jindo mehr als 300 Menschen, die meisten von ihnen Jugendliche der Danwon-Schule in Ansan bei Seoul auf ihrer Abiturfahrt. Ein ganzer Jahrgang, die meisten tot.

Ich klappe im Bus meinen Laptop auf, und lese noch einmal die Texte von damals, rund ein Jahr später. Als das Schiff unterging, war ich nur durch einen Zufall gerade einen Tag vorher in Seoul gelandet. Ich saß damals im Pressezentrum und wie meine Kollegen bemerkte auch ich zunächst eine Weile nicht, was gerade passierte, auf den TV-Bildschirmen im Büro, nach und nach zeigten nicht nur die koreanischen Sender sondern auch CNN und Al Jazeera das gleiche Bild: die Sewol. Ist das relevant, ein Schiffsunglück, so weit weg von Deutschland, während Hunderte Flüchtlingsboote in Europa häufig kentern? Südkorea ist kein Entwicklungsland und die Regierung beschwichtigt. Lange Zeit sieht es so aus, als ob die meisten gerettet sind. Auch Stunden nach dem Unglück spricht die Regierung nur von rund 80 »Vermissten«, man sei aber zuversichtlich, sie zu retten, trotz des schlechten Wetters. Alles unter Kontrolle, bis plötzlich die Anzeige oben rechts am Bildschirm sich verändert. Man habe sich verrechnet, sagen die Sprecher, einige Gerettete doppelt gezählt, heißt es. Ab da wurde es chaotisch.

Der Busfahrer macht eine Pause, alle steigen aus. Wieder einmal fällt mir auf, wie gut organisiert dieses Land doch eigentlich ist, wie gut die Abläufe geplant sind, 15 Minuten Pause, auf die Sekunde genau. Dieser Unfall, der Fakt, dass die meisten Passagiere von zufällig vorbeifahrenden Fischern gerettet wurden, will nicht zusammenpassen mit dem perfekten Verkehrssystem – und eben dieser Raststätte. Saubere öffentliche Toiletten sind Standard in jeder U-Bahn-Station und auch hier. In kleinen Buden bekommen Koreaner alles, was sie für eine Pause mit Kindern brauchen: Würste am Stiel, Tintenfisch in Erdnusssoße, eine koreanische Version vom Hotdog und natürlich Kaffee auf Eis. Ich habe noch immer nicht verstanden, warum sich dieser Eiskaffee in Deutschland nicht durchgesetzt hat. Im Sommer muss man in Korea dazusagen, wenn der Kaffee warm sein soll. Diese Raststätte mitten im Nirgendwo ist ein Beispiel für das koreanische Powerhouse, das surrende Getriebe, in dem jeder seinen Platz kennt und die eingespielten Abläufe allen bekannt sind.

Dieses Ineinandergreifen war auch das, was ich zumindest direkt nach dem Unglück in der Danwon-Schule in Ansan erlebt habe. Dort wurde eine Turnhalle noch am gleichen Abend in ein permanentes Lager für Verwandte der verunglückten Schüler umgewandelt. Als ich am Abend gegen 18 Uhr dort ankam, waren gerade Techniker dabei, kleine WLAN-Dosen an die Wände zu schrauben. An Tischen im Flur konnte man sein Mobiltelefon zum Aufladen abgeben und es gab Sandwiches, Instantsuppen und Gimbab, koreanisches Sushi. Alles gratis. Auf einer Leinwand lief der Nachrichtensender Yonhap, der unablässig das gleiche Bild zeigte: ein sinkendes Schiff. Jugendliche hielten sich in den Armen und ein Vater stellte sich vor mich hin und rief laut in das Saal-Mikrofon: »Ich klage die Regierung an, nicht genug getan zu haben, für meine Tochter. Ich hatte bis vor einer Stunde noch Kontakt mit ihr, jetzt antwortet sie nicht mehr.« Er hält sein Samsung-Telefon in die Höhe. Es war ein schrecklicher Abend. Ich blieb noch bis 4

Uhr, immer das Boot vor Augen. Und den Vater, den ich nur verstand, weil sich eine Englisch-Lehrerin meiner annahm.

Es ist dunkel, als ich am Abend auf Jindo lande. Es ist eine kleine
Stadt, ein paar Kreuzungen, ein paar blinkende Hotels und kleine
Geschäfte, die fast betont hässlich nach außen wirken. Wie immer
stehen überall Kisten herum, als wäre der öffentliche Raum eine La-
gerhalle. Jindo-Stadt liegt im Zentrum der Insel. Um zu dem Ge-
denkort zu gelangen, muss ich noch einen weiteren Bus nehmen.
Aber der fährt heute nicht mehr. Also laufe ich – riecht die Luft
nach Salz? – durch den traurigen Ort, probiere es im Hotel »Prinz«
– Ist das ein Bordell? – und lande dann doch ein paar Meter weiter
in einem Hotel, dass die Trauer schon im Namen trägt: »Arirang«.

Das Lied wurde hier im Süden geschrieben und ist sowohl in
Nord- als auch Südkorea das bekannteste Volkslied. Vielleicht
fasst dieses Lied wie nichts anderes das Gefühl *Han* zusammen. Es
handelt von einer jungen Frau, die auf ihren Mann wartet, der sie
nicht liebt. Sie wartet und wartet. In der Original-Geschichte
wurde sie von ihrem gefühllosen Liebhaber schließlich getötet.
Doch über die Jahre blieb von dem Lied nur jene Sehnsucht übrig:
Nach jemandem, der niemals kommen wird – zumindest nicht, solange das Lied gesungen wird. Sein Titel ist eines der bekanntesten
koreanischen Wörter in der Welt. Nach ihm ist ein Fernsehsender
für Ausländer benannt (ArirangTV), das Massenspektakel in
Nordkorea (Arirang-Festival) und ein etwas schmuddeliges, aber
dafür authentisches Restaurant in Berlin (A-Ri-Rang). Meine Koreanisch-Lehrerin hat mir einmal in Berlin auf einer Party nach
zwei Flaschen Soju eine Version in mein Aufnahmegerät gesungen. Langsam und sehr melancholisch:

Arirang, Arirang, Arariyo / Ich überquere den Arirang-
Pass / Wer mich verlassen hat / Soll keine zehn Li gehen,
                    bis ihn seine Füße schmerzen.

Li, das sind rund 500 Meter. Nach weniger als einem halben Li
betrete ich summend das Hotel mit dem traurigen Namen in einer

irgendwie traurigen Stadt mit einem eigentlich perfekten Klima. Die Geschäfte schließen hier Abends gegen neun und die Menschen bleiben stehen, wenn sie einander sehen. Annyeonghasseo? Hast Du Frieden? Und als ich in meinem Zimmer sitze und den Ventilator einstelle, wird mir klar: Ich fahre hier auch für Kim Young-Oh hin, einer der beeindruckendsten Menschen, die ich in diesem Jahr kennengelernt habe. Kim Young-Oh ist der Vater von Yunmin, die mit 17 Jahren beim Sewol-Unglück ertrank. Ich traf den trauernden Vater in Seoul, im Stadtteil Gangnam, neben einer Hochzeitshalle, er trug einen Anzug, der an ihm schlackerte. Eingefallene Wangen, den Hungerstreik sah man ihm noch immer an. Doch der Reihe nach.

Er begann, mir seine traurige Geschichte mit einem Lächeln zu erzählen, vielleicht, weil ihn die Hochzeit gerade auf andere Gedanken brachte, Hochzeiten dauern in Korea meist nur zwei Stunden. »Es begann damit«, sagte Kim Young-Oh, »dass ich in einem Geschäft für Frauenkleider gearbeitet habe.« Er meint einen dieser kleinen Läden, die noch heute überall spontan rund um koreanische Bahnhofsgegenden entstehen. Jacken für umgerechnet 12, Hosen für 10 Euro. »Sie kam herein und probierte eine Jacke an. Ich bot an, ihr eine zu schenken, wenn sie mit mir etwas trinken geht.« Auf dem Hochzeitsbild noch nicht einmal ein Jahr später war seine Braut hochschwanger, achter Monat. »Wir haben versucht, es unter dem Kleid zu verbergen.« Das Lächeln wurde stärker. Die Geburt von Yumin war schwer, dauerte fast einen ganzen Tag. »Vielleicht war ich deshalb besonders froh, sie in den Händen zu halten.« Es war der 14. Januar 1997.

Yumin wollte gerade ihren Abschluss machen, diese Fahrt nach Jeju sollte die letzte gemeinsame mit ihren Klassenkameraden sein. Diese Geschichte wie so viele andere hat das Land bis heute erschüttert. Auch darin steckt etwas sehr Koreanisches, ein Durchhaltevermögen, selbst in der Trauer. Im Zentrum der Stadt

sind noch heute jeden Tag betende Menschen zu sehen, vor einer
Wand mit Fotos aller toten Schülerinnen und Schüler. Auch
Yumins Foto ist darunter, vor einer riesigen gelben Schleife. Die
Schleife steht für Solidarität mit den Opfern, aber auch für die
Forderung nach mehr Information. Der Satz, den sie am meisten
rufen, lautet »Die Wahrheit sinkt nie!« Sie verteilen gelbe Ansteck-
Schleifen und über Monate hing eine riesige Schleife am Rathaus,
zusammen mit der Behauptung: Solange nicht alle Opfer geborgen sind, werde die Stadt nicht zur Ruhe kommen. Inzwischen ist
sie abgebaut, es wird nicht mehr jedes Konzert, jede Bühnenshow
mit einer Trauerminute eingeleitet, aber es werden noch immer
neun Menschen vermisst. Offiziell heißt es, das Schiff sei unmöglich zu bergen.

Kim Young-Oh wurde in den Monaten nach dem Unglück so
etwas wie der Sprecher der protestierenden Trauernden. Die gelbe
Schleife ist zu seinem Lebensinhalt geworden. Kim gab viele Interviews, wurde aber nur selten zitiert. Es gibt in Korea ein Gesetz, das Kritik an der südkoreanischen Präsidentin verbietet, ein
Überbleibsel aus der Militärdiktatur, in der ausgerechnet ihr Vater
regierte. Doch genau ihren Namen, Park Geun-Hye, spricht Kim
immer wieder aus. Er stellte Fragen, die Hinterbliebene auch ein
Jahr danach auf die Straße treiben: Wie konnte es passieren, dass
dieses Schiff sämtliche Sicherheitsstandards nicht erfüllte und
trotzdem an diesem Tag den Hafen verließ?

Wieso liefen die Rettungsmaßnahmen so schleppend an?

Warum wurden die meisten Überlebenden durch zufällig vor-
beifahrende Fischerboote gerettet und nicht durch die südkoreanischen Einsatzkräfte?

Wo war die Präsidentin in den Stunden des Unglücks?

Und zuletzt: Warum arbeitet die Kommission noch nicht, die
diese Fragen beantworten soll?

Kim Young-Oh hatte das Radio bisher immer ausgestellt,
wenn Nachrichten liefen. Am Wahltag legte er eine Extraschicht

in der Metallfabrik ein. »Es gab dann Feiertagszuschlag«, hatte er mir gesagt. Doch seit dem Schiffsunglück demonstrierte er gegen die Politiker, erst zaghaft in Jindo, dann immer häufiger in Seoul und schließlich ließ er sich, wie vergangene Woche, von der Polizei abführen wie ein Verbrecher. »Die Regierung will die Wahrheit nicht hören«, sagte er, und: »Park Geun-Hye soll ihr Versprechen halten.« Sie hatte im Mai 2014 unter Tränen gesagt, es werde die Wahrheit über das Unglück ans Licht kommen.

Kim aber erinnert sich schon am Tag des Unglücks an eklatante Mängel: So kursierten unterschiedliche Zahlen für den Zeitpunkt des Unglücks, für die Ursachen, für die Beteiligten und die Opferzahl. Er fuhr noch am 16. April 2014 zusammen mit Yumins Mutter, von der er inzwischen geschieden ist, nach Jindo, vor dessen Küste die Sewol sank. »Die Rettungsarbeiten liefen langsam an, alle schienen auf etwas zu warten.« Noch Stunden nachdem das Schiff gesunken war, riefen Eltern verzweifelt, sie bekämen noch Text-Nachrichten von ihren Kindern aus dem Rumpf. Die Fernsehsender hatten zunächst berichtet, fast alle Passagiere seien gerettet. Auch Tageszeitungen waren überfordert und entschuldigten sich Wochen später für ihre Fehler in der Berichterstattung.

Später wurde bekannt, dass einige Mitglieder der Besatzung am Morgen des Unglücks Alkohol tranken, dass der 69-jährige Kapitän Lee Joon-Seok als einer der ersten das Schiff verlassen hatte. Lee habe zudem nach dem Unglück über Lautsprecher die Passagiere angewiesen, in ihren Kabinen zu bleiben, letztlich das Todesurteil für die Schüler. Er ist im November 2014 zu 36 Jahren Haft verurteilt worden, andere Crewmitglieder zu mehrjährigen Haftstrafen. Die Reederei hatte seit Monaten die Warnung, das Schiff gerate leicht in Schieflage, ignoriert, zudem soll der Chef der Reederei ein Sektenguru gewesen sein und hochrangige Kontakte in die Politik gehabt haben. Dieser Yoo Byung-eon wurde Wochen später tot gefunden. Auch hier werden wohl viele Fragen

immer offen bleiben, wird das Leid nicht weniger. Schließlich:
Laut einer japanischen Zeitung soll die Präsidentin Südkoreas
sich während des Unglücks in einem Hotel mit einem Bekannten
getroffen haben und sieben Stunden nicht über Mobiltelefon erreichbar gewesen sein. Laut Regierungsmeldung soll sie im Palast
gewesen sein. Der japanische Journalist aber wurde verklagt und
durfte lange das Land nicht verlassen.

Kim aber geht es nicht nur um die inzwischen berühmten sieben Stunden Abwesenheit. Er will das, was schon die ersten De-
monstranten im April 2014 forderten: Eine Wahrheitskommission,
die auch die Arbeit der Regierung bewertet. Dafür demonstriert
er täglich seit Mai 2014, nicht weit vom »Blauen Haus« entfernt,
dem Regierungssitz. Zuerst nahm er Urlaub, dann kündigte er seinen Job, er lebt von dem, was ihm Passanten und die Hilfsorga-
nisation spendet. Weil aber der Protest nichts hilft, tritt Kim am
13. Juli 2014 in den Hungerstreik. Spätestens in jenen Wochen wird
sein Gesicht den meisten Koreanern bekannt. Es ist der Sommer,
in dem sich zum ersten Mal die öffentliche Meinung dreht: Es
kommen Unbekannte vorbei und essen vor seinen Augen ihr Mit-
tagsbrot. Die Reporter sind aber nicht alle auf seiner Seite, einige
berichten über sein Privatleben, seinen Schulabbruch mit 16 Jahren und die Scheidung. Auch dass Yumin auf dem Schiff war, wusste er zunächst nicht. Sein Kontakt mit ihrer Mutter war nicht der
beste. Er weiß noch, dass damals einige Passanten auf ihn zuge-
kommen sind und ihm ins Gesicht sagten, sie glaubten ihm nicht.
Er würde heimlich essen.

Am 18. August 2014 kommt Papst Franziskus nach Seoul und
steht plötzlich vor Kim Young-Oh. Der ist da schon abgemagert,
hat sich aber für das Treffen extra ein frisches blau-weißes Hemd
angezogen. Er hatte so sehr auf das Treffen mit dem Kirchenober-
haupt gehofft, auch wenn er selbst nicht religiös ist. »Als er zu mir
kam, war ich so aufgeregt, dass ich gar nichts denken konnte«, sagt
er. »Ich sagte ihm, er solle dafür beten, dass es ein Gesetz gibt, dass

uns die Wahrheit bringt.« Dann habe er einen Brief überreicht und
noch etwas hat er getan: seine Stirn in die Hände des Papstes gelegt. »In dem Moment der Berührung dachte ich noch einmal an
Yumin.« Es dauerte noch weitere zwölf Tage nach dem Papstbe-
such, bis er den Hungerstreik aufgab, für seine zweite Tochter
Yuna, die ihn darum bat.

Ein Teilerfolg immerhin ein halbes Jahr später: Das sogenann-
te »Sewol-Gesetz« wurde verabschiedet, auch wenn es unter Beob-
achtern als zu schwach gilt. Es reguliert immerhin die Maximalka-
pazität und die Sicherheitsstandards auf Schiffen.. Inzwischen
gibt es auch eine Wahrheitskommission für das Unglück, doch bei
einer Pressekonferenz Anfang April machte ihr Leiter Lee Suk-Tae
deutlich, dass sie keine freie Hand haben und von der Regierung
ignoriert werden. Das Blaue Haus machte zum Jahrestag ein An-
gebot: für jedes Opfer rund 400.000 US-Dollar Kompensation,
dafür sollen die Proteste aufhören. Viele Eltern lehnten das ab und
rasierten sich aus Protest die Haare. Sie wollen keine Ruhe geben.

Und so kommt das Land nicht zur Ruhe. In der U-Bahn sehe
ich die gelben Schleifen an Telefonen und Handtaschen noch immer baumeln, auf dem Vorplatz des Königspalasts protestieren sie
weiterhin jeden Tag, ab und zu sehe ich Kim Young-Oh dort noch
und auch er weiß: Eine Polizeiräumung wäre innenpolitisch ein
Desaster für jeden Präsidenten. Und auch Jindo wird noch lange
mit diesem Unglück verbunden bleiben: eben nicht für das Wasser, dass sich teilt und die Erde freigibt, sondern für das Gegenteil,
das Wasser, das mehr als dreihundert Menschen verschlang.

Als ich morgens das Hotel Arirang verlasse und in den Bus zum
Paengmok-Hafen steige, ist es das erste Mal, dass ich wirklich weit
weg bin von Seoul mit seinen Bars, von Gangnam mit seinen plas-
tischen Chirurgen. Wie immer auf solchen Fahrten fällt mir auf,
wie gut das tut, dieses Wegfahren, von der Bar »Berlin« nebenan,
vom Brummen der vielen Klimaanlagen, auch irgendwie von der
Trauer um Nordkorea, um die Trennung und die anderen Kata-

strophen. Hier, weit im Süden, weht ein anderer Wind oder besser:
Es weht überhaupt ein Wind.

Als ich an der Endhaltestelle in Paengmok, dem Hafen, ankomme, ist es wieder das Gelb, das mich überwältigt. Ein ungefähr 300 Meter langer Betonsteg führt auf das Meer hinaus. An jedem Geländer ein Spruchband, Schwarz auf Gelb: »Wir werden
Euch nicht vergessen.« Gleich zu Beginn des Stegs hängt ein Bün-
del verdorrter Blumen an einer Schleife, das muss Monate her
sein. Darunter akkurat tausende Fliesen, aus jeder Provinz Koreas
sind hunderte geschickt worden, die gesamten 300 Meter sind
hüfthoch mit diesen Fliesen gestaltet. Einem Massenunglück
wird mit einer Massenaktion gedacht. Kinder haben die Fliesen
bemalt, mit bunten Fischen, mit gelben Papierbooten und immer
wieder mit großen gelben Schleifen, die an den Enden zu Händen
werden und Menschen retten.

Das Traurigste an diesem ohnehin traurigen Bild sind die in
Fetzen hängenden Fahnen. Damit wird noch einmal deutlich, wie

Jindo: Die schiere Masse an Erinnerungsstücken ist beeinruckend

lange das Ganze schon zurückliegt, wie schwierig Trauern ist, hier
in Südkorea, wo die Trauer eigentlich überall liegt. Ich denke an
Kim Young-Oh, der hier im Frühjahr war, am 15. April 2015, einen
Tag vor dem Jahrestag. Er ist hinausgefahren mit einem Boot und
hat Kerzen ins Wasser gelassen. Eine Kerze für die tote Tochter.
Erst vor wenigen Wochen hat er eine einzelne Kerze ausgeblasen
für sie, diese Kerze stand auf einem Geburtstagskuchen, der so ge-
formt war wie die Comicfigur Pororo, ein immer lächelnder Pin-
guin mit Fliegerhelm. Im Januar wäre sie 18 Jahre alt geworden, sie
mochte Pororo, auch als Teenager. Die wenigsten wissen, dass diese kleine Figur auch Südkoreas Einheit vorwegnimmt: Sie wurde
von einem Animationsstudio in Kooperation mit einem nordkoreanischen Studio entwickelt.

Als ich ihn zum letzten Mal gesehen habe, Mr. Kim, in der Seouler Innenstadt, direkt vor der Statue von König Sejong, da hatte
er gesagt, er träume gerade wieder häufiger von Yumin. »Dieser
Traum hat mich daran erinnert, wie wenig wir hier mit unseren
Demonstrationen erreicht haben.« Noch immer zu viele Fragen
ohne Antworten, noch immer keine Erlösung von der Trauer, noch
immer ist das Schiff nicht geborgen.

Ich laufe langsam in Richtung Ende des Piers, Richtung Wasser, dort steht ein roter Leuchtturm, wieder mit einer gelben
Schleife. Auf dem Weg sehe ich noch viel mehr Fliesen, noch mehr
gemalte Kinder, einige lachen auf den Bildern, andere werden umarmt, eines zeigt eine Frau, die das Schiff an einer Angel hochzieht. Ende August 2015 hat die Regierung die Bergung des Schiffes beschlossen, doch bisher stellte sich das als zu teuer heraus. Als
ich an das Ende des Stegs komme, sind noch einmal alle Gesichter
der Studenten auf einem Transparent zu sehen. Yumin ist dabei.
Sie hat so einen ernsten Blick, andere lächeln, sie nicht. Nicht
weit davon ragen die Zahlen 4 und 16 auf Stäben in den Himmel.
Diese Zahlen sind für die Angehörigen sehr wichtig geworden,
wie ein Synonym für alles, das gerade nicht funktioniert in Südko-

rea. Sie sprechen nicht vom »Untergang der Sewol«, sie sagen »Vier Sechzehn«, wie das südkoreanische »Nine-Eleven«. Es meint den 16. April, den Tag des Unglücks.

Kim Young-Ohs Telefon hatte während eines der Interviews geklingelt. Das Display zeigt beim Klingeln das Foto von Yumin, als sie 16 Jahre alt war, das gleiche, das hier auch zu sehen ist. Er hatte damals lächelnd darauf geschaut und den Alarm abgestellt. Es war dann genau 4.16 Uhr am Nachmittag. »Diesen Alarm haben viele Eltern der Sewol-Opfer eingestellt.« Es klingelt jeden Tag um die gleiche Uhrzeit und er denkt an Yumin. Er werde den Alarm nicht ausstellen, sagt er. »Solange ich lebe.«

Ich treffe eine Gruppe Jugendlicher auf dem Pier. Sie nehmen einige der Banner ab, säubern den Steg mit einem Besen. Als ich sie anspreche, erzählen sie, dass sie aus einer Schule in Gwangju kommen, nicht weit. Sie haben einen Tagesausflug gemacht, weil sie noch nie an diesem Denkmal waren. Einer von ihnen ist Yejin, er hatte die Idee zu dieser Säuberungsaktion, als er die Bilder gesehen hat, von den weinenden Eltern hier. Er meint, die Toten waren so alt wie sie. Für einen Augenblick kann ich mir nicht vorstellen, dass Jugendliche in Deutschland auch mehrere Stunden auf sich nehmen würden, um ein Denkmal von der Love Parade in Duisburg oder vom Absturz des Germanwings-Flugzeugs zu besuchen. Der Titel »nationale Katastrophe« wird in der Zeitungssprache schnell verwendet. Aber hier im äußersten Südwesten Südkoreas wird klar, wie angebracht er ist.

Ein Bus hält am Pier und mehrere Mönche steigen aus. Während der Fahrer seine Pause an der Endhaltestelle macht, bauen die Mönche ein kleines Zelt auf, stellen Trommeln und einen kleinen Tisch neben eine große, gelbe Schleife aus Metall. Dann beginnen sie, ihre Hölzer aufeinander zu schlagen und zu beten. Ich steige in den Bus ein, mein nächstes Ziel ist ein Tempel, in dem ich übernachten will. Der Busfahrer sagt, die Mönche kommen fast jeden Tag. Sie singen, sie verbeugen sich, bis zum Boden. Stehen wieder auf. An ihnen läuft ein Pärchen vorbei, sein Pullover ist genauso schwarz-weiß gestreift wie ihr Rock. Ein Pärchenlook, wie ich ihn sonst nur aus Seoul kenne. Das Mädchen bleibt plötzlich mitten auf dem Weg stehen und umarmt ihren Freund. Vielleicht weint sie. Ich muss an die Schüler denken, die im Bauch des Schiffes noch Filme aufgenommen haben, einige lachen, als das Wasser steigt. Auch diese Bilder werden noch immer gezeigt, auf Ausstellungen in Seoul. Da dachten sie noch, das alles sei Spaß. Als der Bus losfährt, drehe ich mich noch einmal nach dem Pier um, der im Gelb und Blau verschwimmt. Das letzte, das ich erkenne, als der Bus losfährt, ist eine flatternde zerrupfte Fahne mit dem Satz auf Koreanisch: »Wir malen euch eine Tür ins Wasser.«

Kapitel

16

Gespräch mit dem Nichts (im Tempel)

TTANGKKEUT 땅끝 (DAS ENDE DER WELT)

Midari ist die Einzige, die sich an gar keine Regeln halten muss. Sie liegt nur da auf dem Boden, während wir in einem großen Kreis über den Platz laufen müssen, sie isst Fleisch, während wir geduldig Gemüse neben den Reis auf unsere Teller laden und Midari schaut nur kurz müde auf, wenn wir morgens um vier Uhr zum Tempel laufen, um unsere Morgenmeditation abzuhalten. Katzen verschlafen ungefähr die Hälfte des Tages, heißt es, 13 Stunden. Midari ist da keine Ausnahme in der Natur, sie verhält sich nach ihrem Instinkt. Verhalten wir uns nach unserem Instinkt, die früh Aufstehenden, im Kreis Laufenden? Midari ist schwarz und weiß, wir sind die Grauen, die Farbe der koreanischen Buddhisten.

Ich bin an diesem Wochenende einer von 28 Menschen, die sich für einige Tage vor dem Schnellen, dem Lauten, dem Veränderlichen in Seoul abgemeldet haben. Von Freitag bis Montag will ich in einem Tempel leben, einem Ort noch dazu, der seit 1200 Jahren nahezu unverändert ist. Wie alle guten Orte, da haben die Geomanten in Südkorea ganze Arbeit geleistet, hat auch dieser einen Berg im Rücken, ein Tal mit einem Wasserlauf zu Füßen. Es ist irgendwie: abgehoben. Menschen die hierher kommen, wollen etwas von Mönchen lernen. Und von Midari, der Katze. Ich zumindest habe hier viel gelernt. Auch über mich. Doch erst ganz am Ende.

Ich hatte seit langem darüber nachgedacht, diese Art der Tempelübernachtung zu machen, sie wurde mir seit zwei Jahren immer wieder empfohlen, von Freunden, von Korea-Kennern. Sogar mein Zahnarzt in Berlin hatte mir indirekt dazu geraten. Ich knirsche seit rund vier Jahren mit den Zähnen und das »ist eine Zivilisationskrankheit«, hatte er gesagt und sogleich das Mobiltelefon als Schuldigen ausgemacht. »Es gibt für uns heute keinen Grund mehr, einfach nur aus dem Fenster zu schauen und die Dinge, die wir erleben, zu verarbeiten.« Er sagte, nachts sei dann der Körper noch diese Überanforderung auch gewohnt und das äußere sich dann im Zähneknirschen. Das aber sei nicht gut für den Kiefer und damit den gesamten Körper. Er sagte: »Probieren Sie Meditieren.«

Aber auch ohne meinen Zahnarzt weiß ich, dass ich zu viel auf mein Mobiltelefon schaue. Es tut gut, in Korea nicht der einzige zu sein mit diesem Tick. In der U-Bahn mit WLAN kann ich Videos anschauen, meine Podcasts hören, meine Zeitungen aus Deutschland lesen. In Seoul hatte ich schon überlegt, die Drive-in-Version des *Templestay* im Stadtteil Gangnam für mich zu buchen. Vier Stunden Beten, Räucherstäbchen, Gespräch mit einem Mönch und weiter in die U-Bahn, E-Mails checken, weiter im Rattenrennen.

Aber auf meiner Reise durch Korea wollte ich mir drei Tage für einen Tempel nehmen. Über 100 bieten den *Templestay* an, jene organisierte Übernachtung mit einer Einführung in den koreanischen Buddhismus. Das Wort, vielleicht weil es Englisch ist, klingt nach Kreuzfahrt, Vollverpflegung und Spaß-Meditation. Es klingt irgendwie nach reiner Touristenattraktion. Meine Reise in den Tempel Mihwangsa begann also mitten in Seoul, neben dem Jo-gyesa-Tempel, dort wo eigentlich immer meditiert wird, zumindest dann, wenn ich vorbeilaufe. Koreaner aller Altersklassen in Anzügen, Abendkleidern oder Sportanzügen, ziehen sich dort ihre Schuhe aus, treten über die Holzschwelle, nehmen sich eine Matte und verbeugen sich, wieder und wieder. Bis die Stirn den Boden berührt. Gegenüber dem Tempeleingang liegt das »*Temple-stay*-Zentrum«. Im Obergeschoss habe ich schon oft vegan gegessen, echtes Tempelessen. Für 6 bis 7 Euro pro Person füllt man sich vier Holzschüsseln bis oben hin mit Gemüse. Das ist vor allem für die (tendenziell schlecht gelaunten) vegetarischen Korea-Besucher ein Muss.

Im Erdgeschoss dann die Beratung, die im Gespräch den Tempel zu einem Wellness-Center werden lässt. Meine Tempelexpertin ist eine rundliche Koreanerin mit Lachfalten, wie eine richtig fröhliche Buddhistin. Frau Kim sagt, sie kenne die meisten Tempel persönlich, habe von vielen hinab ins Tal geschaut und betreut das Programm seit der Gründung im Jahr 2002.

Dann fragt sie ganz nüchtern: »Was möchten Sie erfahren im Tempel?« Manche bringen den Gästen das Kochen bei, das Tanzen, die Kalligrafie, das Singen, das Blumenbinden, sogar das Schweigen oder einfach: wie wir bessere Menschen werden. Das will ich auch, besser sein. Bin ich nicht deswegen überhaupt in das Land gekommen?

Schon vorher haben die Tempel Besucher für Meditationen empfangen, aber damals wurde es nicht zentral betreut. Ich stelle mir vor, wie Beamte von koreanischen Behörden mit ihren Katalogen und Klemmbrettern durch die Tempel Koreas gingen und für jahrhundertealte Hanok-Häuser moderne Standards festlegten. Nach »Wifi« fragen. Frau Kim sagt, das sei alles für die Fußball-WM 2002 modernisiert worden. Und noch heute ist all das in einem schönen Faltblatt mit modernem Logo festgehalten: Ein Comic-Mönch begrüßt den Leser mit gefalteten Händen: Willkommen im Tempel. Ich bin skeptisch. Kann das als Tourismusziel glaubwürdig bleiben? Authentisch?

Die Tempel haben trotzdem ihre Seele behalten, sagt die Expertin. Sie fragt weiter: »Wie soll die Luft am Ort sein?« »Möchten Sie ein Einzelzimmer?« Und: »Wie viel Zeit haben Sie?« Ich habe Zeit. Dann erzählt sie vom koreanischen Buddhismus, dass er aus China nach Korea und Japan kam und in Korea eigene Rituale und Wörter entwickelt hatte. Wie er über Jahrhunderte Staatsreligion war und erst unter der Joseon-Dynastie zurückgedrängt wurde aus der Politik. Nachdem ich ihr meine Vorlieben (Ruhe, Abgelegenheit, Natur) erzählt habe, schaut mich Frau Kim an und zeigt auf den südlichsten Tempel auf Ihrer Karte voller kleiner Mönche. »Nehmen Sie *Mihwangsa*«, sagt sie, »er befindet sich an einem Ort ganz im Süden der Insel. Der Ort heiße »Ende der Welt«. Die Augen werden zu reinen Lachfalten: »Dort werden Sie finden, was Sie suchen.«

Sie gab mir noch einen Zettel mit dem Namen »Jajae«, bei der sollte ich mich melden, sobald ich in der Nähe bin. Und so sitze ich also im Bus von Jindo, dem Ort der Trauer für die vielen toten Jugendlichen des Schiffes Sewol, und fahre nach Haenam. Ich denke auf dieser Fahrt auch an Gin. Vielleicht, weil sein Tod auch so vermeidbar war, wie der dieser Kinder auf der *Sewol*. Hätten wir alle ihn nicht einmal wegführen müssen, vom Alkohol, vom Nachtleben, von den extrem langen Nächten, die in Seoul so schnell vorbeigehen. Vieles, was ich in Korea gelernt habe, habe ich durch Gin erfahren. Vom *Han* hat er mir zuerst erzählt. Er hatte gelacht dabei, als ob diese koreanische Traurigkeit auch eine Pose sei, wie das Tragen von Pärchenkleidung, um anderen das eigene Glück zu zeigen. So langsam verstehe ich, dass es mehr ist.

Und jetzt sitze ich in »seinem« Land, in einem klapprigen kleinen Bus, auf dem Weg zu dem Ort »Ttangkkeut«, also wörtlich:

das Ende der Welt. Dort wartet mein Tempel auf mich. Es ist einer
dieser Zeitreise-Busse, denke ich, der schon irgendwie Teil der
Tempel-Erfahrung ist. Ich bin in den deutschen 70ern gelandet,
egal ob Ost oder West, dieses Rautenmuster auf den Sitzen, die
verschlissenen Ränder der Lehnen und selbst der Busfahrer will
noch schnell aufrauchen in Haenam, bevor wir weiterfahren. Keine Hektik, es gibt wichtigeres als Fahrpläne. Oder er kann die Minuten locker wieder aufholen. So zumindest fühlt es sich an, als
wir an den Reisfeldern und Bergen vorbeischrammen. Industriebauten, eine moderne Villa, die auch in Los Angeles stehen könnte, und dann irgendwann eine neblige, kurvige Straße einen Berg
hinauffahren. Moment, ist das Nebel oder sind das tiefe Wolken?

Vor einem großen bunt bemalten Holztor wird der Bus langsamer. Natürlich hatte ich auf meinem Mobiltelefon gesehen, dass
wir da sind. Mein Mobiltelefon, soll ich das Gerät hier wirklich abgeben? Ich stehe auf, doch der Fahrer ruft auf Koreanisch genervt:
»Stopp, ich wende noch!« Erst danach krachen die Türen auf und er
brüllt: »Alle aussteigen!«

Es ist fünf Uhr nachmittags, der Bus fährt nicht so häufig nach
hier oben, jetzt steigen die letzten Touristen in den Bus und er
fährt gleich weiter. Ich bin allein und doch nicht: Unten am Tor
wartet eine Katze. Schwarz, weiß und zierlich. Sobald sie sieht,
dass ich auf das Tempeltor zulaufe, hüpft sie die Treppen hinauf
und verschwindet in: Mihwangsa.

Der Name geht auf die Gründungslegende zurück und weil sie
von einer Kuh und einem verrückten Geisterschiff handelt, will
ich sie kurz erzählen: Der Legende nach ist einst ein Schiff aus
Stein am Horizont aufgetaucht. Das war 749 nach Christus. Doch
solange die Menschen am Ufer standen und das Schiff anschauten,
blieb es in der Ferne und bewegte sich nicht. Wenn die Menschen
am Ufer sich aber umdrehten und weggehen wollten, dann merk-
ten sie plötzlich, wie es näher ans Ufer kam. Sobald sie sich wieder
umdrehten, wich es zurück. Menschen waren an Deck nicht zu se-

hen. Der Mönch Euijo Sunim, der in der Gegend gerade zu Besuch war, hörte von dem Schiff. Sofort erkannte er, dass dieses Schiff ein Zeichen von etwas Großem sein muss, ging ans Ufer und begann, mit zwei seiner Schüler zu singen und zu meditieren. Das Schiff kam näher und mit ihm, so ist überliefert, ein besonders wohlriechender Duft.

Eine Treppe führt vom Tor noch weiter den Berg hinauf und schon auf dem Weg nach oben zu den Gebäuden begegne ich der ersten Besonderheit: ein fünf Meter großer Felsbrocken, gegen den mehrere zwanzig Zentimeter lange Stöckchen gelehnt sind. Weil es so viele sind, sieht es aus, als würde dieser große Fels nur von dünnen Zweigen daran gehindert, ins Tal zu donnern. Ich bleibe davor stehen, schaue mir die Zweige genauer an und entdecke mitten zwischen den Stöcken etwas grell-blaues. Es ist ein Kugelschreiber. Stift gegen Stein, denke ich, und nehme mein Handy, mache ein Bild, das kann man schön auf ein soziales Netzwerk stellen. Ich schätze: 35 Likes sollte das ergeben. Meine Freunde mögen Spielereien mit Stiften.

Solche Anblicke gibt es immer wieder in Korea, sie sind nicht *Han*, keine Trauer, sondern fast das Gegenteil: Sie geben Hoffnung und verbinden den Betrachter urplötzlich mit einer großen Idee, die für einen Augenblick über alles hinausweist. Schon hier habe ich also zum ersten Mal das Gefühl, dass alles nicht so wichtig ist, nicht der Busfahrer, nicht die schöne Aussicht. Nur der nächste Schritt und der führt weiter die Treppe hinauf.

Als der Mönch Euijo, so geht die Legende in einer ihrer vielen Versionen weiter, lange gebetet hatte, kam das Schiff ans Ufer. An Bord waren zwei goldene Kisten und ein seltsamer schwarzer Stein. In den Kisten waren Buddhastatuen und heilige Schriften. Der Stein brach auseinander und ein Rabe flog heraus, der sich plötzlich in eine Kuh verwandelte. In dieser Nacht hatte der Mönch einen Traum: Ein Mann in goldener Robe erschien ihm und sagte, er solle alles auf den Rücken des Rindes laden und ihm

in die Berge folgen. »Dort, wo es sich niederlässt«, sagte der Mann
in Gold, »soll ein Tempel gegründet werden.« Am nächsten Morgen lief die Kuh los, mit der Kiste auf dem Rücken. Sie lief in das
Taebaek-Gebirge. Immer wieder ließ sie sich nieder, stand aber
wieder auf. Erst mitten in den Bergen legte sie sich endgültig auf
den Boden. An diesem Punkt baute der Mönch »Mi Hwang Sa«.
Schön-Golden-Tempel. In anderen Überlieferungen, bedeutet das
»Mi« nicht »schön«, sondern bezeichnet das, was die Kuh sagte, als
sie sich setzte: »Muh«. Muh-Hwangsa. Obwohl das Geräusch der
Kuh auf Koreanisch anders aufgeschrieben wird: »Eummae«.

Der Tempel ist tatsächlich einer der ursprünglichsten. Das
hatte Frau Kim versprochen und sie hatte gesagt, dass Jajae
weiß, wie sie mit Ausländern umgehen muss. Jajae, mein Kontakt, habe sogar einmal in Berlin gelebt. Ich stehe jetzt mitten
auf dem Hauptplatz, in das Grau gehüllt, das ich auch bald tragen werde. Die Katze hat sich bei einer Steinsäule hingelegt und
an ihrem Verhalten merkt man, dass sie hier eine herausgehobe-
ne Funktion einnimmt. Ich sehe mehrere Menschen in grauen,
weiten Leinengewändern. Ich bin neu und wie immer, wenn ich
nicht weiß, was ich tun soll, nehme ich mein Mobiltelefon in die
Hand. Ich lese Nachrichten aus Seoul, dass der Bürgermeister
gerade der Krankheit MERS den Krieg erklärt hat. Dann noch
die Nachricht von einem möglichen Atomtest des Nordens noch
in diesem Monat. Und gerade als ich sehe, dass ich Zugang zu einem WLAN-Netz habe, kommt Jajae auf mich zu. Sie ist ungefähr Anfang 40, hat müde, freundliche Augen, sie lächelt mich
an, dann schaut sie auf mein Mobiltelefon. »Das ist hier eigentlich nicht erlaubt.« Sie sagt »eigentlich«, weil sie möchte, dass
ihre Schützlinge eine angenehme Zeit haben. Also alle Regeln
hier seien freiwillig. »Du wirst aber sehen, was dir hilft.« Ich stelle mein Telefon auf Flugzeugmodus, ein Kompromiss. Ich bin
froh, dass Jajae Deutsch versteht, vielleicht war das der Grund,
warum mich Frau Kim hierher schickte, aber es gibt viele inter-

nationale Tempel in Südkorea. Dass ausgerechnet hier am »Ende
der Welt« auch Deutsch gesprochen wird, kann aber kein Zufall
sein. Jajae sagt, sie mag die Sprache, das erinnere sie an ihre Erleuchtung, einen Moment in Berlin, doch davon wolle sie später
erzählen. Sie nennt es nicht »Erleuchtung«, sie sagt: »In Berlin
habe ich mein wahres Ich entdeckt.«

Zuerst zeigt sie mir die wichtigsten Häuser, die alle vom
Hauptplatz abgehen: ein Teehaus, ein Küchenhaus, ein Schlaf-
haus, ein Gebetstempel für die Toten, ein Pavillon für den großen
Gong – und der Haupttempel, der in Mihwangsa wirklich heraus-
sticht. »Er war früher bunt bemalt«, sagt sie, »aber heute ist er
verblichen und grau, ohne Schmuck, man kann die Zeichen der
Zeit sehen. Sie erzählt, wie der Tempel zerstört wurde, vor allem
bei einem Angriff im Jahr 1597, aber er wurde an der gleichen Stelle wieder aufgebaut, »auf den gleichen Grundmauern.« Es ist der
Platz, wo sich der Legende nach das Rind hingesetzt hat. »Das ist

Blick auf die Haupthalle mit Vorplatz im Tempel Mihwangsa

heute der Raum der 1000 Buddhas«, sagt Jajae. »Siehst Du die bemalten Figuren auf den Wänden direkt unter dem Dach? Das sind
die Buddhas.« Das gebe es in der Welt nicht so häufig, einen Tempel in Indien, einen in China und Mihwangsa. Dann schaut sie
mich an und sagt: »Du siehst müde aus, willst Du Dich ausruhen?«

Sie gibt mir einen Stapel, die grauen Sachen, ein Tagebuch für
meine Zeit im Tempel und einen Handfächer. Ich kann wählen
zwischen Orange und Blau. Jajae schaut mich mit diesem leeren
Blick an, als ob es hier wirklich auf nichts ankommt. Souvenirs
schon bei der Anreise. Dann zeigt sie mir mein Zimmer und erklärt die wichtigsten Regeln für die kommenden Tage. »Der
Mönch hatte einmal Gäste aus Seoul, die Ruhe brauchten«, sagt
sie, »ausgerechnet die fingen dann an, richtig Lärm zu machen.«
Als der Mönch sie abends besuchte, sah er sie Bier trinken. »,Das
ist nur ein gelber Saft!', riefen sie«, erzählt Jajae. »Aber sie mussten
noch am gleichen Abend abreisen.« Alkoholverzicht verstehe sich
also von selbst, aber sie hat noch andere Einschränkungen, auch
wenn diese alle freiwillig sind:

> Sprich so wenig wie möglich. Es geht hier darum, Ruhe zu
> finden. »Du wirst merken, wie wenig man wirklich sagen
> muss.«
> Versuche, Türen leise zu öffnen und zu schließen.
> Schaue nicht auf Dein Telefon.
> Verbeuge Dich vor jedem Raum, bevor Du ihn betrittst,
> und wenn Du ihn verlässt. »Das gilt besonders für den
> Tempel«, ergänzt sie, »aber auch für den Speiseraum oder
> dein Schlafzimmer.« Wir respektieren die Gebäude und
> die Menschen, die sie benutzen.
> Nimm nur so viel auf deinen Teller, wie du auch essen
> kannst.
> Komm zu den beiden Gebetszeiten: morgens um vier und
> abends um sieben.

Auf dem Weg zum Zimmer zeigt sie mir den *Chasu*: Das ist die Handhaltung, mit der Bewohner eines Tempels ihre Zurückhaltung ausdrücken. »Fasse die linke Hand mit der rechten locker an und halte sie in der Höhe des Bauchnabels.« So solle jeder hier im Tempel laufen. »Die linke Hand bist Du und die rechte ist Buddha.« So zeigt man, dass man in Buddhas »Griff« sei. Es drücke Demut aus, aber auch: Ruhe und Frieden. Man solle rund eineinhalb Meter vor sich schauen auf den Boden. »Es geht hier im Tempel nicht darum, Menschen kennenzulernen, es geht hier darum, dass Du nach innen hörst.« Ich schaue auf die Katze, die gerade in einer Ecke vor sich hinblickt. Sie beachtet: niemanden.

Ich gehe auf mein kleines Zimmer und lege mich hin, höre noch den Vögeln und den Grillen zu, die hier draußen in den Bergen lauter sind. Im Liegen kann ich aus dem Fenster sehen, es ist weit geöffnet, ich blicke durch das große Viereck, dahinter sind nur Wolken, Wind und sehr alte Häuser. Bevor ich auch nur darüber nachdenken kann, ob das mit Buddha und mir noch etwas wird, döse ich ein.

Eine Stunde später klopft Jajae und ruft zum Abendessen. Ich ziehe mein graues Leinengewand an und reihe mich ein in die Gruppe von Koreanern, die zum Essen geht, die Hände gefaltet, *Chasu*, ein kurzes Nicken, eine Verbeugung, als ich den Speisesaal betrete. Es gibt eine große Vielfalt von Gemüse und Salaten, Bohnen und Nüssen. Eine heiße Suppe als Beilage und dann sitzen wir schweigend. Die ersten gehen, verbeugen sich. Vor dem Raum, vor uns allen. Einige tuscheln, aber die meisten sagen nichts. Nur Jajae kommt und fragt, ob es schmeckt und will wissen, was passiert ist in den letzten Monaten. »Warum jetzt ein Tempel?«

Ich erzähle von dem Freund, Gin, der starb, von Beziehungen, die scheitern und von dem seltsamen Gefühl, hier in Südkorea abgetrennt zu sein von einem großen Kontinent, allein durch eine politisch wie emotional aufgeladene Grenze. Aber wir reden auch von meinem Zahnarzt und seinem Tipp, die Geschwindigkeit im Leben runter zu drehen. Sie sagt: »Die Geschwindigkeit hat wirk-

lich zugenommen.« Auch hier in Korea. Jedesmal, wenn sie in die
Stadt fahre, merke sie das. »Ich gehe gern ins Kino und selbst dort
wird alles schneller und lauter.« Der Rhythmus im Tempel ent-
spreche inzwischen mehr ihrem eigenen. Und das frühe Aufstehen? »Du wirst sehen, morgens um vier ist der Geist noch ganz
frisch.« Keine andere Tageszeit fühle sich so frisch an.

Dann erklärt sie mir die verschiedenen Gebete, die in einem
Heft für Besucher zusammengefasst sind. Sie erklärt, wie eine
richtige Verbeugung vor Buddha geht, die Stirn muss den Boden
berühren und die Handflächen zeigen neben den Ohren nach
oben. Dann sagt sie, dass im Anschluss an jede Andacht der Mönch
zur Meditation aufrufen wird. Sie erklärt Meditation so: »Zähle
deinen Atem, eins, zwei, drei, bis zehn und dann wieder zurück bis
eins.« Sie lächelt: »Es ist nicht so leicht, wie es klingt, glaub mir,
aber gib nicht auf.« Wenn ich mich verzählt habe, solle ich immer
wieder von vorn beginnen. Dabei soll ich meine Hände so vor den
Bauchnabel halten, dass Daumen und Zeigefinger einen Kreis bilden. »Sitzen kannst du, wie du willst, es muss kein Lotus-Sitz sein,
der ist für mich angenehmer.« Dann gibt sie mir die Texte und sagt:
»Denk daran, es geht vor allem um: nichts.«

Ich hatte schon meditiert, aber diese Konzentration auf Regeln, auf Formalien macht doch einen Unterschied. Als ich die
Übersetzung des Glaubensbekenntnisses lese, sehe ich, dass es
tatsächlich um die Abwesenheit von Dingen geht. Es ist eine lange
Aufzählung: wovon Menschen sich hier lösen sollen.

»Die Form ist Leere und die Leere ist Form. In der Leere gibt
es keine Form, keine Gefühle, keine Wahrnehmung, keine Impul-
se, kein Bewusstsein.

Keine Augen,
   keine Ohren,
      keine Nase,
         keine Zunge,
            keinen Geist.«

Jajae zeigt auf den Boden unter meinen gekreuzten Beinen. Das hier ist der Ort, an dem sich das Rind niedergesetzt hat. Dann bittet sie mich, zu meditieren. Einfach atmen und zählen. Ich tue das und muss tatsächlich aufpassen, mich nicht zu verzählen. Meine Gedanken schweifen ab, nach Seoul zur Krankheit MERS, die dort gerade Titelseiten füllt, nach Dresden, meiner Heimatstadt, in der gerade Pegida entsteht und immer wieder auch zu diesem Ort, warum ich gerade ihn gewählt habe. Warum bin ich hier gelandet? Warum lächelt Jajae mich immer so an, als wisse sie noch viel mehr als sie zugibt. Noch einmal von vorn: eins, zwei, drei.

Ein Klopfen auf dem Platz reißt mich aus dem sechsten Versuch. Es ist das Holz, mit dem zum Gebet gerufen wird. Jetzt beginnt die erste Andacht. Dreißig Leute kommen in den Tempel, draußen wird es langsam dunkel, ich sitze noch immer auf meinem Kissen und komme noch nicht hinterher mit dem lauten Lesen der Passagen. Ich dachte, Meditation soll beruhigen, im Augenblick muss ich so viel beachten, dass ich das Gegenteil davon fühle. Wir singen, wir knien, wir stehen auf, verbeugen uns vor dem Glaubensbekenntnis, das an der Wand hängt. Dann singen wir das Lied vom »Nichts«.

Keine Farbe, kein Geräusch, kein Duft, kein Geschmack, keine Berührung.

Kein Alter, kein Tod.

Nach der Meditation laufen wir aus dem Tempel auf den Vorplatz, wie automatisch formen wir eine lange Reihe und laufen mehrere Runden um den Platz. Die Katze Midari liegt in der Mitte und fast sieht es so aus, als schaue sie uns belustigt zu, den grauen Menschen, die bei Sonnenuntergang im Kreis laufen, alle die Hände in der gleichen Position. Nach mehreren Runden dürfen wir entweder einer Lehrstunde zuhören oder in unsere Zimmer gehen. Kurz darauf liege ich in meinem kleinen Zimmer, die Grillen sind noch immer laut, ich stelle meinen Wecker auf vier Uhr morgens und bin gespannt, ich mache mir ein paar Notizen, das

Telefon bleibt im Flugzeugmodus, kein Kontakt mit der Außenwelt. Jajae hatte gesagt, um diese Zeit ist man besonders klar. Alles
fühle sich sehr unmittelbar und frisch an, auch die Gedanken.

In der Nacht träume ich von Kim Jong-un, dem »Geliebten
Führer« in Nordkorea. Er sitzt in einem großen Raum um einen
großen Tisch, er ist auch hierher gekommen, an das »Ende der
Welt«. Und alle tun so, als wäre er hier ein gern gesehener Gast.
Plötzlich beugt sich jemand zu mir herüber und sagt, ich solle einen Reiseführer für den großen Führer besorgen. Er kenne diese
Gegend Koreas so schlecht und brauche etwas Anleitung. Ich
gehe in mein Zimmer, um das Buch zu holen und dort liegt jemand
auf meiner Tasche. Das bin ich selbst und ich wache auf.

Der Ton klingt wie ein Ball, der immer wieder auf ein Holzplat-
te auftrifft. Bam Badam badadam, badadadam, badadadadada-
dam. Die Klacklaute kommen in immer kürzeren Abständen. Sie
entfernen sich, sie kommen näher, sind vor meinem Fenster, dann
wieder weiter weg. Der Mönch muss quer durch das Gelände laufen. Dann kommt der große Gong: ein Mal, zwei Mal. Jajae hat mir
beigebracht, dass ich beim 33. Gongschlag im Tempel sitzen solle.
Ich fühle mich nicht frisch im Kopf und auch nicht besonders bereit für ein Gebet. Am ehesten fühle ich: gar nichts. Vielleicht ist
das der Grund, warum der Morgen die beste Zeit ist.

Der Ablauf ähnelt der Andacht am Abend. Der Mönch be-
tet vor, wir beten nach, »Kein Leid, kein Weg, keine Angst« – am
Ende weist er uns an, einfach sitzen zu bleiben. In der Stille. Draußen ist es noch dunkel und ich zähle meine Atemzüge. Ich muss lächeln, weil es beim ersten Versuch wieder nicht klappt. Kim Jong-
un taucht in meinem Kopf auf, doch langsam werde ich ruhiger. Ich
höre auf zu zählen, sondern atme einfach. Dann singt ein Vogel vor
dem Tempel. Und ein zweiter, ganz leise. Ein Wind weht durch das
alte Gebäude. Ich atme besonders tief. Wir sind alle gerade dabei,
wie ein Tag beginnt. Ich glaube, so intensiv habe ich das nie erlebt.
Wirklich: noch nie. Dabei passiert das hier jeden Tag. Genau so.

Eine Viertelstunde später ist der Tag da und wir dürfen gehen. Es ist halb fünf. Ich schlafe noch einmal bis sechs Uhr. Dann gibt es Frühstück. Dann schlafe ich noch einmal. Ich habe fast das Gefühl, zum Schlafen hierher gekommen zu sein.

Beim Mittagessen frage ich Jajae, warum ich so viel schlafe. Sie sagt, dass vielleicht genau das der Grund sei, warum ich hier sei. Sie sagt, jeder weiß im Grunde selbst am besten, was fehlt und was besser sein muss. »Ich habe früher auch gelitten«, sagt sie, »aber wenn man bestimmte Dinge mit Abstand betrachtet, dann ist es vielleicht nicht mehr so schlimm.« Sie finde es zum Beispiel noch immer traurig, dass die Menschen in Nordkorea leiden und Hunger haben. »Aber Trauer hilft denen auch nicht weiter.« Sie findet es wichtig, sich mit den Dingen auseinanderzusetzen, die wir ändern können. Das fange meist bei einem selbst an. Das eigene Glück könne man beeinflussen, aber man muss wissen, was man möchte. Und vor allem: was nicht.

Sie erzählt die Geschichte einer koreanischen Schauspielerin, die hier neulich Zuflucht suchte, vor der südkoreanischen Klatschpresse, vor anderen Menschen generell. »Sie war damals mit einem Produzenten zusammen und wollte sich trennen.« Sie wollte ein anderes Leben. »Sie war sehr unglücklich und hat viel geweint.« Über einen Monat war sie in Mihwangsa. Jeden Morgen um vier Uhr meditierte sie, begrüßte den Tag und verabschiedete ihn am Abend. Dazwischen war sie einfach sehr still. »Heute ist sie verheiratet mit genau diesem Mann«, sagt Jajae. »Sie hat sich vor Kurzem hier gemeldet, es schien ihr gut zu gehen.« Aber wer kann das schon sagen. Jajae sagt, auch sie kann nicht in Menschen hineinsehen. »Ich kann nur klopfen und höflich um Einlass bitten.«

Am Nachmittag will ich den Berg hinauflaufen. Es heißt, eine gute Wanderung kann auch eine Form der Meditation sein. Der Weg beginnt gleich hinter dem Tempel und führt steinig einen Berg hinauf. Jajae gibt mir eine Karte, die eine ihrer Kolleginnen selbst gemalt hat. Sie hat einen Steinhaufen aufgemalt (»dort wei-

ter geradeaus«), eine besondere Baumgruppe auf dem Weg (»dort
nach links in die Berge«) und dann schließlich den Weg zum Gipfel. Den Ausgangspunkt hat sie mit einem Herz markiert. »Das
hier sind wir.«

Ich laufe los, den Berg hinauf, den Dalmasan. Es ist kühl im
Schatten der Bäume, ich habe die falschen Schuhe an, aber der
Berg ist auch nur 500 Meter hoch. Jajae hatte gesagt, es kommen
viele Menschen nach Mihwangsa, die den Lebensmut verloren haben. Wörtlich sagt sie: »Sie haben den Grund verloren, zu leben.«
Bei denen klopfe sie an, sagt sie und manchmal weinen sie gemeinsam. »Alle leiden doch am Leben«, sagt sie, »aber unterschiedlich.«
Manchen tun beim Schneidersitz die Beine weh, andere wurden
von einem Kriminellen überfallen oder, sie macht eine Pause, es
ist jemand gestorben.

Gerade für die wäre das Programm hier in Mihwangsa gut: Gebete, Gespräche mit einem Mönch, eine Teezeremonie. Doch der
erste Schritt ist diese Wanderung. Ich laufe und atme und mit jedem Schritt komme ich auch dem »Ende der Welt« näher. Die erste Frage von Jajae an mich war: Warum bist du hier? Und im Grunde weiß ich das noch nicht einmal. Seien wir ehrlich: Korea ist bei
den meisten noch nicht als Reiseziel markiert. Korea kommt leider meist nur wegen der giftigen Rhetorik des Nordens in die
Weltmedien. Die Sprache, die Schrift, die isolierte politische Situation, auch: Die große Trauer, die über allem liegt. Südkorea hat
bisher kein Interesse gehabt, im Mittelpunkt zu stehen. Sollte
man es dann in den Mittelpunkt zerren? Vielleicht fühlt es sich
besser in seiner Isolation. Vielleicht reise ich in einem halben Jahr
ab und habe noch immer nicht verstanden, warum Koreaner so
sind: so dramatisch.

Als ich eine kleine Hütte erreiche, begrüßt mich dort ein
Mönch. Er ist etwas ungehalten, weil er gerade diese koreanische
Hütte sauber machen will und offenbar Touristen ihren Plastik-
müll nicht entsorgt haben. Ich begrüße ihn und schaue ins Tal.

Dort im Süden ist das »Ende der Welt«. Dahinter sind noch Inseln, die große Insel Jeju zum Beispiel und irgendwo dort muss auch Taiwan, die Philippinen und Australien beginnen, aber für Südkoreaner muss es einen Grund geben, hier Schluss zu machen mit der Welt. Vielleicht auch, weil es ein Ende geben muss.

Als ich später mit Jajae darüber spreche, es ist Abend und wir sitzen nach dem Essen noch etwas zusammen, sagt sie nur, dass im Buddhismus die Dinge wiederkehren, kein Ende haben. Der Kreis ist das Symbol dafür. Es sei wichtig sich von den endlichen Dingen zu befreien, um Erleuchtung zu erlangen. Dann erzählt sie von dem Moment, als sie ihr »wahres Ich« fand.

»Es war in Berlin, in der U1, auf dem Weg nach Dahlem, ungefähr auf der Höhe Gleisdreieck. Ich weiß nicht, warum, ich habe einen Mann gesehen, er saß mir gegenüber und schaute mich auch nicht an, aber ich wusste plötzlich, was wichtig ist im Leben. Das Gefühl dauerte mehrere Tage. Das war ja so unglaublich, ich wusste plötzlich, dass ich in einem Tempel arbeiten will.«

Ich: »Was war das für ein Mann?«

Sie: »Der Mann war, glaube ich, Inder oder Pakistaner, aber der Mann war nicht wichtig. Ich würde ihn auch nicht wiedererkennen.«

Sie erzählt, dass sie damals gerade in Berlin wohnte, weil sie Deutsch studiert hatte. Sie fühlte sich mit Anfang 30 zu alt für ein Studentenleben, aber sie hatte sich bis dahin in ihrem Leben viel um ihren Bruder kümmern müssen. »Eigentlich bin ich abgehauen«, sagt sie. Der Bruder war nach einem Unfall stark pflegebedürftig, musste gewaschen und gefüttert werden. »Die ganze Familie war immer für ihn da, mehr als zehn Jahre lang.« Sie sagt, sie konnte nicht mehr, sie brauchte plötzlich den Abstand. Aber es wurde auch nicht leichter in Berlin. Sie studierte Germanistik, aber alle ihre Freunde hatten bereits Familien und sie war allein und im Ausland. Als sie ihrer Mutter erzählte, sie komme zurück nach Korea, war diese erst froh – aber dann wieder traurig, denn dann stand fest: Jajae zieht in den Tempel Mihwangsa. »Sie wollte für mich, dass ich eine Familie gründe, aber ich wollte das nicht.« Sie kannte den Mönch hier am Tempel von früher. Und: Es ist nicht weit weg vom Haus ihrer Mutter. »Seit ich hier im Tempel bin«, sagt sie, »lebe ich im Hier und Jetzt.« Sie spüre nicht den Druck, etwas zu erreichen, gegen die anderen anzutreten im Wettbewerb um das Gehalt, das Haus, das Auto. »Ich brauche doch nichts, ein bisschen Kleidung und Essen, und die gute Luft hier.« Ihre Mutter habe das verstanden bei den Besuchen hier im Tempel. Das habe sie schließlich beruhigt, dass dieser Weg doch ein guter ist. Sie sagt: »Ich bin jetzt glücklich.« Dann schaut sie auf meinen Teller, wechselt das Thema und sagt ernst: »Bitte iss alles auf, es darf kein Reiskorn übrig bleiben.« Die Regel gelte aus Respekt vor dem Essen und dem Koch. »Und hast du das Wasser hier probiert? Du musst unbedingt das Wasser hier trinken, es ist so gesund!«

In der Tat ist das Wasser hier sehr frisch und klar und so langsam verstehe ich die Begeisterung für diesen Lebensstil. Am Abend des zweiten Tages dürfen wir alle den Gong schlagen zum Abendgebet. Jeder hat zwei Schläge. Nach jedem Schlag sollen wir einmal um den Gong herumlaufen. Dann erst zählt der Schlag. Einige filmen sich dabei, mit ihrem Mobiltelefon, dass sie doch dabeihaben, aber erstaunlich wenig benutzen. Und wirklich, gerade am Morgen, wenn wir im Dunkeln in den Tempel gehen und herauskommen, als es gerade hell wird, dann merke ich, wie anders man an einen Tag herangeht. Man ist wirklich in dem Moment dabei, wenn er erwacht. Fast entsteht das Gefühl, wir dreißig Menschen auf dem Berg haben den Tag erst aufgeweckt, mit Gesängen, mit unseren Verbeugungen.

An meinem letzten Abend bittet mit Jajae zu einem Termin mit dem Mönch von Mihwangsa. Sein Name ist Geumgang, das bedeutet ›Diamant‹. Man muss ihn aber immer Geumgang Sunim nennen, um seine Position als Hauptmönch zu ehren. Er sagt, er müsse bald schlafen, aber selbst dabei sieht er so freundlich aus. Im Dunkeln betrete ich seine Hütte, in der nichts ist außer Bücher und ein Teeset. Er bereitet den Tee zu, lächelnd, konzentriert und fragt wie nebenbei, wie es mir gehe. Ich erzähle ihm, dass ich fast nur geschlafen habe. Er sagt: »Das ist die wichtige Aufgabe, die wir haben, wir geben den Menschen Ruhe.« Er selbst ist seit fast dreißig Jahren hier auf dem Hügel. »Wenn ich in die Stadt gehe, dann ist es für mich seltsam zu sehen, wie wenig Zeit alle Menschen haben.« Es versetzt ihn in Stress, die Geschwindigkeit, die vielen anderen Menschen, die alle eigene Ziele haben und von dem anderen nichts wissen. »Hier in Mihwangsa ist der Alltag die Ruhe, der Stress ist die Ausnahme.« Er könnte nicht mehr anders leben, sagt er.

Geumgang habe so viele Menschen inzwischen kommen und gehen sehen, als Gäste, als Freunde. Er meint, für die meisten ist ein Aufenthalt in Mihwangsa ein »Turning Point«, von hier aus geht es in eine andere Richtung weiter. »Wenn wir das erreichen, waren wir erfolgreich.« Er sagt, er habe Menschen hier gesehen, die schon ein Problem hatten, ein paar Nächte ohne Schnaps oder ohne ihr Telefon zu sein. Nicht alle haben es geschafft, aber sie sehen zumindest, wo ihr Problem liegt. Er hat Angehörige der Opfer des Sewol-Unglücks betreut, deren Kinder jetzt noch immer im Schiffsbauch sind. Neun der Opfer wurden nie geborgen. »Für die ist es besonders schlimm.« Doch auch die Trauer gehe vorbei, sagt er, wie alles vorbei gehe.

Dann reden wir über die 80er- und 90er-Jahre, in denen es schon politisch sein konnte, sich für verletzte Studenten einzusetzen, die sich mit der Regierung anlegten. Er sei politisch immer neutral geblieben, aber erst gerade wieder war es vorgekommen, dass der Tempel in Seoul einige verfolgte Studenten aufnehmen musste, um sie vor der Polizei zu schützen. Demonstrieren ist kompliziert in Korea, nach wie vor. »Manchmal muss man nur trösten.«

Kurz vor dem Ende unseres Gesprächs frage ich Geumgang ganz konkret nach Gin. Was tun, wenn man das Gefühl nicht loswird, zu wenig getan zu haben? Er wird plötzlich ganz bestimmt: »Es bringt nichts, in die Vergangenheit zu schauen«, sagt er. »Die ist vorbei und manche Menschen hatten einen Weg, für den sie sich entschieden haben.« Wir haben nur das in der Hand, was vor uns liegt. »Er träumt jetzt einen anderen Traum, du musst deinen eigenen träumen.« Er sagt, ich solle fleißiger sein, aber er meine nicht das »fleißig« beim Arbeiten und beim Lernen. Er meint, dass man die Dinge, die man tut, ernst meinen sollte. »Diese Art von Fleiß ist gut.«

Das wäre wohl etwas, das mein Zahnarzt auch unterschreiben könnte. Ich verbeuge mich, verlasse das Zimmer und auf dem Weg zum Hauptplatz führe ich ein kleines Bilanz-Gespräch mit Jajae. Was ist gut gelaufen, was nicht? Das Atmen, das Zählen, das Zur-Ruhe-Kommen. All das sei besser geworden in den drei Tagen. Das frühe Aufstehen fällt leichter als gedacht, das viele Schlafen irritiert mich. Nach jeder Mahlzeit überfällt mich die Müdigkeit. Jajae empfiehlt mir, dass ich noch die 108 Verbeugungen machen soll, bevor ich den Tempel verlasse. »Das ist auch ein bisschen Sport«, sagt sie. »Und verzähl dich nicht.«

Ich laufe die Treppe nach oben. Ich kann wieder weit ins Tal sehen von hier, bis ans Ende der Welt. Die Lampen werfen ein warmes Licht auf die graue Kleidung. Ich muss lächeln, Midari, die Katze, liegt vor der Schwelle, sie macht es mal wieder vor: Sie schaut, sie isst, sie trinkt und sie schläft. Als ich über sie hinwegsteige, bleibt sie liegen und schaut nicht einmal auf. Ich betrete den kleinen Tempel, in dem die Toten geehrt werden. Ich knie mich hin, lege meine Stirn auf den Holzboden. Eins. Ich stehe auf, die Hände sind vor der Brust, ich knie mich wieder hin und ... Zwei.

Nach der 108. Verbeugung sitze ich vor dem Tempel. Die Katze liegt noch immer da. Überall sind Mücken, aber keine greift an.
Ich hab mein Mobiltelefon dabei und ich finde, jetzt ist die beste
Zeit für ein Selfie. Der Moment, in dem es möglich war, dass die
Dinge eine andere Richtung bekommen. So und jetzt nicht so viel
darüber reden. Einfach machen. So hatte es Jajae auch gesagt. »Jajae« -- hatte ich schon erwähnt, was das bedeutet? »Freiheit von jeder Form«. So wie Wasser oder die Luft, die wir atmen.

Kapitel

17

Die Endstation (im Deutschen Dorf)

GUGJAE SIJANG 국제시장
(WÖRTL.: »INTERNATIONALER MARKT«,
ORIGINALER FILMTITEL FÜR »ODE TO MY FATHER«)

Eine vierköpfige, koreanische Familie läuft an dem 87 Jahre alten Mann vorbei und stellt sich zum Selfie-Stick-Selfie auf. Während vier Menschen in die Linse des Telefons lächeln, sitzt Ludwig Strauss-Kim einfach auf dem Vorsprung vor einem drei Meter großen Stein mit einer Inschrift, blickt zur Seite und schüttelt seinen Kopf. Neben dem Stein stehen drei Flaggen, die deutsche, die koreanische und die des Distrikts Namhae. Es wird später auf dem Foto der koreanischen Familie sicherlich so wirken, als sei der alte Europäer nur zufällig im Hintergrund vor dem Stein. Dabei wäre es ohne ihn kein so authentisches Bild geworden. Es ist eben wichtig, dass er dort sitzt, vor dem Stein, auf dem groß auf Koreanisch eingemeißelt steht: »Deutsches Dorf«.

Ich habe Ludwig Strauss-Kim schon von Weitem erkannt. Für Deutsche, die in Südkorea leben, ist er ohnehin kein Unbekann-

Der Stein mit der Aufschrift »Deutsches Dorf« (Dogil Maeul) steht
im Zentrum des kleinen Ortes

ter. Er war einer der Hauptdarsteller in der deutsch-koreanischen Dokumentation »Endstation der Sehnsüchte«, ein freundlicher Film über das Deutsche Dorf am Ende der Welt, über die Menschen, die dort versuchen, herauszufinden, was deutsch ist und wogegen sie sich abgrenzen müssen. Strauss-Kim und seine Frau Woo-Za tauchen hin und wieder auch in koreanischen Zeitungen auf, wenn es um das Dorf geht oder um Deutsche in Korea. Sie sind – so wie die anderen Dorfbewohner hier – so etwas wie deutsche Maskottchen.

Immerhin muss man wirklich hierher kommen wollen, das Dorf liegt nicht gerade auf dem Weg zu irgendeinem anderen Ziel. Man muss schon genau einen Bus in diese entfernte Insel im Südosten nehmen, über eine rote Brücke fahren, die sich über eine Länge von 660 Metern erstreckt. In der kleinen Stadt Namhae geht es weiter mit einem kleineren Bus, voller älterer Damen mit großen Kisten, die alle einander kennen und selbst mit dem Busfahrer so sprechen, als sei er ein alter Freund. Ich hab dem Busfahrer zum Glück gesagt, wo ich hinwill, denn von selbst hätte ich die Haltestelle nicht erkannt. Hier sieht noch nichts deutsch aus. Das einzig Besondere: Mit mir steigen die einzigen Menschen aus, die eindeutig nach Touristen aussehen: Pärchen mit Selfie-Sticks. Doch von der Bushaltestelle aus kann ich den Stein, die Flaggen und Ludwig Strauss-Kim erkennen.

Als ich auf ihn zulaufe, sehe ich doch den Unterschied zum Rest Koreas, wie viel Mühe hier in Details geflossen ist, um den Ort deutsch aussehen zu lassen. Aber das, was ihn letztlich so überzeugend deutsch macht, sind nicht die roten Ziegel, die schrägen Dächer, der Wetterhahn in Form eines Hirschen, es sind nicht die weiße Wandfarbe und die Terrassen aus Holz, und Briefkästen mit dem Wort »Post« oder die Vogelhäuschen in den perfekten Vorgärten mit Gartenzwergen. Der Moment, in dem ich wirklich denke, hier müssen Deutsche wohnen, ist, als ich die Solaranlagen auf den Dächern sehe. Das fällt mir in Südkorea zum ersten Mal so auf und ist doch sehr deutsch, diese geschwungenen Wege und auf einem Hügel steht sogar eine Burg. Die ist neu. Ich war erst vor zwei Jahren hier. Was ist das für eine Burg?

Doch bevor ich das Ludwig Strauss-Kim fragen kann, den alten Mann vor dem Stein, sagt er »Hallo« und fragt mich, was ich hier mache. »Deutsche trifft man ja nicht mehr so oft hier.« Er sagt, dass bald wieder das Oktoberfest anstehe, dass aber auch so genug Touristen hier seien. Dann spricht er von selbst über den großen Bau. »Dort oben, diese Burg, das ist eine neue Idee der Koreaner, um noch mehr Geld zu machen.« Er schüttelt wieder den Kopf und lacht kehlig. Dabei gehe es doch nur darum, mehr Geld aus deutscher Kultur zu machen. »Sie nennen es Deutschen Platz und verkaufen Bratwurst, Schnitzel und natürlich Bier.« Aber hinter den Organisatoren steckten nur noch »findige Koreaner«, sagt er. Er winkt ab, mit der linken Hand, während die rechte auf seinem Stock liegen bleibt. Dann sagt er ein deutsches Wort, das schon fast ein Verständnis für das koreanische *Han* und eine große Enttäuschung ausdrücken kann: »Ach.«

Er ist hierhergekommen, vor zwölf Jahren, als einer der Ersten, da dachte er, er bleibe nur ein paar Jahre, vier oder fünf. Es war die Idee seiner Frau, aus dem Ruhrgebiet hierherzuziehen. Es sollte ein Alterswohnsitz werden, etwas Ruhe, gute Luft am Meer, das gute koreanische Essen. Aber irgendwann war er zu alt zum Reisen. Jetzt bleibt er einfach hier. Zuerst haben sich alle angefreundet, die Deutschen und die Koreaner. Dann kamen die Touristen, sagt er. »Dann wurde es anders, die Stimmung.« Die ersten begannen, ihre Häuser zu Ferienwohnungen auszubauen, die einen nahmen fünfzig Euro, die anderen hundert pro Nacht, es sprach sich herum, dann kamen die ersten Koreaner und bauten die Cafés. Und von den ursprünglichen Bewohnern sind schon einige tot. »Der Herr Kim ist an Staublunge gestorben«, sagt Strauss-Kim. »Es sind schon so viele tot.«

Staublunge, das ist das Stichwort, das vielen hier im Ort ein Begriff ist. Das wiederum hat mit Koreas Aufstieg zu tun und mit einem Besuch des Präsidenten Park Chung-Hee 1964 in Deutschland. Park traf den damaligen deutschen Präsidenten Heinrich Lübke. Im Jahr darauf schlossen beiden Staaten einen Deal: Tausende von Südkoreanern gehen als Bergarbeiter und Krankenschwestern nach Westdeutschland und dafür gewährt Deutschland Südkorea Kredite und Devisen. Schon damals stand in den bilateralen Gesprächen immer wieder die Teilung im Mittelpunkt. Gleichzeitig bemühte sich Nordkorea um Ostdeutschland, ließ einige Architekten in Pjöngjang ganze Straßenzüge bauen. Die rund 20.000 Südkoreaner jedenfalls arbeiteten einige Jahre in den Krankenhäusern und den Bergwerken rund um Köln, Mainz und Düsseldorf, sie sandten jedes Jahr mehr als zehn Millionen D-Mark nach Südkorea. Sie bildeten den Grundstock für das südkoreanische »Wunder am Han-Fluss«. Die Folge: Manche heirateten in deutsche Familien ein, andere kehrten zurück nach Korea, manche mit Staublunge, nach vielen Jahren unter Tage.

Um ihnen deshalb das Zurückkommen zu erleichtern, kam der lokale Bürgermeister der Insel Namhae, Kim Du-Gwan, Ende des letzten Jahrhunderts auf die Idee, ein deutsches Dorf zu bauen. Es gab bereits ein englisches Dorf und ein französisches. Beide sind Touristenziele. Und die Deutschen und die Koreaner verbindet doch so viel. Den Heimkehrern müsste man doch etwas bieten können: Sie bekommen den Grund kostenlos und dürfen hier ein Haus zu günstigen Bedingungen bauen – wenn sie es in deutscher Bauweise tun. So kamen sie, die Strauss', die Theisens, die Kims und Engelfrieds. Sie bauten die weißen Häuser mit roten Dächern, dessen Schräge genau 35 Grad betragen musste. Jedes Jahr wurden es mehr. »Haus Mainz«, »Haus Heidi« und »Haus Bonn«.

Ludwig Strauss-Kim zeigt auf die Straße rechts von dem Stein. »Dort, das ist mein Haus«, sagt er, »gleich hier nebenan wohnen die Engelfrieds und dort hinten die Theisens.« Ich kannte beide

von meinem letzten Besuch hier. Dann zeigt er auf die linke Seite
von dem Stein aus. »Alle Gebäude auf dieser Seite hier gehören eigentlich gar nicht mehr zum Deutschen Dorf«, sagt er, »das Café
Liebe, das Café Klang, das »Buddy Baer«, das sind alles Koreaner.«
Richtig, gleich neben dem Stein steht auch das »Ortsausgangs-
schild«, obwohl die roten Dächer weiter gehen. Doch das Dorf ist
größer und immer koreanischer, die Neu-Deutschen hätten auch
dafür gesorgt, dass er nicht mehr in die Gemeindesitzungen gehe.
»Ich verstehe nicht, was gesagt wird in den Sitzungen, warum soll
ich da hingehen?« Er lerne kein Koreanisch mehr. Er habe es versucht, »Annyeonghasseo« und so. »Aber es ist wie bei einer Tasche
mit einem Loch, ständig geht irgendwas verloren.«

Eine Schulklasse läuft vorbei. Es ist Mittag, so langsam füllt
sich der Ort. Eine junge Frau bleibt stehen, neben dem Stein. Ihre
Freundin läuft ein paar Meter vorneweg und die erste reißt ihre
Arme nach oben, wie das Touristen weltweit tun, vor dem Turm in
Pisa, dem Eiffelturm, dem Taj Mahal. Die andere macht mit ihrem
Mobiltelefon Bilder. Wie das Mädchen in Luft springt, wie es die
Finger zu einem V formt oder auf einem Bein balanciert. Mir fällt
ein koreanischer Freund aus Seoul ein, dem einmal Freunde erzählten, sie seien in Deutschland gewesen – und zum Beweis zeigten sie Bilder aus dem Dorf hier. Er erkannte das Dorf, sagte aber
nichts. Es ist so wichtig in Südkorea, weit gereist zu sein und er
wollte ihnen diesen Eindruck nicht nehmen, einmal dort gewesen
zu sein, im Land der Wiedervereinten.

Ludwig Strauss-Kim hat kein Auge für die Touristinnen. Er po-
siert schon lange nicht mehr für ihre Fotos. Und als ob sie das ahnen, fragen sie ihn auch nicht mehr. Er zeigt auf die Bänke auf der
anderen Straßenseite. »Schauen'se mal, sowas kriegen nur Koreaner hin«, sagt er und er lacht trocken, wie ein Husten. »Drei Bänke
um einen Baum aufstellen und dann vergessen, einen Weg dahin
zu bauen.« Tatsächlich: Will jemand auf diesen Bänken dort hinten
sitzen, muss er nicht nur zuerst über einen Zaun klettern, sondern

auch durch hohes Gras laufen. Ludwig Strauss-Kim macht das sicherlich nicht mehr. Er sitzt lieber auf einem Stein, fast jeden Tag,
wenn er seinen Spaziergang durch das Dorf macht. Und jetzt geht
er weiter. Ich soll die anderen grüßen, wenn ich sie treffe. Ja, sie reden gerade alle wieder miteinander, sagt er. »Wir sind ja nur noch
wenige.«

Ich hatte das extra gefragt, denn sowohl im Film über das Dorf
als auch bei meinem ersten Besuch vor zwei Jahren hatte ich vor allem in Erinnerung, dass die rund zwanzig übrig gebliebenen Origi-
nal-Bewohner untereinander ziemlich zerstritten waren. Der eine
hat sein Haus rosa angestrichen, der andere hatte bei einer Ge-
meindeversammlung gegen die Schranke für Touristenautos ge-
stimmt (sie wurde nie gebaut) und einer der Bewohner bekam tatsächlich Probleme, weil sein Dach nicht im Winkel von 35 Grad
angeschrägt war, sondern 40 Grad. Diese Deutschen, so war damals mein Eindruck, waren hier im Ausland erst zu den richtigen
Spießbürgern geworden, zu den Dorfbewohnern, die misstrauisch
den Zweig des Nachbarn beobachten, der über den Zaun ragt.

Schon damals hatte ich vor allem die Theisens näher kennengelernt. Sie hatten mich sofort eingeladen in ihre Wohnung mit
Kuckucksuhr und Familien-Fotowand. Armin Theis hat damals
von seinem Haus geschwärmt, »Deutsche haben das gebaut«. Hinter seiner Wand sind die Elektro-Leitungen wie in Deutschland
gerade verlegt und nicht kreuz und quer oder diagonal. »So weiß
ich immer, wo ich bohren kann, Koreaner bohren auf gut Glück.«
Theis hat vom Blitzableiter erzählt und vom Rasensprenger, auch
das Wort »Hollywoodschaukel« fiel damals hier draußen in Namhae. Armin Theis ist Hesse, hat sein Leben lang gearbeitet, eine eigene Firma gegründet und hier im Deutschen Dorf noch einmal
neu angefangen. Seiner Frau zuliebe. Youngsook Theis hat 36 Jahre in Deutschland gelebt, fast die Hälfte ihres Lebens. Sie hat mir
damals hier im Deutschen Dorf erklärt, dass ein Riss durch die
Gemeinschaft gehe: diejenigen, die koreanisch denken und dieje-

nigen, die deutsch denken. »Das passt einfach nicht zusammen«, sagt sie. Und: »Ich will es eben ordentlich haben.«

Die beiden Schimpfenden waren sympathisch, haben mich an meine Großeltern erinnert, die auch immer einander die Sätze beenden oder mich darauf hinweisen, nicht zu krümeln beim Kekse-Essen, einander unterbrechen und »Jetzt lass mich das noch sagen!« rufen. Die beiden haben auch das beste Frühstück des Ortes: Armin Theis, gelernter Metzger, macht eine deutsche Bratwurst, die von Botschaftsangehörigen bestellt wird. Auch Heidi Kang in Seoul kennt die Würste der Theisens. Youngsook Theis backt Brötchen, sie hat eine Ausbildung gemacht, damals in Deutschland, zur Bäckerin, nachdem sie als Krankenschwester begonnen hatte.

Sie sorgte für die beiden besten Momente meines ersten Besuches im Deutschen Dorf. Der erste war, als ich dabei war, wie sie einem Gast das deutsche Kippfenster erklärt (Hebel nach oben: ankippen, Hebel zur Seite: öffnen) und der zweite Moment war der, als sie der koreanischen Touristenfamilie, die mit ihrem Sel-

Die Häuser im »Deutschen Dorf« auf Namhae

fie-Stick gerade in den Vorgarten kam, zischend erklärte, dass sie nicht ihren Grund betreten dürfen, ohne zu fragen. Wie die schüchternen Koreaner sich rückwärts laufend verabschiedeten … Da taten sie mir fast leid. Woher sollen sie auch wissen, wie man sich in Deutschland benimmt?

In diesen Vorgarten trete ich zwei Jahre später wieder und stehe vor der Türklingel des »Haus Mainz«. Als ich klingele, höre ich von drinnen schon das schimpfende: »Ja, komme ja gleich.« Beide sind da und ich weiß nicht, ob sie immer so gastfreundlich sind (»Komm'se rein, aber Schuhe aus!«) oder ob ich sie einfach immer in diesem guten Moment erwische, in dem sie Lust haben auf Geschichten aus Deutschland und aus Seoul. Aber sofort laden sie mich auf Kaffee und Kekse ein, zeigen mir noch einmal stolz ihren Keller (»Haben viele Häuser in Korea nicht«), wo die Würste (»Die besten überhaupt«) geräuchert werden und die Brötchen gebacken, sie rufen spontan noch den Wilhelm (»Willi! Williiie!«) Engelfried von schräg gegenüber dazu und innerhalb von zehn Minuten hat Youngsook Theis nicht nur mehrmals ihren Ehemann unterbrochen (oder umgekehrt), sondern haben wir auch eine Grundsatz-Diskussion am Kaffeetisch.

Warum sind wir Deutschen überhaupt hier?

Gibt es überhaupt Gemeinsamkeiten zwischen den beiden Kulturen?

Warum stellen Koreaner immer Kisten vor ihre Häuser und räumen sie nicht weg?

Und: »Wollen Sie eigentlich auch Süßli in den Kaffee?«

Einerseits hat sich nicht viel verändert im Leben der beiden. Es sind nur noch mehr Touristen geworden, die hier durch die Straßen laufen. Und sie mussten sich dagegen wehren, dass der Landkreis ihnen die Straßenreinigung in Rechnung stellte. »Das kann ja wohl nicht sein«, schimpft Youngsook Theis, »dass wir für die Straßen bezahlen, die andere dreckig machen.« Nur dieses Mal ist die Stimmung eine andere. Nicht nur, dass die beiden einen fast versöhnlichen Ton anstimmen, bei allem Schimpfen über die täglichen Probleme mit Touristen und der Verwaltung. Die Theisens scheinen sich arrangiert zu haben, mit ihrem Dorf und den gestohlenen Gartenzwergen und den Nicht-Deutschen, die sich in Dirndln zum Volksliedersingen im Sommer und Weihnachtsliedersingen im Winter treffen.

Aber im Vergleich zu vor zwei Jahren haben sich zwei Dinge geändert: Zum einen ist plötzlich in Deutschland eine Flüchtlingsdebatte entbrannt, die auch hier in Südkorea angekommen ist. Die Einwanderer fragen sich hier am Kaffeetisch in Südkorea selbst: Sind wir etwa die Flüchtlinge hier? Müssen wir uns anpassen, obwohl wir Deutsche sind? Armin Theis ärgert es natürlich, dass sie auf der Gemeindesitzung beschlossen haben, dass die Amtssprache im Dorf Koreanisch ist, genau wie Ludwig Strauss-Kim wird er die Sprache auch nicht mehr lernen. »Ich dachte, wir könnten da einen besseren Weg finden, zumal doch viele Deutsch verstehen.« Aber auch ihm ist klar, er ist jetzt hier der Ausländer, selbst im Deutschen Dorf. Den deutschen Pass wollen sie beide behalten. »Ich war geschockt«, sagt Youngsook Theis, »dass ich für den koreanischen meinen deutschen hätte abgeben müssen.« Niemals werde sie das. So weit wird sie nicht gehen.

Sie erzählen davon, wie sie kürzlich am Abend mit anderen Deutschen aus dem Dorf – die nur ab und zu in ihrem Haus vorbeischauen – zusammengesessen haben. Einer hätte geschimpft: »Mit den ganzen Flüchtlingen, da geht Deutschland jetzt eben bankrott, na und?« Youngsook Theis sagt: »Der soll schön ruhig sein, der ist der erste, der dann keine Rente mehr kriegt, ha!« Sie arbeiten immerhin noch für ihren Unterhalt hier, mit über 70 in Korea. »Wir haben in Deutschland gearbeitet und das machen wir jetzt hier auch.« In diesem Sinne ist es fast koreanisch, was sie tut. Sie fügt sich in ihr trauriges Schicksal, ohne es *Han* zu nennen. Statt Kimchi-Töpfe im Herbst zu bereiten, backt sie eben Brötchen, die sie einfrieren kann.

Doch es hat sich noch eine andere Sache geändert in den beiden Jahren seit meinem letzten Besuch hier: Der Film »Gugjae Sijang« (»Ode to my Father«) lief Ende 2014 im Kino in Korea an und
wurde einer der erfolgreichsten einheimischen Filme aller Zeiten.
Es ist ein Epos über die Entstehung des modernen Korea, über
den Aufschwung und was er gekostet hat. Er behandelt das Leben
eines kleinen Jungen, der in den Wirren des Koreakrieges den Vater verliert und auch siebzig Jahre später die Anfänge seines Landes nicht vergessen kann. In den 70er-Jahren spielt der Film in
Deutschland, zeigt Krankenschwestern und Minenarbeiter, die
sich ineinander verlieben und sich fast gegen die Deutschen ver-
bünden müssen, um zu überleben.

Aus dem kleinen Jungen ist ein junger Mann im Tagebau geworden, der an einem Nachmittag im Park eine Koreanerin beobachtet, die ein deutsches Volkslied singt: »Ich weiß nicht, was soll es
bedeuten, dass ich so traurig bin.« Ein *Han*-Lied, auf Deutsch. Er
verliebt sich und wird diese Krankenschwester später heiraten. In
vielen Familien ist noch heute die »Zeit in Deutschland« mit dem
Aufschwung verbunden. Sie verdienten umgerechnet rund 600
Euro und sendeten 500 Euro davon nach Südkorea. In einer Szene werden Minenarbeiter verschüttet und der späteren Ehefrau
gelingt es nur mit Mühe, die Deutschen (»Nein! Das ist zu gefährlich!«) dazu zu bringen, die Hauptfigur des Films zu retten (»Aber
es sind noch Koreaner unten im Schacht!«). Spätestens seit diesem
Film gelten die Gastarbeiter von damals wieder als Helden. Deshalb auch das Museum im Deutschen Dorf, das erst gerade eröffnet wurde, es ist neu, gleich neben der Burg im oberen Dorfteil.

Youngsook Theis hat den Film nicht gesehen. »Ich hab's doch
erlebt, ich brauch so einen Film nicht.« Aber sie hat mitbekommen, dass es seit diesem Film auch eine größere Wertschätzung
für Geschichten wie die ihre gibt. Sie sieht sich aber nicht als Opfer, sondern betrachtet diese Zeit in Deutschland als Chance. »Ich
glaube, die Koreaner haben in der Zeit mehr gelitten.« Sie hatte ja

geregelte Arbeitszeiten und für die meisten Krankenschwestern war Kost und Logis frei.

Aber was für viele Koreaner gilt, sieht sie auch bei sich: Wer einmal im Ausland gelebt hat, hat es schwer, sich wieder an die strengen koreanischen Regeln zu gewöhnen, das Streben nach Harmonie anstelle von persönlichem Glück. »Im Grunde kämpfen wir hier jeden Tag einen Kulturkampf«, sagt Youngsook Theis. »Hier ist manchmal mehr los als auf dem Alexanderplatz in Berlin!« Wilhelm Engelfried erzählt, dass es Südkoreaner gab, die am Anfang dachten, die Häuser wären Teil eines Museums. »Die standen in meinem Wohnzimmer und liefen schon die Treppe hoch ins Schlafzimmer, als ich erst einmal rief: Stopp!!«

Natürlich ist das irgendwie auch komisch, sich vorzustellen, in einem Museum zu leben, mit jeder Handlung, die man in der Öffentlichkeit ausführt, ob Rasen sprengen oder »Angrillen« im Frühling, ein touristisches Highlight zu sein. Mittlerweile wird es Nachmittag im Dorf, draußen geht die Sonne langsam im Meer unter. Das Dorf liegt an einem Hang und man kann von dem Vorgarten sehr weit blicken. Bis ins südliche Meer. Nur ein Truck stört plötzlich mit seinem stark rauchenden Wagen, der vorbeifährt. Youngsook Theis atmet laut aus. Ich merke, sie hält sich zurück. Je länger ich hier bei den Theisens mit Willi Engelfried am Tisch sitze, von ihrer Tochter (Zahnärztin) und dem Sohn (Universitätsdozent, beide in Deutschland) höre, merke ich, dass sie auch ihre Exotenstellung etwas genießen, diesen Denkmal-Status.

Armin Theis bietet mir an, mich später in die nächste Großstadt zu fahren. Der Bus fahre hier so selten und er komme so gern auch einmal raus. Aber zuvor solle ich mir das Museum ansehen. Das sei ganz gut geworden – die Bewohner kommen auch darin vor. Auf dem Weg die Straße nach oben, laufe ich an einem Stand vorbei. Dort sitzt die Koreanerin Sung-Hwi Ryu. Auch sie hatte ich schon einmal getroffen. Sie war mit 23 Jahren von Seoul nach Essen gezogen und von dort nach Finnland, heiratete einen Palästinenser, zog mit ihm nach Israel und jetzt lebt sie wieder hier. Sie ist Muslima, aber trägt lieber kein Kopftuch. Bloß nicht auffallen. Ihr Finnisch ist besser als ihr Deutsch, aber sie lebt trotzdem im »Haus Bonn«. Auch wir verabreden uns für später.

Oben auf dem Deutschen Platz angelangt, muss man in ein nachgebautes Bergwerk hinabsteigen. Es soll den Arbeitsalltag der »Korea-Deutschen« zeigen. An der Wand hängen Bilder aus dem »Deutschen Dorf« von heute. Biertrink-Wettbewerbe, Bier-Balancier-Wettbewerbe und Chorauftritte. Das Schunkel-Deutschland trifft auf Soju-Koreaner in den Fotos, die Auswahl der Ausstellungsstücke ist vor allem: nostalgisch. Ein Bierdeckel von der Kölsch-Marke »Gereons«, ein Bierglas von »Herforder« und eine Flasche Kölnisch Wasser. Ein kleines Modell des Brandenburger Tors und Hinweisschilder, alle in Schwarz-Rot-Gold, und die deshalb wie Visitenkarten von deutschen Botschaftern aussehen.

Überhaupt ist alles sehr staatstragend hier im Museum. »Lernen Sie hier das harte Leben und die Hoffnungen kennen«. Als ob dieser Ort auch die Koreaner daran erinnern soll, dass selbst im Exil das Leben nicht leichter war. Es ist der Ort für Helden, die Krankenschwestern mussten sich »in einem unbekannten fremden Land« zurechtfinden, steht Rot auf Weiß an der Wand. »Aufgrund ihrer typisch koreanischen Eigenschaften wie Gewissenhaftigkeit, Freundlichkeit und Güte« sei ihnen die Anpassung aber leicht gefallen. Die Texte sind so sentimental, wie eine Szene aus dem Film »Ode to my father«, dessen Plakat auch in der Ausstellung hängt, nicht weit von einem Dr. Oetker-Backbuch, einem »Bretonischen Hirtentopf« aus Steingut und einer aufgeschlagenen Seite im Kochbuch für »Spätzle«. Hier feiern sich zwei Nationen gegenseitig, in einem Museum, das wie ein Bergwerk aussieht.

Es ist still im Museum. Nur ein Film läuft, der leise auf Koreanisch die Entbehrungen erklärt. Vor allem, wie sie die Heimat vermisst haben, das koreanische Essen, die bunten Blätter im Herbst

und die Kirschblüten im Frühling. Erst jetzt merke ich, auch dieser Ort erzählt im Grunde von einer großen Trennung, vom »Han«,
das hunderttausende Angehörige mitmachten, weil ein Familienmitglied nicht mehr erreichbar war. Das Wichtigste in der Kultur
hier ist eben der Zusammenhalt einer Sippe. Diese Menschen haben das aufgegeben und damit nicht wieder gut zu machendes aus-
gelöst. Eine Wiedervereinigung der Korea-Deutschen mit den
Deutsch-Koreanern ist wohl nicht mehr zu erreichen. Das Deutsche Dorf ist im Grunde ein Zeichen auch für eine immer währen-
de Wunde. Ein Opfer für den Aufstieg als Wirtschaftsmacht.

Ich gehe ein zweites Mal durch die Ausstellung. Ich versuche
herauszufinden, was die Engelfrieds und Theisens gespendet haben. Es sind verschiedene Alltagsgegenstände, Teller, ein Radio
und Briefe an die Heimat. Doch dann sehe ich es an der Wand, ein
Zertifikat aus dem Jahr 1989, mit der Schreibmaschine geschrieben, von einem Bäckermeister im rheinhessischen Nieder-Olm:

»Young Sook Theis (geb. Moon) lernte das Backen, um eine eigene Bäckerei in ihrer Heimat, Korea, zu eröffnen. Frau Theis ging
mit Eifer daran, sich auf allen Gebieten des Backens insbesondere
des original deutschen Brotes mit Erfolg anzuzeigen. Sie war immer fleißig, strebsam, pünktlich und ehrlich.«

Youngsook Theis backt ein Brot, das ist so gut, dass es alle im
Dorf kaufen, hatte ihr Mann stolz gesagt. »Einmal hat die Frau von
dem Engelfried ein Brot aus einer dieser französischen Bäckerei-
en mitgebracht«, sagt Armin Theis, »da dachten wir, na gut, dann
eben nicht.« Das Brot-Embargo haben sie ein paar Wochen aufrecht erhalten, sagte Theis, aber inzwischen bestellen sie wieder
welches. Sie wohnen ja gleich gegenüber.

Als ich aus dem Museum trete, hat die Dämmerung begonnen.
Es gibt auf dem Deutschen Platz tatsächlich eine Stelle, von der
ich das ganze Dorf überblicken kann. Bis zum Meer reicht der
Blick, über die Dächer und Dachrinnen, Terrassen und Blitzableiter, über Erker und Solaranlagen hinweg. Ein Haus in rosa, eines

hat tatsächlich das Dach etwas spitzer als die anderen, eines hat noch eine Sonnenuhr so an der Hauswand angebracht, direkt unter zwei Fenstern, dass es aussieht, als würde die Fassade lächeln.

Es wird wohl doch noch ein längerer Abend werden hier im Dorf, Woo-za Engelfried wollte mir noch ihre Geschichte erzählen, wie lange sie es schon mit ihrem Mann ausgehalten hat. Der sei manchmal so gemein zu ihr. Und ganz am Ende werde ich erfahren, dass die Deutschen noch einen letzten Kampf gegen die Lokalregierung führen. Es ist noch nicht klar, ob sie ihn gewinnen, denn eigentlich ist das Dorf noch zu klein. Aber sie möchten gern einen eigenen Friedhof. Einen deutschen Friedhof, nicht mit kleinen elektrischen Kerzen, wie die koreanischen Friedhöfe, sondern mit Gräbern und Blumen und vielleicht einem kleinen dicken Engel am Eingang. Neben dem Deutschen Platz. An einem Hügel in Südkorea. Da weht der Wind gut in Richtung Meer und das ist besseres Feng-Shui.

Kapitel

18

Der Schlächter
von Uiryeong

CHIMMUG 침묵 (DIE STILLE)

Es gibt Nächte, hatte Herr Shin mir erzählt, in denen wacht er auf und sieht Gespenster. Er meint, das sind die Geister der Toten von 1982. Den 18-Jährigen auf dem Weg, die zwei Frauen auf einer Treppe im Ort, die vierköpfige Familie im Wohnzimmer, den alten Mann vor dem Haus. Es wirkt lange nach, dass er das sagt, weil Herr Shin das ganz am Ende meines Gesprächs erzählt, über eine der schlimmsten Nächte Südkoreas. Aber durch die Begegnung mit ihm habe ich gelernt, dass dieses Land nicht nur trauern kann, dieses Gefühl von *Han* ausleben, sondern dass Korea sich auch bewusst entschließen kann, etwas besonders Furchtbares auszuklammern, ganz so, als wäre es nie passiert. Je weiter ich von Uiryeong wegfahre am Abend, um so besser funktioniert es: das Vergessen, das Schweigen.

Herr Shin hat nicht vergessen, sagt er. Er denke fast jeden Tag daran, in seinem Haus in den Bergen. Er hat es geerbt, das Haus, es ist jetzt 101 Jahre alt und hat mehrere Kriege erlebt, zuletzt den Koreakrieg. Sein Großvater hat es gebaut, aus Holz und Stein, mit schwerem koreanischen Ziegeldach. Um zu ihm zu gelangen, musste ich an einem Tempel vorbeifahren, der so alt und schön ist, dass er im Guinnessbuch der Rekorde steht. Vorbei auch an einem riesigen Kürbis, wie aus einem Märchen. Das Gebäude soll zeigen, wie wichtig Kürbisse für die Region sind, aber es wirkt wie ein großer Plastik-Fremdkörper. Hier in diesen Hügeln wurde auch Lee Byung-Chul geboren, der Mann, der 1938 das Unternehmen Samsung gründete. Doch ich bin nicht deshalb hierhergefahren. Wenn ich die Bürger hier nach 1982 frage, dann werden sie leiser, als ob es ihnen peinlich ist, davon zu sprechen. Schlechte Geschichte, schlechtes Gefühl, anderes Thema bitte. Koreaner reden generell nicht gern über Grausamkeiten, wenn es die eigene Geschichte betrifft noch weniger.

Für Herrn Shin und für alle anderen beginnt das Drama und das große Schweigen danach am 26. April 1982, abends, gegen 21 Uhr. Er war länger im Büro der Stadtverwaltung geblieben, immer am letzten Montag im Monat trifft sich seine Abteilung und bespricht den Dienstplan für den kommenden Monat. Das geht so bis sieben oder acht – und danach wird der Soju auf den Tisch gepackt. Sie sitzen zu viert, Soju in kleinen Gläsern, sie rufen »Gonbei!«, das koreanische Prost, als Herr Shin durchs Fenster Woo Bum-Kon sieht. Es ist schon dunkel, aber erkennt den 26 Jahre alten Polizisten genau, vor der Polizeistation. Er wirkt schwer bepackt. Herr Shin tritt aus der Kneipe und ruft etwas angetrunken zu Woo: »Hey! Alles in Ordnung?«

Herr Shin war damals 45 Jahre alt, war in der Gegend aufgewachsen, war Abteilungsleiter, verheiratet, zwei Kinder.

Woo Bum-Kon dagegen war neu hier, er arbeitete erst seit einem Jahr hier als Dorfpolizist. Er hatte sich nicht gut eingefügt in die Gemeinschaft, wohnte mit seiner Freundin zusammen, ohne Trauschein. Das war schon in den 80er-Jahren ein Problem, Wilde Ehe, es wurde getuschelt. Wenn Woo davon mitbekam und etwas getrunken hatte, wurde er sehr unangenehm, laut.

Woo Bum-Kon ruft an jenem Abend Herrn Shin über die Straße zu: »Geh rein, sonst knall ich dich ab.« Herr Shin fragt: »Wie bitte?« Er kennt ihn doch ganz gut. Aber er weiß auch, instinktiv, dass er besser genau das tun sollte. Er läuft zurück in die Kneipe und erzählte seinen Kollegen, was passiert ist. Sie schauen durchs Fenster, was Woo Bum-Kon tut. Der läuft wieder in die Polizeistation. Kurze Zeit später geht ein junger Mann vorbei an dem Gebäude, 20 Jahre alt, Herr Shin kennt auch ihn, es war der Sohn von einem Bekannten. Plötzlich ein Knall, der Mann sackt in sich zusammen, bewegt sich nicht mehr.

Dieser junge Mann ist das erste Opfer von vielen in dieser Nacht. Die Geschichte des Massakers von Uiryeong ist eine, die genug Sprengkraft hat, um ein Land auf Jahre nicht loszulassen. In der Nachkriegsgeschichte der ganzen Welt waren nur zwei Mörder schlimmer Woo Bum-Kon: Der Norweger Anders Breivik tötete an einem Tag im Juli 2011 in Oslo und auf der Insel Utøya 77 Menschen. Und der willentlich verursachte Absturz der Germanwings-Maschine im Jahr 2015 kostete 150 Menschen das Leben. Der Schock des Amoklaufes auf dem südkoreanischen Dorf hätte gerade in Korea Bücher füllen können und später Kinosäle, aber in Uiryeong und im ganzen Land gibt es heute nichts, was daran erinnert, kein Mahnmal. Nur die Geschichten, die sich die Menschen erzählen.

Zuerst hörte ich von der Geschichte in Seoul, spät nachts, mit einem Glas Wein in der Hand, auf einem Hochhausdach in der Innenstadt. Ein Polizist, der mit Dienstwaffen Menschen erschießt. Es gibt viele Artikel im Internet, doch nur Archiv-Texte, kein einziger Koreaner in der Runde hatte je von der Geschichte gehört. Ich ging in die Zeitungsarchive und fand noch mehr: Es gibt ganze

Karten dieser Nacht, welche Route Woo Bum-Kon genommen hat, von der Polizeistation zur Post, zum Markt, den Hügel hinauf, in die Dörfer. Wenn in einem Haus Licht brannte, dann ging er hinein und erschoss die Menschen, heißt es.

Also beschloss ich, nach Uiryeong zu fahren, auf meiner Tour durch den Süden des Landes. Es liegt auf dem Weg nach Busan, aber wieder werden die Busse bei jedem Umsteigen kleiner und in diesem Fall muss ich eine Übernachtung in Daegu einplanen. Eine größere Stadt in der Nähe, die ich mir eigentlich länger anschauen wollte. So aber habe ich nur eine Nacht. Ich sitze noch sehr spät in einem 24-Stunden-Imbiss und übernachte in einer öffentlichen Sauna, da ich sowieso nur fünf Stunden habe. Leider ist auf der anderen Seite des Hauses eine Karaokebar und so schlafe ich genauso schlecht wie die Musik klingt.

Am nächsten Morgen fahre ich dann durch Morgennebel, mit mehreren Bussen, und lande schließlich vor der Polizeistation von Kungryu. Hier also soll das Massaker seinen Anfang genommen haben, ein kleiner wackeliger Bau mit drei Fahnen auf dem Dach. Vielleicht ist diese Polizeistation in Uiryeong das eigentliche Denkmal, sie soll so ungefähr auch damals ausgesehen haben. Die Polizisten empfangen mich freundlich, aber auch sie wollen nicht so recht von der Nacht erzählen.

Einer der Polizisten, Mister Oh, sagt: »Er war einer von uns.« Das sei auch der Grund, warum niemand gern davon spreche. »Die Politik hatte damals kein Interesse daran, dass Polizisten auch noch Mörder in der Öffentlichkeit sind.« Es war eine andere Zeit, sagte er. George Bush Senior, damals US-Vize-Präsident, war im April 1982 zu Gast in Seoul. Ein verrückter Amoklauf im Süden des Landes passte nicht ins Bild, dass der Feind im Norden sitzt. In den frühen 80er-Jahren war das Regime nicht gefestigt, der wie ein Held verehrte Diktator Park Chung-Hee war gerade ermordet worden, der Gwangju-Aufstand von 1980 mit 200 oder 2000 Toten noch nicht verwunden und die autoritären Züge der Nachfol-

Von dieser Polizeistation aus hat Woo Bum Kon gemordet

ger wollten nicht mehr greifen. Das Letzte, was die südkoreanische Regierung im April 1982 gebrauchen konnte, war weiterer
Ärger. Chun Doo-hwan hatte sich an die Macht geputscht und
war dann noch Präsident bis zum Ende der südkoreanischen Diktatur 1988. In dieser letzten Eiszeit der Meinungsfreiheit fiel nun
eines der schlimmsten Massaker der Neuzeit.

Doch was genau war eigentlich passiert?

Die Polizisten im Uiryeong von heute waren damals noch nicht
dabei. Aber Mister Oh kennt jemanden, der dabei war. Wenn ich
einwillige, seinen Namen nicht zu nennen, fährt er mich hin. Wir
laufen vor die Tür und bevor wir in das Polizeiauto steigen, zeigt
der Polizist auf das Nachbargebäude: »Die Post war sein erstes
Ziel«, sagt er. Nachdem er einen 20 Jahre alten Mann erschossen
hatte, sei er hier hinein. »Hier haben damals abends noch drei
Frauen gearbeitet, die an einem Kabel-Tisch Telefonate verbun-

den haben.« Woo Bum-Kon sei hineingelaufen, in die Post, habe alle drei Frauen, die dort saßen, erschossen. Dann habe er die Leitungen mit einem Messer zerschnitten, sodass niemand Hilfe rufen konnte. Herr Oh zeigt die Straße hinunter: Dann lief er in diese Richtung weiter.

Die Polizisten öffnen mir die Tür und ich steige zum ersten Mal in meinem Leben in ein Polizeiauto, hinten, wo das Fenster vergittert ist. Wir fahren in die Richtung, in die damals auch Woo Bum-Kon lief. Von hinten reden wir weiter über ihn, den Massenmörder. Mister Oh dreht sich um: »Woo hasste das Landleben, die kleinen Häuser, das Gerede der Leute.« Mister Oh erzählt, dass Woo schon vorher seine Freundin misshandelt habe, aber das wollte keiner wissen. »Bevor er hier nach Uiryeong versetzt wurde, soll er auch im Blauen Haus gearbeitet haben«, sagt er, »aber als er einen bestimmten Test nicht bestand, wurde er aufs Land versetzt.«

Wir fahren an einem Markt vorbei, viele Menschen waren nicht mehr unterwegs, aber er habe einfach so in die Menschenmenge geschossen, sechs Menschen lagen danach tot zwischen den Ständen. Es dauerte lange an dem Abend bis die Polizei informiert wurde. Das lag an den durchschnittenen Leitungen, aber auch: Der zuständige Polizist war ja er selbst an diesem Abend. »Mir hat ein Kollege erzählt«, sagt der Polizist, »dass er an dem Abend extra die anderen Polizisten früher nach Hause geschickt hat.«

Kurz darauf begrüßt mich Herr Shin vor seinem alten Haus. Herr Shin heißt nicht Shin, das war die Bedingung, damit er von den Geistern erzählt. Es hat zu regnen begonnen, er kommt auf uns zu mit einem großen Regenschirm. Er ist ein alter Mann und ich sehe, welchen Respekt er noch nach all den Jahren hier im Ort genießt. Die Polizisten verbeugen sich tief. Seine Frau steht im Türrahmen und bittet uns hinein, es gibt Tee und Snacks und alle ziehen sich die Schuhe aus. Herr Shin strahlt die Würde eines Bergmönchs aus. Vielleicht auch, weil er diese Nacht überlebt hat.

Noch im Beisein der Polizisten erzählt er die Geschichte, wie ihm Woo Bum-Kon zuruft, er solle sofort in die Kneipe zurückgehen. Er ist fast 80 Jahre alt, aber er macht die Stimme des jungen Amok-Läufers beim Sprechen nach: »Geh rein oder ich knall dich ab.« Er habe sofort gewusst, dass etwas nicht stimme. Und als er sieht, was Woo danach tut, will er sofort Hilfe holen, aber da ist es schon zu spät. Die Telefonleitungen der Gegend sind gekappt und er kann niemanden erreichen. Keine Polizei, aber auch seine Frau nicht. Er und seine Kollegen bleiben zunächst drin und er beschließt, zu seiner Frau zu laufen. Sie ist allein mit den Kindern, im Haus in den Bergen.

Es gibt viele Mythen um diesen Tag. Einer ist, wie es begann, der eigentliche Grund für die Wut von Woo Bum-Kon. Es gibt mehrere Berichte, die von Problemen mit seiner Freundin handeln. Es heißt, das Massaker habe damit begonnen, dass er seine Freundin geschlagen habe, nachdem diese ihn am Nachmittag geweckt hatte. Sie hatte eine Fliege auf seiner Brust mit der flachen Hand erschlagen. Dieses abrupte Aufwachen soll ihn so wütend gemacht haben, dass er sich nicht beruhigte. Aber nimmt deshalb ein Mann zwei M2 Karabiner-Gewehre, 30 Kaliber, vollautomatikfähig, und... schießt?

Herr Shin glaubt die Geschichte mit der Fliege nicht. Er geht davon aus, dass sich ein großer Frust aufgestaut hat. Wie in einem Kessel, aus dem der Druck irgendwann entweichen muss. Vielleicht die Stille auf dem Land? Er sagt einen sehr koreanischen Satz. »Er hatte kein *Jeong*«, sagt er, »keine Verbindung mit anderen Menschen.« *Jeong*, dieses Konzept gibt es in anderen Kulturen nicht. Nur in Süd- und in Nordkorea. Es beschreibt die Idee, dass jeder eine Verbindung mit Menschen in seinem Umfeld eingeht. Ein Sprichwort sagt, wenn Du einen Menschen im Vorbeigehen berührst, hast Du *Jeong* ausgetauscht. Woo sei vorher nicht aufgefallen durch Gewalt in der Öffentlichkeit, aber er hatte keine Freunde im Ort, obwohl er schon mehrere Monate dort lebte.

Doch bei Woo Bum-Kon ist noch etwas anderes auffällig. In
den acht Stunden, in denen er wütete, ist er nicht einfach in Häuser hineingelaufen und hat geschossen. Es gibt Augenzeugen, die
später erzählen, er habe auch bewusst seine Uniform benutzt, um
zunächst das Vertrauen der Menschen zu gewinnen. Gegen 22.30
Uhr lief er in Richtung des Nachbarorts Ungye-Ri und nahm dort
einen 18 Jahre alten Jungen als Geisel. Er zwang ihn, für ihn in einen kleinen Eckladen zu gehen und ihm eine Cola zu holen. Der
Junge tat das und als er ihm das Getränk brachte, erschoss er den
Jungen, lief selbst in den Shop und legte auf den 52 Jahre alten Besitzer an. Er traf ihn nur am Bein und der Mann konnte fliehen.
Aber seine Frau und zwei Töchter starben, sie waren im Neben-
raum. Kurz darauf steht Woo auf dem Markt von Ungye-Ri und
hat zu dem Zeitpunkt bereits 18 Menschen getötet. Das war der
Markt, den mir die Polizisten gezeigt haben.

Herr Shin beschreibt den Markt, über den er lief, sonst sei es
sehr laut hier, auch abends, aber plötzlich hörte man nur den Regen. Und die Schüsse, die weithin zu hören waren. Er weiß in jener
Nacht also genau, dass Woo weiter weg ist und macht sich auf den
Weg, zuerst in die Post, doch dort liegen nur die Leichen der Tele-
fonistinnen. »Ich bin zum Markt«, sagt er, »und ich weiß noch genau, wie sich die Straßen plötzlich rot färbten, von dem Regen und
dem Blut.« Herr Shin läuft in das nahe Geschäft, das einer Freundin seiner Familie gehört. »Ich sah sie mit einem großen Loch in
ihrer Stirn auf dem Boden liegen.« Er macht eine Pause. »Eigentlich war der gesamte obere Teil ihres Kopfes nicht mehr zu sehen.«
Im Nachbarhaus lagen vier Tote, weiter hinten, auf einer Treppe
einen Hügel hinauf, vier weitere Tote. Er schüttelte jeden Körper
kurz, aber er merkte, dass keiner davon mehr am Leben war.

Es gibt einen computeranimierten Film, der das Geschehene
verarbeitet. Er ist ausgerechnet im Stil eines Ego-Shooters gehalten, kein Wunder für ein Land, das Computerspiele so liebt wie
Südkorea. Der Film wurde auch erst 500 Mal auf Youtube ange-

schaut. Aber vielleicht ist das die beste Art, mit diesem Problem umzugehen: Es als Computerspiel zu sehen, bei dem nur die Zahlen der Opfer immer weiter steigt, als wäre es virtuell und nie wirklich passiert. Vielleicht hat es sich auch ähnlich unwirklich angefühlt für Woo Bum-Kon: Er schlägt erst seine Freundin und läuft anschließend durch verschiedene Szenarien, in denen Menschen in Räumen und auf der Straße stehen – wie in verschiedenen Levels – und kurz darauf liegen sie zusammengekrümmt in einer Blutlache.

Herr Shins Rolle taucht in dem Spiel nicht auf, derjenige also, der später durch die gleichen Szenen läuft, nur ohne Waffen und nur noch die Blutspuren sieht – und nicht weiß, ob seine Frau noch lebt. Einige seiner Kollegen sind in den Nachbarort gefahren und haben dort ein Telefon gefunden, das funktioniert. Erst nach Mitternacht haben sie die Polizei alarmieren können. Doch bis diese dann ausfindig gemacht haben, wo sich Woo gerade aufhält, war der schon wieder weitergezogen.

Ich frage Herrn Shin, ob es für ihn in all dem Grauen einen Moment gibt, der sich klar heraushebt aus dem ziellosen Herumlaufen. Er sagt: »Ich habe gelogen in der Nacht.« Seine Frau ist gerade in der Küche und macht noch einmal Tee. Er sagt: »Ich stand bei einer Leiche und ein Mann fragte mich, wer tut so etwas?« Herr Shin habe ihm nicht sagen wollen, dass es ein Polizist war, »Ich war selbst Beamter, ich dachte, der Zorn des Mannes richtet sich dann auch gegen mich.«

Woo Bum-Kons nächstes Ziel ist der Ort Pyongchon-Ni. Dort läuft er als erstes in ein Haus, in dem die Familie bereits im Bett liegt. Es ist üblich, auf dem Dorf in Korea, dass die Türen offen stehen, auch Herr Shin lässt seine Tür offen stehen, noch heute. Woo erschießt die Familie, vier Menschen, und läuft weiter durch den Ort.

Es gibt nur wenige Opfer, die später von dem Amoklauf erzählen konnten. Einer davon ist ein Mann, der auf einer Trauerfeier war. Es ist Tradition, dass diese bis zu drei Nächte dauern. Woo Bum-Kon klopft gegen Mitternacht an die Tür und trifft den Mann, der die Trauerfeier leitet. Der fragt erst, warum der Polizist so viele Waffen dabei hat. Woo sagt:»Mehrere Nordkoreaner haben die Berge infiltriert, angeblich sind sie auch hier im Ort.« Der Mann lädt ihn ein, sich zu setzen, mit zu essen und zu trinken. Er wird später erzählen, dass sich Woo beschwert habe, über seine Arbeit, sein geringes Gehalt und dass er die Großstadt vermisse. Seoul sei so viel besser. Einer der Trauergäste habe sich dann irgendwann gegen 1 Uhr lustig gemacht über Woo und bezweifelt, dass die Waffen echt seien. Allein in diesem Haus erschoss er zwölf Menschen, auf der Straße noch einmal acht.

Auch in Pyongchon-Ni ist Herr Shin gewesen in jener Nacht. Er kannte auch den Mann, um den getrauert wurde. »Es war die Beerdigung von Herrn Mu«, sagt er. »Später konnte man sogar feststellen, dass Woo Bum-Kon Geld gespendet hat für die Beerdigung.« Neben seinem Namen stand die Zahl 3000 Won, das war viel Geld damals. Viele der Trauergäste seien Kollegen von Shin gewesen. »Herr Mu war beliebt hier im Ort.« Während Woo auf der Beerdigung saß, hatte die Polizei im ganzen Land von dem Amoklauf erfahren, auch in Seoul. »Aus dem nächsten großen Ort Jinju kamen mehrere Beamte in die Polizeistation.« Aber noch wusste niemand, wo sich Woo inzwischen befand.

Gegen 1.40 Uhr nachts klopft es bei dem 68 Jahre alten Suh In-Su. Zu dem Zeitpunkt hatte Woo Bum-Kon bereits 52 Menschen getötet. Die meisten erschossen. Die Beamten sind schon bis Pyongchon-Ni vorgedrungen, doch es weiß noch keiner, dass Suh In-Su die Tür öffnet.»Bring Deine Familie zusammen in das Wohnzimmer«, sagt Woo zu Suh. »Es gibt kommunistische Feinde im Dorf, ich bin hier, euch zu beschützen.« Er nimmt die ganze Familie als Geisel.

Verschiedene Reporter berichten später, wie die Polizei gegen vier Uhr das Haus umstellte und eine große Explosion zu hören

ist. Woo hat sich mit zwei Handgranaten selbst in die Luft ge-
sprengt und Suhs Familie mit sich gerissen. Nur der Vater überlebte. Am nächsten Morgen waren 57 Menschen tot, der Attentäter
inklusive.

Für Herrn Shin war es eine durchwachte Nacht. Er kam am
Morgen zu seiner Frau, sie hatte geschlafen. »Ich konnte nicht
schlafen«, sagt Herr Shin. »Es begann an jenem Morgen, dass ich
die Gespenster sah.« Ihm gehen bis heute die Toten nicht aus dem
Kopf.

Infolge der Ereignisse trat der südkoreanische Innenminister
zurück, ebenso der Polizeichef, eine Kommission wurde gegründet, die den Vorfall aufklären sollte. Den Opfern wurde finanzielle Hilfe von der Regierung zugesagt, aber in den Jahren darauf
wurde es still um Uiryeong.

Seine Frau sagt etwas zu ihm, dass ich nicht verstehe. Aber es
ist klar, dass Herr Shin genug erzählt hat. Ich frage noch, ob es
nicht an der Zeit sei, vielleicht doch einmal ausführlich diese
Nacht zu würdigen, ob man es den Toten nicht auch schulde?
Doch Herr Shin sagt, das Schweigen helfe den Menschen hier. »Sie
weinen dann doch nur«, sagt er, »sie leben doch gut jetzt, hier in
den Bergen.« Es sei so ruhig hier.

Wir gehen vor die Tür, der Regen hat nachgelassen, fast aufgehört. Alles riecht extra-frisch hier oben. Er habe gerade das Haus
noch einmal restaurieren lassen, sagt er. Es hat einen Wettbewerb
gewonnen, für ein gelungenes Original-Hanok, ein traditionelles
koreanisches Haus. Er sagt, dass die Gebäude entworfen wurden,
um die Einheit von Mensch und Natur herzustellen. Er habe immer versucht, sich im Leben keine Feinde zu machen, weder unter
den Menschen, noch in der Natur.

Er atmet durch. Dann sagt er: »Aber es hat nichts genützt, ich
wäre auch so gestorben.« Meint er, dass es doch nur Glück war,
dass Woo Bum-Kon ihn nicht auch erschossen hat? Gleich als erstes Opfer? »Nein«, sagt er, »sie haben später auf dem Dach der

Kneipe eine Handgranate gefunden.« Sie sei scharf gewesen, aber
sei nicht detoniert. »Es war Glück, mehr nicht. Das Haus wäre ein-
gestürzt und wir wären alle tot gewesen.«

Auf dem Weg zurück ins Tal schaue ich noch einmal bei den
Polizisten vorbei. Die Fahnen auf der Polizeistation wehen jetzt
leicht, der Himmel ist etwas klarer. Der Bus kommt bald. Ich will
nach Busan, endlich wieder in eine große Stadt. An der Haltestelle
sitzt eine junge Dame, sie habe nur ihre Eltern besucht. Die wohnen noch immer in Uiryeong. Ich erzähle ihr, warum ich gekommen bin. »Nein, hier, das kann nicht sein«, sagt sie, »das hätte mein
Vater mir erzählt.« Sie war 1982 noch nicht geboren, aber darüber
müsse man doch sprechen. Sie ruft ihren Vater an und spricht länger mit ihm.

Auf der Fahrt nach Busan muss ich an etwas denken, was mir
die Polizisten erzählt hatten. Herr Oh hatte gesagt, dass es immer
noch vorkomme, ab und zu, dass gegen Mitternacht das Telefon
klingele. Hier passiere nachts eigentlich nichts mehr in der Gegend, wenn es also so spät klingele, dann wissen die Polizisten
schon meist, wer am Telefon sei. »Es ist einer hier aus dem Dorf«,
sagt Polizist Oh Jeong-Chan, »er wohnt nur ein paar hundert Meter entfernt, aber kommt nie vorbei, sondern ruft nur an.« Oh Jeong-Chan sagt das nicht abfällig, eher verständnisvoll. »Er ist der
Sohn eines der Todesopfer von 1982.« Er sei jetzt selbst schon sehr
alt, und wenn er zuviel Soju getrunken habe, dann ruft er an. »Er
kommt nicht zur Ruhe.« Die Beamten sagen, unter ihnen gilt die
Regel, bei solchen Anrufen nicht aufzulegen, sondern zuzuhören.
Das sei ihr spezielles Erbe, als Polizisten hier im Ort, in Uiryeong.
Bis die Erinnerung nachlässt.

Kapitel

19

Das Monster in uns
(in Busan)

DDEOK 떡 (REISKUCHEN)

In Busan aus dem Bahnhof zu steigen, hat immer etwas Erhabenes. Niemand, der am Hauptbahnhof ankommt, kann sich diesem Gefühl der Weite entziehen. Ich bin nach Busan gefahren, direkt von der Massenmörder-Geschichte in die wohl schönste Stadt Südkoreas. Am Meer gelegen, mit der wohl beeindruckendsten Promenade Asiens, riesige Glas-Kolosse direkt am Stadtstrand, eine Stadt, die sich an einer Küste organisch den Berg hinaufstapelt, immens große Brücken, die quer am Ufer entlangführen, wie Diagonalen von einem Stadtteil zum anderen, mitten durch die Glasfassaden hindurch, dazwischen Tempel und Pagoden. Es gibt Künstlerviertel, Ausgehviertel, Fischmarkt und Galerien in jeweils fünf Minuten Abstand vom Hauptbahnhof, den jeder durch eine große Treppe verlassen muss. Der Dialekt klingt so rau und fremd, dass befreundete Flüchtlinge aus Nordkorea

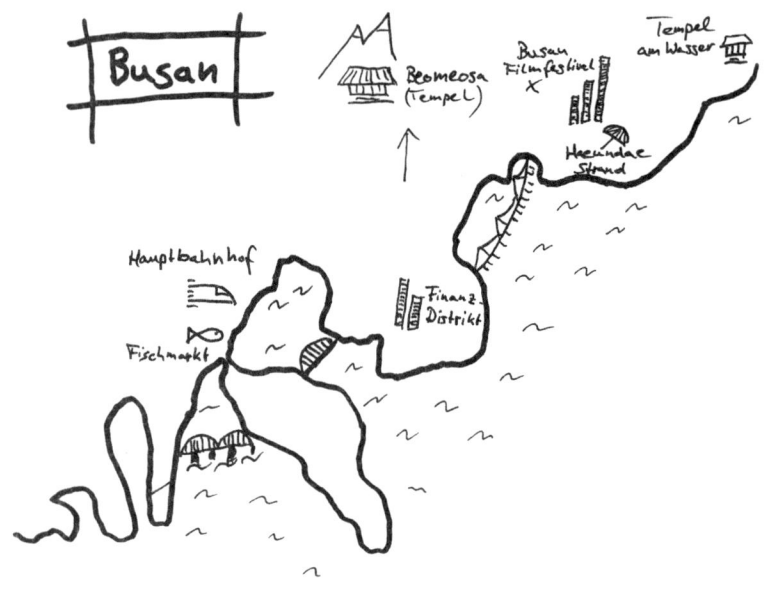

manchmal behaupten, sie kämen aus Busan. Südkoreaner allerdings sagten mir, der Trick funktioniere fast nie. Es ist ein Dialekt,
der eine andere »Härte« vermittelt. Vielleicht die Härte der See?

Es ist sonnig an diesem Tag und das Wetter soll auch in den kommenden Tagen einen blauen Himmel bringen. Und doch habe ich
ein anderes Ziel als die Touristen, die sich von Seoul aus auf dem
Weg nach Japan noch das »andere Seoul«, die andere Großstadt Süd-
koreas, anschauen wollen. Ich werde die U-Bahn zum Stadtstrand
Haeundae nehmen und mich dort in ein Kino setzen. Das ‚Busan
Filmfestival' findet jährlich zur besten Jahreszeit Koreas statt: im
Herbst, wenn die Ahornblätter sich dunkelrot verfärben und zu-
sammen mit grellem Gelb und den satten Grüntönen zu langen
Wanderungen einladen, blickt das Film-Korea auf sich selbst.

Das Busan International Film Festival (BIFF) gehört zu den
wichtigsten in ganz Asien, vor allem, seitdem in der Mitte der

90er-Jahre der südkoreanische Film so an Zulauf gewonnen hat. Rund 300 Filme werden gezeigt, die meisten kommen von hier, dem Land, das seit den Meisterwerken »Oldboy«, »Mother« sowie allen Filmen des Großmeisters Kim Ki-duk weltweit regelmäßig Preise abräumt. Die Palme in Cannes, der Venedig-Löwe und der Berlinale-Bär sie alle wurden schon von Südkoreanern in den Händen gehalten. Zu recht, denn die Filme sind nicht nur visuell immer interessant, sondern loten auch inhaltlich immer wieder Tabus im Kino aus.

In sechs Filmen will ich das sehen, was nur verschwiegen wird. Dieses Jahr soll auch Kim Ki-duks neuester Film dabei sein. Der große Regisseur hatte sich zurückgezogen – und angekündigt, keine Filme mehr in Südkorea drehen zu wollen. Er ging nach Japan. Doch der Meister hat viel Konkurrenz aus dem eigenen Land bekommen, Kritik gegen die Regierung, gegen Normen und gegen alles Festgefahrene fände ich in Busan, hieß es. Nachdem ich meine Akkreditierung und den Festivalkatalog abgeholt habe, wird es im ersten Kino langsam dunkel. Ich hätte misstrauisch werden sollen, als mir aus dem großen Kinogebäude eine Koreanerin weinend entgegenkommt. Habe ich gerade ein Drama verpasst? Zweite Reihe, Mitte, eine sehr große Leinwand. Film 1 von 5: »Another Way«.

Die junge Jung-Won tanzt mit drei anderen Mädchen in ihrem Alter, vielleicht 18, vor einem Einkaufszentrum in bunter Kleidung. Sie versucht ein Lächeln dabei, die Bewegungen sind synchron und die vier Mädchen sehen von Weitem glücklich aus in ihrer bunten Verkleidung. Schnitt. Sie essen zu Mittag schweigend eine Suppe. Schnitt. Sie tanzen wieder. Arme nach oben, zur Seite, die Beine: links, rechts, links und springen. Es fällt kaum auf, dass ihr Lächeln immer weiter verblasst. Schnitt. Es ist dunkel, ihr Chef kommt, gibt ihnen den Tageslohn, sie geht mit ihren Kolleginnen etwas trinken. Soju, den billigen Schnaps. Schnitt. Sie kommt spät nach Hause, schaut nach ihrer todkranken Mutter, legt sich ins Bett,

ihr Vater kommt kurz darauf und zieht die Decke über sie beide, man hört
ihn tief grunzen, Jung-Won schluchzen.

Ich atme etwas genervt aus, im Kino. Das ist alles so furchtbar.
Warum tue ich mir das überhaupt an, warum muss es immer so
traurig sein hier. Wieder und wieder. In »Oldboy« schnitt sich die
Hauptfigur die Zunge ab. In »301, 302« bereitete eine Frau ihre
Nachbarin zu und isst sie. Und dann immer wieder Kim Ki-duk, er
hat mehr als 20 Filme gedreht, Filme, in denen Rasierklingen in
Geschlechtsteile fahren und in denen er sich mit seinem betrunkenen Selbst unterhält – einen ganzen Film lang. Südkoreaner,
heißt es, mögen ihn nicht, weil er nicht die schönen Geschichten
erzählt, sondern die Unterseite Koreas zum Thema macht, die
Gewalt, den Hass, das Unterdrückte, über das nicht gesprochen
wird. Ein Nestbeschmutzer, der zu Weltruhm kam. Und jetzt das.

Jung-Won sucht sich im Laufe des Films einen Jungen, Soo-Wan, dem es
ebenso geht wie ihr. Er ist Polizist und hat den Lebenswillen verloren,
nachdem er einen betrunkenen Fahrer hat weiterfahren lassen. Der ver-
ursachte einen Unfall mit mehreren Toten. Ist jetzt der Polizist daran
schuld? Die beiden Lebensmüden fahren in den Osten der Insel, ganz in
der Nähe von Nami Island. Es ist eine romantische Gegend, dieses Chun-
cheon, im Frühling mit Blüten, im Sommer kühl in den Bergen, im Herbst
mit den buntesten Blätter der Republik und im Winter beliebt bei Eisfi-
schern. Sie schlagen Löcher und sitzen und warten. Und erst das Essen:
Chuncheon Dakgalbi, eine der besten Spezialitäten, die das Land zu bie-
ten hat, gebratenes Chili-Hühnchen in Käsesoße. Und ausgerechnet an
diesem Ferienort wollen die beiden sich umbringen. Mit einer Rauchver-
giftung. Doch etwas geht schief, das Leben kommt dazwischen und so ist
Jung-Won doch allein an dem vereinbarten Treffpunkt. Die Szene im Film
ist furchtbar langsam gedreht:

Sie hockt im Schnee auf einer Halbinsel neben ihrem roten Auto. Mit ei-
nem entsetzlich traurigen Gesicht zündet sie ein großes Stück Kohle an,

legt es in eine Pfanne, platziert die auf dem Rücksitz ihres Autos. Mit
traurigen Augen schaut Jung-Won noch einmal auf den zugefrorenen
Fluss, sieht ihren Selbstmord-Freund nicht, dann geht sie zur Fahrertür,
öffnet diese, setzt sich hinein, schließt die Autotür. Der Dampf verbreitet
sich im Auto. Die Kamera wartet ab. Plötzlich öffnet sich das Seitenfens-
ter noch einmal. Hoffnung! Will sie doch leben? Der giftige Dampf ent-
weicht, große Lippen, gesenkter Blick, weiße Landschaft. Dann schließt
sich das Fenster, die Verriegelung der Türen ploppt. Der Sitz kippt nach
hinten, die schöne Frau legt sich schließlich zum Sterben.

Neben mir weint eine Südkoreanerin. Das alles ist ein bisschen zu
viel, wohl für viele. Nach dem Kino entscheide ich mich deshalb
für das Kontrastprogramm: Einen Spaziergang beim Haedong-
Yonggungsa-Tempel. Er liegt nicht weit entfernt vom Festivalge-

In Haeundae, direkt an der Ostküste, steht eine der schönsten
Tempelanlagen Südkoreas

lände und gilt als einer der schönsten der Halbinsel. Frau Kim vom
Tempelzentrum in Seoul hatte ihn empfohlen. »Setzen Sie sich ans
Wasser und lassen Sie die Stimmung auf sich wirken«, hatte sie gesagt. Busan ist ein Platz, der trotz der Hektik einer Großstadt bekannt ist für seine Weltläufigkeit. Es ist wie das Hamburg von Südkorea: Mit Hafen, Rotlichtviertel und einem großen Fischmarkt
am Wasser. Während des Koreakrieges war es die letzte Bastion,
die der Norden beim ersten Angriff nicht einnehmen konnte.

Dieser Tempel strahlt diese Stimmung aus Trotz und Stolz aus.
Jeden Morgen bei Sonnenaufgang strahlt er besonders. Der Tag
beginnt anders hier im Tempel, das weiß ich jetzt. Am Eingang die
zwölf Tierkreiszeichen als lebensgroße Statuen, dann die 108
Treppenstufen hinab zur Hauptpagode: Drei Stockwerke und vier
Löwen. Es ist windig und die Gischt spritzt fast bis an die Treppe
heran. Sie wirkt nicht bedrohlich, eher: verspielt. Als ich an die Pagode komme, lerne ich, dass jeder der vier Löwen ein Gefühl repräsentiert: Freude, Glück, Trauer und Wut. Alle an einem Ort.
gleichzeitg.

Ich setze mich vor die Pagode und schaue aufs Meer. Jung-Won
hat überlebt, denke ich, aber der Film zeigt nicht, wofür sie überlebt hat. Vieles wird bleiben, sicher der traurige Blick, die fehlen-
de Gerechtigkeit, die Versöhnung, ein Neuanfang nicht in Sicht,
all das bleibt offen. Und irgendjemand muss ja vor dem Einkaufszentrum tanzen, damit die Kunden kommen. Wie in Uiryeong mit
Woo Bum-Kon wird weiter geschwiegen. Das Ziel eines jeden Be-
suchers des Tempels ist der Goldene Buddha, er lächelt hier draußen am Tempel, in dem Wind besonders kräftig. Fast trotzig. Es
muss ja weitergehen.

Aber schon ein Blick in das BIFF-Programm lässt mich wieder
sehr ernst werden: Ein Mädchen stirbt an Krebs und filmt die letzten Monate vorher mit ihrer Heimkamera (»Recording«); ein Mann
sieht einen Mord von seinem Dach aus und kann sich danach nicht
verzeihen, tatenlos zugesehen zu haben (»Alone«); oder der Film

»The Battle of Gwangju«, in dem 34 Jahre nach dem realen Massaker in der Stadt Gwangju die Einwohner der Stadt noch immer nicht zur Ruhe kommen. Überall Trauer, Leid, Gewalt, »Han« sowieso. Die Hunderte von Toten sind nicht wegzudiskutieren oder rückgängig zu machen.

Aber das Filmfestival hat gerade erst begonnen. Also zurück zum Festivalgelände, nur drei U-Bahn-Stationen vom Strand entfernt, die Magnetkarte aus Seoul funktioniert auch hier – wieder fällt mir auf, wie zugänglich das Verkehrssystem im Land ist. Der Festivalkomplex ist extra gebaut worden von einem österreichischem Architekturbüro, die auch in meiner Heimatstadt Dresden das UFA-Kino gebaut haben. Beides sehr moderne Bauten mit viel Glas, das wohl Offenheit symbolisieren soll. Hier in Korea wirkt es auch abweisend, weil man oft nicht erkennen kann, was hinter dem Glas genau passiert. Als ich ankomme, glaube ich gerade Kim Ki-duk ebenfalls in das Haus hineingehen zu sehen. Aber es spiegelt zu sehr. Ein Restzweifel bleibt.

Mein nächster Film ist »Eyelids« von O Muel, einem der bekannteren Filmemacher, von dem ich schon einen Film gesehen hatte. O Muel stammt aus Jeju, der großen Insel ganz im Süden. Es war das Reiseziel des Schiffes »Sewol« das unterging – und das ist das Thema seines Film. Film 2 von 5.

Er beginnt sehr leise: Ein Mann, mit einem langen Bart und wirren Haaren, lebt als Einsiedler auf einer fiktiven Insel, stampft das Mehl noch selbst mit einer Büste von Buddha – und bäckt damit täglich Reiskuchen, 떡, stellt diesen dann ans Ufer. Seine einzigen Freunde sind eine Schlange und eine Ratte. Erst mit der Zeit wird klar: Das Kuchenbacken ist ein Abschiedsritual. Der Mann hört im Radio von Seeunglücken, manchmal wird ein Koffer angeschwemmt. Die Opfer dieser Unfälle kommen auf dem Weg ins Jenseits bei ihm auf der Insel vorbei, starren mit einem entrückten und ernsten Blick aufs Meer und verabschieden sich von der Welt.

Dann, eines Tages, hört der Mann in einem altmodischen Radio vom Untergang des Schiffes »Sewol«, den vielen Toten, den Jugendlichen auf Abschlussfahrt. Es wird hektisch auf der Insel und ausgerechnet dann geht sein Stößel kaputt. Dem Buddha fällt der Kopf von den Schultern.

Nach dem Film treffe ich den Regisseur auf einen Kaffee. Er sieht selbst etwas zerzaust aus. Er hat den Film »Augenlider« genannt, weil dieser Mönch »niemals die Augen verschließt vor den Tatsachen«, sagt er. »Auch die Eltern der Opfer verschließen ihre Augen nicht mehr.« Ich denke an Jindo, an die Zeichnungen der Kinder und die Schule in der Nähe von Seoul, in der noch immer Fotos der Toten auf den Schultischen stehen.

O Muel hofft, mit seinem Film einen Beitrag dafür zu leisten, dass es weitergeht, das Reden über das Unglück. Deswegen gehen dem Einsiedler im Film die Arbeitsgeräte nach und nach kaputt. »Seine Welt, wie er sie kennt, fällt auseinander.« Ähnlich schlimm sei das Unglück für das koreanische Volk gewesen. Er sagt: »Korea macht sich selbst kaputt.« Früher sei Reiskuchen eine Möglichkeit gewesen, die bittere Armut hinter sich zu lassen. In seinem Film soll es als Ritual den Übergang erleichtern, den Schmerz lindern. Dann sagt er noch einen Satz, der nichts mit seinem Film aber mit seinem Land zu tun hat: »Koreaner sind immer schnell dabei, bei anderen die Schuld zu suchen, aber vielleicht ist es dieses Mal wirklich unser aller Schuld.« Dieses Unglück wird Südkorea noch eine ganze Weile beschäftigen.

Da passt es, dass ausgerechnet dieses Festival gerade ein Problem mit diesem Schiffsunglück hatte. Das ist zwischen den Filmen immer wieder Thema bei dem BIFF, bei den Regisseuren, den Schauspielern, den Journalisten sowieso. Der Bürgermeister von Busan, Suh Byung-soo, der als sehr regierungstreu gilt, hatte im Jahr 2014 den Film »The Diving Bell« verbieten lassen. In dem – zugegeben eher mittelmäßigen – Dokumentarfilm ging es um das Schiffsunglück der »Sewol«, bei dem 305 Menschen starben. Der Regierung wird vorgeworfen, Beweise vertuschen zu wollen. Doch erst durch das versuchte Verbot, durch die versuchte Zensur, wurde der Film 2014 ein Hit für Journalisten. Jeder wollte ihn sehen, doch die Akkreditierung für die Premiere war schwierig. Freunde, die eine bekamen, erzählten später von langen Schlangen vor dem Kino und leeren Sitzen im Saal.

Das BIFF beharrte auf seiner Unabhängigkeit und zeigte den Film immerhin, aber Bürgermeister Suh ließ das Budget der öffentlichen Hand für 2015 um fünfzig Prozent schrumpfen. Die anderen Geldgeber, darunter auch die Deutschen, allerdings haben dementsprechend ihre Mittel erhöht und so führte der Schritt der koreanischen Regierung nur insgesamt zu Einbußen von etwa fünf Prozent und für die Regierung zu einem PR-Desaster.

Den Abend verbringe ich am Strand, die Deutsche Botschaft hat zu einem Umtrunk geladen, der Botschafter kam extra aus Seoul, aber nachdem er sagte, dass er keinen Film sehen konnte, hörten die Gäste auf, ihm zuzuhören. Es gab südkoreanisches Bier und – nicht weil jemand den Film gesehen hatte, sondern weil das schlicht zu Südkorea gehört – 떡, Reiskuchen. Nach einer Stunde nicht einmal das mehr. Ich treffe schließlich Wieland Speck, den Leiter der Panorama-Sektion der Berlinale. Er outet sich als Korea-Filmfan.

Er kenne diese große Traurigkeit koreanischer Filme gut. Er könne damit etwas anfangen. »Ich vergleiche sie aber eher mit den einer polnischen Trauer«, sagt er, »fast etwas Nationalpsychologisches.« Diese Trauer sei ähnlich allumfassend und auch Rache und Schuld spielten sowohl bei Koreanern als auch bei Polen eine Rolle. »Wie die Polen«, sagt er, »mussten auch die Koreaner ihre Identität gegenüber den aggressiven Nachbarn immer wieder behaupten.« Er erzählt aus der japanischen Besatzungszeit, in der Koreaner wie Tiere behandelt wurden. »Es gab Menschenversuche, wie bei Mengele und natürlich die Trostfrauen, Zwangsprostituierte.« Er habe

das schon bei den ersten Filmen festgestellt, die er Mitte der 90er-
Jahre aus Korea nach Berlin holte. Es war die Geburtsstunde des
neuen koreanischen Films. In diesem Jahr, zum 20. Jubiläum des
Festivals, ist Speck für die Verdienste um diesen Kulturaustausch
in Busan ausgezeichnet worden. Er ist deshalb nach Korea geflogen. »Ein bisschen seltsam ist es schon«, sagt er, »ausgerechnet den
Preis von dem Mann entgegenzunehmen, der dem Festival die fi-
nanziellen Mittel kürzen ließ.« Er meint wieder den Bürgermeister.
Schließlich hatte die Berlinale die Proteste unterstützt. Aber Wieland Speck weiß auch, wann man in Asien lächeln muss und mitspielen.

Am nächsten Morgen esse ich zum Frühstück die Spezialität
der Stadt: Haemul Pajeon, den Tintenfisch-Frühlingszwiebel-Ei-
erkuchen. Ein perfektes Busan-Frühstück, saftig, salzig, bevor ich
mir den nächsten Film anschaue. Es ist wieder eine Geschichte,
die wohl nur in Korea spielen kann: Film 3 von 5.

*Ein Mädchen »mietet« sich einen Jungen, Wanju, um ihren Freunden vor-
zuspielen, dass sie eine glückliche Beziehung habe. Die Szene im Restaurant, gleich zu Beginn, wenn die Freunde wissen wollen, wo das Paar einander kennen gelernt hat – das ist so herzzerreißend ernst und gleichzeitig
unglaublich komisch. Aber ich bin der einzige, der lacht. Die Freunde fragen, was er arbeite. Er ist unsicher und sagt Schauspieler. Die Freunde
schauen einander vielsagend an, sie erkennen die Lüge und das Mädchen
erträgt die Schande nicht. Was danach kommt, könnte an »Another Way«
erinnern, denn der einzige Weg für das Mädchen ist wieder der Selbstmord. Aber plötzlich nimmt der Film eine Wendung in Richtung Thriller.
Polizei, ein Mord und Wanju soll den Zeugen »spielen«.*

Der Genre-Mix ist eines der Markenzeichen für Filme aus Korea.
Mühelos kann ein Film Komödie und Krebsdrama sein, Familien-
film und Horror. Für mich waren Filme der erste Zugang zu dem
Land. Oft sind die Filme lang und traurig bis hin zu quälend, aber

eben oft auch: sehr gut. Jahrelange Folter, Missbrauch und schlimme Familiengeheimnisse sind Standard im koreanischen Kino. Ein ruhiger Junge, der zwei Stunden lang von der Klasse gedemütigt und geschlagen wird, um dann fünf Minuten vor Ende des Films aufzustehen, einen Stuhl zu nehmen und ihn auf den Kopf des Lehrers mit voller Wucht krachen zu lassen. Das sind Bilder, die eine Art Konfliktbewältigung zeigen, die unglaublich befreiend wirken muss. Immer wieder müssen Südkoreaner über Stunden im Film eine große Ungerechtigkeit einfach aushalten. Das große Aushalten, kein koreanisches Kino ohne *Han*.

Draußen vor dem Kino spreche ich mit einer jungen Koreanerin, die den Film auch gesehen hat. Das Kino liegt neben dem Festivalgelände in einem Kaufhaus im oberen Stockwerk. Wir laufen durch die Bettenabteilung, nehmen die Rolltreppe zu den Jeans, als sie mir erklärt, woher diese Trauer im Film kommt. »Es gibt gerade ein Buch«, sagt sie, »dass alle gelesen haben.« Es heißt »Warum ich Korea hasse« von Jang Kang-Myung. Es ist ein Roman, der Korea als »Hölle« beschreibt: Eine junge Frau zählt die Gründe auf, warum sie nach Australien auswandern musste. Es genüge seit Jahren nicht mehr, wenn man sich anstrenge, die Herkunft bestimme die Zukunft.: Einige wenige werden mit dem »Goldlöffel« geboren und andere mit »Erdlöffel«. Sie zitiert eine aktuelle Studie, die alle im Land kennen: 21.000 Südkoreaner zwischen 20 und 30 wurden befragt, ob sie lieber im Ausland leben wollen. »Weißt Du wie viele?«, ruft sie. »88 Prozent!« Sie ruft so laut, dass eine der Mitarbeiterinnen aufschaut und den Kopf schüttelt. Es ist unhöflich, laut zu werden in der Öffentlichkeit. Die junge Frau schaut genervt zur Decke: »Siehst Du, was ich meine, immer macht man einen Fehler hier, man muss immer auf sich achten.« Sie selbst habe in Frankreich gelebt und möchte dahin auch wieder zurückkehren. »Hell Joseon« ist der Begriff, der durch das Buch geprägt wurde. Sie möchte die Hölle verlassen.

Ich schaue später im Internet nach, in der Tat gibt es sogar schon eine Landkarte für »Hell Joseon« im Internet. Sie ähnelt Westeros aus »Game of Thrones«. Dort gibt es den »See der Arbeitslosigkeit«, die »Festung der Bürokraten«, den »Thron der Politiker«. Der Weg hinaus aus der Hölle führt nur über die »Höhle der Selbstständigkeit« zum »Wald der Emigration«. Rund 50.000 Südkoreanern gefällt das. Jugendliche schreiben im Internet, was sie hassen an ihrem Land: Die Regeln für Partnerschaft, den Stress in der Schule, die Pflicht, für zwei Jahre zum Militär zu müssen, die langen Arbeitszeiten. Und dann immer wieder die politischen Skandale. Die Präsidentin hat gerade ihren vierten Premier vereidigt, der letzte musste wegen Korruptionsvorwürfen zurücktreten.

Als wir draußen stehen, reden wir noch weiter. Sie sagt, dass 93 Prozent der jungen Südkoreaner ihr eigenes Land peinlich sei. Jetzt bin ich in der seltsamen Lage, ihr Land zu verteidigen, ich kann diesen Selbsthass auch nicht ganz glauben, nicht nur weil ich hier gern lebe. Zu sehr sind Südkoreaner auch stolz, auf die großen Firmen, die glänzenden Häuser, die Schnelligkeit, mit der Technik hier umgesetzt wird. Und in keiner Stadt kann man das wohl besser sehen als hier in Busan. Der Hafen, die Restaurants, das Seafood auf Muscheln zum Grillen am Tisch, und die Berge sind nur eine U-Bahnfahrt weg. Außerdem ist der Norden so weit, dass man ihn fast vergisst. Und sollte die Hauptstadt wirklich fehlen – sie ist mit dem Schnellzug nicht einmal drei Stunden entfernt. Wir beenden das kurze Gespräch wie so oft in Südkorea: unversöhnlich. Sie sagt, schon ihre eigene Sprache mache sie manchmal wütend. »Ich müsste jetzt mit dir im Gespräch die höchste Höflichkeitsstufe verwenden, wenn ich Koreanisch spreche, nur weil du ein paar Jahre älter bist.« Sie findet diese Hierarchien seien im Ausland bei Weitem nicht so streng. »Klar gehören sie zu uns, aber es macht den Alltag auch für uns zum Teil …«, sie sucht nach Worten, »zur Hölle eben.«

Mein vorletzter Film für dieses Festival ist ein südkoreanischer Kinderfilm. Film 4 von 5 heißt passenderweise »4th Place«.

Der Junge Gwang-soo will Leistungsschwimmer werden, seine Mutter fährt ihn Woche für Woche zum Training, feuert ihn an, aber bei jedem Wettbewerb wird er nur Vierter. Keine Medaille, kein Lob, beim Kaffee mit anderen Müttern kann sie nicht prahlen. Sie ist: enttäuscht und tod-unglücklich. Dann hört sie das Gerücht von einem neuen Trainer, der eine spezielle Geheim-Technik anwendet, mit der Sieger geschaffen werden. Und ein paar Wochen später gewinnt Gwang-soo tatsächlich den ersten Preis Der erschütterndste Moment des Films ist, als die Mutter von den Prügeleien des neuen Trainers erfährt, sie sind sein Geheimnis, er prügelt die Schützlinge, weil auch ihm nichts geschenkt wurde, als er Schwimm-profi wurde. Die Geschichte setzt sich fort. Die Mutter sieht die blauen Flecke bei ihrem Sohn – und will doch lieber keine Probleme machen. Der Sohn gewinnt schließlich. Als ob der Weg zum Erfolg wirklich immer stei-nig sein muss, so wie das Land durch eine schwere Zeit gehen musste.

Noch erschütternder war eine Szene aus dem anschließenden Pu-blikumsgespräch. In Busan ist es nicht wie beim Berliner Filmfes-tival, wo sich die Hälfte des Publikums gerade bei Spätvorstellun-gen schnell vor dem Gespräch mit den Filmemachern drückt. Fast alle bleiben sitzen und feiern den 12-jährigen Hauptdarsteller. Er ist sehr schüchtern und man merkt ihm die Nervosität an. Der Moderator fragt ihn, ob er selbst Schwimmer sei (»Ja«), ob die Dreharbeiten anstrengend waren (»Der Regisseur war wie ein gu-ter Freund«) und schließlich, ob er den Film für übertrieben halte. Der Junge schaut ruhig vor sich hin. Der Moderator hakt nach: Diese Schläge, diese ehrgeizigen Mütter, die nichts gegen die Prü-gel tun? Ich werde wohl nie vergessen, wie dieser kleine Junge das Mikrofon nimmt, nach oben blickt ins Publikum, und dann sagt: »Nein, ich schwimme selber in einem Verein und ich kenne Schwimmfreunde, die noch geschlagen werden. Der Film ist nicht übertrieben, aber wir reden darüber eigentlich nicht so gern.«

Ich verbringe den zweiten Abend im Spa-Land, der größten Sauna in Busan, oder koreanisch: dem Jjim-jil-bang. Das sind Einrichtungen, in denen mir Korea so vertraut und entspannt vorkommt. Diese ungezwungene Nacktheit innerhalb der Saunabereiche erinnert mich fast an ostdeutsche FKK-Strände, auch wenn sie in Korea streng getrennt nach Geschlechtern abläuft. Die gemeinsamen Räume sind nur mit einer Art Schlafanzug betretbar, den jeder am Eingang bekommt. Aber dass Wellness und Spas und große Badehäuser so beliebt sind wie in Europa nur in Finnland und Ungarn – das ist schon bemerkenswert. Es gibt eigene Liegeräume mit Bildschirmen und Kopfhörern an jedem Sitz. Es gibt Kneippbäder und Kalträume, Dampfbäder und natürlich eine Bar, an der jeder trinken kann. Ich lasse mir die Haut abreiben, ein Prozess, der in Korea zu einem Saunagang gehört. Es ist gesund, aber der Lappen, mit dem die Masseure die alte Haut abrubbeln, tut auch ein bisschen weh. Aber das gehört dazu.

Mit geröteter Haut lege ich mich in einen Raum, der etwas von einer ägyptischen Grabstätte hat. Koreaner sind präzise, eine Anzeige verrät: Die Temperatur liegt bei 65 Grad. Ich liege dort auf Steinen und denke noch einmal an Jung-Won, die im letzten Moment aus ihrem Auto gerettet wird; an den Reiskuchenbäcker auf seiner einsamen Insel, der es doch schafft, den toten Schülern ihr Geleit zu geben, an den unbeholfenen Wanju, der in all seinen Rollen am Schluss selbst nicht mehr weiß, wann die Lüge beginnt. Und an den kleinen Gwang-soo, der im Spiel seinen kleinen Bruder schlägt. Als der sagt: »Das tut weh«, sagt er. »Da musst du durch.«

Im Badebereich wäscht ein älterer Herr seinen noch viel älteren Vater. Sie sprechen nicht. In einer koreanischen Sauna geht es auch um: loslassenkönnen von all dem Gerede. Nicht nur im Winter sind diese Räume Orte, an denen Koreaner die Wärme tanken, um draußen weitermachen zu können.

Am nächsten Morgen treffe ich auf den Leiter der koreani-

schen Sektion des Festivals. Nam Dong-Chul muss jedes Jahr viel
aushalten. Die Politik Koreas hätte gern glänzende Actionfilme,
doch alles, was die Künstler hier vorstellen, kritisiert die starren
Verhältnisse. Wie erklärt er sich, dass es trotzdem so bleibt? »Es
gibt in unserem Land eine Version der Geschichte, die der Staat
gern hätte«, sagt Nam. Aber die müsse man ignorieren, sonst könne er nicht arbeiten. »Aber gerade bei diesem Festival kann man
diese Version herausfordern.« Er sagt, dass diese Tradition schon
sehr lange im koreanischen Film vorherrsche. Das könne jeder sehen, der bei Google »Korean Film Archive« eingibt. Dort sind
hunderte koreanische Filme untertitelt, zum Teil auch bei Youtube zu sehen. »Schon in den 60er-Jahren gab es einen Film über
zwei Kinder, die an der demilitarisierten Zone spielen, da war der
Krieg gerade erst vorbei«, sagt er. »Ein Junge und ein Mädchen, sie
laufen zwischen den Landminen entlang, und einer von beiden
wird den Tag nicht überleben.« Das sei so traurig und doch bis
heute aktuell.

Wir reden darüber, dass gerade in den vergangenen Jahren
Südkorea immer mehr in den Blick für Hollywood geriet. »Aven-
gers: Age of Ultron« spielt in Seoul, die Wachowski-Geschwister
drehten ihre Serie »Sense8« in Südkorea und zumindest Tom Tyk-
wers Film »Cloud Atlas« und »World War Z« haben Seoul als einen
Handlungsort.

Nam Dong-Chul muss weiter, aber ich frage auch ihn nach
dem *Han*. Er sagt, das könne man in fast allen koreanischen Filmen finden, aber in einem am meisten: »Seopyeonje«. Ein Film von
1993, den solle ich schauen. »Einfach googlen«, sagt er, »den finden
Sie im Netz.« Aber er warnt noch: »Der Film ist wirklich traurig, er
ist sozusagen der Film mit dem meisten *Han* in Korea.« Ich nehme
mir das für einen späteren Zeitpunkt der Reise vor und frage ihn,
ob er Kim Ki-duk schon getroffen habe? Sein Film laufe gleich, im
Kino am Strand. Kim werde auch da sein.

Film 5 von 5 heißt »Stop« und spielt in Japan.

Die junge Japanerin Miki ist von ihrem Freund Sabu schwanger,
sie leben in der Gegend Fukushima, als der Reaktorunfall passiert.
Im Laufe des alptraumhaften Films muss das Paar entscheiden, ob
es das gemeinsame Baby abtreiben will. Die Regierung besucht sie
und will Miki dazu zwingen. Erst hindert Sabu sie daran, aber als
er das deformierte Kind einer Nachbarin sieht, ändert er seine
Meinung. Beide irren durch Tokios Straßen, vorbei an Aktivisten,
die rufen »Schaltet den Strom ab« und besuchen Ärzte, die zu Miki
sagen: »Sie haben ein Monster in sich, das wächst.«

Der Film endet versöhnlich. Nach all dem Horror, den das Paar
aushalten muss, gibt es so etwas wie Liebe und Gerechtigkeit im
Kleinen. Probleme werden bei Kim Ki-duk nicht gelöst, sondern
weichen einem Wunder. Der Schmerz über das Reaktorunglück
wird aber bleiben und sich wohl nie auflösen. Als das Licht angeht,
sehe ich, dass fast nur junge Frauen im Kino sitzen. Kim Ki-duk
hat offenbar doch eine breite Fanbasis, auch in Korea. Doch das
beeindruckt ihn nicht. Fast abweisend steht er vorn, antwortet
kurz auf die Fragen. Er trägt grau, wie ein koreanischer Berg-
mönch, der gerade vom Tempel am Wasser kommt. Er erzählt offen, warum er jetzt in Japan dreht (»In Korea ist alles erzählt«), warum seine Filme nicht mehr im Kino im Programm laufen (»Ihr
Zuschauer ladet sowieso alles online herunter«) und dann, ganz am
Ende, die letzte Frage, ich melde mich. »Was ist *Han* für Sie?« Er
sagt: »Das Monster im Körper dieser Frau im Film, das sind wir
alle.«

DER OSTEN

Kapitel

20

Sky, Show und Liebe
(in Gyeongju)

SHILLA 신라
(KOREANISCHE DYNASTIE, 57 V. CHR. BIS 935 N. CHR.)

Busan ist der Scheitelpunkt meiner Reise. Von dem kleinen Busbahnhof am Haendae-Strand fährt auch ein Bus direkt nach Seoul, überhaupt an fast jedem Busbahnhof gibt es ein Schild, das mich in Richtung Itaewon und Gangnam bringen könnte. Doch Gin hatte recht. Außerhalb von Seoul beginnt das eigentliche Korea. Es ist die Mischung, die sich hier auch in meinem fast vollen Bus in Richtung Gyeongju zeigt: ältere Leute, besser gekleidete Geschäftsfrauen, zwei sehr junge Freundinnen, die nur auf ihr Mobiltelefon schauen, eine junge Familie, die damit zu tun hat, ihr Kleinkind zu besänftigen. Vielleicht will es auch Busan nicht verlassen, es ist eine schöne Stadt, auch hier sind die Hügel in Richtung Norden sichtbar, die 70 Prozent des Landes ausmachen. Immer wieder Hügel, hinter denen jemand verschwinden kann, wie im Lied »Arirang«, und vielleicht nie wiederkehren. Warum eigentlich liegt dieses Sentimentale über allem? Oder bin ich das?

Aber Gyeongju, so steht es in allen Reiseführern, sollte jeder gesehen haben, der durch Südkorea fährt. Die Fahrt dauert nur ungefähr 45 Minuten von Busan, das Kind hat sich noch immer nicht beruhigt, dafür sind die anderen Fahrgäste davon inzwischen etwas genervt. Neben mir ganz hinten im Bus sitzt ein Koreaner ungefähr Ende dreißig, der auf Englisch grinsend zu mir sagt: »Ich wäre auch gern noch in Busan geblieben, aber ich schrei deswegen auch nicht gleich.« Wir kommen ins Gespräch, Seong-Ju heißt er und er fährt nach Hause. Er ist aufgewachsen in Gyeongju und sagt, es sei einer der schönsten Orte im Land. »Einer seiner Namen war einmal Geumseong, das bedeutet Goldstadt.« Er meint, dass ich unbedingt das Nationalmuseum sehen sollte, nicht weit davon ist ein Park, durch den laufe er manchmal, dort liegen jahrhundertealte Gräber. »Ich bin zwischen Königsgräbern aufgewachsen.« Ich erzähle ihm von meiner Reise, von den traurigen Filmen, die ich gesehen habe und dass ich »Sopyeonje« schauen solle. Als er lacht, merke ich zum ersten Mal, dass er mich an jemanden erinnert. Er sieht Gin sehr ähnlich, groß, sehr schlank und er lacht fast so. Er meinte, ich solle in einer guten Stimmung sein, wenn ich ihn schaue. »Wenn du schlechte Laune hast, dann erträgst du das nicht.«

Ich probiere es einfach, bei Unbekannten ist es vielleicht nicht ungewöhnlich, diese Frage zu stellen. »Was ist *Han* für Dich?« Er überlegt. Er sagt, dass es ihm im Augenblick ganz gut gehe, Gyeongju sei eine gute Heimat, viele Touristen kommen zu Besuch, aber es ist auch ein Problem. Früher hatte er das Gefühl, unter Zwängen zu leben, besonders beim Militär, das sei eine furchtbare Zeit gewesen. »Man lernt Disziplin, aber das ist auch alles.« Er hätte gern mehr Geld, zum Leben, vor allem zum Reisen. »Ich bin früher oft in Europa und den USA gewesen«, sagt er. »Aber jetzt sind meine Freunde verheiratet und ich habe noch keine Frau gefun-

den.« Seine letzte Freundin habe inzwischen einen buddhisti-
schen Mönch geheiratet, sie habe ein Buch darüber geschrieben
und es ihm geschenkt. Er hat es nicht gelesen. »In Korea bin ich
mit 38 zu alt, um noch jemanden zu finden.« Er hat Agenturen probiert und Telefon-Apps, er ist noch immer allein. Das sei schon
schwierig, seine Eltern fragen ihn immer wieder, wann er eine Familie gründen will. Aber ob das schon *Han* ist? Er glaubt es nicht.

Er will nachdenken, aber wenn ich Zeit habe, es gebe in Gyeongju ein Café, das ich unbedingt sehen solle. Er könnte dort am
nächsten Nachmittag sein. »Wenn ich dort sitze, fühlt es sich an,
als wäre ich in Seoul«, sagt er, »die Musik, die improvisierte Einrichtung, so sieht es auch in Europa aus.« Dann ist es fast so, als sei
Gyeongju noch die Hauptstadt, die es einmal war, von 57 vor
Christus bis 935 n. Christus, als das Silla-Reich noch bestand. Da-

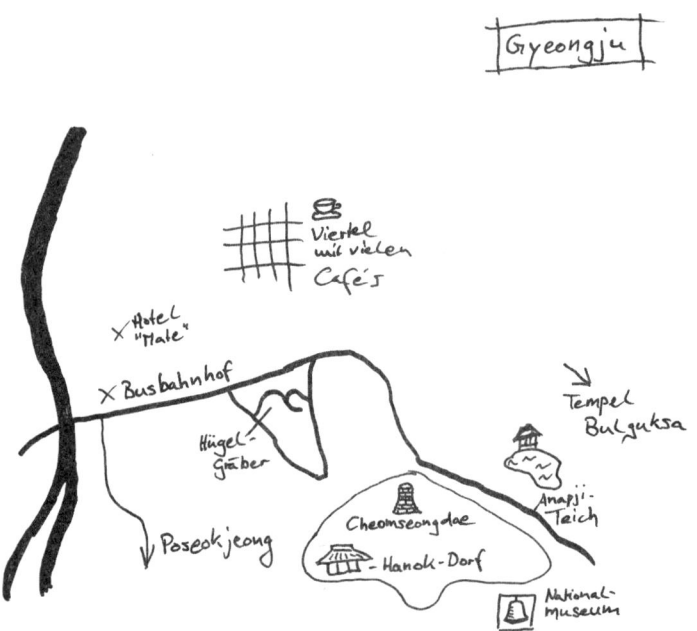

mals hieß die Stadt Seorabeol, darauf geht das Wort ›Hauptstadt‹
zurück: Seoul.

Als wir durch Gyeongju fahren, sehe ich zwischen den Häusern immer wieder grüne Hügel aufsteigen, es fällt auf, dass es keine Hochhäuser gibt. »Die sind verboten hier«, sagt Seong-Ju. »Nur
außerhalb gibt es ein paar Siedlungen.« Hier im Zentrum würden
sie die Grabhügel verdecken. Die seien aber die Wahrzeichen dieser Gegend. Die drei Königsfamilien Park, Seok und Kim hätten
einander jahrelang mit Intrigen überzogen, damit ihre Sippe herr-
schen konnte. Vor allem Kim sei sehr schlau gewesen. Viele Kims
beziehen sich heute noch auf diesen König als Ursprung. Über
200 von diesen Gräbern gibt es in Gyeongju. Sie sind nicht auf Korea beschränkt, Grabhügel entstanden überall auf der Welt, Skan-
dinavien, England, aber auch Ägypten und Sudan, Indien und Japan. In Südkorea gibt es sie so gehäuft nur hier, in Gyeongju.

Seong-ju läuft mit seiner kleinen Tasche – er war nur kurz am
Strand – nach Hause und es beginnt wie immer die Suche nach einem Schlafplatz für die Nacht. Der Busbahnhof ist umringt von
vielen Motels, »Sky«-Motel, »Show«-Motel und sogar eines mit
dem deutschen Namen »Liebe«. Das sollte schnell gehen.

Das Reisen wird in Südkorea stark erleichtert, weil es wirklich
in jedem kleinen Ort diese sogenannten Love-Motels gibt. Es
heißt, sie wurden 1988 für Olympia eröffnet, als Stundenhotels.
Aber inzwischen sind sie fast das Rückgrat der koreanischen Gesellschaft. Sie bieten den unkontrollierten Raum, den es sonst so
selten gibt, hier wird niemand nach seinem Namen gefragt. Auf
meiner Reise habe ich oft in diesen Love-Motels übernachtet, weil
sie meist schlicht die einzige Möglichkeit zum Schlafen sind. Ihre
Namen sind oft Englisch (»Happy«, »Yes« oder »Good times«), aber
ihre Qualität kann stark variieren, doch zur Verteidigung dieser
Institution: Mal bekommt man eine Zahnbürste, mal Kondome,
mal nur einen Schlüssel. Die meisten sind in der Tat sehr sauber

und günstig. Schließlich wollen sie, dass die Kunden wiederkommen. Denn für viele sind nicht die Gäste von außen die Hauptziel-
gruppe, sondern Südkoreaner aus der Umgebung. In Seoul haben
mir Studenten erzählt, dass sie am Wochenende sich für einige
Stunden mit Freunden einmieten, um Gesellschaftsspiele zu spielen oder einfach zu rauchen und zu trinken.

Das »Soulmate« gleicht eher einem englischen Schloss, mit
kleinen Erkern unter jedem Fenster, nur die pinke und braune Farbe ist nicht ganz britischer Stil. Im Grunde sind es zwei Häuser,
das »Mate« sieht neuer aus als das »Soul« daneben. Im Eingangsbereich steht ein großes Pferd und eine britische Flagge hängt daneben. Draußen steht auf Englisch: »Wir bieten den besten Service«,
direkt daneben ein rotes Telefonhäuschen wie in London. Das
Fenster von der Rezeption ist wie immer sehr klein, damit es keinen Blickkontakt geben muss bei der Schlüsselübergabe. Aber ich
kann die Dame dieses Mal dahinter erkennen. Häufig gibt es nur
einen Schlitz, um das Geld und den Schlüssel auszutauschen. Umgerechnet 30 Euro (40.000 Won) kostet hier eine Nacht, wie in
den meisten Hotels auf meiner Strecke. Das »Mate« kann man
aber auch für vier Stunden mieten. Das kostet nur 15 Euro. Aber
ich habe keine Lust, lange nach einem Zimmer zu suchen. Es ist
ohnehin nur für zwei Nächte. Gerade, als ich den Gang zu meinem
Zimmer entlanggehe, kommt mir ein junges Paar, Anfang 20, entgegen. Sie grüßen, senken den Kopf, und laufen nach draußen.

Vor allem bei unverheirateten Paaren sind diese Hotels beliebt
– und natürlich bei Männern, die fremdgehen. Aber es gibt wenige
Statistiken und eigentlich ist auch das Sprechen über Love-Motels
Koreanern unangenehm. Wieder ist da dieses: »Darüber spricht
man nicht.« Es gibt eine englischsprachige Zeitschrift in Südkorea, die im Jahr 2009 einmal Fassaden von Love-Motels druckte,
auf einer Doppelseite. Es beschwerten sich Leser und eine On-
line-Debatte entbrannte wegen der Foto-Texte. Der Professor
Kim Seong-Kon von der Seoul National University schaltete sich

ein und veröffentlichte einen offenen Brief, in dem er darauf hin-
wies: »Wir Koreaner sprechen nicht gern über unseren dunklen
Seiten und wollen gern von Ausländern als makellos angesehen
werden.« Er schreibt, dass es in den 80er-Jahren sogar es ein Gesetz gab, 104-2 Paragraph 2, das später abgeschafft wurde. Es stellte unter Strafe, gegenüber Ausländern Südkorea schlecht darzu-
stellen. Und noch jetzt ist es für Südkoreaner oft unangenehm,
über negative Dinge aus dem eigenen Land zu sprechen. Selbstmordrate, Arbeitsbelastung, Scheidungsrate, selbst Korruption,
alles Negative wird im Gespräch oft ausgeklammert, zumindest
wenn man einander nicht gut kennt. Einerseits gibt es sicher die
Idee, sein »Gesicht nicht zu verlieren«, andererseits hat das, wie
vieles, wieder mit dem Norden zu tun. Der Süden ist ein Land,
dass unbedingt besser dastehen will, nein muss, um den »Krieg« zu
gewinnen.

Dabei sind inzwischen die Love-Motels längst keine dunklen
Plätze für Heimlichkeiten mehr. Auch das »Mate« in Gyeongju hat
ein sauberes Bad, einen Flachbildfernseher und Rauchen ist hier
nicht erlaubt. Es gibt Seife und Shampoo und die Frau am Eingang
wusste sogar, wie lange der »Park der großen Gräber« noch offen
hat, der »Daeneungwon«. Vielleicht ist es in einem touristischen
Ort wie hier wirklich eher für Reisende gedachte. Ich packe also
meinen Fotoapparat ein und laufe los. Bis Sonnenuntergang habe
ich Zeit, draußen vor der Tür dämmert es bereits.

Der Park ist ein Kleinod in Südkorea und schon für diesen Moment hat sich die Reise gelohnt. 23 Hügel sind hier verteilt. Es gab
eine Zeit, da dachten die Menschen, diese Hügel sind natürlich
entstanden. Erst durch Ausgrabungen wurden die Schätze entdeckt. Eines der Gräber ist offen, ich kann in den Hügel hineingehen, es ist noch dunkler als draußen. Es ist das »Cheonmachong«,
das »Grab des himmlischen Pferdes«. Darin stehen die Artefakte
aus einer Zeit, als Korea zum ersten Mal vereint war, im siebten
Jahrhundert, als die drei Reiche die gesamte Halbinsel eingenom-

men hatten, bis weit über die heute chinesische und russische Grenze hinaus. Die damaligen Herrscher hatten sich mit China und der damals herrschenden Tang-Dynastie arrangiert. Sie zahlten Tribute und blieben von der Übermacht eine Zeit lang verschont.

Der Ursprung des Reiches liegt der Legende nach im Jahr 69 vor Christus. Damals sind die sechs lokalen Häuptlinge zusammengekommen, an einem Feuer nicht weit von Gyeongju. Sie wollten einen König unter sich wählen. Doch plötzlich gab es einen Blitz und Licht schien aus dem Himmel, auf dem ein weißes Pferd zur Erde lief. Der Schimmel beugte sich herab und ließ ein Ei fallen. Aus diesem Ei kam ein Junge, »Hyeokgeose«, wörtlich die »Glitzernde Welt«. »Die Tiere tanzten und die Vögel des Waldes zwitscherten wie am hellen Tag«, lese ich. Einer der Häuptlinge nahm das Baby bei sich auf und als der Junge 13 Jahre alt war, wurde er zum König ernannt. Der erste einer langen Dynastie. Seine spätere Frau, Alyeong, wurde aus der Rippe eines Drachen geboren. Sie reisten zusammen durch das Land und gründeten später diese Stadt, in der ich gelandet bin.

Pferde, die Eier legen, Frauen aus Drachenrippen, Gyeongju ist ein fantasievoller Ort.

Ich muss an den Bären denken, von dem alle Koreaner abstammen – eine ähnlich verrückte Geschichte – für den ein Denkmal in Nordkorea steht. Dass dieser Ort in Nordkorea liegt, ist ein Grund, warum die Trennung den Süden so schmerzt. Hier in Gyeongju ist das Gegenstück, der Sohn eines Pferdes, Sein Nachname war Park. Heute sagt man, alle Parks stammen letztlich von dem Jungen aus dem Pferdeei ab, so auch die aktuelle Präsidentin. Im Prinzip ist dann diese Stadt auch fast ein Denkmal für die erste Vereinigung Koreas.

Es ist ein schöner Ort, als ich aus dem Hügel herauskomme, ist es fast dunkel, die anderen Hügel werden von Straßenlampen angestrahlt, und in der Ferne ist eine Siedlung von traditionellen

Häusern zu sehen – und eine Raststätte. Ich decke mich mit Snacks für den Abend ein und laufe zwischen Gräbern zurück zu meinem »Mate«.

Am Abend sehe ich im Hotel noch etwas fern. Eine Soap, der ich kaum folgen kann, viel Drama, eine Koreanerin macht ihrem Ehemann laut Vorhaltungen. Er sieht betroffen aus. Dann geht er einfach aus der Tür, sie bleibt weinend zurück. Auf dem Sender »Arirang« läuft »Newstellers«, eine Sendung, in der internationale Journalisten, – also eigentlich Kollegen – koreanische Themen auf Englisch diskutieren. Warum ist es unüblich, dass Südkoreaner unverheiratet nicht zusammenwohnen? Warum ist die Arbeitsmoral der Südkoreaner so hoch? Diese Folge behandelt den kulturellen Export von Korea: New Yorker, die gern Koreanisch essen und Schweden, die K-Pop lieben. Frederic Ojardias, ein französischer Korrespondent, den ich aus dem Press Center kenne, sagt den schönen Satz: »Es gibt immer diesen Kampf zwischen Nordkorea und Südkorea und zumindest auf der kulturellen Ebene hat der Süden längst gewonnen.« Südkoreanische Filme, Musikgruppen und Wissenschaftler seien zum Teil weltweit oder zumindest in Asien bekannt.

Bevor ich abschalte, sagt die Moderatorin noch, dass die südkoreanische Regierung im Jahr 2016 noch einmal das Budget für Kultur-Promotion im Ausland aufstocken wird, auf über fünf Milliarden US-Dollar. Ich hatte gehört, dass in Berlin am Potsdamer Platz ein original-koreanischer Pavillon aufgebaut werden soll. Das wäre doch ein Anfang, koreanische Architektur in der Welt bekannter zu machen. Wenn nur die Teilung nicht wäre und jeder bei der Frage »Korea« immer zurück fragt: Nord oder Süd?

Am nächsten Morgen laufe ich noch einmal durch den »Park der großen Hügel«. Auf der anderen Seite ist der Ausgang zu einem Observatorium, dem »Cheomseongdae«. Vor dem Steinturm stehen mehrere Touristenbusse, der Turm ist für eine Silla-Königin gebaut worden, im 7. Jahrhundert, und er ist der älteste seiner Art in ganz Ostasien, vielleicht sogar der Welt. Es wurden genau 362 Steine benutzt, so viele wie das Mondjahr Tage hat. Unter dem Fenster sind 12 Stein-Reihen, darüber noch einmal. Wie die Monate im Jahr. Die Sternseher sollten die Zukunft voraussagen, Wissen, dass es nur für die Königin geben durfte. Er ist fast zehn Meter hoch, direkt in der Nähe werden Stände aufgebaut für ein Fest am Abend.

Nicht weit davon steht das Nationalmuseum, bei dem ich wie bei der Fernsehsendung am Abend zuvor das Gefühl habe, Südkoreaner strengen sich zu sehr an, die Großartigkeit ihrer Kultur zu betonen. Vor einer Glocke neben dem Haupteingang steht auf dem Schild, dass sie sich im Stil und im Klang stark von den japanischen und chinesischen unterscheiden würde. Sie schreiben auf dem Label tatsächlich: »Alle koreanischen Glocken zeichnen sich durch ihre schön gezeichneten Linien aus und ihren herzerwärmenden Klang.« Man dürfe die Glocke allerdings nicht schlagen.

Plötzlich taucht neben mir ein Reiseführer auf und erzählt auf Englisch einer Gruppe die Geschichte dieser Glocke, in diesem ruhigen Ton, wie das nur Reiseführer können. Dabei ist die Geschichte wieder voller Drama: Sie handelt von einem Glockengießer, der im Jahr 771 den Auftrag erhielt, diese 3,5 Meter hohe Bronzeglocke zu gießen. Der Glockenmeister aber hatte kein Glück: Alle drei Modelle, die er baute, zersprangen sofort beim ersten Schlag. Doch der Druck war groß, es sollte sein Lebenswerk werden. Seine Schwester, die gerade bei ihm wohnte, ging zu einem Schamanen, der ihr sagte: »Opfere Deine Tochter, ihr wird ohnehin kein gutes Leben beschieden sein, sie wurde im Kreis des Feuerpferdes geboren, besonders Frauen sollten nicht in diesem Zeichen geboren werden.« Er sagt, dass tatsächlich im Jahr 1966 eine große Abtreibungswelle durch Japan ging, wo dieser Glaube auch verbreitet sei. Es war das letzte Feuerpferd-Jahr. Die Schwester opferte ihre Tochter. Die Glocke, die der Meister darauf schuf, wurde ein Meisterwerk. »Sie hängt jetzt vor ihnen«, sagt der Reiseführer.

Die Reisegruppe kommt aus Europa. Sie haben eine Busreise gebucht quer durch Südkorea. Morgen soll es nach Busan gehen. Ich frage eine ältere Frau aus Schwaben (hörbar), warum sie ausgerechnet Südkorea ausgewählt habe. Sie sagt: »Von hier hört man so wenig, immer nur Japan und China, da dachte ich, das muss ich sehen.« Ich schließe mich der Gruppe an für eine kleine Führung. Die Ausstellung zeigt in der Tat interessante Objekte, Ton-Vasen in Form eines Vogels oder einer Frau, zwischendurch lerne ich die verwirrende Anzahl von Königen kennen, die auch mit Touch-Bildschirmen noch genauer erklärt werden. Die drei Reiche Goguryeo, Baekje und Silla, die einander bekämpften, bis schließlich Silla übrigblieb. Bis 935 nach Christus regiert der letzte der 56 Silla-Herrscher. Am Ende der Ausstellung versucht das Museum etwas ungelenk eine Verknüpfung zur Gegenwart herzustellen. An der Wand steht wörtlich und sehr unwissenschaftlich: »Silla ging über in den Nebel der Geschichte.« Daneben auf einer Tafel: »Doch sein Name geht auf die Begriffe »Innovation« und »Globalisierung« zurück. Das sind Werte, die Sillas Bedeutung noch heute weiterleben lassen.« Ich muss an die Hotelkette denken, »Shilla«, eines der teuersten Hotels in Seoul und Jeju, die Vorsitzende ist die Tochter eines Samsung-Gründers, zu dem die Firma auch gehört. Doch für eine derartig luxuriöse Hotelmarke besonders: Sie expandieren nicht. Während große Hotelketten die Welt abzudecken versuchen, gibt es zwei große Shilla-Hotels und beide stehen in Südkorea.

Der Reiseleiter fragt mich, ob ich nicht noch mitkommen möchte und so schaue ich mir auch noch den Najeong-Brunnen an, dort, wo das himmlische Pferd angeblich das Ei abgelegt haben soll, aus dem König Park kam. Nicht weit davon liegt der Poseok-Pavillion, in dem der letzte Silla-König Gyeongae beim Feiern an diesem Ort von Rebellen gestört wurde. Entweder haben ihn die Rebellen getötet, aber als wahrscheinlicher gilt die Geschichte, er habe sich umgebracht. Die Rebellen setzten daraufhin einen anderen König ein, Gyeongsun, der sich allerdings schon nach acht Jahren der nächsten Dynastie anschloss, der Goryeo, die fast 400 Jahre lang Korea beherrschte.

Am Nachmittag treffe ich Seong-Ju wieder. Er zeigt mir die Innenstadt, kleine Häuser, Gassen, schließlich das Café, das er meint. »Café 21« heißt es und ist in einer kleinen Gasse. Drinnen ist es tatsächlich eingerichtet wie in Hongdae oder Itaewon, schöne Sessel, angenehme Atmosphäre, leise amerikanische Musik. Wir reden über die Hügel und das Museum und die Opfer und Selbstmorde, aber ihn interessiert das Vergangene nicht so sehr. Er mag die Hügel in seiner Stadt, aber er muss nicht jede grausame Geschichte hören. Ich frage ihn, warum Südkorea noch nicht so stark wahrgenommen wird, warum man in Deutschland nie von Silla gehört hat. »Schau Dir unsere Geschichte an«, sagt er, »wir wurden über 900 Mal von außen angegriffen.« Die Mongolen, die Japaner, die Mandschuren. »Manchmal denke ich, dass wir im Grunde noch heute am liebsten wieder allein gelassen werden wollen.« Er sagt, er wolle nicht immer wieder seine Kultur erklären, warum sie hart arbeiten, warum Alkohol so wichtig sei, ja auch, warum sie nicht gern über Love-Hotels sprechen. »Vielleicht ist das, was du suchst, das *Han*«, sagt er. »Fremde haben uns kein Glück gebracht, aber wir werden uns immer mit Fremden auseinandersetzen müssen.«

Seong-ju sagt, dass natürlich die Silla-Zeit wichtig für Korea war, weil sie zum ersten Mal zeigte, dass Koreaner eine homogene Gruppe sein können. Gyeongju ist wie ein Gegenmodell zu Seoul, wie es hätte sein können, ohne den Krieg: Keine Hochhäuser, viel Erinnerung an Vergangenes, an fast jeder Ecke ist ein Grabmal, auch mitten zwischen Wohnhäusern. Die Vergangenheit war nicht so gut zu Korea. Auch nicht zu ihm. Er sagt, sein Englisch habe er im Militär gelernt. Seong-ju arbeitete in einer Abteilung, die zwischen US-Soldaten und koreanischen Soldaten vermitteln sollte. »Wir mussten ständig übersetzen.« Sogar nach der Arbeitszeit gab es immer Sonderaufträge, ihre Generäle hatten einen sehr rauen Ton. »Ich hatte kein Leben damals, es gab nur das Militär.« Aber er hat es ausgehalten, weil er abends Hermann Hesse las. »Siddhartha ist ein wunderbares Buch, die Sprache ist so echt.« Er hat es auf Englisch gelesen, es hat ihm gezeigt, dass es mehr gibt im Leben als Arbeiten und die Pflichterfüllung. »In der Zeit habe ich aufgehört, Fernsehen zu schauen.« Er mag nicht mehr die schlechten Nachrichten von den Toten von überall in der Welt. Auch da: Er will in Ruhe gelassen werden.

Wir reden noch lange an diesem Abend, wir essen die kleinen süßen Bohnen-Teigtaschen, die es nur in Gyeongju gibt, wir reden von Trennungen, von Toten, von Königen und von meiner Zeit im Tempel. Er hatte schon überlegt, selbst Mönch zu werden, aber er ist der einzige Sohn, seine Familie wäre noch trauriger als jetzt schon. Am liebsten würde er ins Ausland gehen, auch er kennt »Hell Joseon«, doch er fragt sich dann immer, wäre das wirklich anders? Er würde immer ein Koreaner bleiben und er ist überzeugt, dass Koreaner, auch die im Norden, »anders« sind, als der Rest der Welt.

Seong-ju spricht davon, wie von einer Wissenschaft. »Wir Koreaner erwarten viel von uns selber.« Er meint, es sei wie bei Katholiken, die auch immer unter dem Druck stehen, keine Sünde zu begehen, weil Gott alles sieht. »Doch wir Menschen machen Fehler.« Im Koreanischen heißt das 신성을 더럽히기, Sinseongeul Deoreop-higi, ungefähr: »Gotteslästerung«. Es ist in Korea ein großer Fehler, sich gegen die Gesellschaft zu stellen, aufzufallen, aus der Reihe zu tanzen. Auch deshalb ist das, was in Love-Motels passiert, weiterhin geheim und es muss geheim bleiben. »Versteh das bitte, diese Geheimnisse schützen uns.« Geheimnisse halten also das Land zusammen.

Ich glaube, ich werde noch einmal nach Gyeongju kommen, irgendwann. Es gibt hier offenbar mehr Geschichten und Orte, als ich mir das erhofft hatte. Vor allem: Es ist eine schöne Stadt. Auf dem Weg zurück ins »Mate« blättere ich durch meine To-Do-Liste für morgen. Bevor es weitergeht, muss ich noch zum Tempel »Bulguksa«. Der Komplex öffnet schon um 7 Uhr. Es gibt dort eine Höhle, die jemand zu Ehren seiner Eltern gebaut hat, mit seinen eigenen Händen. Dort könnte ich mich verbeugen. Auch das hat Seong-Ju mir geraten, nachdem ich ihm von Gin erzählt hatte und wie dessen Familie getrauert hat. »Warum Familie bei uns so wichtig ist, werden Ausländer auch nicht so schnell verstehen«, sagte er, »aber geh zu der Höhle und versuch es wenigstens.« Gleich daneben soll es eine Pagode geben, deren Erbauer so gewissenhaft war und so lange brauchte für seine Arbeit, dass seine Frau, die auf ihn zu Hause wartete, aus Gram sich selbst ... Ach, genug Tote für heute.

Kapitel

21

Kein Platz für »Yolo«
(in Yangpo und Pohang)

KUM 꿈 (TRAUM)

Uh Geumsuk steht auf dem Dach der Schule und macht die Morgengymnastik, typisch für eine Schulklasse in Südkorea. Es ist kurz nach zehn Uhr, sie trägt die Schuluniform mit dem Logo ihrer Schule. Aus einem Lautsprecher auf der Dachterrasse kommt ein koreanischer Schlager. Zusammen mit rund 150 anderen Schülerinnen und Schülern beugt sie ihren Körper nach links, dann nach rechts, nach hinten und streckt dabei ihr Gesicht und ihre Arme dem blauen Himmel entgegen. Die Luft ist frisch hier draußen, das Meer rauscht nur rund 500 Meter entfernt gegen Felsen und ihr Schultag hat gerade erst begonnen.

Ich hatte von dieser Schule im Süden des Landes gehört und wollte sie mit eigenen Augen sehen. Das Besondere an diesem Haus ist, dass sämtliche Schüler diese Morgenübung sehr vorsichtig ausführen müssen. Uh Geumsuk ist kein Schulkind mehr, sondern wie alle in ihrer Klasse ist sie eine Rentnerin. Diese Schule ist ein Projekt, dass es wohl so nur in Korea gibt, einem Land, in dem der älteren Generation traditionell Respekt gezollt wird. Und zwar nicht nur, weil es der Konfuzianismus von der Bevölkerung so verlangt, sondern weil die Generation von Uh Geumsuk wirklich viel erlebt hat. Ich denke das jedes Mal, wenn ich alten Menschen begegne, egal ob in Seoul oder in einem Bus auf der Reise. Diese Menschen haben das Land mit aufgebaut, in einer Zeit, in der die meisten in Slum-ähnlichen Zuständen lebten, haben diese Männer und Frauen das Korea aufgebaut, das es heute gibt.

Für den Leiter der Schule in Yangpo, nicht weit von Gyeongju an der Küste, war das der Hauptgrund, dieses Projekt vor zehn Jahren zu gründen. Der 51 Jahre alte Kim Jin-Dong ist gleichzeitig Pfarrer einer christlichen Gemeinde und hatte die Idee, den alten Menschen etwas zurückzugeben. Er konnte die Unterstützung des Bürgermeisters der benachbarten Großstadt Pohang gewinnen. Die reiche Hafenstadt wurde in den 60er- und 70er-Jahren zum wichtigsten Standort der koreanischen Stahlindustrie, sie ist noch heute ein Symbol für den großen Fortschritt, den das Land gemacht hat. Ich will mir später am Tag dieses ökonomische Denkmal anschauen. Aber jetzt sitze ich zum ersten Mal in einer ganz besonderen Schulbank. »Einige von ihnen«, sagt Kim, »hatten nie eine richtige Schulerfahrung in ihrem Leben.« Er meint: Klassenkameraden, Schulausflüge, große Pause. Für sein Projekt hat er zehn Lehrer gefunden, die acht Fächer wie Musik, Sport, Geschichte, Lesen und Moderne Technik unterrichten. »Das hat auch den praktischen Effekt, dass sie wirklich lernen, mit der modernen Technik umzugehen.« E-Mail, Videotelefonieren oder Einkaufen im Internet, Dinge, die auch in Deutschland vielen älteren Menschen nicht geläufig sind.

Die Schule ist kostenlos und finanziert sich durch Spenden. Wöchentlich findet mindestens ein Unterrichtstag statt, manchmal mehrere. Die Rentner werden meist von ihren Verwandten gebracht und wieder abgeholt. Sie bekommen nach vier Jahren auch ein Zertifikat, wie einen Abschluss. Doch die meisten bleiben auch nach ihrem offiziellen Schulabschluss noch länger an der Schule, zu sehr haben sie sich gewöhnt an den Ablauf, an den regelmäßigen Kontakt – und auch die Morgengymnastik.

Für Uh Geumsuk ist es ein Grund, dass sie immer noch kommt. Sie war eine der ersten Schülerinnen vor zehn Jahren bei der Eröffnung. »Es hält mich fit«, sagt sie, »und vor allem habe ich hier Freunde gefunden.«

Nach der Gymnastik teilen sich die 150 Schüler in zwei Gruppen, blaue und weiße Stirnbänder werden verteilt. Dann beginnt ein Staffellauf. Uh Geumsuk ist dabei und als eine der ersten Aufgaben muss sie mit einem Stab einen Reifen vor sich her balancieren. Das ist ein unglaubliches Bild, wie sie unter dem Johlen der anderen diesen Reifen vor sich hertreibt, der immer umzukippen droht. Zur Eröffnung der Asian Games in Südkorea im Jahr 2014 gab es das bekannte Bild, das so ähnlich auch bei den Olympischen Spielen zu sehen war: Ein kleiner Junge rennt mit genau solch einem Reifen über den gesamten Sportplatz. Und hier in Yangpo johlen die Greise und feuern einander an. Als schließlich Weiß gewinnt, ziehen alle mit einem blauen Armband ihre Schuhe aus und schlagen diese mit den Händen auf den Boden.

Uh Geumsuk sagt, so zeigen Schüler noch heute ihren Unmut, wenn sie verloren haben. Aber so richtig traurig sieht hier niemand aus. Nach dem Spiel stellen sich alle noch einmal in einer Reihe auf und sagen das Schulgelöbnis. Noch einmal werden die Regeln wiederholt, einander zu helfen, nicht schlecht über andere zu reden, gemeinsam an einem besseren Korea zu bauen. Kurz vor der großen Pause wird eine Karaoke-Maschine aufgestellt. Es sind berühmte Schlager, einige Paare tanzen. Dann stellen sich noch einmal alle in einer Reihe auf. »Wir sind die Schüler der Yangpo-Schule«, singen sie, »wir werden lachen, wir werden in allen vier Jahreszeiten glücklich sein und wir werden ewig leben.«

Vielleicht liegt es an der Sonne und den vielen lächelnden Gesichtern, aber ich habe gerade das Gefühl, einen Ort erreicht zu haben,
an dem sich Südkorea beweist, dass es funktionieren kann, dass es ihn
gibt, den Ausweg vom *Han*, der großen Trauer – eine echte Gemeinschaft, auch wenn sie nur ein paar Tage in der Woche herkommen.
Südkorea steht aber auch unter einem größeren Druck, da die Zahl
der älteren Menschen jährlich steigt und eine Überalterung hier wie
sonst fast nirgendwo in der Welt unmittelbar bevorsteht. Innerhalb
der letzten dreißig Jahre hat sich der Bevölkerungsanteil der Senioren
verdreifacht. Im Jahre 1985 war das Durchschnittsalter rund 26 Jahre, inzwischen liegt es über 40, die Geburtenrate liegt mit 1,3 Kindern
pro Frau noch unterhalb der von Deutschland.

In der Innenstadt von Seoul gibt es einen bekannten Park,
gleich beim Königspalast. Dort verkaufen ältere Frauen einen
Energie-Drink mit diesem Namen: »Bacchus«, ausgerechnet der
Gott des Weines und der Lust am Leben. Doch in Wirklichkeit
fragen die Damen Vorbeigehende: »Willst du eine schöne Zeit haben?«. Es gibt einen Film »The Bacchus Lady«, der das gerade gezeigt hat und damit auch auf die Situation älterer Menschen im
Land aufmerksam macht. Keiner kann sagen, er wisse davon
nichts, durch die geringen Renten müssen viele ältere Menschen
Wege finden, sich etwas dazu zu verdienen.

Doch was die Statistiken oft außer Acht lassen: Wer eine funk-
tionierende Familie in Südkorea hat, ist abgesichert. Kinder kümmern sich um die Eltern, oft wohnen sie zusammen und es gehört
einfach zum guten Ton, dass sie im Alter versorgt werden. Uh Geumsuk wird von ihrer Schwiegertochter zum Beispiel in die Schule gefahren und ich hatte am Morgen viele Familien gesehen. Herr
Kim hatte gesagt, dass viele Familien regelmäßig spenden und so
erst die Ausflüge möglich machen: Nach Japan, nach Kambodscha
und sogar nach Australien.

Diese Schule ist zudem bei Weitem nicht die einzige ihrer Art –
an verschiedenen Orten werden diese Gemeinschafts-Schulen in

Südkorea gerade gegründet, eben um einer ganzen Generation etwas zurückzugeben. Nicht immer, wie hier in Yangpo, ist ein Pfarrer der Leiter der Gruppe. Herr Kim betont auch gleich zu Beginn, dass Religion im Alltag der Schule keine Rolle spiele. Auch
Uh Geumsuk ist nicht religiös.

In der Mittagspause sitzt sie mit ihren Schulkameradinnen zusammen, sie essen das Kantinenessen, Kimchi, Tomaten und ein
Rindfleischpfannengericht, und wie sie da so sitzen in ihren Uniformen und kichern, wirkt es für einen Moment wie eine echte
Schulklasse. Die Uniformen sind ein wichtiger Bestandteil, hatte
Herr Kim gesagt, wichtiger noch als der Morgensport. Den könnten ohnehin nicht alle mitmachen. Einige sind einfach zu alt für
diese Bewegungen.

Ich setze mich zu Frau Uh, sie sagt, dass sie ihren Mann vermisse, der wäre anfangs noch mitgekommen, aber jetzt sei sie allein hier. Er hatte sie angesprochen, da war der Krieg gerade vorbei, 1960, sie war 18 Jahre alt und nach Busan geflohen. »Er hat mir
damals Blumen geschenkt«, sagt sie, »das hat er dann jedes Jahr gemacht.« Vor vier Jahren ist er gestorben.

Damit spricht sie ein Thema an, dass wohl der größte Unterschied zu einer »normalen« Schulklasse ist. Hier passiere es immer
wieder, dass Freunde sterben. Sie gehen dann gemeinsam auf die
Beerdigung, wenn sie eingeladen werden. Das gehöre hier dazu.
Manchmal singen sie zusammen ein Lied, so wie sie das auch hier
in der Schule immer tun.

Bevor der Unterricht – »Südkoreas Geschichte« – am Nachmittag weitergeht, frage ich sie noch nach dem Klassenklatsch.
Ich konnte mir nicht vorstellen, dass es das hier nicht auch gibt.
Frau Uh lächelt und erzählt eine Geschichte von ihrem Klassenkameraden, der schon über 80 Jahre alt ist. »Er kommt zwar immer zusammen mit seiner Frau in die Schule«, sagt sie lächelnd,
»aber jedes Mal in der großen Pause bringt er einer anderen Dame
einen Kaffee.« Sie sagt, das sei sein einziges Zeichen der Zunei-

gung. »Aber wir haben uns seine Augen angesehen, wenn er zu ihr geht«, sagt sie. »Wir sind uns sicher, er ist in sie verliebt.« Dieses Wir, das sind ihre Freundinnen aus der Klasse. Aber niemand von ihnen sage etwas, denn alle kennen die Geschichte der einsamen Frau.

Sie will mir auf dem Weg nach Pohang noch nicht aus dem Kopf gehen: Diese Frau hatte sich als junge Frau in einen verheirateten Mann verliebt. Der zeugte mit ihr zwei Kinder, doch weil es offiziell dazu keinen Vater geben durfte, wurde sie im Dorf ignoriert. Niemand wollte etwas mit ihr zu tun haben, auch der Vater der Kinder wandte sich schließlich von ihr ab. Sie zog um, aber auch danach hat es eine alleinerziehende Koreanerin in den 60er- und 70er-Jahren nicht leicht. Sie versuchte, die neuen Dorfbewohner davon zu überzeugen, ihr Mann sei im Krieg gefallen. Uh Geumsuk hatte beim Erzählen den Kopf immer wieder geschüttelt. Ihr glaubte niemand, irgendwie war die Wahrheit ans Licht gekommen. Ihre Kinder zogen schließlich ins Ausland, sie blieb allein zurück und jetzt bekommt sie manchmal von einem alten verheirateten Mann in der Schule einen Kaffee geschenkt. Alle in der Schule kennen ihre Geschichte. Sie sind jetzt ihre Familie.

So habe ich auch diesen Ort nicht verlassen ohne eine Geschichte von lebenslangem Leid zu hören, von einem großen Familiengeheimnis, von dem niemand wissen darf. Die Tochter eines »Schulkindes« nimmt mich und ihre Mutter am Nachmittag mit nach Pohang. Wir reden über diese Frau und ihr Schicksal, als sie auf die Idee kommt, mir auf dem Weg noch die »Hand der Harmonie« zu zeigen. Sie liegt an der Spitze dieser Landzunge und ist ein Ort, der besonders zu Silvester von Koreanern aufgesucht wird. Es ist der östlichste Punkt Südkoreas, von hier ist der erste Sonnenaufgangs-Strahl zu erkennen, am 1. Januar, der erste Sonnenaufgang soll Glück bringen. Im Jahr 1999 hat die Stadt dort ein Kunstwerk aufstellen lassen: eine rechte Hand aus Bronze und Granit, die aus dem Wasser ragt. Meine Chauffeurin für den Rückweg

sagt: »Wenn die Sonne aufgeht, dann scheint sie durch die Finger.«
Das sei besonders schön.

Weil es aber Südkorea ist, und weil dieses Land geteilt ist, gibt
es noch eine zweite Hand. Sie steht an Land, nicht weit weg, es ist
eine linke Hand, in der gleichen Größe. Sie reckt sich auch aus
dem Boden, genau gegenüber der Hand im Wasser und zusammen
sehen sie fast bedrohlich aus. Oder wie zwei Zombie-Hände aus
einem Grab. Ab und zu landet eine Möwe auf einer der Fingerkup-
pen. Auf einer Tafel steht, dass sie ein Symbol seien für »den Kampf
aller Koreaner für ein besseres Leben«. Große Worte und große
Hände. Ausgerechnet zwei Hände, die einander nie berühren werden. Aber sie werden immer eine Anziehungskraft aufeinander
ausüben. Ich seufze lächelnd, als ich wieder ins Auto einsteige.
Drama überall.

Auf der Fahrt nach Pohang ist eine seltsame Stimmung im
Auto. Die Fahrerin fährt ihre Mutter immer von der Schule nach
Hause, aber sie sprechen nicht miteinander. Viel eher will sie von
mir wissen, warum ich in Korea bin und warum ich durch das Land
reise. Ich erkläre ihr meine Suche nach dem *Han*, erzähle von meinem verstorbenen Freund. Sie sagt, ich dürfe über sie schreiben,
aber nur, wenn ich ihren Namen nicht notiere. Sie habe selbst seit
ungefähr zehn Jahren das, was man wohl *Han* nennt, sagt sie. Sie
schaue manchmal abends westliche Filme, vor allem Liebesfilme.
»Ich dürft machen, was ihr wollt«, sagt sie, etwas zu laut. Ich
schaue sie fragend an? Was meint sie? Ich schaue nach hinten, wo
ihre Mutter sitzt, mit geschlossenen Augen. Sie sagt ihre Mutter
verstehe kein Englisch, sie könne offen reden. Dann legt sie plötzlich los und wird laut:

»Ich liebe meinen Mann schon zehn Jahre nicht mehr. Wir haben zwei Kinder, 13 und 15, mein Mann und ich haben beide einen
anstrengenden Job und kommen spät nach Hause, so dass wir die
Kinder nur selten sehen. Aber inzwischen hasse ich es, nach Hause zu kommen. Ich ertrage nicht, wie er nichts im Haushalt macht,

wie er mich ignoriert, wir reden sowieso nur noch selten und trotzdem dürfte ich ihn nie, niemals verlassen, weil ich damit die Zukunft meiner Kinder aufs Spiel setze. Es ist wie mit der alten Frau in der Schule. Alleinerziehend ist noch immer ein Stigma in Südkorea. Ich habe neulich in einem Film aus den USA dieses Wort gelernt: YOLO. You only live once. Klar lebt man nur einmal, aber wie kann ich etwas Gutes für mich tun, ohne damit anderen Leid zuzufügen? In Korea geht »Yolo« nicht. Und um meine Mutter muss ich mich auch kümmern.«

Ich bin ehrlich überrascht über diesen plötzlichen Ausbruch auf der Rückfahrt. Ich hatte ein wenig von mir erzählt, von der Reise nach Jindo zum Sewol-Untergang, von den Nächten im Tempel und von den traurigen Filmen. Vielleicht klang ich etwas zu sentimental dabei, aber dass sie mir, einem Unbekannten, plötzlich so etwas erzählt, hatte ich nicht erwartet. Aber irgendwie passt es auch in diesen Tag, der mit dem Morgensport begann, mit Menschen, die zum Teil noch die japanische Besatzung miterlebt hatten, und dann fahre ich beim Sonnenuntergang in Pohang ein, zwischen Industriebauten und Schornsteinen und Kränen und eine Frau erzählt mir, dass sie nicht weg kann aus ihrem Leben in Südkorea.

Wir reden noch eine Weile über gesellschaftliche Normen, die in ihrem Land tatsächlich etwas starrer sind, aber in Europa genauso existieren. Sie sagt, die jüngere Generation könne sich davon schon mehr befreien. »Aber für jemanden wie mich, Anfang 40, ist das zu spät.« Aber sie müsse etwas tun. »Mein Mann trinkt, wenn er schlechte Laune hat«, sagt sie, »aber ich mag keinen Soju, nur manchmal den mit Grapefruit-Geschmack.« In der Innenstadt erkennt sie aus dem Auto jemanden und hupt. Sie winkt einer Freundin zu, lächelt und direkt danach ist das Lächeln wieder weg. Das ist so ein Bild, das geblieben ist von dieser seltsamen Autofahrt. Dieses eiserne Gesicht. Im Zentrum, beim Busbahnhof, lässt sie mich raus. Sie sagt, hier gebe es viele Motels. Sie wünscht viel Spaß und als ich aus dem Auto aussteige, sagt sie tatsächlich noch einmal: »Yolo« und lächelt müde.

In Pohang ist auch abends noch sehr viel los. Ich nehme ein Love-Motel namens »KUM«, an dessen Außenwand mehrere englische Sprüche stehen. Zum Beispiel: »Have you ever slept in a Motel KUM that kills you?« Nein, bisher hat mich noch kein Motel umgebracht, aber auch das KUM jagt mir keine Angst ein. Daneben am Eingang der Spruch: »The KUM moves toward a zero defect Motel«. Das Kum-Motel will also in naher Zukunft ein Null-Fehler-Motel sein. Gut zu wissen. Und gleich hinter der Tür der Satz an der Wand auf Englisch: »Das beste ist, wenn man jemanden liebt und ES nicht tut, das macht alles noch spannender.« Ein Hotel voller Andeutungen, direkt an einer großen Straße. Nichts wie rein.

Der Name KUM bedeutet »Traum«. Aber bis zum Abend ist es noch lange hin und so begebe ich mich in das Expat-Viertel von Pohang. Auch hier soll es sie geben, die Menschen, die noch weiter weg wollen, nicht in die Hauptstadt, sondern in eine mittelgroße südkoreanische Industriestadt. Was treibt sie hierher? In Seoul hatte mir ein Freund geraten, dass ich in Pohang unbedingt in dem Restaurant »2Good« essen sollte, dort seien auch viele Ausländer, das koreanische Essen *Jjimdalg* – Hühnchen mit Gemüse auf einer großen gemeinsamen Pfanne serviert – sei großartig. Ich wollte ungern allein essen und so nehme ich ein Taxi. Vom Autofenster aus kann ich sehen, wie groß Pohang ist, es liegt von Bergen umgeben wie die Bühne eines antiken Amphitheaters. Hinter der Bühne ist das Wasser mit seinen Stadtstränden. Zum Baden ist es aber schon zu kalt. Also auf in das »2Good«.

Auch dieser Ort hat sein Faible für englische Sinnsprüche als Deko-Elemente an der Wand entdeckt. Auf Englisch steht über der Theke: »Wir wollen, dass die Menschen uns vertrauen, deswegen sind wir ehrlich.« Darunter noch größer: »Das ist die ganze Wahrheit«. Ein wirklich ehrlicher Fleck also. In einer Ecke sitzen tatsächlich einige Nicht-Koreaner zusammen. Wir kommen ins Gespräch und so beginnt ein langer Abend, als wären wir im »Berlin« in Seoul, ich erzähle von der seltsamen Begegnung mit der Frau aus dem Auto, die mir von ihrer unglücklichen Ehe erzählt hatte. Und irgendwann gegen 1 Uhr morgens sagt einer von ihnen, dass er schwer krank sei, zweimal nur knapp das Krankenhaus verlassen konnte, seine Blutwerte seien eigentlich immer zu schlecht. Er könne alles machen, sagen seine Ärzte, er soll sich nur regelmäßig untersuchen lassen. »Es kann jederzeit wieder losgehen«, sagte er, deshalb wollte er nicht nur sein ganzes Leben in den USA geblieben sein. Er ist erst Anfang 30 und nur die Freunde hier am Tisch wissen Bescheid. Es wurde ein langer Abend, umgeben von den Worten »Wahrheit« und »Ehrlichkeit« sitzen wir und reden, bis wir freundlich gebeten werden, nach Hause zu gehen. Auf ins »Traum«-Hotel. Die Krankheit kam bisher nicht zurück, schrieb er neulich, er ist noch immer Englischlehrer in Pohang, er mag die Stadt und er wird noch eine Weile dort bleiben. Direkt vor seinem Haus ist ein 4D-Kino. Am Schluss reden wir darüber, wie der Kinositz wackelt, wenn ein Auto anfährt und der Nebeleffekt einströmt bei Wald-Szenen, oder wenn auf der Leinwand ein Feuer ausbricht und der ganze Kinoraum in künstlichen Rauch gehüllt ist. Endlich jemand, der diese Effekte auch mag. Warum ist es gerade eine koreanische Firma, die sich diese Effekte einfallen lässt, Hilfsmittel, die das Drama auf der Leinwand noch verstärken?

Am nächsten Morgen fahre ich etwas verkatert in das Posco-Museum. Schon die Fahrt ist ein Erlebnis, über die Hyeongsan-Brücke, mit seinen roten Pfeilern und der Industrielandschaft im Hintergrund. Kilometerweit ziehen sich die Türme und die Stahlwerke hin. Das Museum ist eigentlich nur ein Firmen-Museum, aber es ist gleichzeitig wohl die wichtigste Sehenswürdigkeit des Ortes. Das sagte die Frau im Touristenbüro und sie hatte Recht. Ein Gang durch die Firmengeschichte des sechsgrößten Stahlher-

stellers der Welt ist eine Reise durch das Korea, das die alten Frau-
en und Männer aus der Yangpo-Schule aufgebaut haben.

Und wieder ist dieser Aufbau eng mit dem Namen Park Chung-
Hee verbunden, der wohl kontroversesten Figur der südkoreanischen Geschichte. Er war es, der den Plan fasste, noch während
der Aufbaujahre, eine eigene Stahlproduktion in die Wege zu lei-
ten. Im Museum steht er deshalb noch einmal als Wachsfigur. Da
ist er also, der Mann, der noch heute verehrt wird, bei dessen Tod
die eine Hälfte des Landes weinte und die andere sich eine Erneu-
erung erhoffte. Ein Mann, der die Demokratiebewegung mit har-
ter Hand unterdrückte, sogar seinen politischen Gegner Kim
Dae-Jung entführen und jahrelang gefangen halten ließ. Erst Jahre
später wurde dieser dann ebenfalls Präsident und machte die Entführung öffentlich. Aber auch Uh Geumsuk in der Schule für alte
Menschen hatte Park Chung Hee erwähnt. Sie hatte gesagt, dass
es zu seiner Zeit war, dass das Land »erblühte«. Als 2013 seine Tochter Park Geun-Hye zur Präsidentin gewählt wurde, sahen das viele in Südkorea als ein Zeichen, dass jetzt die Generation der Älteren die Übermacht gewinnt, auch über die Geschichtsschreibung.
Dass die negativen Folgen der Unterdrückung unter Parks Regime
nicht aufgeklärt, sondern verklärt werden. Hier im Museum steht
eine Park-Wachsfigur, er trägt er einen beigen Parka und eine rote
Plastikblume im Knopfloch. Er sieht sehr ernst aus. Für immer
eine versteinerte Mimik.

Neben ihm steht Park Tae-Joon. Die beiden Visionäre kannten
sich aus der Militärzeit. Park Tae-Joon (nicht zu verwechseln mit
dem K-Pop-Star, der den gleichen Namen trägt) war mit sechs Jahren mit der Familie nach Japan ausgewandert und kam nach Korea, als Japan 1945 kapitulierte. Er sprach beide Sprachen, was ihm
in den 60er-Jahren zu Gute kommen sollte. Auch lernte er die japanische Art zu arbeiten kennen, die bis heute auch die koreanische Arbeitsmoral stark prägt: Die Firma ist eine Familie und Hierarchien sind unbedingt einzuhalten.

Selbst als Wachsfigur sieht Park Chung-Hee sehr ernst aus

Die beiden Herren Park schafften es 1966 in Zusammenarbeit
mit den USA, Großbritannien, Frankreich, Italien und Deutschland die »Korea International Steel Association« zu gründen –
ohne die es die Firma »Posco« nie gegeben hätte. 1968 startete sie

mit 39 Arbeitern und in Pohang standen zu dem Zeitpunkt rund 500 Häuser. Es war ein größeres Fischerdorf. Schon bis 1972 sollte das Werk schon 300.000 Tonnen liefern, selbst die Weltbank war skeptisch, ob das zu schaffen sei. Doch sie schafften nicht nur das, sondern erhöhten bis 1976 auf 2,6 Millionen Tonnen Stahl. Die Autoherstellung, der Wohnungsbau und schließlich der Stahlexport profitierten davon und heute ist Pohang ein wirtschaftliches Zentrum in Südkorea, eine halbe Million Einwohner und einem Fabrikgelände von rund zehn Millionen Quadratmetern.

An der Wand im Museum wird das deutlich an einer Tafel, über der wirklich auf Deutsch das Wort »Blitzkrieg Construction« steht. Es ist ein Prinzip, das Park Tae-Joon eingeführt hat und auf das die Firma offenbar noch heute stolz ist. »Koste es, was es wolle«, lautete das Motto, und er meinte Arbeitskraft, Arbeitszeit. »Die Firma wurde zum Kriegsgebiet«, steht an der Wand auf Englisch. Jeder Betonmischer wurde rund um die Uhr besetzt und eine militärische Strenge wurde eingeführt, die in der Arbeitsmoral zum Teil bis heute fortwährt. Von Park Tae-Joon ist eine Rede an die Belegschaft überliefert. Er sagte: »Wenn wir diesen Jahresplan nicht einhalten sind wir ein permanenter Schandfleck für unser Volk. Und wenn es wirklich so weit kommt, dann sollten wir uns alle in der Yeongil-Bucht ersaufen.«

Daneben steht auf einer Tafel der Hinweis auf ein besonders hartes Jahr in den 80er-Jahren. Chuseok, das koreanische Erntedankfest, der wichtigste Familienfeiertag im Jahr, stand vor der Tür und der Jahresplan war in Gefahr. Posco forderte seine Mitarbeiter auf, die Ferien zu verkürzen oder ausfallen zu lassen. Mit großem Erfolg. Die Mitarbeiter blieben und der Jahresplan konnte eingehalten werden. Ich denke an meine freundliche, aber traurige Chauffeurin vom letzten Nachmittag, sie hatte gesagt, sie arbeite viel zu viel. Sie brauche eine Pause.

Und ich muss an den einzigen Wirtschafts-Mogul denken, den ich getroffen hatte. Ich hatte in Seoul an einem Nachmittag länger

mit Ahn Young-Ok gesprochen. Er kam im Mantel, der ganz ähnlich diesen Wachsfiguren war, ein beeindruckender Mann, geboren 1933, hatte die Chemie-Industrie, den zweiten wichtigen
Zweig von Koreas Aufstieg, mit aufgebaut, war zeitweise der Vor-
standschef von LG Chemicals. Heute spielt er viel Golf, in Thailand, aber auch in Seoul. Auch er war voll des Lobes auf Park
Chung-Hee und dessen Leistungen, aber war sich bewusst, dass
Südkorea noch heute sehr aufpassen muss, um nicht zurückzufal-
len. Bei Parks Tod habe er geweint, sagt er. Aber das Land habe
sich schnell entwickeln müssen. »Wir müssen schnell sein«, sagte
Ahn gleich zu Beginn unseres Gespräches. »Es gibt nicht so etwas
wie zu schnell zu sein.« Er malte ein Bild einer Gesellschaft, die
nichts hatte und plötzlich in den 1970ern: »Die jungen Familienvä-
ter damals, sie kamen nach Hause für das Chuseok-Fest und brachten als Familiengeschenk einen Fernseher mit und im Jahr darauf
einen Kühlschrank. Das waren unglaubliche Jahre!« Für ihn war
diese Zeit vor allem ein Versprechen. Wer hart arbeitet, der darf
teilhaben an den Errungenschaften. Der amerikanische Traum auf
Koreanisch. Aber Park Chung-Hee hatte erkannt, dass es vor allem Geld braucht aus dem Ausland, um all diese Wünsche in Erfül-
lung gehen zu lassen. Für die US-Darlehen zogen tausende südkoreanische Soldaten in den Vietnamkrieg und ließen ihr Leben. Für
die finanzielle Unterstützung aus Japan musste Park Chung-Hee
einen Deal eingehen, von dem ihm heute vorgeworfen wird, er
habe nicht genug herausgeholt. »Aber mit dem Wissen von heute
ist das leicht gesagt«, sagte Ahn. »Wir sind einen langen Weg gegangen, aber immerhin haben wir es geschafft, in wichtigen Indus-
triezweigen führend zu sein, Halbleiter vor allem, aber auch unsere Autos werden inzwischen in den USA gefahren.« Überhaupt,
die Jugend heute habe wenig Ahnung von den Entbehrungen.
»Heute gehen mindestens 80 Prozent der Absolventen auf die Uni,
damals waren es sieben Prozent, wir mussten hart kämpfen, um
das Wissen zu erlangen, das uns weiterbringt.« Er wurde richtig

wütend: »Das Land gibt dir immerhin Bildung, nutze sie doch verdammt noch mal.«

Als ich das Museum mit seinen großartigen Geschichten vom Aufbau und dem Erfolg dieser Region verlasse, habe ich fast das Gefühl, dass auch die Umgebung, all das, was ich hier sehe in Pohang, Teil dieser Ausstellung ist. Sie haben es geschafft, die alten Herren, sich selbst aus einem Tief herauszuholen. Ich war die ganze Zeit allein im Museum, nur am Ende haben mich zwei junge Hostessen begleitet, eine koreanische Besucherbegleiterin lernte eine zweite an. Sie versuchte auswendig zu lernen, wann Posco welchen Jahresplan erreichte. Erfolg auswendig lernen, stolz dabei sein. Die beiden sind es auch, die mir den Weg nach draußen zeigen.

Als ich am Nachmittag durch die Stadt laufe, immer die Industrieanlagen im Blick, umgeben von hektischen Männern in Anzügen und Frauen mit schweren Einkaufstüten, denke ich noch einmal an Ahn Young-Ok. Ihn hatte ich auch nach seinem *Han* gefragt. Er sagte, er konnte nicht beim Tod seiner Eltern dabei sein, er lebte und studierte damals gerade in den USA. Er hatte zu wenig Geld, um sich das Flugticket zu leisten. »Das wird mich begleiten, bis ich sterbe«, sagt er, »als Koreaner muss man beim Tod seiner Eltern ihnen Ehre erweisen.« Einziger Trost ist, dass er dem Wunsch seines Vaters entsprochen hat. Er ist erfolgreich gewesen. Er nannte mir noch eine Redewendung: »Hani me chi da.« Das heißt: In deinem Herzen sitzt das *Han* wie ein Knoten. Für das koreanische Volk sei *Han*, dass sie noch nicht so wahrgenommen werden in der Welt wie sie es sollten. »Aber dieser Knoten«, sagte Ahn, »ist gerade dabei sich zu lösen.« Da sei er sich sicher. Bald würden alle voller Bewunderung auf Korea schauen. Sehr bald.

Kapitel

22

Korea als
Gefühlserinnerung (in Andong)

PIHAENGGI-OMMA 비행기엄마 (FLUGZEUGMAMA)

Masken, so hatte ich im Ethnologie-Studium gelernt, sind Gegenstände, die das Gesicht verdecken, mit Löchern für Augen, manchmal für den Mund. Aber gleichzeitig verändern sie alles, wie ein Katalysator, der einen Urwunsch des Menschen ermöglicht: Über sich selbst hinauszuwachsen, wirklich zu jemandem anderes zu werden. In vielen Gesellschaften werden sie einmal im Jahr aufgesetzt, Fasching, Karneval, Halloween. Erst im Einsatz entfalten Masken ihre Wirkung, im Ritual, im Tanz oder bei einer Heilung. Ohne den Träger sind Masken nur Gegenstände.

In jedem Touristenladen in Südkorea werden die koreanischen Holzmasken *Tal* verkauft, als Magnet für den Kühlschrank, als Schlüsselanhänger, es sind kleine lächelnde oder ernst blickende Holzmasken. Ihr Ursprung liegt in Andong, genauer in dem Dorf Hahoe. Ich bin in diese Gegend gefahren, weil hier im Oktober das große Maskenfestival gefeiert wird, hier kommen Tanzgruppen aus der ganzen Welt zusammen. Aber vor allem ist es auch für Südkoreaner eine Gelegenheit, ihre Region zu präsentieren. Jede Region, sogar jeder Stadtteil von Seoul hat sein eigenes Festivalkomitee und sie schicken Gruppen nach Andong, zum Verkleiden und Tanzen, zum gegenseitigen Bestätigen, woher sie kommen und wer sie sind. Doch da will ich erst am Abend hin.

Zuerst fahre ich nach Hahoe, es liegt nur rund 40 Minuten mit dem Bus von Andong entfernt. Als ich in das Dorf komme, stehen dort mehrere Touristengruppen. Eine Koreanerin mit einem Europäer und ihren Kindern steigt ebenfalls aus dem Bus. Es ist ein sehr typisches Hanok-Dorf, einstöckige Häuser mit viel Holzschmuck, schwere Ziegeldächer. Aber im Gegensatz zu den schönen Traditionsvierteln in Seouls Zentrum ist hier auch das Leben zugelassen worden. Die Häuser haben eine Patina und die rund 500 Menschen, die hier leben, wirken tatsächlich wie Einwohner, denen man beim Leben zuschauen kann. Ein Mönch läuft durch eine Gasse und für einen Moment könnte er auch im 12. Jahrhundert hier durch die Gasse laufen.

Nicht weit vom Dorf ist ein Maskenmuseum, dort lerne ich über deren Geschichte und die Verbreitung von Masken. Wieder hängt dort eine Karte von Gesamt-Korea, geteilt in der Mitte, auch im Norden gab es offenbar eine Tradition von Maskentänzen und auch diese werden im Museum ausgestellt. Die meisten Masken haben eine Farbe, die sie auch grundlegend charakterisiert: eine junge Frau hat ein weißes Gesicht und rote Flecken auf der Wange, ein älterer Herr hat ein dunkles, fast schwarzes Gesicht und die jungen »wilden« Männer sind komplett in rot. Dazwischen gibt es Masken, die in der Mitte geteilt sind, rot und weiß, um zu zeigen, dass sie wild und rein sein können.

Aber weil wir in Korea sind, haben auch die Maskenspiele, die *Talnori,* eine Ursprungsgeschichte, bei der jemand sterben muss: Es heißt, ein Mann aus diesem Dorf Hahoe im 12. Jahrhundert,

also während der Goryeo-Dynastie, hatte eine Nachricht von
den Göttern erhalten. Er solle sich einschließen und ohne Kontakt zur Außenwelt zwölf Masken herstellen. Die Götter droh-
ten ihm mit einer schlimmen Strafe, wenn er die Arbeit nicht allein und unbeobachtet vollendet. Er schloss sich sofort ein in
sein Holzhaus und begann die Arbeit an den »Tal«. Er war fast
fertig, als ein Mädchen aus dem Dorf, die ihn schon länger im
Auge hatte, sich an sein Haus anschlich. Er hatte ein Loch in der
Wand vergessen, durch das sie einen neugierigen Blick in das In-
nere werfen konnte. Die Götter machten ihn dafür verantwortlich und töteten ihn sofort. Elf der zwölf Masken waren fertig,
bei der letzten fehlte das Kinn. Deshalb hat die »Imae«-Maske
noch heute kein Kinn.

Im traditionellen Tanz in Hahoe traten immer die gleichen
zwölf Charaktere auf und kritisierten in ihrem Spiel und Tanz
auch die aktuelle politische Situation: Korruption, Betrug und
kleine Liebesspiele waren die Hauptthemen, so wie heute in den
Seifenopern im koreanischen Fernsehen. Die Hauptfiguren sind
meist der Adlige (Yangban) und der Gebildete (Sonbi). Einige können ihre Mimik verändern, obwohl sie aus Holz hergestellt sind:
Senkt der Tänzer den Kopf sieht die Maske böse aus, hebt er ihn,
zeigt er ein breites Grinsen. Allein der unterschiedliche Einfall
von Licht drückt andere Emotionen aus. Die »Pune«-Maske gehört zu einer Frau, die sowohl Yangban als auch Sonbi zu gefallen
versucht. Die Diener der beiden Hauptfiguren (Choraengi und die
halbe Imae-Maske) liefern einander häufig spaßige Kämpfe, die
Maskentänze sollen schließlich das Volk unterhalten. Betrug, Ver-
rat, große Liebe und Hass. Andere Figuren, wie der Mönch, der
Schlachter und die alte Frau, die viel erlebt hat, aber arm ist, sind
so gestaltet, dass sie auch heute noch, mehr als 800 Jahre später,
den koreanischen Alltag abbilden können. Der ewige Kampf zwischen Männern und Frauen, zwischen Mächtigen und Armen,
zwischen den Guten und Bösen.

Als ich das Museum verlassen, sehe ich ein Boot, mit dem ich auf die andere Seite übersetzen kann. Als ich zum Boot komme, sehe ich dort die junge Familie, die mir am Anfang aufgefallen ist. Zwischendurch hatte ich sie auch durch das Dorf laufen sehen. Auf der anderen Seite ist ein Berg, von dort haben wir noch einen besseren Blick auf das ganze Dorf, sagt der Fährmann. Die koreanische Mutter, das merke ich, spricht kein Koreanisch, sondern nur Englisch. So kommen wir ins Gespräch. Sie ist zum fünften Mal in Korea, sagt sie, sie sei hier geboren worden. Ihren Mann hat sie in Dänemark kennen gelernt. Dort wurde sie adoptiert vor 35 Jahren. Ihr Name ist deswegen auch dänisch: Stine.

Am anderen Ufer steigen wir einen steilen Hügel hinauf. Der Weg führt durch einen Wald und an einem kleinen Tempel vorbei, den wir uns anschauen. Dort setzen wir uns auf einen Vorsprung und Stine erzählt mir, wie sie erstmals nach Korea kam. Sie hatte 2009 ihre Arbeit als Webdesignerin verloren, war arbeitslos in Kopenhagen. »Es war eine schlimme Zeit und ich checkte ständig meine E-Mails, immer auf der Suche nach einem neuen Job.« Normalerweise schaue sie nie in ihren Spam-Ordner, weil dort meist nur unerwünschte Werbung landet, doch weil sie so viel Zeit hatte, wühlte sie auch den durch, um keine Nachricht für einen möglichen Job zu verpassen. Dort stieß sie auf die E-Mail einer Adoptionsagentur in Südkorea. Sie hatte sich sechs Jahre zuvor dort gemeldet und gesagt, wenn sie etwas über ihre Eltern erfahren, würde sie das gern hören. »Plötzlich las ich, dass mein Vater versucht hat, mich zu erreichen.«

Auf dem Weg weiter zur Spitze des Hügels erzählt sie, wie sie Kontakt mit ihrem Vater aufnahm. Es war schwierig weil er kein Englisch sprach und sie kein Koreanisch. Sie war verheiratet, hatte zwei Kinder, aber sie hatte: Zeit. Also stieg sie drei Monate später allein ins Flugzeug, sie zeigt ein kleines Tattoo. Sie ist nicht der Typ für Tattoos, sagte sie noch, aber das wollte sie haben. Es zeigt ein Flugzeug und darunter auf Koreanisch: 비행기엄마 steht dar-

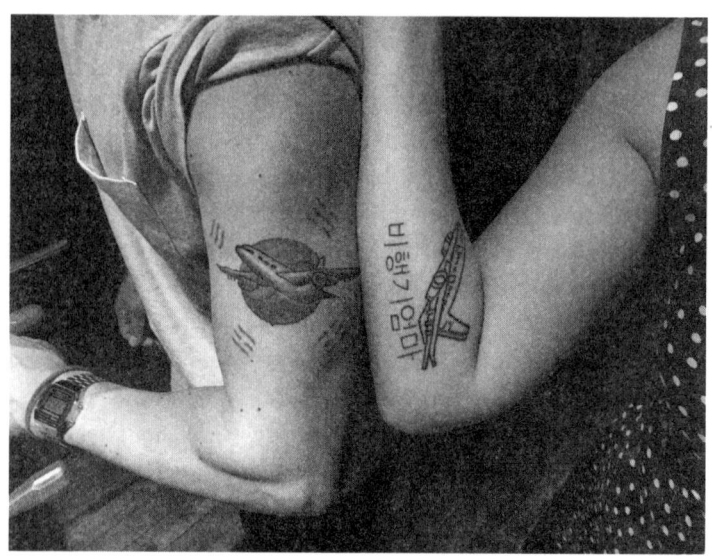

Stine in Andong; auf ihrem Arm steht das Wort »Flugzeugmama«

auf. Flugzeug-Mama. »Es sollte mich daran erinnern, dass ich im Flugzeug noch einmal neu geboren wurde.« Sie kam zum zweiten Mal auf die Welt, als sie in Dänemark landete, da war sie schon fast zwei Jahre alt.

Der Wald wird noch einmal dichter, doch dann sind wir oben und können auf die andere Seite über den Fluss schauen. Dort liegt das Dorf und weiter hinten wieder Berge. Man müsste viel öfter auf Bergen stehen und auf das Land hinabblicken. Korea, lernt man dann, bietet viel Weitblick. Der Herbstwind weht und Stine und ihr Mann müssen die Kinder zurückhalten, nicht zu wild herumzurennen auf dem Gipfel. Doch der Blick auf das Dorf, aus dem die Masken stammen, gefällt uns. Sie sagt, sie fühlt sich diesem Land aus irgendeinem Grund nah. Das sei etwas Unbewusstes. »So wie ich mich genau an den Geruch meines Vaters erinnern konnte, als er mich am Flughafen abholte, diese erste Umarmung werde ich nie vergessen.« Dass sich der Mensch an so etwas erinnern kann, auch an den Geruch eines Landes, das hätte sie nicht für möglich gehalten. »Ich habe sonst keine Erinnerung, eher eine Gefühlserinnerung.«

Ich erzähle ihr die Geschichte, die ich im Museum gelesen hatte. Über den toten Maskenbauer. Stine kennt solche Geschichten, sie hat mehrere Touristenorte besucht und immer wieder solche Geschichten gehört. »Warum sind die Geschichten alle so dramatisch hier?«, ruft sie. Doch sie wird nicht aufhören, ihre alte Heimat wiederzuentdecken. »Ich habe eigentlich gerade erst angefangen«, sagt sie. Die ersten Male sei sie nur in Seoul geblieben, erst später habe sie angefangen, ihre Familie mitzunehmen auf eine Reise in ihre alte Heimat. »Es gab schließlich viel zu bereden mit meinem Vater.« Ich frage sie, wie denn die Kommunikation funktioniert hat. »Das war das Unglaubliche,«, sagt sie, »er hat für mich Englisch gelernt, jede Woche ist er heimlich zum Unterricht.« Er spreche richtig gutes Englisch. Dabei hat seine neue Frau, mit der er drei Kinder hat, nichts davon wissen sollen. Stine war das Familiengeheimnis. Erst neulich hat er seine Ehefrau eingeweiht. Diese sei erleichtert gewesen, sie dachte, er habe eine Affäre, weil er jede Woche an einem Tag später nach Hause kam. Aber auch die Ehefrau hatte nie gewagt ihn zu fragen. Auf dem Rückweg erzählt Stine, warum sie weggeben wurde.

Stine wurde 1980 mit einer Hasenscharte geboren, die Eltern waren gerade 19 Jahre alt, komplett überfordert mit der Situation. Damals war das Gesundheitssystem längst nicht so gut wie heute und weil die Eltern wenig Geld hatten, konnten sie sich kein gutes Krankenhaus leisten. Sie gerieten an einen Arzt, der mit seiner Operation alles schlimmer machte. Stine war ein Jahr alt und hatte praktisch keine Oberlippe mehr. »Mein Vater erzählte, dass es grauenvoll war, mich schreien zu hören. Ich muss große Schmerzen gehabt haben.« Eines Tages wussten die Eltern nicht mehr weiter und legten sie in der Krankenhaustoilette auf den Fußboden. Stine war 15 Monate alt. In ihrer Socke steckten ihr Name

und das Geburtsdatum. Das war alles, was ihre Eltern ihr hinter-
ließen. Deren Beziehung überlebte dieses Ereignis nicht. Sie
trennten sich kurz danach.

Es war damals üblich, dass koreanische Kinder im Ausland adoptiert wurden. Tausende gingen in die USA oder nach Europa. Es
waren Kinder wie Stine, von überforderten Eltern, aus Notsituati-
onen oder Waisen. Damals war es noch unüblicher als heute, dass
Koreaner Kinder adoptieren. Zu wichtig ist in dieser Kultur nach
wie vor, einen Ahnen zu haben. Außerdem – darüber wird weniger
gern gesprochen – bekam der Staat rund 2.000 Dollar pro Kind,
als Kompensation. Stine sagt, dass allein in ihrer Kleinstadt noch
mindestens zehn andere adoptierte Koreaner waren. Jetzt in Kopenhagen engagiert sie sich in einem Verein für Koreaner. Sie treffen sich in koreanischen Restaurants, veranstalten Filmabende, laden Autoren ein. Und, sie lacht, als sie das sagt: »Wir trinken viel
Soju.«

Als wir beim Fährmann sind, unsere Rückfahrt lösen, sagt sie,
dass ihr Vater auch ihre Mutter kontaktiert hatte. Das war kompliziert, denn auch sie war verheiratet, hatte auch drei Kinder.
»Aber sie wollte mich unbedingt treffen.« Für ihre Mutter bleibt es
weiter schwierig. »Wir sehen uns immer nur einmal, egal ob ich
acht Tage hier bin oder fünfzehn wie dieses Mal.« Ihre Mutter sei
dann immer sehr aufgeregt. Sie treffen sich immer im gleichen
Café im Zentrum von Seoul, nicht weit vom Palast entfernt. »Sie
sagt dann jedes Mal, wie sehr sie sie vermisst habe, sie wolle mich
öfter sehen, sie will mich besuchen in Dänemark, aber sie will warten, bis ihr Mann stirbt.« Wenn die Mutter das Café verlasse,
schaue sie immer, dass sie niemand erkennt. Sie könnte ihrem
Mann niemals die Wahrheit sagen, das würde bedeuten, dass sie
ihm mehr als dreißig Jahre lang nicht die Wahrheit gesagt habe.
»Aber sie sagt, er sei schwerkrank und sterbe bald.« Man spreche
in Südkorea nicht über Fehler offen, sagt sie. Das habe sie lernen
müssen. Ihre leibliche Mutter kompensiere das, in dem sie ihr im-

mer viel schenke. Goldene Ringe, koreanische Souvenirs, Kleidung für ihre Kinder. »Aber ich darf meine Halbgeschwister nicht
treffen, das finde ich schade.« Erst wenn deren Vater tot ist, damit
die Fassade lange aufrecht bleibt.

Auf dem Rückweg nach Andong im Bus sagt sie, dass sie jedes
Mal mehr von Korea lernt, wenn sie hier ist. In Dänemark wüssten
die Menschen wenig über ihre Heimat. Manchmal überlegt sie,
wie es ihr hier ergangen wäre, wenn sie geblieben wäre. Es gibt Ge-
rüche, die sie noch kennt und manchmal habe sie das Gefühl, ein
bestimmtes Wort schon einmal gehört zu haben. Sie weiß, sie
fühlt sich mehr als Dänin und sie wird wohl nie fließend Koreanisch sprechen. »Ich habe auch beschlossen, es auch nicht zu weit
zu treiben mit der Verbindung zu meinen koreanischen Eltern.«
Sie sagt, sie habe viel Glück gehabt, andere Adoptierte, die sie aus
Dänemark kennt, lernen ihre leiblichen Eltern nie kennen oder
werden sogar aktiv fern gehalten. Außerdem war es auch für ihre
dänischen Eltern am Anfang sehr schwierig. »Du hast doch eine
Mutter«, habe ihre Mutter gesagt, »das bin ich.« Sie war auch gegen
das Tattoo. Erst als ihr Vater zum ersten Mal in Dänemark war,
habe sich dieses schlechte Gefühl langsam gegeben. Der Besuch
verlief sehr gut, sagt sie, ihm gefiel das Land, das Essen. »Das einzige, über das sich mein Vater ernsthaft wunderte, war die Geschichte meiner Tante: Sie war zum zweiten Mal verheiratet und
hatte zwei Kinder von unterschiedlichen Männern.« Ihr Vater wollte immer wissen, wie das gutgehen könne, wie sich alle verstehen,
ob niemand in seiner Ehre verletzt sei. »Er hat noch kurz vor dem
Abflug immer wieder von meiner Tante gesprochen, warum sie so
glücklich sein könne.« Von *Han* hat Stine nie gehört, sie hat mit
ihren Eltern nie über diese große koreanische Trauer gesprochen.

Stine will am nächsten Tag weiter Richtung Süden, nach Busan,
da war sie noch nie. Ich werde weiter Richtung Norden fahren, bis
an die Grenze. Bei der Verabschiedung sagt sie, dass sie Angst hat
um ihre leibliche Mutter. Sie hatte 2008 einen Schlaganfall. »Aber

eigentlich begann alles mit diesem Schlaganfall«, sagt Stine. »Als
sie aus dem Krankenhaus kam, habe sie meinen Vater angerufen,
sie hatte ihn jahrzehntelang nicht kontaktiert. Sie rief ihn an und
sagte ihm: Ich muss meine Tochter noch einmal sehen. Bitte finde
sie, für uns beide.«

Stines Geschichte habe ich seither häufiger erzählt, es ist fast
ein Stoff für einen Film, auch, weil sie so typisch für dieses Land
ist: Sie handelt von einer Zerrissenheit zwischen zwei Ländern,
von einer Schuld, die nie vergehen wird, von der Suche nach der
Herkunft und von einem großen Trennungsschmerz.

Am Abend laufe ich über das Festivalgelände vom Maskenfest,
es liegt gleich hinter dem Bahnhof und ist von Weitem zu hören.
Es herrscht eine fast gespenstische Stimmung, die Masken wirken
im Scheinwerferlicht lebendiger. Überall verkleidete Koreaner,
fröhlich, eine Gruppe tanzender Thai zeigt einen Königstanz und
eine russische Tanzgruppe springt zu »Kalinka« auf der Bühne, in
den Reihen aufwendig gestaltete Adligen-Masken und Mönche
und mittendrin ein *Pune*-Mädchen, eine der beliebtesten koreanischen Maskenfiguren, die mit Mönchen und Adligen flirtet. Die
alte Geschichte. An Buden gibt es aufgespießte Tintenfische, Erd-
beer-Popcorn und Grillhähnchen nach Andong-Art. Es gibt noch
mehr Stände mit Masken zum Selberbasteln, Füchse, Hasen und
Pandabären – und über das Festivalgelände hoppeln seltsame etwa
einen Meter hohe Figuren, die kleine Wägelchen hinter sich her-
ziehen. Als ich näher komme, sind das tatsächlich »Hello-Kitty«-
Roboter, die sich holprig auf zwei Beinen fortbewegen können,
hinten im Wagen sitzen Kinder und kreischen vor Freude. Die Eltern lenken den Wagen. Die Kinder haben noch keine Sorgen,
kennen noch kein Familiengeheimnis.

Nicht weit davon ist ein *Soju*-Stand, der Andong-*Soju* soll ja
ganz besonders sein, hatten mir Freunde in Seoul erzählt. Ich kaufe einen Dreierpack zum Verschenken. Die Flaschen sehen edel
aus, mattes Schwarz, 40% Alkohol, um Gottes Willen. Die Ver-

Aus ganz Korea kommen Tanzgruppen zum Maskenfestival in Andong und
stellen ihre regionalen Tänze vor

käuferin stellt mir als Bonus einen großen Becher hin, der viel zu
großzügig gefüllt ist. Sie wünscht mit einen schönen Abend und
zeigt auf die kleine Bühne gleich nebenan. Ich setze mich an den
Rand zwischen vielen koreanischen Großeltern mit ihren Enkeln.

Im Schein einer nicht ganz so hellen Lampe tanzt dort eine einzelne Frau, ganz ohne Maske, wie in Trance, sie singt mit geschlossenen Augen ein offensichtlich sehr altes koreanisches Lied. Um sie
herum sind alle auf ihr Gesicht fixiert. Es ist ein sehr langsames
Lied und ich bin mir fast sicher, sie erzählt eine Geschichte, die
nicht gut ausgeht. Ich leere den Becher ganz langsam, denn auch
das hatte ich geahnt: Ihr Lied dauert noch sehr, sehr lange.

Kapitel

23

Im Phallus-Park (in Samcheok)

PENIS 페니스 (PENIS!)

Am nächsten Morgen sitze ich wieder im Bus, meine Augen gehen schwerer auf als sonst. Es blieb nicht bei dem *Soju* und ich hörte noch eine Lebensgeschichte, die fast ein eigenes Buch hätte füllen können. Eine Weltreisende, die in Südkorea hängen geblieben ist. Es hätte so viele Länder gegeben, aber nirgends fühlte sie sich so wohl wie hier. Vielleicht liege das an dem Sommer und dem Herbst, die dem Land die traurige Stimmung etwas nimmt. Aber sie will noch bis zum Winter weiterreisen, in die Berge, an die Grenze, vielleicht will sie hier leben, nicht in der Stadt, aber in der Natur.

Die Maskenstadt lag in meinem Rücken, eigentlich hatte ich weiterfahren wollen an die Ostküste Richtung Sokcho, aber plötzlich hatte sich Seoul gemeldet: Es hält sich das Gerücht seit einiger Zeit, dass Darrell, der Inhaber vom »Berlin«, wieder zurück in

Südkorea sei. Der Bar-Gründer hatte sich zurückgezogen nach
Kanada, verabschiedet für immer, wie er sagte. »17 Jahre in Südkorea sind genug«, hatte er verkündet in seiner Einladung zu seiner
großen Abschiedsparty. Die hat er dann einen Tag vorher wieder
abgesagt. Er hatte so viel geschimpft in den vergangenen Jahren,
er war eigentlich nie am Wochenende wandern gegangen oder hatte auch nur versucht, die Sprache oder die Schrift zu lernen. Er
blieb das, was Südkoreaner eigentlich bis heute unter einem richtigen Ausländer verstehen: Jemand, dem die koreanische Lebens-
weise immer fremd bleiben wird, auch das *Han*, das er nur kannte,
weil er lange Gin zugehört hatte.

Und dann, kurz nachdem er nach Kanada abgereist war, starb
sein Freund. Er konnte nicht einmal zur Beerdigung da sein. Das
tat ihm besonders leid. Er war sein bester Freund, kein Trink-
freund, kein Feierfreund, sie hatten einander auch gesehen, wenn
Darrell eigentlich niemanden sehen wollte. Das war sehr oft so.
Nur Darrell durfte damals Witze über Gins Krankheit machen,
an meinem ersten Abend im »Berlin« und an den vielen Abenden
danach. Sie haben dann besonders laut gelacht. Noch ein Glas
Weißwein, die koreanischen Kellner vom »Berlin«, manchmal
gossen sie ohne zu lächeln die Gläser voll, als wüssten sie, dass
immer auch etwas Elend mit in der Luft liegt, wenn Menschen
betrunken werden wollen. Keine Droge betäubt so gut auf Dauer wie Alkohol und an die koreanische Kultur schmiegt sie sich
besonders gut an.

Aber der Rausch von damals ist längst vorbei. Darrell zog sich
zurück, immer mehr. Ich schrieb nicht mehr jeden meiner Texte
im »Berlin«, mit Blick auf den »Welcome-to-Korea-Bogen«, auch
weil man dort abends keinen Tee mehr bestellen durfte. »Nur noch
Getränke mit Alkohol, wenn die Sonne untergegangen ist«, sagte
ein Kellner zu mir, »neue Hausregel.« Darrell hätte so etwas nie
veranlasst. Und dann war er plötzlich weg, auf einer Insel in Kanada. Kalt ist es dort, schrieb er einmal.

Am Telefon redeten wir nicht von Gin und nicht vom »Berlin«. Das ist alles weit weg. Das Leben sei leichter dort. Die Luft besser, die Menschen nicht so gestresst. Als ich ihn am Telefon fragte, ob ich vorbeikommen soll, antwortete er: »Du musst kommen, es gibt hier einen Penis-Park, man darf Korea nicht verlassen, ohne all diese absurden Penisse gesehen zu haben!« Südkorea könne auch lustig sein, rief er. Er sagte noch öfter das Wort »Penis« bevor er auflegte. Da hatte ich schon längst beschlossen, zu kommen.

Und so stieg ich am Busbahnhof Samcheok aus, Darrell stand da, er hatte Mittagspause. Er war wieder dort, wo er seine ersten fünf Korea-Jahre verbrachte, als Lehrer in einer Nachhilfeschule an der Ostküste. Er sagte dann, er habe eine schlechte Nachricht für mich. »Es gibt einen Tag im Monat, an dem der Park geschlossen hat, dieser Tag ist ausgerechnet heute.« Aber er meinte, seine koreanische Freundin Nina werde mich dorthin fahren. Wer weiß, vielleicht kann ich ja trotzdem etwas sehen.

Zusammen mit Nina gehen wir Mittagessen, Baby-Tintenfisch in scharfer Soße, ein typisches Ostküsten-Essen, Darrell erzählt, dass er bestimmt nicht zurückgekommen sei, weil er Korea so vermisse. »Ich brauchte schlicht Geld«, sagt er, er wolle sich in Kanada ein Haus kaufen und die Bezahlung sei einfach gut hier, und zu Ruhe komme er auch. »Und ja, Kanada war auf die Dauer auch nicht die erträumte Heimat.« Nina habe ihm einen Lehrerjob angeboten. Sie kennen einander über zwanzig Jahre, es war die richtige Entscheidung, sagt er. Wenn auch nur für ein Jahr vorerst. Jetzt habe er wieder Schüler von 8 bis 12 Jahren, die zum Teil vielleicht niemals fließend Englisch sprechen werden, die aber von ihren Eltern den Unterricht bezahlt bekommen, weil es eben zum guten Ton gehört. Meist hat er vormittags ein paar Studenten und vor allem abends, wenn Schüler in Deutschland zum Sport oder zum Flötenunterricht gehen, dann stürmen sie die Nachhilfeschulen des Landes. »Sie sind müde, sie haben keine Lust, aber sie sitzen da und wir machen alle das Beste daraus.«

Beim Mittagessen reden wir über Südkoreas Schulsystem, ich hatte in der Zeitung gelesen, dass gerade wieder eine Schülerin vom Dach eines Hochhauses gesprungen sei, der einzige Satz in ihrem Abschiedsbrief: »Wir hassen Schule.« Keine Frage, Südkorea hat eines der kompetitivsten Schulsysteme weltweit, die Eltern geben so viel Geld für Nachhilfe aus wie sonst fast nirgendwo in der Welt. Innerhalb der meisten Schulen werden Listen geführt, mit genauer Punktzahl, wer der beste Schüler ist. Jeder vergleicht sich ständig mit seinen Klassenkameraden. Ich hatte nachts Schüler von 14 Jahren in Gangnam getroffen, die um 1 Uhr morgens noch studierten, weil sie sonst ihre Hausaufgaben nicht schafften. In der Oberstufe geht es darum, möglichst in eine der sogenannten »SKY«-Universitäten zu kommen, der Name setzt sich aus den drei größten Universitäten zusammen: Seoul University, Korea University, Yonsei University. Alle drei befinden sich in Seoul, alle drei haben einen exzellenten Ruf. Doch letztlich schafft es nur einer pro Jahrgang und Schule auf solch eine Universität. Und das Aussieben ist ein knallharter Prozess. Es gibt sogar Schulen, in denen Spezialklassen gegründet werden, für die besonders fleißigen, die eben bis nachts noch Nachhilfeunterricht nehmen. Es heißt, wer drei Stunden schläft pro Nacht, kommt auf die SKY-Unis. Wer vier Stunden schläft, auf eine andere Universität. Wer fünf Stunden schläft, müsse gebratene Hähnchen verkaufen.

Doch auf der anderen Seite hat es gerade die Konzentration auf Bildung in Südkorea geleistet, dass sie bei Pisa-Studien gut abschneiden und jedes Jahr zwischen 80 und 90 Prozent der Schüler eines Abiturjahrgangs wirklich auf eine Universität gehen. Darrell kannte das alles, sagt aber, dass er schließlich von diesem System profitiere, wie alle Englischlehrer, die zu Tausenden in Südkorea schnell Arbeit finden. Er kann oft ausschlafen, muss oft nur am Abend unterrichten, das werde außerdem gut bezahlt und im Gegensatz zu früher, seien seine Schüler in Samcheok motivierter. »Ich weiß nicht, ob es daran liegt, dass die Anforderungen an ihr

Englisch auf dem Arbeitsmarkt größer sind«, sagt er, »oder einfach, dass sie ins Ausland gehen wollen.«

Er und Nina hatten auch von »Hell Joseon« gehört, jener Bewegung der jungen Südkoreaner, die gern ihre Heimat verlassen wollen. Er aber habe sich gerade hier gut eingerichtet. »Ich brauchte
Seoul nie«, sagt er, »ich brauchte nicht einmal das ›Berlin‹.« Immer
musste er die Kneipe putzen, weil die koreanische Putzfrau die
Lampenschirme und die Stühle nicht abwischte. Morgens um fünf
stand er deswegen auf, lief durch das gesamte Haus und putzte.
Nichts davon vermisse er. Er vermisse seine Freunde, aber er sei
auch nur dreieinhalb Stunden mit dem Bus von Seoul entfernt.

Ich kann mich täuschen, aber Darrell ist plötzlich viel positi-
ver dem Land gegenüber eingestellt. Vielleicht liegt es an der Umgebung, an dem fehlenden Hauptstadttrubel, aber er wirkt fast
versöhnt mit dem Leben hier. Die Wut aus unseren früheren Gesprächen ist weg. Er ist plötzlich gern Lehrer, er mag sogar diese
kleine Stadt mit ihrer berühmten Höhle. »Die musst du aber nicht
sehen«, sagt er, »es gibt bessere Höhlen in Europa.« Er sagt noch
einmal: »Schau dir die Penisse an.« Er sitze abends vor allem in seiner Wohnung am Balkon, direkt gegenüber von einem Waldstück
und dann liest er. Jonathan Franzen, Albert Camus und die kanadi-
sche Schriftstellerin Alice Munro. »Ich glaube, hier könnte ich
noch etwas länger bleiben.«

Nina sagt, dass es in Korea selbstverständlich sei, jemanden
mitzunehmen, die Heimat zu zeigen, und den Park dürfe ich nicht
verpassen, Darrell habe recht. Ich erzähle ihr von meiner Fahrt
nach Pohang, wie offen die eigentlich Fremde mit mir war. Nina
sagt, dass sie selbst viele solche Geschichten kennt, auch Lebens-
lügen, überhaupt große Lügen. »Es ist, als ob wir Südkoreaner
noch einem Ideal von Familie hinterherrennen, das es schon lange
nicht mehr gibt.« Sie selbst muss das nicht mehr. Sie hat keine
Kinder und wird auch keine mehr bekommen. Ihre Schüler seien
mehr als genug, aber sie mag diese Arbeit. Sie sagt, es tue ihr leid,

aber sie könne mich nur hinfahren, sie müsse noch Dinge in Samcheok erledigen. Aber sie würde warten, ob ich es schaffe, den
Zaun am Eingang zum Park zu überspringen oder gleich zurückgeschickt werde.

Als wir fast eine halbe Stunde später vor dem Park stehen, verlässt mich kurz der Mut. Das Kartenhäuschen ist tatsächlich geschlossen und die Tore sind eindeutig zu. Doch ich kann mich
neben dem Kassenhäuschen an einem Mauerstück leicht vorbei-
drücken. Und schon stehe ich in einem Park, den zunächst nichts
von anderen Parks unterscheidet. Ich winke Nina und laufe einen
langen, kurvigen Weg entlang. Ein Gärtner jagt mir einen Schre-
cken ein, aber da er nur kurz aufschaut und nichts sagt, laufe ich
weiter. Da steht er: der erste Penis. Er hat ein Gesicht, ist ungefähr
zwei Meter hoch und grinst wie aus einem Asterix-Comic, aus seinem Penis-Kopf wächst eine Nase, die auch aussieht wie ein Penis.
Daneben steht noch eine Statue, deren Kopf wieder sehr phallisch
aussieht, nur dünner und er lächelt nicht, sondern schaut eher er-
schrocken. Dieser Penis hat eine normale Nase, aber weiter unten
wächst ein Glied, es steht wie ein Ast ab. Daneben steht eine Holz-
Bank und ein Stein-Hocker, beide sind wieder entsprechend ge-
formt. Ohne mich hinzusetzen, laufe ich weiter und plötzlich stehe ich im Penis-Park.

Das Internet ist voller Bilder von Männern und Frauen, die
diese Steine umarmen, küssen, auf ihnen sitzen. Große US-Medi-
en waren hier, von der schönen Höhle bei Samcheok und dem
Strand haben sie nichts geschrieben.

Der Park heißt offiziell Haesindang-Park, benannt nach dem
Ritual, das hier zweimal im Jahr durchgeführt wird. Dabei wird
dem Mädchen Auebawi gehuldigt. Diese junge Frau soll vor vielen
Jahren ihre Liebe einem jungen Fischer versprochen haben. Der
Verlobte setzte sie eines Tages an einem Felsen im Meer ab, damit
sie dort Seegras sammeln konnte. Er wollte sie am Nachmittag
wieder mit seinem Boot einsammeln, aber wegen eines Sturms er-

reichte er den Felsen nicht. Auebawi ertrank und der Fischer hatte große Schuldgefühle. Nirgendwo steht mehr über ihn, aber ich
bin mir sicher, er hat sein Leben lang gelitten. In den folgenden
Wochen und schließlich Monaten waren die Netze der Fischer
fast immer leer, wenn sie am Abend ans Ufer zurückkehrten. Das
Meer schien ihnen nicht mehr gewogen, sagten die Alten im Dorf.
Eine Legende besagt, dass die jungen Fischer sich an das Ufer stellten und dem Meer kollektiv regelmäßig ihr erigiertes Geschlechts-
teil zeigten. Außerdem haben die Dorfbewohner damit begonnen,
Statuen von Penissen aufzustellen. Eines von beiden muss funktioniert haben, die Dorfbewohner konnten den Geist der traurigen
unverheirateten Jungfrau Auebawi besänftigen. In Südkorea gilt
nach wie vor der Glaube, dass Geister von Verstorbenen nicht in
das Jenseits gelangen, wenn noch Rechnungen offen sind. Die Bewohner des Dorfes fanden wieder Nahrung im Meer.

In den 90er-Jahren hatte die Lokalregierung die Idee, den etwas wilden Park auszubauen und bat südkoreanische Künstler, eigene Penisstatuen herzustellen. Und jetzt stehen 56 verschiedene
Pfähle verteilt in diesem Park, es gibt ein Museum, in dem angeblich auch weibliche Geschlechtsteile gezeigt werden (leider eben
heute geschlossen). Es gibt eine große doppelköpfige Penisschau-
kel, eine Statue, die statt einer Zunge einen Penis hat, eine Schild-
kröte mit einem Peniskopf, zwölf Statuen der chinesischen Tierkreiszeichen (mit großen Penissen) – und Penisse als Windspiel,
als Glockenschlag-Instrument, als Trommel, als Springbrunnen
und schließlich, als Höhepunkt: eine goldene Phallus-Kanone, die
sich bewegen lässt.

Vor dieser Kanone steht ein südkoreanisches Paar mit einem
Kinderwagen und der Mann lässt sich hinter der Kanone fotografieren. Ich dachte, ich wäre allein im Park. Er ist schließlich geschlossen. Aber plötzlich sehe ich, wie unten am Hang, bei einem
zweiten Eingang des Parks, immer mehr Menschen die Absper-
rung übersteigen. Sogar ein Reisebus hält auf dem Vorplatz und

die ganze Gruppe betritt den Park, illegal. Offenbar stört es niemanden, kein Aufpasser hindert sie daran. Aber dieser ganze Park
ist eine Ausnahme von den sonst so strengen Regeln in Südkorea.

Ich hatte das Land bisher als sehr sittenstreng wahrgenommen. Südkorea ist bekannt dafür, pornografische Seiten im Internet zu sperren. Ein Kollege interviewte einmal einen solchen On-
line-Sittenwächter, er sagte, es sei wie »Schneeschippen im
Schneesturm«, eine unmögliche Arbeit. Er sagte auch, die wohl
häufigste aufgerufene Seite in Korea ist die, auf der ein Comic-Po-
lizist rät, sich bei der zuständigen Dienststelle zu melden. Sie er-
scheint, wenn jemand eine pornografische Seite aufrufen will.
Auch im Alltag wird Sexualität ausgeblendet, fast wie Deutschland vor der sexuellen Revolution: Unverheiratete dürfen nicht
zusammenwohnen, Mädchen sollen möglichst jungfräulich in die
Ehe gehen, in den südkoreanischen Seifenopern wird eine Liebes-
beziehung durch einen Kuss auf den Mund belegt – und als der
Bürgermeister von Seoul sich in einem Interview indirekt für die
Homo-Ehe in Südkorea aussprach, wurde er von der (mehrheit-
lich) konservativen Presse im Land dafür hart verurteilt. Er ruder-
te zurück, was ihm wiederum die liberale Presse nicht verzieh.

Ich hatte in Seoul einmal Südkoreas bekannteste TV-Sex-Be-
raterin getroffen, Bae Jeong-Won. Eine Frau wie eine Schamanin,
im Büro standen Blumen auf dem Tisch, im Hintergrund lief Kla-
viermusik von Bach, als sie mir sagte, dass dies alles nur die Oberfläche sei. »Nach außen zeigen wir viktorianische Strenge, aber im
Grunde sind wir sehr wild.« Nur sei diese Seite versteckter und leiser. Das habe mit dem Konfuzianismus zu tun. »Jungen und Mädchen müssen ihren Eltern wenigstens vorspielen, ein guter Sohn
oder eine gute Tochter zu sein.« Was sie dann wirklich tun, ist eigentlich deren Sache. Als ich ihr von dem Penis-Park erzählte,
musste sie lachen. Natürlich war sie schon da. Sie sagte: »Diese
Orte sind wie eine Befreiung für uns Südkoreaner. So wie Amster-
dam in Europa die Stadt ist, von der viele denken, dort sei alles er-

laubt, so haben wir Südkoreaner diesen Park, wir laufen durch die Penis-Wälder und an diesem Ort ist es kein Problem, auch über Sex leicht zu reden.« Das Eis sei gebrochen und auch Probleme können formuliert werden. Auch das *Han* spiele dabei für sie eine Rolle: »Männer haben *Han* auf andere Weise als Frauen, wenn es um Sex geht. Es gibt immer Bedürfnisse, die niemals befriedigt werden können.« Auch beim Sex steht in Korea das Unerfüllte im Blickpunkt, das nicht Ausgesprochene. Denn selbst nach einem Höhepunkt folgt wieder ein Verlangen, es hört nie auf. »Das müssen wir aushalten, ein Leben lang.«

Also auch beim Sex gibt es *Han*.

Der Park ist an einem Hang angelegt, unten brechen sich die Wellen an einem Pier. Dort sind auch Statuen aufgebaut, Männer, die mit geöffneten Hosen sich grinsend in Richtung Meer befriedigen. Als die Busreisegäste dort vorbeilaufen, fassen sie die Statuen an und stellen sich zu Gruppenfotos mit Penis auf. Selbst der Leuchtturm am Wasser hat eine klar phallische Form. Kein Wunder. Eine US-Zeitung nannte diesen Park einmal den »seltsamsten Wald der Welt«.

Nur in einer Ecke des Parks wird es ernst. Dort steht ein Schrein für Auebawi, die daran erinnert, das jemand sterben musste, damit es diesen Park der Befreiung geben kann. Eine Statue eines Mädchens mit gesenktem Kopf ist in einem kleinen Tempelpavillon aufgestellt. Viele frische Blumen liegen davor. Ihr Geist wird noch immer besänftigt, mit Blumen und lachenden Geschlechtsteilen.

Ich blicke mich noch einmal um, all die Holzstämme, die auch irgendetwas Kindlich-Unschuldiges an sich haben. Aber wenn es einen Zweck erfüllt, dann hat vielleicht Auebawi mehr für die Liberalisierung des Landes getan als es eine TV-Sex-Kolumne hätte jemals schaffen können. Bae Jeong-Won hatte am Ende unseres Treffens seufzend gesagt, dass ihre Aufklärungs-Sendung im öffentlichen Sender eingestellt wurde, kurz nachdem Park Geun-

Hye Präsidentin wurde. Die konservative Partei wollte keine Sex-gespräche mehr im Fernsehen. Der einzige Ort, wo das jetzt noch möglich ist, sei Jeju, die Insel im Süden. Sie habe dort an dem Lie-bespark mitgestaltet und ein Sex-Museum kuratiert. Ein Grund mehr, bald dorthin zu fahren.

Am Abend treffe ich Darrell zum Essen. Dak galbi, Scharfes aus der Pfanne mit Käse überbacken. Der beste Laden der Stadt, ganz klein in einer Seitengasse.

Ich zeige meine Fotoausbeute aus dem Park, er war fünfmal da, jeder Besucher müsse sofort dorthin. Wir reden dann wieder lan-ge über Gin. Er sagt, es breche ihm das Herz, dass Gin im Famili-engrab liege. Er habe das nicht gewollt, diese traditionelle Beerdi-gung, mit Verwandten und Alkohol. Er wollte, dass seine Asche verstreut wird. Und dann erheben wir noch einmal unser Glas für Gin. Fast habe ich das Gefühl, Darrell hat sich hier versteckt, in dem kleinen Ort, der für seinen Strand, eine Höhle und einen Pe-nis-Park bekannt ist. Ich sage ihm das aber nicht. Und dann blitzt doch noch einmal der alte Darrell durch: »Ich hasse Strände, ich war noch nie in dieser Höhle und dieser Park ist im Grunde grau-envoll und kitschig.«

Am nächsten Morgen, noch bevor es richtig hell wird, tue ich etwas, was ich bisher nicht in Korea gemacht habe: Ich jog-ge, den Berg hinauf, der hinter Darrells Wohnung hinaufführt. Gleich dahinter ist das Meer, hatte er gesagt. Auf dem Gipfel steht ein Pavillon.

Ich setze mich dort hinein und das ist etwas, das in Deutsch-land nicht geht. Tausende von diesen bunten Pavillons gibt es in Korea. Sie werden aus Holz gebaut, bunt angemalt und haben nur eine Funktion: Sie sollen den Menschen in die Landschaft harmo-nisch einfügen. Pavillons werden immer an besondere Orte ge-baut, nah am Wasser und möglichst mit einer guten Aussicht. Dort zu sitzen, umhüllt von koreanischem Holz, bei einer leichten Bri-se, auf die erwachende Stadt zu schauen. Das haben die Gelehrten früher gemacht, manche Einsiedler wohnten im Sommer nur in einem Pavillon, mitten in der Natur.

Aber weil ich eben in Korea bin, läuft nichts ohne mein Mobiltelefon. Ich mache einige Fotos, und schaue noch einmal durch meine Sammlung der letzten Tage: die Fabriktürme von Pohang, die Masken von Andong, die alten Häuser in Hahoe, die seltsamen Statuen aus dem Phallus-Park. Erst da fällt mir auf, dass zwischen all den Phalli eine einzelne Frauenstatue steht. Sie ist aus weißem Stein gehauen, hat ein trauriges Gesicht, sehr große Brüste, einen dicken Bauch, der beinahe schwanger aussieht – und aus ihrer Stirn wächst etwas, das aussieht wie ein kleiner Penis. Unten am Wasser fahren hupend die ersten Pendler zur Arbeit. Ich muss weiter in Richtung Norden.

Kapitel

24

Die Alpen in Asien (in Pyeongchang und Gangneung)

TONGIL 통일 (WIEDERVEREINIGUNG)

Der Kenianer Daniel Olomae Ole Sapit war eingeladen, eine Konferenz im südkoreanischen Pyeongchang zu besuchen. Sapit, ein großer, schlanker Massai, 42 Jahre alt, Glatze, freundliches Gesicht, vertrat eine Gruppe von kenianischen Viehhütern und sollte auf der Tagung über Biodiversität referieren. Seinen Flug buchte das Reisebüro seines Arbeitgebers für ihn, umsteigen in Peking, alles ging gut. Beim Anflug hatte er ein seltsames Gefühl. »Ich wunderte mich«, sagt er später, »wo die großen Millionen-Städte blieben, von denen ich gehört hatte.« Er fragte sich, ob so ein Ort aussehen kann, an dem die Olympischen Winterspiele 2018 stattfinden sollen. Müsste da nicht viel mehr aufgebaut sein?

Die Probleme begannen beim Immigrations-Schalter. Sapit hatte kein Visum und die Beamten hinter dem Schalter wussten nichts von einer Konferenz und schon gar nichts von den Olympischen Spielen. Dann erst merkte der Kenianer: Er war nicht in Pyeongchang, sondern in Pjöngjang gelandet, der Hauptstadt von Nordkorea. Er hatte Glück, auf versuchte Einreise ohne Visum steht in Nordkorea nur eine Strafe von 500 Dollar. Er zahlte und durfte nach mehreren Stunden Aufenthalt in der Transitzone unter Bewachung wieder in ein Flugzeug nach China einsteigen, er kam noch rechtzeitig für seinen Vortrag an.

Diese Verwechslung ist im April 2015 passiert und seitdem müssen die Mitarbeiter der Öffentlichkeitsarbeit der Olympiastadt Pyeongchang immer wieder diese Frage beantworten: »Wie oft werden sie noch verwechselt?« Ich stelle diese Frage Lee Jihye, der Leiterin der Öffentlichkeitsarbeit der Olympischen Spiele. Wir stehen auf dem schönsten Punkt von Pyeongchang: dem Skisprungturm mit Aussichtsplattform, von dort hat man den wohl besten Blick auf das Gelände. Die Berge, das Olympische Dorf, die Langlaufstrecken, die Hotels. Die Sprungschanzen sind schon fertig und die Abfahrt- und Slalomstrecken und das große Stadion werden gerade gebaut. Lee Jihye antwortet mit dem freundlichsten Lächeln, das sie anknipsen kann: »Diese Frage nach Pjöngjang kommt häufig, ja, aber bis 2018 wird sich der Name hoffentlich herumgesprochen haben.« Sie ist perfekt für den Job, gut gekleidet, freundlich und wer weiß, vielleicht ist bald Pyeongchang bekannter als Pjöngjang. Für einen Moment denke ich, das könnte alles Absicht sein, Teil eines groß angelegten Medien-Angriffs auf Nordkorea, weil eben nichts geht in Südkorea ohne den Norden. Aber eine Studie des US-Kommittees für Geografische Namen hat herausgefunden, dass es rund 13.000 gleich- oder ähnlich lautende Orte in Nord- und Südkorea gibt.

Dann sagt sie: »Schauen sie hier, die Liebesschlösser, ist das nicht romantisch?« Lee Jihye zeigt auf Vorhängeschlösser und tatsächlich hängen viele am Rand der Aussichtsplattform. Genau wie auf dem Namsan in Seoul stehen darauf Namen und Schwüre von

ewiger Liebe. Wir reden darüber, dass hier in der Gegend einige
Szenen der wohl bekanntesten koreanischen TV-Serie gedreht
wurden: »Winter Sonata«. Ich habe einige Folgen gesehen, aber
sage ihr, dass es mir auf die Dauer zu dramatisch war. Sie lacht. Mir
fällt ein kleines gelbes Schloss auf, auf dem steht auf Koreanisch:
Tong-il, also ›Wiedervereingung‹. Lee sagt, das wünschen sich viele, auch bei Olympia gehe es um Sport und Frieden. Vielleicht
könnte sogar ein Nord-Süd-Wettkampf ausgetragen werden. Bei
den Asia-Games im Jahr 2014 kam es im südkoreanischen Incheon
beim Fußball zum Endspiel Nord gegen Süd. Ich hatte es in einer
Kneipe mit einer nordkoreanischen Freundin geschaut. In der
zweiten Verlängerung, in der letzten Minute schoss der Süden das
einzige Tor des Abends. Sie stand damals einfach auf, lief an den ju-
belnden Südkoreanern vorbei und verließ die Kneipe. Im Norden
sagte sie, werde das Spiel ohnehin nicht übertragen. Sie hätten es
ausgestrahlt, wenn der Norden gewinnt. Vielleicht kommt es auch
hier in Pyeongchang wieder zu derartigen Begegnungen.

Pyeongchang hatte sich schon für die Jahre 2010 und 2014 als
Austragungsort der Spiele beworben. Dass es dann für 2018 klapp-
te, hat das Komitee fast selbst überrascht. Nicht anders ist zu erklären, dass bei der offiziellen Bekanntgabe in Durban 2011 sämtliche koreanische Zurückhaltung vergessen war und noch im Saal
einige Delegierte laut begannen »*Dae Han Min Guk*« zu rufen, den
Schlachtruf »Südkorea«, der schon bei den Olympischen Sommer-
spielen 1988 in Seoul und bei der Fußballweltmeisterschaft im Jahr
2002 weltweit zu hören war. Es hatten sich noch Annecy in Frankreich und München beworben. Besonders den Deutschen war die
Enttäuschung ins Gesicht geschrieben. Die Eiskunstläuferin Katarina Witt war auch in Durban und musste von dem IOC-Präsi-
denten Thomas Bach und dem Bundesinnenminister Hans-Peter
Friedrich getröstet werden. Als der zu den Koreanern hinüber-
blickte, sah er aus, als ob er sie für ihr lautes Feiern am liebsten
sofort disqualifizieren lassen würde. Gewonnen hatten die Süd-

koreaner, weil sie mit der räumlichen Nähe der Austragungsorte punkten konnten und mit der Idee, ein Olympiastadion zu bauen, das sich zumindest in Teilen wieder abbauen und sogar verschicken ließe. Diese Idee, dass der Austragungsort in einem anderen Teil der Welt recycelt werden könnte, hat dem Auswahlkomitee wohl gefallen.

All diese Vorzüge kann Lee Jihye auch jetzt noch aufzählen, als sie mich durch das halbfertige Olympia-Gelände führt, nur 30 bis 45 Minuten brauche sie von hier bis nach Gangneung. Schon sieben der elf Sportstätten sind bereits fertiggestellt und schon jetzt gibt es koreanische Restaurants, ein Café der Marke »Angel-in-us« und sämtliche Häuser sehen aus wie in den deutschen Alpen. Das Ski-Resort »Alpensia« lehnt sich architektonisch zumindest eindeutig an Europa an. Lee Jihye erklärt, dass auch der Name eine Verkürzung von »Alpen in Asien« sein soll. Deshalb die angeschrägten Holzdächer, der gepflasterte Weg mit einem Brunnen in der Mitte und Straßenlampen wie in einer deutschen Kleinstadt – da passt es, dass die Pensionen »Hügel« oder »Edelweiß« heißen. Vielleicht können Katarina Witt und die anderen Deutschen damit zumindest etwas Trost finden.

Generell gibt es in Südkorea nur wenig Gegenwind für derartige Großprojekte, die Medien sind genauso wie Politiker und Wirtschaft begeistert dabei, wenn es darum geht, das eigene Land im besten Licht zu präsentieren. Da ist es wieder, dieses Gefühl, dass Südkoreaner nach außen hin wie eine große Gemeinschaft wirken wollen. Das ist jedem Deutschen fremd, der bei jedem Großprojekt auch kritische Umweltaktivisten erwartet oder zumindest eine Opposition an Bürgern, die keine Veränderung in ihrer Gegend wollen – so wie Hamburg, das sich neulich gegen eine Bewerbung für Olympia ausgesprochen hat. In Südkorea gab es ein paar Aktivisten, die gegen die großflächigen Rodungen von sehr alten Bäumen protestierten, aber deren Lobby ist nicht groß in einem Land, das unbedingt ganz nach vorn will in die globale Aufmerksamkeit. Lee Jihye fährt regelmäßig aus Seoul nach Pyeongchang. Sie wird irgendwann im kommenden Jahr ihren Lebensmittelpunkt – und damit den ihrer Familie – in die Berge verlegen. Sie freue sich auf diese Monate, bessere Luft und hoffentlich noch mehr Zeit für ihre Familie, die sie ja wegen der langen Fahrzeiten nach Pyeongchang auch nicht so oft sehen kann. Dafür schreiben sie hier im Ort, wenn alles gut geht, bald Weltgeschichte.

Vielleicht ist es das, was fehlt, in Pyeongchang, es fehlt die Reibung, ein wenig wie in Songdo, der künstlichen Stadt vor Seoul, die alle Koreaner, die ich traf, unglaublich lebenswert fanden. Auch in Pyeongchang reden alle nur vom Zeitplan und von neuen modernen Gebäuden und den Kosten, die zwar hoch seien, aber dafür liefere man auch Qualität. Südkorea kann Großereignisse, keine Frage, sie sind auch gute Gastgeber, und alle werden das Essen mögen. Was fehlt, ist eine Entspanntheit der eigenen Geschichte gegenüber, auch den Fehlern, eine Aufarbeitung, die sie anderen Ländern wie Japan auch immer vorwerfen. Wenn man sie auf diese Dinge anspricht, die nicht gut laufen, sei es das Schiffsunglück oder Korruption in der Regierung, geraten viele Südkoreaner in eine Verteidigungshaltung und einen Patriotismus, dass es dem Fragenden fast unangenehm ist, man wird auch zum: Spielverderber.

Da ist zum Beispiel der Chef des Organisationsteams für die Olympischen Spiele, und auch von Lee Jihye. Cho Yang-Ho, gleichzeitig noch Chef von Korean Air und der Hanjin-Gruppe. Er ist sicher ein mächtiger Mann, aber er wurde im Jahr 2000 wegen Steuerhinterziehung von rund 400 Millionen US-Dollar zu einer hohen Geldstrafe und vier Jahren Gefängnis verurteilt. Dennoch präsentierte das Komitee ihn stolz als Chef der Olympischen Spiele und sicherlich werden seine Kontakte und sein Wissen im koreanischen Transportwesen geholfen haben. Und wieder merke ich, wie anders die Dinge in Europa funktionieren, der Respekt vor Macht und vor Einfluss ist in Südkorea noch so tief verwurzelt,

dass eine Kritik an dieser Wahl eines Chefs den Fragenden ins Abseits stellt.

Dass diese Regeln nicht immer gelten und auch die oberen Ma-
nager vorsichtiger werden müssen, wurde im Frühjahr 2015 deutlich. Da geriet ausgerechnet Chos Tochter Hyun-Ah in die Schlag-
zeilen, sie musste gar für einige Monate ins Gefängnis. Sie hatte
Ende 2014 in New York einen Flug von Korean Air aufgehalten,
nachdem ihr ein Steward die Macadamianüsse in der First Class in
der Tüte servierte und nicht bereits geöffnet. Das Flugzeug kehrte
ihretwegen zum Gate zurück, damit der Steward die Maschine
verlassen konnte, und so wurde der Fall erst öffentlich. Der in der
Presse »Nut Rage« genannte Fall sorgte dafür, dass über Monate
Macadamianüsse in Seoul ausverkauft waren. Cho Hyun-Ah und
ihr Vater mussten sich öffentlich mehrfach für ihr Fehlverhalten
entschuldigen. Wie selten zuvor wurde deutlich, wie abgehoben
die koreanischen Konzernchefs und ihre Familienmitglieder vom
Rest der koreanischen Bevölkerung leben.

Lee Jihye lächelt auch über diesen Vorfall, so wie das ganze Land gelächelt hat, aber was soll sie auch sagen, wenn es die
Tochter ihres Chefs betrifft? Der Vorteil, die koreanische Groß-
industrie im Rücken zu haben, ist schließlich überall um uns herum zu sehen, das Olympische Dorf ist fast fertig gebaut, der na-
hegelegene Airport Yangyang wird als internationaler Flughafen
genutzt werden und die nahe Stadt Gangneung wird ebenfalls
mit einbezogen und von den Spielen profitieren. Auf der Fahrt
nach Gangneung reden wir noch einmal über die Fernsehserie
»Winter Sonata«. Mittlerweile ist sie fast fünfzehn Jahre alt, aber
jeder in Südkorea und in ganz Asien kennt das Drama von Joon-
sang und seiner Klassenkameradin Yoo-jin. Als Schüler waren sie
verliebt, doch nach einem Autounfall denkt Yoo-Jin, Joon-sang
sei tot. Der allerdings ist mit seiner Mutter in die USA gezogen.
Zehn Jahre später treffen sie sich durch Zufall in Seoul, beim ersten Schnee. Lee sagt, ich solle nach Nami-Island fahren, da füh-

ren viele nur wegen dieser Serie hin. Wieder eine Geschichte von jahrelanger Trennung und einer fast unmöglichen Wiedervereinigung. Auch im Nahen Osten oder in Mexiko kennen es viele Zuschauer, weil koreanische Dramen so »rein« sind, ohne Blut und Gewalt und anstößige Szenen. Die bekannteste ist die, in der sie sich im Schnee umarmen.

Auch kulturell will Pyeongchang in den kommenden Monaten noch mehr um sich werben. Lee Jihye erzählt von Musikfestivals und internationalen Künstlern, die Gangneung und Pyeongchang zu Zeiten von Olympia bekannter machen sollen. Erst kürzlich veranstalteten sie ein Musikfestival für Menschen mit Behinderung. Auch ein Deutscher kam zu Besuch und sang ein Lied von sich selbst. Er spricht etwas langsam und nennt sich deshalb »Slow Joe«. Ich hatte ihn in Seoul getroffen, er sagte, er habe Standing Ovations in Pyeongchang bekommen.

Als wir in Gangneung ankommen, hat Lee Jihye nur wenig Zeit, sie muss nach Seoul zurück, aber sie gibt mir eine Führung durch die Eislaufhallen-Baustelle. Mit einem Helm laufen wir auf einen Hügel, rund um die Uhr werde hier gearbeitet, nicht 24 Stunden, aber auch an Wochenenden. Der Geist von *Pohang* herrscht auch hier und überhaupt setzt der Glaube an eine großartige Zukunft Südkoreas viele Energien frei. Wenn es fertig ist, wird das Gebäude aussehen wie der Helm, sagt der Bauleiter Kim Si-Pok, so einer, den Eisschnellläufer tragen. Stolz zeigt er den Zeitplan, darauf steht, dass sie gerade 105 Prozent »im Plan« seien, er erzählt von den Sitzreihen, die sie schon bald vorbereiten wollen und wir machen ein gemeinsames Foto vor dem Rohbau. Als ich ihn frage, was für ihn *Han* ist, schaut er irritiert zu Lee Jihye und sagt dann, als hätte er keine andere Frage erwartet: »Das ist ein koreanisches Gefühl, vergleichbar mit dem eines Verliebten, der seine Liebe für immer verloren hat oder sie nie findet.« Aber das habe nichts mit dem Bau zu tun, sagt er lächelnd. Da laufe alles perfekt.

Am Nachmittag laufe ich durch Gangneung, wieder eine Stadt am Meer, mit Möwen, dem Wind und, weil es Korea ist, Straßenlaternen in der Form von Vögeln. Lee Jihye hatte mir noch hinterhergerufen, ich solle mir auf jeden Fall das Geburtshaus von Shin Sa-Imdang ansehen. Es sei die einzige Frau, die auf einem koreanischen Geldschein abgebildet sei. »Noch dazu auf dem wertvollsten: dem 50.000-Won-Schein.«

Shin lebte vor rund 500 Jahren und ist vor allem in ihrer Rolle als Mutter bekannt. Sie brachte ihren Sohn, den in Korea bekannten Gelehrten »Yulgok« zur Welt und unterstützte seine Karriere in der Politik und der Philosophie, zumindest bis er 15 Jahre alt war, dann starb sie. Er wiederum ist nur auf dem 5.000-Schein abgebildet. Aber beide haben auf ihre Art zum Selbstverständnis der Koreaner beigetragen.

Shin Sa-Imdang ist eine Nationalikone, sie schuf viele Kalligrafien, mehrere Stillleben und Gedichte. Eines ihrer Stillleben ist auch auf dem 5000-Won-Schein, auf der Rückseite ihres Sohnes. Ein Kürbis, Blütenblätter, es sieht irgendwie traurig aus, eine Herbststimmung. Sie sind fein gezeichnet und sehr zart. Es hieß, sie musste viel aushalten im Leben, zog mit 19 Jahren von ihren Eltern weg nach Seoul, was ihr besonders schwerfiel. Andererseits war es ihr von früher Jugend an vergönnt, zu lesen, zu schreiben und die anderen Künste zu lernen, weil sie die älteste von fünf Schwestern war. Shin erhielt die Ausbildung, die sonst nur Männern vorbehalten war. Ihr Anwesen wird »Gutshaus des Schwarzen Bambus« genannt und ist nicht weit von dem Punkt, an dem mich Lee Jihye herausgelassen hat, doch es gibt keine Führung an dem Tag und so durchlaufe ich es in ein paar Minuten, die meisten anderen Touristen gehören zu koreanischen Reisegruppen.

Es ist kein spektakulärer Palast wie der in Seoul, es ist eher betont spartanisch gehalten, aber es fällt auf, wie sehr die Bildung wieder hervorgehoben wird. Der Tisch, an dem Shins Sohn die Werke schrieb, die ihn bekannt machten. Direkt im Zimmer nebenan schrieb seine Mutter ihre Kalligrafien. Heute hängt dort auch eine Kalligrafie von Park Geun-Hye, der Präsidentin – will sie die neue Mutter der Nation sein? Das Amt des Präsidenten wird hier wohl anders wahrgenommen als in Europa. Es sind schön restaurierte *Hanok*-Häuser mit kleinen Tischen. Am Ausgang finde ich einen kleinen Zettel mit Gedichten von Shin Sa-Imdang. Ich hebe ihn mir für später auf. Ich muss weiter, ich habe noch Zeit für einen Ort, es soll ein lustiger Ort sein, zumindest, wenn ich den Beschreibungen im Reiseführer glauben kann: das wohl seltsamste Museum Koreas.

Ich nehme ein Taxi und stehe kurz darauf am Meer, das heißt, an einem See, neben dem direkt das Meer beginnt, der Horizont weitet sich, die Luft ist rauer. Der See heißt Gyeongpo-See und ich hatte gehört, dass ein koreanisches Sprichwort über diesen See sagt: »Es gibt fünf Monde beim Gyeongpo-See, der im Himmel, dann der sich im Meer spiegelt, einer im See, einer im Glas Wein und einer in den Augen der Liebsten.« Das ist wohl die richtige Stimmung für ein absurdes Museum: Draußen steht auf einem Schild: »Das Charmsori Edison-und-Grammophon-Museum«. Und daneben noch größer: »Das weltbeste Filmmuseum«. Darunter ebenso groß der Name des Gründers: »Seon Seong-Mok«. Es ist sein Vermächtnis.

Am Eingang frage ich noch einmal nach dem Gründer, ich hatte mich ihm angekündigt, aber keine Antwort erhalten. Die Dame sagt, er spreche nicht mehr oft mit Fremden, es gehe ihm gesundheitlich nicht mehr so gut. Ein junger Mann im Anzug bietet sich mir dafür als Guide durch die Ausstellung an, er ist höchstens 16 Jahre alt, aber spricht gutes Englisch. Gleich sein erster Satz enthält den Namen des Museumsgründers: Seon Seong-Mok. »Dieses Haus wurde von Seon Seong-Mok gebaut, damit wir Koreaner mehr über Thomas Alva Edison erfahren.« Er sagt, Seon habe über 45 Jahre die Welt bereist und Dinge zusammengetragen, die mit Edison zu tun haben – darüber kam er auch auf seine Liebe zu Grammophonen und sammelte die ebenfalls.

Der Junge zeigt auf eine Tafel, auf der steht: »Auch wenn Edison in Amerika geboren wurde, ist seine aktuelle Heimat Gyeongpo.« Er meint den See vor der Tür, der mit den fünf Monden. Wahrscheinlich wissen davon wenige in den USA, dass hier, im äußersten Osten der Halbinsel eine Art Schrein für den Mann gebaut wurde, der die Glühbirne erfand und New York Elektrizität schenkte. Zeit, dass Olympia hier ein paar Besucher herbringt. Dann zeigt er mir ein Bild vom Gründer, das ihn mit Edison zusammen an einem Tisch abbildet. Edison lächelt in die Kamera, Seon Seong-Mok schaut nachdenklich nach unten, fast, als würde er trauern. Ich frage den Museumsführer, wie es zu diesem Foto kommen konnte. Der Guide lächelt und sagt nur: »Photoshop«. Offenbar ist die Liebe zu Edison hier wirklich groß.

Dann erzählt er mir die Geschichte vom Gründer und es hat wieder mit einer Trennung zu tun. Seon wurde 1942 in Wonsan geboren, einer Stadt an der Küste des heutigen Nordkorea. Als Kind saß er immer bei seiner Mutter und hörte ihr beim Klavierspielen zu. Bei ihnen zu Hause gab es viel Musik zu hören. Als die Mutter starb, war Seon gerade einmal fünf Jahre alt. Er wurde daraufhin in der Schule häufig gehänselt, so dass er meist zu Hause blieb. Dass Kinder ohne Mutter gehänselt werden, der Junge erzählt es, als sei das eine Selbstverständlichkeit. Ich muss an Joon-sang denken, der es auch in der Serie »Winter Sonata« mit seinen Klassenkameraden nicht leicht hatte, ohne einen Vater. Seon Seong-Moks Vater jedenfalls schenkte ihm daraufhin sein erstes eigenes Grammophon, eine Columbia G241, hergestellt 1920. Von da an legte er sich als Kind oft davor, fasziniert vom Klang aus dem Lautsprecher. Das Gerät steht auch in der Nähe des Eingangs. Als sie wegen des Korea-Krieges flüchten mussten, war das wichtigste für den damals Achtjährigen: dieses Grammophon. Er schleppte es selbst, zwölf Kilogramm schwer, nach Südkorea.

Er arbeitete im Mittleren Osten und baute große Wohnhäuser, zurück in Südkorea konnte er damit ein großes Geschäft aufma-

chen und viel Geld verdienen. Er steckte fast alles in seine Sammlung. Er bereiste Auktionen in Europa, den USA und Südamerika:
Heute besitzt er 3.500 Grammophone, 2.000 Edison-Erfindun-
gen, 500 Filmprojektoren und 1.500 Kameras aus allen Entwick-
lungsstufen. Als wir durch das Museum laufe, bleiben wir immer
wieder stehen und mein persönlicher Museumsguide spielt verschiedene Grammophone oder Leierkästen an. Alte Lieder von
Frank Sinatra, Billie Holiday. Der Klang ist scheppernd, aber sofort entsteht die Stimmung wie in alten Schwarz-Weiß-Filmen.
Sämtliche Geräte funktionieren, das war ihm wichtig, dem seltsamen Hausherrn. Von Weitem sind viele Räume ein großes Durch-
einander von Gegenständen: einer der ersten Apple-Computer
neben Bügeleisen, Schreibmaschinen, dann ein Toaster, Staubsau-
ger, Waffeleisen, ein Gerät zum Glätten von Haaren und oben auf
der Vitrine ein Hund aus Porzellan. »Die Standuhr ist aus Argenti-
nien«, sagt der Guide. Auch sie funktioniert noch.

Doch es sind eben nicht nur irgendwelche Geräte, auch wenn
kein Label sie einordnet. Mein Guide weiß zu vielen Gegenständen, dass sie entweder direkt von Edison erfunden oder hergestellt wurde. Von sechs existierenden Alufolien-Grammophonen,
die Edison hergestellt hat, hat Seon fünf hier versammelt. Die aus-
gestellte Kamera ist eine von zweien, die den Film »Vom Winde
verweht« aufgenommen haben. »Die andere ist bei einem Stu-
diobrand zerstört worden.«

Die anderen Etagen, sagt er, solle ich mir allein anschauen,
aber sie sind auch noch ungeordneter, voller Spielzeug aus verschiedenen Epochen, aus Metall, auch aus Deutschland ein Ka-
russell, das sich elektrisch im Kreis bewegt. Ähnlich willkürlich
hängen im Raum daneben plötzlich Plakate von Justin Bieber neben einem Foto von Marlon Brando, einer goldenen Schallplatte
von Elvis Presley neben einem Foto der Präsidentin Park Geun-
Hye, die aus einem Auto steigt. Das Wasser im Hintergrund könnte der Gangpyo-See sein. Daneben ein Gemälde von Ludwig van

Beethoven. Mein Guide hatte gesagt, dass der IOC-Präsident Thomas Bach schon hier war, als sie sich Pyeongchang als olympischen Austragungsort anschauten. Er muss ähnlich verwirrt gewesen sein.

Es ist also ein Pflichttermin, vielleicht auch in Ermangelung anderer Museen.

Als ich an den See trete, wird es gerade Abend. Ich war im Haus eines wirklich Besessenen, von Elektrik, von Geschichte, von der Welt außerhalb Koreas und den Dingen, die sie hervorbringt. Es ist auch ein umgekehrtes anthropologisches Museum. In europäischen Museen werden willkürlich Gegenstände aus der Geschichte Asiens ausgestellt, hier sind es Objekte aus dem Westen, die wie exotische Artefakte angeordnet sind. Da ist noch so viel in seinem Lager. Und nur er kennt die Geschichten dazu.

Als es dunkel wird, laufe ich zu dem schmalen Stück Land zwischen dem See und dem Meer. Immerhin drei von fünf Monden kann ich sehen. Es heißt, Seon Seong-Mok will hier begraben werden, direkt am See. In seiner Geburtsstadt Wonsan war er nie wieder, das ist einer seiner größten Wünsche.

Doch er als Südkoreaner kann nur bis an die Aussichtsplattform an der Grenze, dort will ich morgen hin.

Es wird kalt hier am Abend. Als ich meine Hand in die Tasche stecke, ist da noch dieser Zettel mit Gedichten von Shin Sa-Imdang. Ihr bekanntestes ist das, was sie geschrieben hat, als sie mit ihrem Mann nach Seoul zog. Schon der Titel bringt die Stimmung, die wohl nur Koreaner so tief empfinden können: dieses Gefühl vom Über-den-Berg-sein. Es heißt »Blick zurück auf das Haus meiner Eltern, als ich den Daegwallyeong Pass überquere«.

Ich beginne zu lesen, dieses 500 Jahre alte Gedicht, das man hier auch gut auf Geldscheine drucken könnte. Ich frage mich, warum das immer wieder ein Thema ist, hier in Südkorea, das Abschiednehmen, das Zurücklassen, das Nie-Wieder-Sehen. Auch: das Loslassen. Vielleicht ist diese Frage schon die Antwort.

Ich lasse meine alte Mutter in Gangneung zurück / Zerstört von Gefühlen bin ich allein auf der Straße nach Seoul / Ich schaue auf mein Zuhause und habe für einen Moment Hoffnung / Die weißen Wolken umhüllen das Grün der Berge.

Kapitel

25

Erinnerungen an den Norden (in Sokcho und an der Grenze)

HIMDEULEOYO 힘들어요 (ES IST SCHWIERIG)

Mir sitzt ein strenger Mann gegenüber und fragt mich auf Koreanisch: »Kennen Sie diesen Mann?« Dann lauter: »Wer ist das?« Noch lauter: »Geben Sie's zu!« Er wedelt mit einem Foto von einem Koreaner in Militärkleidung herum. Aber ich kenne den Mann nicht, habe ihn nie gesehen. Ich erkläre ihm das in meinem holprigen Koreanisch und frage, wo ich hier bin. Deswegen kam mir alles so bekannt vor, ich war vor drei Jahren in Hanawon, jenem umzäunten Ort, an den Nordkoreaner kommen, wenn sie es schaffen, nach Südkorea zu fliehen. Drei Monate müssen sie hier ausharren, doch der Geheimdienst befragt sie eigentlich nicht hier. Ich blicke aus dem Fenster, ich sehe Backsteinhäuser, den Zaun, Stacheldraht und dahinter nur Felder. Der Mann, der mich befragt, flucht laut und gibt schließlich auf: »Raus hier.« Als ich aus der Tür herausgehe, steht vor dieser Tür genau der Mann, den ich auf dem Foto erkennen sollte. Er trägt eine Militärmütze mit einem roten Stern und lä-

chelt. Eher: Er grinst. Und er wischt sich Blut weg, das aus seiner Nase läuft.

Nordkorea-Träume sind immer seltsam, aber zum Glück selten. Ich wundere mich, warum ich ausgerechnet in Sokcho solch einen Traum habe. Als ich im Hotelzimmer aufwache, hängt ein leichter Chlorgeruch in Luft, nein, es riecht nicht wie in Nordkorea. Dort roch es wie das Gegenteil von »Westpaket«, nach einer Mischung aus Muff, etwas undefinierbar Säuerlichem, so wie ein altmodischer Duftstein auf einer Kneipentoilette, so roch es in den Hotelräumen in Pjöngjang, sogar in dem Raum an der Grenze zu Südkorea, wo Kim Il-sung vor genau 60 Jahren den Waffenstillstand mit dem Nachbarland unterschrieb. Ich war im Spätsommer 2013 in Pjöngjang, in Wonsan und in Kaesong, drei nordkoreanische Städte, doch das erste woran ich jedes Mal denke, wenn ich an den Norden denke, ist dieser beißende Geruch. Dieser Geruch brachte damals auch den Osten zurück, den ich kannte, bis ich zehn Jahre alt war. Das war wohl ein Grund, warum ich hierher wollte, erst in den Süden und dann in den Norden.

Vielleicht lag es daran, dass mir in Sokcho auch klar wurde, wie nah ich wieder der innerkoreanischen Grenze sein musste. Die Grenze, die noch hier sein wird, wenn ich wieder abreise. Weil beide Seiten die Fähigkeit haben, Dinge aushalten, auszusitzen, zu ertragen, auch über eine lange Zeit. Hatte ich wirklich gedacht, ich kann dabei sein, wenn es passiert? Es könnte aber auch am Hotel »Seorak« liegen, der Stimmung, die schon von der Einrichtung im Eingangsbereich des Hotels verbreitet wird, mit seinen Möbeln, den Steinsäulen und dem großen Wandgemälde mit Waldimpressionen. Vor allem: der Leere. Das alles hatte die Atmosphäre eines 70er-Jahre-Films. Die Sauna des Hotels war kaputt oder abgestellt, das Kasino schon seit Monaten geschlossen und auch sonst sind die besseren Tage eindeutig mehrere Jahrzehnte her. Dafür ist das Hotel perfekt mitten in den Bergen gelegen, vom Hotel, das selbst wie ein Berg aussieht, wie ein Vulkan mit einer großen

Spitze in der Mitte, könnte ich einfach loslaufen, in den Wald.

Im Frühstücksraum sitzen zwei Familien, zwei allein reisende junge Frauen und ein Nicht-Koreaner, neben ihm eine Jacke mit Tarnmuster. Er sei US-Amerikaner und dienstlich hier in Korea, sagt er, als ich mich an den Nachbartisch setze. Nach einer kurzen Begrüßung deute ich auf die Tarnjacke, und frage, ob er beim Militär sei, er ist fast beleidigt: »Ich bin Marine«, sagt er etwas zu laut

und schaut sehr ernst, »wir sind keine normalen Soldaten.« Ein
sehr spezieller Soldat, also. Er sagte, diese Gegend sei auch militärisch stärker kontrolliert, das bedeute: mehr Soldaten wie ihn. Er
kam gerade von einer Basis in der Gegend um Busan und wollte
hier noch in den Bergen wandern.

   Er ist kleiner, als ich mir Marines vorgestellt hatte, fast
schmächtig, aber das täuscht wahrscheinlich. Er hat dafür eine
gewisse Härte im Gesicht, lächelt nicht, schaut eher ernst vor
sich hin. In diese Gegend ist er auch gekommen, um sich das
nordkoreanische U-Boot anzuschauen, das hier in der Nähe in
einem »Wiedervereinigungs-Park« gezeigt wird. Davon hatte er
in Busan gehört, das Schiff gehört zu einem berühmten Militär-
einsatz im Jahr 1996, der über 49 Tage dauerte. Er sei am vergangenen Nachmittag dort gewesen, während ich die Grammophone im Edison-Museum anschaute. »Eng ist es da drin, kaum
vorstellbar, dass 25 Menschen darin Platz hatten.« Das U-Boot
lief vor zwanzig Jahren vor der Stadt auf Grund mit 25 Mann an
Bord, als es drei Spione wieder einsammeln wollte. Sie ließen das
unbrauchbare Boot zurück und versuchten, auf dem Landweg in
Richtung Norden zu kommen. Doch Fischer entdeckten sie und
die Jagd auf die flüchtigen Nordkoreaner begann. Die Soldaten
fanden zuerst elf Leichen von nordkoreanischen Soldaten am
Strand. Sie waren offenbar von den eigenen Leuten hingerichtet
worden. Aus Panik? So beschrieb es der Kommandant, der Einzige, der lebend gefasst wurde. Von Ende September bis Anfang
November 1996 jagte das Militär die übrigen dreizehn Soldaten.
Sie exekutierten alle, wobei auch zwölf südkoreanische Soldaten
und vier Zivilisten im Kreuzfeuer starben. Nur einer der Nordkoreaner konnte nie gefasst werden. Es heißt, er habe es in den
Norden geschafft oder sei untergetaucht.

   Der Marine nennt sich Peter und spricht mit extra-tiefer Stimme, als ob er immer auch sagen will: Ich habe viel erlebt, du hast
keine Ahnung. Aber er hat Erfolg mit dieser Art, mir wird mehr

und mehr deutlich, wie ernst – zumindest von seinem Standpunkt aus – die Situation hier wirklich ist. In Seoul hatte ich immer das Gefühl, alle Meldungen seien übertrieben, die Angst vor der Grenze fünfzig Kilometer entfernt, wurde zu einem Grundrauschen. Es passiert ja nie etwas in der Stadt, außer den Übungen, den Sirenen, den Meldungen in der Zeitung und vielleicht den Videos in der U-Bahn, wie man sich im Angriffsfall zu verhalten habe. Oder illustrierten die Videos mit Rauch im Waggon nur einen »normalen« Unfall? Mir erzählte einmal jemand, dass die Hochhäuser in Seouls Innenstadt so gebaut sind, dass sie einen Fliegerangriff verhindern und dass Abwehrsysteme in den Werbeaufstellern versteckt seien. Gute Gerüchte, die man Besuchern erzählen kann und die jetzt sogar bei Peter ein Lächeln provozieren. Aber hier, an der Grenze im Osten, ist das etwas anderes. Vielleicht, weil es stiller ist? Ich erzähle ihm vom Geruch im Norden und von dem Wagen der Welthungerhilfe, der ausgerechnet vor unserem Restaurant in Nordkorea parkte, in dem wir aßen. Von dem immer gleichen Musikvideo, das in Restaurants lief, immer eine Frauenrockband. Nichts passte zusammen, alles schien Fassade, aber selbst die funktionierte nicht, sondern der Lack war längst ab. Deshalb hatte ich damals das Gefühl, dass es dem Ende zugeht mit Nordkorea.

Ich war damals gemeinsam mit einer Reisegruppe von US-Studenten gefahren, das Buchen war ganz einfach. 2.000 Dollar, Flug und Hotels inklusive, mein Chefredakteur war im Urlaub und schickte nur eine Antwort: »Unbedingt machen! Das mit dem Geld regeln wir.« Es waren die Zeiten, kurz bevor Zeitungen so immens an Auflage verloren. Für das Visum sollte jeder einen Fragebogen ausfüllen, bei Beruf trug ich »Editor« ein. Die Gruppe traf sich am Flughafen in Peking, wir standen in einer Reihe mit Nordkoreanern, Chinesen und seltsamerweise einer Gruppe Geschäftsreisenden aus dem Iran. Alle meine Reisebegleiter wussten von Straflagern, kannten die Geschichte von Bürgerkrieg und Waffenstillstand. Aber sie wollten auch: eine gute Zeit haben. Und so saßen wir bereits am ersten Abend bei nordkoreanischem Bier in einer Hotelbar und lernten unsere Guides kennen. Wie funktioniert *Daten* in Nordkorea (die Partei macht auch Vorschläge bei der Partnerwahl), gibt es Gesichtsoperationen in Nordkorea (selten, aber ja), glauben sie an die Wiedervereinigung (sie wird kommen, ja). Das Bier schmeckte besser als jedes südkoreanische, alle waren sich einig. Nur ein nordkoreanischer Guide wurde nervös, nahm mich zur Seite und fragte: »Was ist eigentlich ein Editor?« Ich konnte nur sagen: Ich arbeite mit Texten, aber ich geriet ins Stocken. Von da an wurde ich genauer beobachtet. Das hieß auch, nicht auffallen, in der Gruppe bleiben.

Der Marine will noch mehr hören vom Norden, aber er will auch in die Berge. Es ist noch früh am Morgen und es reicht, wenn ich gegen Mittag zur Grenze im Norden aufbreche. Peter wolle auf keinen Fall zur Grenze, er habe sie oft gesehen, war auch schon mehrfach in *Camp Bonifas*. »Aber genau genommen sind wir schon an der Grenze«, sagt er. Er sagt, dass Sokcho und diese Berge nördlich des berühmten 38. Breitengrades liegen und bis zum Koreakrieg Teil des Nordens waren. Die Grenze wurde nach dem Krieg anders gezogen und jetzt steht hier eines der beliebtesten Feriengebiete. Der Marine sagt, er komme hier regelmäßig her, für Einsätze auch, Übungen. Er kenne den Konflikt ganz gut, und ja, er nehme das sehr ernst, auch wenn es sich nicht so anfühle manchmal für die Bewohner hier. »Nordkorea hat den Waffenstillstand über 200 Mal verletzt«, sagt er, »davon redet niemand.«

Ich erzähle ihm von dem Film *Northern Limit Line*, der kürzlich im Kino lief, ein vom Staat bezahltes Propaganda-Werk über den Angriff auf ein südkoreanisches Schiff, bei dem sechs Soldaten des Südens ums Leben kamen – und dreizehn auf nordkoreanischer Seite. Der Film hatte Millionen Zuschauer im Süden, lief erfolgreich. Diese kleine Seeschlacht fand ausgerechnet während der Fußball-WM 2002 statt und südkoreanische Medien versuchten deshalb, den Fall nicht so sehr in den Medien zu betonen. Die Spiele sollten nicht gestört werden. Solche Anschläge bieten dem Norden immer eine Bühne. Er sagt, auch die Olympischen Winterspiele 2018 werden wieder so eine Gelegenheit sein: »Alles schaut auf den Süden, das wird der Norden nicht ungenutzt lassen.« Der Film zum Vorfall 2002 allerdings ist eher kitschig und zeigt Nordkoreaner nur als fratzenverzerrte, mordlüsterne Monster, während um die Südkoreaner herum Geschichten gestrickt werden von schwangeren Freundinnen, die um ihren Mann bangen, und einer blinden Mutter, die schließlich zu dramatischen Geigen um ihren Sohn weinen muss.

Ich hatte die Menschen in Nordkorea eher als sehr ernste, aber auch verängstigte Menschen kennen gelernt. Unsere Guides hatten alle Kinder und man merkte ihnen an, dass der Staat sie in der Hand hatte. Bei einem kurzen Spaziergang sah ich zwei Kinder in einer Pfütze, vielleicht fünf und sieben Jahre alt. Ich hockte mich zu ihnen und begrüßte sie, hatte Süßigkeiten dabei, Schokolade in Goldpapier. Das sollten wir mitnehmen?

Ich kam mir vor wie ein Westbesucher sich früher gefühlt haben muss im Osten. Ich reichte ihnen die Schokolade, aber sie schauten mich an und liefen wortlos weg. In einem Buchladen sah ich, wie plötzlich mehrere Nordkoreaner sich ebenfalls umschauen wollten. Der Verkäufer lief zu ihnen und schüttelte den Kopf. Solange wir drinnen waren, durfte niemand sonst hier einkaufen. Ein anderes Mal war ich am Strand von Wonsan, da durften wir Besucher in einem abgezäunten Gebiet baden gehen, natürlich liefen wir alle zum Zaun, suchten den Kontakt zu jungen einheimischen Badegästen, es ging nur zwei, drei Minuten gut, dann kamen unsere Bewacher und sagten, wir müssen los. Zurück am Bus hieß es, wir hätten noch Zeit.

Die Bewacher waren freundlich und gelassen, sie liefen mit uns sogar abends durch die Innenstadt von Pjöngjang, doch wir waren nie ohne sie. Eine Frau und zwei Herren, alle drei gingen ein Risiko ein, überhaupt mit mir zu reden, sie hatten schnell gemerkt, dass ich Journalist bin. Ich merkte, wie sie mich vorsichtiger behandelten. Dabei kannte ich die Geschichten von Ausländern, die plötzlich im Gefängnis landeten, weil sie nur eine Bibel auf einer Toilette vergaßen. Umgekehrt hatte ich auch von Tourguides gehört, die verschwanden, nachdem sie in ausländischen Zeitungen zitiert wurden. Unsere Gespräche waren bühnenreife Dialoge. Einmal nahm mich einer der drei zur Seite und sagte: »Du hast schon ein Bild von Nordkorea gehabt, bevor du hierher gekommen bist, oder?« Er sagte dann, dass ihr Land kein schlechtes Land sei. Ich dürfe nicht alles glauben, was ich im Ausland höre. Der Führer liebt das Volk und das Volk den Führer. Demokratie sei nicht für jedes Land geeignet. Nur ganz am Ende der Reise brach dieser Dialog auf. Ich hatte am Flughafen bei der Verabschiedung jedem von ihnen ein Mauerstück in die Hand gegeben, eines dieser bunten Betonstücke aus dem Touristenladen in Berlin. Sie bedankten sich und einer lehnte sich nach vorn und sagte mit ernstem Gesicht: »Schreib etwas Gutes, wir haben uns Mühe gegeben.«

Als wir in Richtung der Berge laufen, frage ich Peter, ob er nicht auch das Gefühl habe, die Propaganda auf beiden Seiten hätte sich überlebt, in Zeiten, in denen jeder über das Internet neutrale Quellen finden könnte. Peter hatte für solche Feinheiten kein Verständnis. »Das ist hier alles kein Spaß«, sagt er, »wenn der Süden nicht militärisch so gut aufgestellt wäre und keine US-Unterstützung, dann könntest du das ruhige Leben in Seoul vergessen.« Nordkorea habe eine vor allem mannstarke Armee. Jeder männliche Nordkoreaner muss einen zehnjährigen Wehrdienst ableisten und derzeit zählt die Armee rund 1,3 Millionen Männer und Frauen. Peter zählt die Angriffe auf, von Nordkoreanern, die im Süden Zivilisten und Soldaten getötet hatten. Überfälle, die durch Tunnel vorbereitet wurden. »Noch heute sind sicher nicht alle Tunnel durch die Grenze entdeckt.« Er meint die zwei südkoreanischen Soldaten, die im August 2015 von einer Landmine schwer verletzt worden waren, ein Soldat verlor beide Beine. Es war das erste Mal seit 48 Jahren, dass so eine Mine Menschen verwundete. Der Süden vermutete, dass sie erst wenige Tage zuvor dort gelegt worden war. Der Norden bestritt zunächst, darin verwickelt zu sein, sendete schließlich eine Botschaft, man »bedaure« den Vorfall. Die südkoreanische Präsidentin hatte eine Entschuldigung verlangt, gab sich aber damit schließlich zufrieden. »Die Fronten«, sagte der Marine, »sind so verhärtet wie lange nicht, das wird sich sobald auch nicht entspannen.«

Wir sagen eine Weile nichts, die Steigung des Berges macht uns zu schaffen. Es ist keiner dieser Wanderwege, die komplett ausgebaut sind, wir wollen zu einem kleinen Tempel, einer Betstätte für Bergmönche, die in die Berge gehauen ist. Der Weg dorthin ist gut ausgeschildert, aber wir müssen einen steilen Hang hinauf, müssen uns an Bäumen festhalten, es gibt wenig Treppen wie sonst auf südkoreanischen Wanderwegen.

In der Tat waren in den letzten Tagen wieder häufiger schlechte Nachrichten aus dem Norden zu hören. Der Ton war schrill: Die Präsidentin sei eine Agentin der USA, sie benutzten das Wort »Prostituierte«. Die Industrieregion Kaesŏng, in der Nord- und Südkoreaner zusammen arbeiten, wurde im Februar 2016 geschlossen. Sämtliche Hilfen sind eingestellt, selbst einige deutsche Nichtregierungsorganisationen wurden vom nordkoreanischen Regime nach Hause geschickt. Dabei sollte erst demnächst wieder eine Familienzusammenführung stattfinden, die oft am Berg Geumgangsan, dem »Diamanten-Berg«, organisiert werden. Achtzig Jahre alte Menschen, die einander siebzig Jahre lang nicht gesehen haben, sich medienwirksam in den Armen liegen und das an einem Berg, von dem viele Südkoreaner wünschen, sie könnten ihn einmal besteigen. Im Jahr 2003 wurde in Absprache mit Nordkorea ein Teil des Geumgangsans als Touristenreise für Südkoreaner und westliche Touristen angeboten. Doch nur fünf Jahre später wurde eine 53 Jahre alte Frau von nordkoreanischen Soldaten

erschossen, weil sie sich offenbar in militärisches Sperrgebiet verlaufen hatte. »Wir hatten keine Wahl«, sagten die Soldaten damals,
»sie ist nicht stehen geblieben, sondern weggerannt.«

Es gibt viele von diesen Geschichten, von dummen Umstän-
den, vom falschen Ort zur falschen Zeit. Aber was genau ist ein falscher Ort, ist diese ganze Grenzgegend nicht auch ein falscher
Ort? Mir fallen plötzlich die absurden Dinge in Nordkorea ein, die
großen Gegensätze. Die verstaubten Museen, in denen auch ein
Stuhl präsentiert wurde, »auf dem Kim Il-Sung einmal gesessen
hatte«, wie es auf dem Label stand. Draußen waren die Straßen
leer und die Armut, selbst der Bevölkerung in Pjöngjang, offensichtlich. Richtig, es gab gute Restaurants für uns, wir spielten auf
einer neuen Bowlingbahn, fuhren Achterbahn in einem neuen
Freizeitpark – und wir erholten uns in einem modernen Spa mit einer Sauna und ließen uns von kichernden Nordkoreanerinnen
massieren. Und ja, die Menschen auf der Straße hatten Mobiltelefone in der Hand, ich brachte sogar ein nordkoreanisches Tablet
mit nach Hause, mit *Angry Birds*, dem Gesamtwerk von Kim Il-
Sung und mehreren Kriegsspielen. Aber gleichzeitig waren die
meisten Plattenbauten in der Stadt heruntergekommen wie im
Ostberlin der 80er-Jahre, nur notdürftig mit grüner, gelber und
pinker Farbe bekleckst, die Kleidung der Passanten erinnerte
durchweg an eine Uniform. In der Öffentlichkeit sahen wir fast
nie Menschen lächeln, dafür beobachteten wir, wie sie mit der
Schere den Rasen schnitten und mit Ochsen das Feld pflügten.
Nachts war die Stadt dunkel, ständig gab es Stromausfälle und
wenn doch einmal das Licht noch leuchtete, waren wirklich alle
Fenster in einem Wohnblock erleuchtet. Als ich meinen Tourgui-
de fragte, ob denn abends alle zu Hause sind, sagte sie: »Ja, wo sollten sie sonst sein?«

Es beginnt zu regnen und der Marine und ich flüchten in einen
Unterstand. Es gibt Tintenfisch-Pfannkuchen, *Haemul Pajeon*, der
noch besser schmeckt, wenn es kalt und feucht ist. Ein Südkorea-

ner setzt sich zu uns, gibt uns Tee aus und schwärmt von den Bergen. Der Amerikaner und er unterhalten sich wie alte Bergsteiger über den besten Blick auf das Meer, die schwierigste Steigung in diesen Bergen. Ich blättere in meinem Fotoarchiv, bin noch immer in meiner Nord-Erinnerung vertieft, schaue mir noch einmal das Hotel an, das dem »Seorak Park«-Hotel hier in Sokcho in der Tat nicht so unähnlich ist, die imposante Eingangshalle, die bunten Zimmer mit der blumigen Dekoration in Pastell-Farben. Im Norden haben wir nach dem Einchecken sofort nach versteckten Kameras und Mikrofonen auf den Zimmern gesucht. Der Südkoreaner sieht die Fotos von den nordkoreanischen Denkmälern und wird stumm. Über den Norden will er nicht reden, er müsste jetzt ohnehin gehen. Es bleibt ein Tabu in Südkorea.

Später zeige ich Peter die großen Statuen der Kims, die grinsen und winken, jeder, der in Nordkorea war, fotografiert diese bronzenen Kolosse, ich zeige Bilder, wie wir Fußball spielen mit vier Nordkoreanern, die für uns bestellt waren, kein Wort sprachen, sehr dünn waren und die gleiche Badehose trugen. Die Bibliothek mit einem Musikraum, in dem ein Madonna-Lied lief, als wir hereinkamen: »Bye bye, Miss American Pie«. Wir sahen die Buchausleihe, wo zufällig ein deutsches Buch über Katzen lag, mit vielen Fotos. Wir trafen einen Farmer, der uns sein Haus zeigte, ärmlich, ohne Bilder an den Wänden, bis auf die beiden großen Führer und einen Kalender, der vor drei Jahren gültig war. Die schrillbunten U-Bahnhöfe, das Essen, das dem in Südkorea fast gleich ist, nur, dass es oft nicht schmeckte. In unserer Reisegruppe gab es zwei Magenvergiftungen während der sechs Tage. Unser Reisebus brach mitten auf der Strecke mehrfach zusammen und dann standen wir auf der Autobahn in den Bergen, in beiden Richtungen kein Verkehr für Minuten. Es war alles: gespenstisch. Ich erzähle ihm von meinem Hotel, das so leer wirkte, als ich abends durch die verschiedenen Gänge anderer Etagen lief. Auf der Suche nach etwas, das nicht kontrolliert war. Plötzlich knallte damals eine Tür auf der leeren Etage, und ich ging lieber wieder zum Fahrstuhl zurück. Als der sich öffnete, stand darin ein alter Nordkoreaner, rauchte eine Zigarette und musterte mich stumm. Es war fast, als sei das Hotel nur für unsere Etage gebaut worden. So vieles war bizarr an diesem Urlaub, der kein Urlaub war, sondern alle Seiten so alert wie möglich blieben, immer in der Angst, einen Zwischenton zu verpassen.

Ich frage Peter, ob er sich verbeugt hätte vor den großen Führern. Es gilt im Norden als höflich, sich vor Bildern oder Statuen, vor allem aber vor dem Leichnam im Mausoleum zu verbeugen. Ich war mir damals nicht sicher, welche Konsequenzen es gehabt hätte, für die Gruppe, wenn ich es nicht tue, erkläre ich mich. Gleichzeitig haben uns normale Bürger dabei zugesehen, beim Verbeugen, auch beim Niederlegen von Blumen, wir wurden also Teil der Propaganda-Maschine des Nordens. Erst auf der Rückfahrt informierte uns der US-Reiseleiter, dass es immer wieder Mitfahrer gebe, die sich nicht verbeugen, auch das sei kein Problem. Er tue es aus Respekt vor den Tourguides.

Peter sagt, er hätte sich niemals verbeugt vor den Kims. Er verachtet alles, wofür sie stehen. Das hat auch mit seiner Arbeit zu tun, aber das ist wohl auch der Grund, warum er Marine geworden ist. Das Ethos, die Strenge, die Prinzipien, keine Kompromisse. Er sagt, er überlege, hierher zu ziehen, für eine längere Zeit in Südkorea stationiert zu sein. Er sagt, er bewundere das Durchhaltevermögen der Koreaner. »Sie haben ein hartes Training hier und niemand beschwert sich.« Ich frage ihn nach früheren Einsätzen, doch er wehrt ab, sagt nur »Irak« und »Afghanistan«, aber wolle nicht weiter davon sprechen. Er lässt durchblicken, dass es keine leichte Zeit war. Mir fällt die Frage ein, die ich oft Menschen in gefährlichen Berufen stelle: Hast du eine Narbe? Der Marine zeigt sofort seinen Zeigefinger, darauf ist eine kaum zu erkennende kleine längliche Narbe an der Fingerkuppe. Dann erzählte er diese Geschichte:

»Wir haben in Afghanistan unser Wasser und Lebensmittel immer bei dem gleichen Stand gekauft, der einem Einheimischen gehörte. Irgendwann bekam ich mit, dass er uns immer dreimal so viel Geld pro Flasche Wasser abnahm, überhaupt alles war immer teuer. Ich bin zu ihm hin und sagte: Wir zahlen heute den normalen Preis. Als er nur verständnislos blickte, nahm ich ein Messer und rammte es mir in den Finger, dabei schaute ich ihm weiter in die Augen so wie dir jetzt und ritzte mir meinen Finger tief auf. Es hat später lange gedauert, das Blut zu stoppen. Aber in dem Augenblick spritze es richtig heraus und während ich ihn weiter ruhig anschaute und auch weiter mit ihm sprach, berührte ich damit all seine Gegenstände im Laden, die in Reichweite waren, Wasserflaschen, Saft, Nudeln, Kekse, Rasiergel, er wurde immer nervöser und schrie, ich solle aufhören. Ich sagte nur: Wir zahlen ab heute den normalen Preis. Er nickte.«

Ich weiß nicht, warum er ausgerechnet mir diese Geschichte erzählt. Es ist eine, die zunächst nur wenig mit Korea zu tun hat, aber sie zeigt, welche Härte die Menschen mitbringen, die hier das Land verteidigen, aus welchem Holz Marines geschnitzt sind. Wir reden nicht von den Skandalen im Militär, den sexuellen Übergriffen auf junge Soldaten, die hohe Zahl der Selbstmorde beim Militär, weil sie eben diese Härte nicht ertragen, eine Härte – die nur nötig ist, weil es keinen Frieden gibt, und weil dieser Zustand des Status quo weitergehen wird. Auch weil es dem Süden nutzt: Eine ständige Bedrohung rechtfertigt eine härtere Haltung gegenüber Bürgerrechten, rechtfertigt auch den Druck auf die Wirtschaft, in den Universitäten, im Wohnungsmarkt. Und es nährt eine Hoffnung, die immer über allem steht: Wir müssen jetzt noch das aushalten, aber eines Tages kommt die Wiedervereinigung und dann entspannt sich das Leben. Aber diese Vereinigung kommt nicht, nur: Pläne, Vorschläge, Wünsche. Doch es ist, als ob beide Länder längst unterschiedliche Sprachen sprächen, nicht nur Dialekte.

Peter jedenfalls denkt, dass es noch lange dauern wird, bis die wirkliche Vereinigung kommt. »Alle behaupten immer, der Norden wäre instabil«, sagt er, »aber offensichtlich war er erstaunlich stabil in den vergangenen Jahren.« Aber wer weiß, vielleicht macht der Norden auch einen entscheidenden Fehler und beginnt wirklich einen Angriff. »Dann bin ich auf jeden Fall hier«, sagt er. »Da will ich dabei sein.«

Ich mache mich auf den Weg zurück ins Hotel, ich hätte mich auch gut ausruhen können, aber Peter will noch weiter in die Berge, ich wollte noch an die Grenze, an den nördlichsten Punkt Südkoreas. Doch zunächst fahre ich noch an den Strand von Sokcho und suche mir etwas zu essen. Dort steht ein Leuchtturm, von dem man wieder weit ins Meer und in Richtung Norden blicken kann. Knapp vierzig Kilometer ist dieser Punkt von Nordkorea entfernt, auf dem Wasser sind in der Ferne einige Schiffe zu sehen, Peter hatte erzählt, dass viele Südkoreaner seit dem Koreakrieg verschwunden seien, später hatte ich gelesen, dass es 3.500 waren. Darunter viele südkoreanische Fischer, die während der Arbeit auf See entführt wurden, manchmal hatten sie wegen eines Sturmes das nordkoreanische Gewässer befahren, aber manchmal wurden sie einfach auf offener See entführt. Die meisten wurden zwar nach wenigen Monaten wieder in die Heimat zurückgeschickt, doch dort wurden sie dann noch einmal bestraft, weil sie im Norden gewesen waren und damit ein Gesetz gebrochen hatten. Aufsehen erregte im Jahr 2013 noch einmal der Fall von Jeon Wook-pyo, dem nach über vierzig Jahren in nordkoreanischer Gefangenschaft die Flucht gelang. Er wurde mit 27 Jahren im Jahr 1972 in den Norden gebracht und kam als alter Mann mit 68 Jahren wieder zurück zu seiner Familie. Er ist heute untergetaucht, auch, damit ihn der nordkoreanische Geheimdienst nicht mehr finden kann. Denn sicherlich leben hier in Sokcho ebenfalls Spione des Nordens. Doch er hatte bei seiner Rückkehr auch ein Licht geworfen auf die Art, wie seine Familie während seiner Abwesenheit behandelt wurde. Die südkoreanische Regierung hielt sie vor allem in den 70er- und 80er-Jahren für Kommunisten, als ob es keine Entführung, sondern ein freiwilliges Übersiedeln gewesen wäre. Die Familienmitglieder durften nicht für die Regierung arbeiten und wurden oft auch von der Dorfgemeinschaft ausgestoßen. Heute sei das auf dem Land entspannter, aber in der Regierung ist der Vorwurf, »Kommunist« zu sein, nach wie vor häufig im Einsatz.

An der Promenade kaufe ich mir eine Tintenfischwurst, die ich vorher nie probiert hatte. Sie sieht so aus wie die Blutwurst in Seoul, ein beliebtes Straßenessen, aber hier in Sokcho schmeckt sie fantastisch, für einen Moment ist diese Stadt das, was sie sein will: Ein Ferienort zwischen Meer und Gebirge, mit Pärchen, die mit Selfiestick den besten Hintergrund für ihr Profilfoto suchen. Ich merke, wie das Gespräch mit dem Marine den Norden näher ins Bewusstsein rückte. Er sagte, nördlich von Sokcho sind alle Strände mit Stacheldraht gesichert, in Sokcho nicht, was dazu führt, dass hier in der Nähe eine Zeit lang häufiger Boote mit Flüchtlingen aus dem Norden gelandet sein, »Talbukja«, wie sie auf Koreanisch heißen. Es ist ein politisches Wort, es bedeutet »Überläufer«. Zuletzt gelang 2009 elf Flüchtlingen in einem einfachen Holzboot die Flucht. Unter Kim Jong-Un heißt es, seien die Grenzkontrollen strenger geworden, die Zahl der Flüchtlinge ist zurückgegangen.

In Seoul hatte ich mehrere Nordkoreaner kennengelernt, die meisten sind an der chinesischen Grenze durch den Yalu-Fluss geschwommen oder haben ihn im Winter auf dem Eis überquert. Einige kamen mit Schleusern, zahlten umgerechnet rund 800 Euro pro Person, aber das galt oft nur für den Weg nach China, von dort mussten sie selbst weiterkommen. Viele leben lange in China, mit der Gefahr, entdeckt zu werden – und mit der Schuld, ihre Verwandten im System zurückgelassen zu haben. Kommen sie dann im Süden an, versucht der südkoreanische Staat zumindest, ihnen den Start im Land angenehm zu machen, zumindest finanziell. Jeder, der unter 35 Jahren alt ist, darf ein kostenloses Studium beginnen, sie bekommen ein Startgeld von mehreren Tausend, abhängig von ihrem Alter – und sie bekommen für mehrere Monate eine Wohnung gestellt. Dafür müssen alle Geflüchteten zunächst durch eine eigene Schule, die *Hanawon* heißt. Es ist eine Einrichtung, in der ihnen beigebracht wird, wie das südkoreanische System funktioniert. Es war eine Station auf meiner ersten Reise hier im Süden, es liegt nur eine Stunde südlich von Seoul. Gin ist damals mitgekommen und hat übersetzt. Er war ungewöhnlich ruhig an diesem Tag, einmal musste er sich hinsetzen, weil es ihm nicht gut ging. Wir schauten uns die Klassenräume an, den Geldautomaten, an dem Nordkoreaner lernen sollen, wie sie mit einem Bankkonto umgehen. Die Sprüche, mit denen ihnen südkoreanischer Fleiß beigebracht wird. Und die südkoreanische Hymne.

Die Nordkoreanerin Hyang hatte ich in Seoul kennengelernt, sie ging auf meine Universität, studierte Chemie, obwohl sie das nicht interessiert. »Aber da gibt es Jobs für mich.« Vielleicht war sie schon südkoreanischer als sie das selbst dachte. Nebenbei leitete sie eine Gesprächsrunde bei der sich Nord- und Südkoreaner begegnen können. Sie meinte, im Alltag passiere es zu selten, dass es Begegnungen auf Augenhöhe gebe. Südkoreaner hätten Hemmungen und all diese Bilder im Kopf. »Wir verehren nicht alle den Großen Führer, wir kennen westliche Filme und südkoreanische Seifenopern, wir wissen, dass man im Ausland über die Kims lacht.« Sie hat ihre Kindheit in Nordkorea verbracht und ist mit 16 Jahren mit ihren Eltern nach China geflohen. Sie ist jetzt 23 Jahre alt und studiert in Seoul, sie hat viele südkoreanische Freunde, aber musste dafür ihren Dialekt ablegen. Früher hat sie manchmal nicht gern gesagt, woher sie stammt, aber inzwischen ist sie selbstbewusster. Sie erinnert sich an den Fahnenappell und das kollektive Arbeiten im Sommer für den Staat, an die martialischen Zei-

chentrickfiguren, die immer in Panzern saßen und aufeinander
schossen. Aber sie sagt auch, dass Ihr Großvater immer schon
über Kim Jong-Il geschimpft habe und dafür nie im Gefängnis
war. Sie meint, der Süden, eigentlich die Welt, wisse schlicht zu
wenig über den Norden. »Es sind nicht alle indoktriniert oder wie
Roboter«, hatte sie gesagt. »Es gibt viele Grautöne, in denen wir
versucht haben, ein normales Leben zu führen.«

In der Touristeninfo frage ich, wie ich zum DMZ-Museum
komme, doch die Frau hinter dem Schalter erklärt auf Koreanisch,
dass die einzige Möglichkeit in einem Taxi besteht. Sie hat eine de-
taillierte Karte der Gegend nördlich von Sokcho, dort ist das Sommerhaus von Nordkoreas Staatsgründer Kim Il-Sung eingezeichnet, das Museum und der nördlichste Punkt Südkoreas: das
Observatorium. Dort wollte ich hin, doch es fährt kein Bus. Ich
könnte mir einen Wagen mieten, sagt sie noch. Weil solche Dinge
in Korea sehr schnell gehen, sitze ich nur zwanzig Minuten später
in einem weißen Nissan auf dem Weg in Richtung Norden. Das
Sommerhaus liegt auf einer kleinen Halbinsel vor der Küste in
Hwajinpo. Als ich dort ankomme, ist es von Weitem zu sehen.

Das Sommerhaus von Kim Il-Sung wurde im Jahr 1937 ausgerechnet von einem Exil-Deutschen gebaut, ursprünglich für Missi-
onare, die hier Unterschlupf finden konnten. Es sieht aus wie ein
kleines Schloss, mit der dicken Mauer aus großen Granitblöcken,
dem breiten Erker, den großen Fenstern und vor allem mit dem
Turm. Kim übernahm es von der japanischen Besatzung und verbrachte mit seinem Sohn dort viele Sommer bis zum Koreakrieg.
Danach fiel es an den südkoreanischen Staat, doch erst unter Kim
Dae-Jung wurde es als Museum hergerichtet – gegen den Willen vieler Konservativer, die dagegen waren, ein touristisches Ziel mit dem
Namen Kim Il-Sung zu verbinden. Doch Kim Dae-Jung wollte diese ganze Gegend zu einem Denkmal-Areal für die südkoreanische
Geschichte ausbauen. Wie zur Befriedung gibt es gleich nebenan das Sommerhaus von Syngman Rhee, dem ersten Präsidenten

Südkoreas, eine Verbeugung vor den Leistungen des Mannes, der mit einer Österreicherin verheiratet war, beide im Museum dargestellt als Puppen, die für die Ewigkeit vor dem Kamin sitzen und lächeln. Als erster Präsident war er für einen autoritären Stil bekannt, der auch vor Gewalt gegen das eigene Volk nicht zurückschreckte. Spektakulär sein Abgang: Er ging 1960 ins Exil, nachdem die Proteste gegen ihn immer stärker wurden. Er starb auf Hawaii. Sein Vize, Lee Ki-Boong, der auch eine Villa in dieser Gegend besaß, wurde von seinem ältesten Sohn umgebracht. Das allerdings wird im Museum alles nicht erwähnt. Auch nicht, dass er auch noch heute für viele Entscheidungen kritisiert wird und offenbar für eines der schlimmsten Massaker der südkoreanischen Geschichte verantwortlich ist, bei dem rund 15 000 Menschen starben.

Als ich die Stufen zu Kim Il-Sungs Sommerhaus hinaufsteige, sitzen mir fünf südkoreanische Studenten im Weg. Sie sind ganz aufgekratzt. Neben ihnen auf der Treppe hängt ein Foto, das sie offensichtlich nachstellen wollen. Das Foto zeigt in schwarz-weiß fünf koreanische Kinder, ungefähr fünf oder sechs Jahre alt. Über einem der Kinder, dem zweiten von links, ist ein Pfeil gezeichnet und die Beschreibung: »Kim Jong-Il«. Der Sohn von Kim Il-Sung und späterer Nachfolger als Großer Führer Nordkoreas verbrachte offenbar in diesem Haus viele seiner Sommer. Einer der Studenten ruft: »Ich bin Jong-Il«. Die Jugendlichen lachen und stoßen ihn. »Komm, lass uns den Platz tauschen!« Als ich vorbei gehen will, bitten sie mich, ein Foto zu machen. Das kommt im Selfiestick-Land selten vor. Und tatsächlich tauschen sie mehrfach die Plätze. Jeder will einmal Jong-Il sein. Sie waren schon an der Grenze, sagen sie, sie gehen als Gruppe jedes Jahr einmal dorthin.

Oben im Museum gibt es eine kleine Ausstellung darüber, wie die Familie Kim hier wohl gelebt hat. Eine alte Vase in der Ecke, ein großer Steinkamin, vor dem sie sich versammelte, ein altes Radio, eine Uniform, offenbar die des Großen Führers. Ich überlege gerade, ob es für Nordkoreaner ein Ort sein könnte, an dem sie gern sind, ein wirkliches Museum, das sie interessiert, nicht nur als kurioses Fotomotiv. Weil es aber ein südkoreanisches Museum ist, sind die Original-Möbel umgeben von Schautafeln über den Koreakrieg und kleinen Kunstwerken für die Wiedervereinigung: einer stilisierten Erdkugel zum Beispiel, über der sich zwei Hände in einem Gruß verschränken, daneben zwei weiße Friedenstauben aus Gips. Vereinigungs-Kitsch. Doch über allem liegt der Klang aus den Lautsprechern zu einer Dokumentation über Kim Il-Sung. Sie zeigt vor allem Szenen aus dem Koreakrieg und Bilder, in denen das nordkoreanische Militär aufmarschiert. Am Ausgang stellt eine Tabelle die Wörter zusammen, die Süd- und Nordkoreaner für bestimmte Dinge anders verwenden. Es sind viele Wörter inzwischen: Wurst heißt auf südkoreanisch *So-Se-Ji*, von Englisch *Sausage*, und auf Nordkoreanisch *Kol-ba-se*, aus dem Russischen *Kolbasa*. An dieser Tafel steht auch *Il Obda*, das nordkoreanische »In Ordnung«.

Ich habe das oft gesagt, damals im Norden, ich hatte diese nordkoreanische Phrase damals gerade von Hyang gelernt. Ich sagte es zu den Kindern, die in der Pfütze spielten, zu den Jugendlichen am Strand – und zu mehreren Arbeitern, die wir in einer Pagode in einem kleinen Ort in der Nähe von Kaesong trafen. Sie standen dort und rauchten, Marke »Pjöngjang«, während unser Guide uns erzählte, wie alt dieser Ort ist und dass von hier eine wichtige Panzerdivision stammte, die Seoul in drei Tagen eingenommen hatte, damals 1950. Die militärische Stärke war immer wieder Thema in Nordkorea, auch für uns Touristen. Auch immer wieder die Wiedervereinigung, die unvermeidlich sei. Wenn nur nicht der Süden ...

Von dem Steinhäuschen, dem Kim-Sommerhaus, habe ich einen guten Blick auf das Meer am 38. Breitengrad und auf einen Felsen im Wasser, der sicher auch vom Norden einsehbar ist. Unten am Strand ist der Zugang zum Wasser wieder mit Stacheldraht versperrt. Peter würde sagen: Alles kein Spaß hier. Aus Urlaubs-

wird Sperrgebiet. Wir sind der Grenze jetzt wirklich nahe. Ich laufe zurück zum Wagen und fahre weiter Richtung Norden. An einem Checkpoint müssen alle Autofahrer aussteigen und sich für einen Passierschein anstellen, Name, Alter, Wohnort, Grund der Reise. Bevor Südkoreaner in das Sperrgebiet dürfen, müssen sie einen Film über ihr Land anschauen, Ausländer »dürfen« ihn sehen, wenn sie wollen. Es ist eine zehnminütige Zusammenfassung der Errungenschaften des Südens und der Taten des Nordens, keine zähnefletschende Propaganda, sondern eher wie ein freundliche Erinnerung, was die Gründe für den Stacheldraht und die Mauern sind. Sie zeigen viele Stahlwerke, moderne Restaurants, südkoreanische Schulkinder und immer wieder die Flagge. Als ob südkoreanische Politiker der eigenen Nation noch nicht trauen, als ob sie noch einmal betonen müssen, wie gut sie es haben.

Vor allem Panmunjeom ganz im Westen ist ein Ort, an dem auch das ganze Theater offensichtlich wird, das hinter dieser

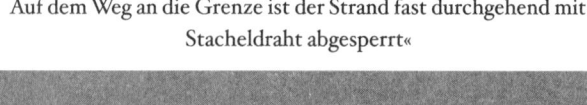

Auf dem Weg an die Grenze ist der Strand fast durchgehend mit
Stacheldraht abgesperrt«

Grenze steckt. An diesem Ort, in den Häusern, die genau auf der Grenze liegen, treffen die Politiker beider Seiten aufeinander, wenn sie sich auf Gespräche einigen können. Seit über sechzig Jahren ist das der Ort, an dem das Gespräch möglich ist, der einzige Ort, an dem die Grenze nicht mit Stacheldraht und einem Zaun markiert ist, sondern nur durch einen ungefähr zehn Zentimeter hohen Stein.

Auf beiden Seiten halten Soldaten Wache und die Spannung, das jede Seite einfach nur über den Stein treten müsste, um im Einflussbereich des Erzfeindes zu sein, diese Spannung überträgt sich auf jeden Besucher sofort. Mehrfach war ich vom Süden her dort, immer standen die Soldaten wie sie stehen müssen: Mit Blick auf den Norden gerichtet, halb hinter einer Mauer halb mit freiem Blick auf den Gegner. Nur einmal näherten die Soldaten sich dieser Grenz-Schwelle und standen einander direkt gegenüber, schauten sich in die Augen. Der Grund war eine große Gruppe Besucher des Nordteils von Panmunjeom. Sie standen auf dem Balkon, und schauten in den Süden. Sie gestikulierten, dort in nicht einmal 100 Metern Entfernung.

Es ist der Balkon, auf dem ich damals auch stand und in den Süden blickte, im Sommer 2013. Es war der einzige Moment, in dem mein Mobiltelefon kurz funktionierte, obwohl es damals im Norden für Touristen noch kein Netz gab. Inzwischen twittern Besucher während ihrer Reise. Auf der Südseite schauten US-Amerikaner durch Ferngläser, wir winkten ihnen. Die Nordkoreaner waren entspannt, wir durften winken, anders als die Besuchergruppen im Süden: Dort musste ich unterschreiben, keine »provozierenden« Bewegungen zu machen. Die Soldaten im Norden aber waren nicht nur freundlich, sondern fast übertrieben anbiedernd. Wir alle sollten Erinnerungsfotos machen mit Blick auf den Süden, einer der Generäle bot uns gar seine Mütze an, damit wir einen Original-Nordkorea-Hut aufsetzen konnten. Es war vielleicht der Höhepunkt einer sehr langen Reise: von Seoul nach China, nach

Panmunjeom, die Grenze im Westen, wo die Gespräche stattfinden

Pjöngjang und dann mit einem Bus an die Stelle, die von Seoul aus in nicht einmal einer Stunde zu erreichen ist.

Als ich nach meinem Besuch am nördlichsten Punkt das DMZ-Museum erreiche, einen großen modernen Bau, umgeben von einem Garten, ist es im Grunde nur noch ein Erdwall mit einem Zaun, der mich vom Norden trennt. Doch alles sieht ungemein friedlich aus. Die Sonne, die Wellen, die Möwen. Nur: Was sind das für riesige Lautsprecher, die auf dem Wall stehen? Sie sehen aus wie Lichtstrahler im Fußballstadion, mit vielen kleinen Megafonen anstelle von Scheinwerfern. Sie sind alle Richtung Norden gerichtet. Nach jeder Provokation des Nordens, nach jeder Drohung, werden diese »Propaganda-Lautsprecher« angestellt. Das Ministerium für Verteidigung hatte erst vor Kurzem die Journalisten gebeten, nicht mehr das Wort »Propaganda-Lautsprecher« zu benutzen. »Bitte schreiben Sie ›Stimme der Hoffnung‹«, hieß es in einem offiziellen Schreiben. Niemand hielt sich

daran. Wenn sie angestellt sind, senden sie mehrere Stunden am
Tag ein Radioprogramm. Sie sollen nachts angeblich eine Reich-
weite von bis zu 24 Kilometern haben. Auf dem Programm stehen
Diskussionen über Demokratie, Nachrichten aus dem Norden
und Süden – und der Wetterbericht. Zwischendurch plärrt die K-
Pop-Band »Big Bang« den im Norden verbotenen Song »Bang Bang
Bang«. Der Text ist ausgerechnet: »Keiner bewegt sich! Ich setze
alles in Brand! Ich nehm Dich mit – weit weg von hier. Bang Bang
Bang!«

Doch heute ist alles ruhig. Im Schatten des DMZ-Museums
sitzen zwei ältere Herren und trinken in der Nachmittagssonne
ein *Taedonggang*-Bier. Sie müssen es in dem Checkpoint gekauft
haben, dort gab es auch nordkoreanischen Soju. Immer wieder
hatten Freunde in Seoul behauptet, Alkohol könnten sie besser,
die Nordkoreaner. In der Tat war das Bier im Norden eindeutig besser. Die Brauereien wurden laut Reiseführer von Deutschland aus beraten. Auch unsere nordkoreanischen Guides beton-
ten, wie wichtig das Reinheitsgebot auch bei ihnen sei. Doch
auch Bier gab es für sie nur auf Lebensmittelmarken. Drei pro
Arbeiter pro Woche, sagten sie, aber wer mehr wollte, konnte Marken bei Freunden, die kein Bier mögen, eintauschen und
so gingen einige häufiger in die traurigen Kneipen, die manchmal vom Bus aus in Pjöngjangs Straßen zu sehen waren. Vom
Schwarzmarkt, der seit den 2000ern aus Pjöngjang nicht mehr
wegzudenken ist, sehen wir nichts. Es ist der Beginn einer kleinen Form von Marktwirtschaft im Norden, doch als wir unsere
Guides nach dem Markt fragen, schauen sie nur fragend. Als hätten sie noch nie davon gehört.

Das DMZ-Museum ist in der Tat eines der besten zum Thema
der Trennung, frei von Kitsch und purer Vereinigungs-Symbolik.
Es zeigt die internationale Bedeutung von Koreas Teilung, stellt
sie gegenüber den Trennungsgeschichten vom Jemen, von
Deutschland und von Vietnam. All diese Länder sind wiederver-

eint. Nur Korea nicht. Sie zeigen die Titelseiten »Daily News«
vom Dienstag, dem 28. Juli 1953, der Tag nachdem der Waffenstillstand unterzeichnet wurde, das Cover der »Time« mit Syngman
Rhee, das U-Boot aus Gangneung von 1996, die Fischerboote, und
die Schiffsschlacht von 2002. Vor einem Plakat bleibe ich länger
stehen: Es zeigt einen neunjährigen Jungen, Lee Seung-bok, der
1968 von Nordkoreanern ermordet wurde, in einem Dorf in Pyeongchang, dort wo 2018 die Olympischen Winterspiele stattfinden werden. Laut Bruder und Vater, die entkommen konnten, kamen in der Nacht des 9. Dezembers mehrere Nordkoreaner in die
Wohnung der Lees und verlangten, dort übernachten zu können.
Als der kleine Lee Seung-bok in den Raum trat, fragten sie ihn:
»Na? Magst Du den Norden oder den Süden lieber?« Der Junge
sagte: »Den Süden. Ich hasse die Kommunisten.« Dann folterten
die Soldaten ihn, seine jüngeren Geschwister und die Mutter und
brachten die Familie nach und nach um. Dem Jungen schnitten sie
– warum all diese Details? – von der Lippe zum Ohr das Gesicht
auf.

Eine junge Koreanerin stellt sich neben mich, tut so als läse sie
die Tafel, und sagt: »Alles Lüge«. Ich schaue sie irritiert an. Sie
sagt: »An dieser Geschichte ist so viel ungereimt, sie kann gar
nicht stimmen.« Die Leiche des Jungen sei nie gefunden worden,
sagt sie, die Medien damals unter Park Chung-Hee seien nicht frei
gewesen. »Sie verbreiteten Propaganda gegen den Norden«, sagt
sie. Ein totes Kind brachte die Emotionen der Menschen auf. In
den 90er-Jahren, sagt sie, gab es tatsächlich mehrere Historiker,
die sogar die Existenz des Jungen infrage stellten. Tatsächlich wurde ein Politiker sogar zu einer Gefängnisstrafe verurteilt, weil er
die Geschichte anzweifelte. Doch seitdem gibt es immer wieder
Zweifel an den Geschichten aus jener Zeit. Was ist wirklich passiert und was war nur eine Geschichte?

Eine Freundin von ihr kommt dazu. Sie arbeiten beide in Seoul
in einem Konzerthaus, sind in die Berge gefahren, um die Haupt-

Bilder von Kindern zur Wiedervereinigung

stadt zu vergessen und Ruhe zu finden. Zur DMZ sind sie spontan gefahren. »Vor allem wegen der Natur«, sagt eine von ihnen. »Die ganze Gegend ist seit sechzig Jahren nicht mehr berührt worden.« Es habe sich hier eine einzigartige Fauna entwickelt. Es gibt sogar eine Studie über Otter, die einzigen Wirbeltiere, die durch die Zäune zwischen Nord und Süd laufen können. Im DMZ-Museum ist dem Otter eine einzelne Vitrine gewidmet. Das ausgestopfte Tier darin scheint zu grinsen.

Zu dritt laufen wir nach draußen, in den Park, in dem es tatsächlich sehr ruhig ist. Es gibt dort mehrere Symbole für die Wiedervereinigung, Friedenstauben und eine Ausstellung von Schülern, die Bilder malen sollten, offenbar zum Thema »Wiedervereinigung«. Darauf sind Koreaner zu sehen, die einander umarmen, Koreaner, die weinen, Flaggen, die stolz auf beiden Seiten wehen, Soldaten, die Hand in Hand an der Grenze stehen. Was sollen sie auch malen, die Kinder im Kunstunterricht? Fast habe ich das Gefühl: Je häufiger dieser Wunsch nach Wiedervereinigung erwähnt wird, desto unerreichbarer ist er.

Am Ende des Tages an der Grenze stehe ich am nördlichsten Punkt von Südkorea, auf einer Aussichtsplattform, umringt von Südkoreanern, die aufgeregt Selfies von sich mit der Grenze, dem Diamanten-Berg und dem Norden im Hintergrund machen. Kein einziger Mensch ist zu sehen auf der anderen Seite, auch nicht durch das Fernrohr. Die beiden jungen Frauen aus dem Park sind auch hier. Die eine sagt: Nie wird das hier enden. Ich versuche, noch ein letztes Mal, zu argumentieren, dass es enden muss. Doch ihre Freundin unterbricht mich und sagt: Weißt du, was das Schlimmste ist? – Es ist mir egal. Dann stehen wir eine Weile und schauen ohne zu streiten aufs Meer und den Berg und den Stacheldraht, der leicht angerostet ist von der salzigen Luft. Das Wetter ist wirklich fantastisch, auf beiden Seiten der Grenze.

DER ABSCHIED

Kapitel

26

Wind, Frauen und
Han auf Jeju

DOL 돌 (STEIN)

Die Insel Jeju ist ein Versprechen: Alles wird gut,
auch in Korea. Alle sagten mir immer, es sei der schönste Ort im
ganzen Land. Abgetrennt vom Festland ist aber Jeju vor allem: keine geteilte Insel. Vielleicht ist dieser Ort auch deshalb ein Sehnsuchtsort für alle Südkoreaner. Und jetzt auch für mich. Es gibt
blauen Himmel und Palmen und Strände und Grotten – und den
höchsten Berg von Südkorea, den Hallasan. Die Straßen sind sauber und breit, Staus sind selten und die Meeresfrüchte sind nirgends frischer. Für Verliebte gibt es den »Love Park« mit Kamasu-
tra-Statuen. Ach, warum ist nicht ganz Korea wie Jeju?

Ich war oft auf dieser Insel im Süden, im Frühjahr, im Hochsommer, dieses Mal im Herbst, der wohl schönsten Jahreszeit des
Landes. In Jeju ist es noch ein bisschen wärmer als auf dem Festland. Ich will die Insel umrunden und am Ende auf dem höchsten

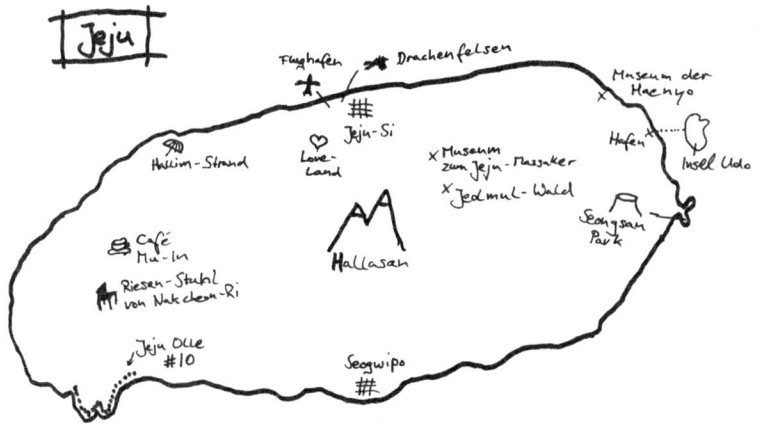

Punkt Südkoreas stehen. Ich habe Kontakt mit ein paar Einwohnern der Insel aufgenommen, ich will ihre Geschichten hören, lernen, wie es sich anfühlt, am besten Ort des Landes zu leben, weit
weg vom Norden, weit weg von dem Mörder in Uiryeong, auch
weit weg von vollen U-Bahnen und der traurigen Schule in Ansan,
wo die Eltern noch immer um ihre ertrunkenen Kinder auf dem
Schiff »Sewol« trauern. Vielleicht liegt es an mir und an dieser seltsamen Mission, das *Han* zu suchen. Aber auch diese Reise wird ein
langes Gespräch beinhalten, über Alkohol, über große Trauer und
über eine Liebe, die nie erwidert wurde. Vielleicht der beste Abschluss für mein Jahr hier.

TAG 1

Ich komme an einem Nachmittag in Jeju an, mit einem dieser 25-Eu-
ro-Flüge, die alle zehn Minuten auf der Insel landen. Das Paradies
liegt nur eine Flugstunde von Seoul entfernt. Das muss der Grund
sein, warum diese Strecke zu den am häufigsten beflogenen in der
Welt gehört. Am Flughafen miete ich ein Auto, wie in Sokcho auch
geht hier nichts ohne internationalen Führerschein. Während das
ganze Land mit einem perfekten öffentlichen Verkehr aufwarten

kann, so werden viele Haltestellen in Jeju nur halbstündlich oder
stündlich bedient. Ich habe Jeju ohne Auto versucht – kein Spaß.
Dafür also brauche ich dieses seltsam anachronistische graue Büch-
lein, das die Dame hinterm Schalter am Autoverleih sorgfältig
durchblättert und mir dann einen weißen Kia zuweist. Kurz darauf
sagt eine freundliche Stimme auf Englisch: In 200 Metern rechts
abbiegen. Der Himmel könnte nicht blauer sein.

Mein erstes Ziel liegt nicht weit von Jejus Flughafen, es ist der
Ursprung der Insel, oder besser: die mythische Wiege aller Menschen, die hier leben. Der Ort heißt *Samseonghyeol*, die »Löcher der
drei Clans«. Es ist ein umzäunter kleiner Park mitten in der Stadt.
Ein Weg führt direkt zu dem Gelände, das man jedoch nur von
Weitem begutachten kann. Vielleicht würde es von der Nähe betrachtet auch an Magie verlieren. Es sind schließlich wirklich nur
drei Löcher auf der Wiese, im Dreieck angeordnet. Der Legende
nach entsprangen aus diesen drei Löchern die drei Halbgötter Go,
Bu und Yang. Sie waren Jäger und Sammler und erst, als eines Tages
drei Prinzessinnen am Ufer von Jeju landeten, wurden sie Acker-
bauern und Viehzüchter. Die Brüder stiegen auf den Hallasan und
schossen drei Pfeile in drei Richtungen über die Insel ab, dort wo
diese landeten, gründeten sie ihre Siedlungen.

Ich werde diese Geschichten vermissen, die von Halbgöttern
und Göttinnen handeln und doch meistens schlecht ausgehen,
diese hier nicht. Ich denke an die Kuh im Tempel »Mihwangsa«,
die sich niedersetzt, oder den Bären auf dem Berg in Nordkorea,
von dem alle Koreaner abstammen. Doch Jejus Einwohner haben
eine eigene Herkunft: diese Löcher hier. Zudem hat diese Geschichte sogar einen ganz praktischen Ausgang. Alle Familien auf
Jeju, deren Nachname Go, Bu oder Yang lautet, sehen sich wirklich als Nachfahren dieser Halbgötter und gemeinsam bezahlen
sie diese Gedenkstätte. Es ist ein Park mit 500 Jahre alten Bäumen, mit einem Schrein und einer kleinen Hütte, in der Jeju als
Modell aufgebaut ist. Übersichtlich, mit einem großen Berg in der

Mitte. Alle Orte sind eingezeichnet und in der Mitte stehen drei kleine Figuren mit Pfeil und Bogen.

Als ich aus dem Park der drei Löcher heraustrete, stehe ich an der Kreuzung, als es plötzlich knallt. Es ist der erste Unfall in Südkorea, den ich sogar noch kommen sehen habe: Ein Auto wollte schnell bei Rot an einer Kreuzung nach rechts abbiegen, und die Fahrerin hatte nicht geschaut, ob wirklich niemand von links gerade die grüne Ampelphase nutzt. Es ist offenbar zum Glück außer einem Blechschaden nichts weiter passiert.

In Südkorea gilt die Regel, dass eine rote Ampel immer das Rechtsabbiegen ermöglicht. Ein grüner Pfeil wie in Deutschland ist dafür nicht nötig, trotzdem gilt es wie ein Stoppschild. Kein Wunder: Südkorea hat eine der höchsten Todesraten bei Autounfällen in der OECD, in Deutschland liegt sie bei knapp neun Verkehrstoten pro 100.000 Einwohner, in Südkorea sind es fast dreimal so viele: 24 Tote auf 100.000 Einwohner. Ich steige also etwas vorsichtiger in den Kia, stelle die Musik etwas leiser. Zum Glück war es diesmal nur ein Blechschaden.

Ich suche mir ein kleines Hotel und schreibe Namju. Er hatte sich gemeldet, er sei in Jeju-Si, der Hauptstadt, und wir könnten essen gehen. Er ist ein Bekannter aus Seoul, er hatte im »Berlin« gearbeitet. Vor ein paar Wochen ist er nach Jeju gezogen, weil er es in Seoul nicht mehr aushielt. Zu viele Menschen, zu »koreanisch«, sagt er. Er brauchte den Abstand und Jeju bietet auch das: es ist das Gegenteil von Seoul. Wir treffen uns in der Innenstadt, viel gebe es hier nicht zu sehen, nicht einmal einen Stadtstrand, aber die Restaurants seien sehr gut. Namju, er heißt wie der rebellische Dichter aus Gwangju.

Dieser Namju ist 27 und sagt von sich, dass er das schwarze Schaf der Familie sei. Er hat nach der Schule und dem Militärdienst nicht studiert. Er gehört in der Tat zu einer Minderheit in seinem Jahrgang. »Ich hab stattdessen das gemacht, von dem alle nur sagen, das sie es gern machen würden«, sagt er. »Weggehen, etwas ausprobieren, nicht nur schimpfen über all die Regeln.« Er trägt das Basecap mit dem Mützenschirm zur Seite gedreht, grinst, irgendwie auch verschlagen. Jeju sei seine letzte Station. Die Natur hier sei gut, das Wetter noch besser und das Essen sowieso. »Du musst Schwarzes Schwein essen, wenn du hier bist«, sagt er. Es ist eine bestimmte Sorte Schwein, die nur auf Jeju gezüchtet wird. In Seoul ist das eine Spezialität für wichtige Dates, die Restaurants werben dann mit Bildern von dieser Insel, von den Palmen und dem Meer. Von dem Traum von Korea.

Wir bestellen uns schließlich doch eine Flasche Soju. »Hallasan« heißt die Marke, wie der Berg, als wir anstoßen, sehe ich ihm an, dass auch er an Gin denkt. Wir sind still. Ab und zu donnert ein Billig-Flieger aus Seoul über uns hinweg. Dann sage ich: »Gin wollte auch ins Ausland, wie du, er hat gespart und Niederländisch gelernt.« Namju kannte Gin, er hatte im »Berlin« gejobbt ein Jahr lang, die Zeit, als Gin fast jeden zweiten Abend dort saß. »Ich habe ihn manchmal aus der Bar tragen müssen und ihn in ein Taxi gesetzt.« Als Gin starb, war Namju gerade für einige Monate in Kanada. »Vielleicht hat er uns angelogen und er hatte nie vor, das Land zu verlassen.« Namju schüttelt den Kopf: »Oder er hat es nicht rechtzeitig geschafft.« Auf jeden Fall war er nicht glücklich in seiner Heimat. Konnte er es woanders sein?

Ich erinnere mich an das letzte Treffen mit Gin, auf der Straße in Gyeongridan, abends um acht, es war noch Winter, im März, es regnete. Ich hatte es eilig, wollte noch Geld vom Bankautomaten holen, er lief erst vorbei, blieb dann stehen, im Regen. Dann haben wir uns kurz unterhalten. Er wollte bald verreisen, nach Belgien, dort hatte er Freunde. Er hatte lange genug davon gesprochen. Er hatte mir einmal gesagt, Europa passe besser zu ihm.

Am Ende des Abends stehen drei »Hallasan« leer vor uns. Er fragt sich, ob er vielleicht auch nicht hierher passt, er hatte seinen Eltern versprochen, zu studieren, aber hatte das eigentlich nie vor. Jetzt ist er 27 und es wird zu spät, noch einzusteigen in diese Welt.

Er bereut es nicht, er hatte immer genug Geld gehabt, um zu reisen und vor allem musste er nicht mit seinen Chefs ständig trinken
gehen wie viele seiner Freunde. »Einige haben Kinder, die sie fast
nie sehen, weil sie entweder bis spät arbeiten oder mit ihrem Chef
ausgehen müssen.« Dabei seien sie selbst schon groß geworden,
ohne ihre Väter oft zu sehen. Er wolle dieses Spiel nicht mitspielen. Er wird seinen Eltern bald sagen müssen, dass er wegzieht,
dass er auch: sie verlässt, dieses Land, mit seinen Regeln, seinen
Feiertagen und diesem Paradies vor der Haustür. »Aber Jeju ist
auch keine Lösung.« Wir starren die leeren Flaschen an, als hätten
sie eine Antwort.

TAG 2

Am nächsten Morgen fahre ich weiter in Richtung Westen der Insel und schon nach wenigen Kilometern außerhalb von Jeju-Si
wird klar, dass es wohl kaum eine ausgebautere Ferieninsel geben
kann als diese hier. Die Hinweisschilder an den Seiten der Straßen
weisen auf Golfplätze, Strände, Höhlen, Wanderwege, Teeplanta-
gen und Museen hin. Ich sitze eine Weile am Strand von Hallim,
einer kleinen Küstenstadt, und schaue mir die drei Meter hohe
Steinstatue an: Ein alter Mann mit Hut, freundlich grinsend. Sie
stehen überall auf der Insel verteilt. Sie heißen *Dol hareubang* und
ähneln entfernt den Köpfen auf der Osterinsel, stumm und zeit-
zeugenhaft bewachen sie seit Jahrhunderten die Landschaft. Sie
sollen Dämonen, die zwischen den Welten wandern, aufhalten.
Aber es ist auch nicht schwer, sich diese Statuen als Fruchtbar-
keitssymbole vorzustellen, mit ihrem Hut haben sie auch etwas …
Phallisches. Der vulkanische Stein, aus dem sie gemeißelt sind, ist
oft durchlöchert.

Auf Koreanisch hört man häufig, man finde diese drei Dinge in
Jeju: »Steine, Wind, Frauen«. »Steine«, Koreanisch »Dol«, damit
sind nicht nur die Statuen gemeint, sondern auch die vielen Fels-
formationen am Wasser. Mit »Frauen« sind die *Haenyo* gemeint,

jene berühmten Taucherinnen, die zum kulturellen Erbe dieser Insel gehören. Zu ihnen will ich später reisen, im Osten. Das Tauchen nach Meeresfrüchten gilt als harte Arbeit und ist den Frauen vorbehalten.

Neben der Steinstatue steht eine junge Frau mit einem Selfiestick, sie trägt die gleichen grünen Schuhe wie ihr Freund. Wir stellen einander vor, Hyae-Mi, die junge Frau, sagt selbstbewusst, das hier sei das Paradies und sie müsse es wissen. Die Koreanerin fliegt mehrmals pro Tag nach Jeju. Sie ist doppelte Expertin für diesen Fleck am südlichen Zipfel von Südkorea: Einerseits arbeitet sie als Stewardess für die Airline JinAir. Andererseits ist Hyae-Mi aber auch: verliebt. Mit Su-Il, ihrem Freund ist sie seit drei Jahren zusammen, er ist vier Jahre älter als sie, Hafenarbeiter in Seoul. Dabei sieht er von seiner Kleidung her eher wie ein Modeberater aus.

Man sagt, koreanische Liebespaare kennen sich gut aus in Jeju. Wer verliebt ist, kommt hierher. Auch Namju hatte gesagt, die Insel sei voller Liebes- und Hochzeitspaare. Für Singles wäre Jeju genauso deprimierend wie Jeonju oder Itaewon am Wochenende.

Su-Il und Hyae-Mi stehen an diesem heißen Sommertag 2014 am Strand von »Hallim« und essen Eis. Sie haben sich vorgenommen, nur romantische Dinge zu tun an ihren drei Tagen, die sie haben, sagen sie. In der Mega-City Seoul verliebt zu sein, sagen sie, das sei schwierig. Sie arbeiten beide viel, sagen sie. Su-Il nickt. Er sagt, er müsse oft mit seinem Boss essen gehen. Er hat deshalb nicht immer Zeit für Hyae-Mi. »Ohne unsere Mobiltelefone wären wir wohl nicht mehr zusammen.« Sie zeigen mir ihre Mobiltelefone, auf denen tatsächlich »Between« installiert ist, eine App nur für Paare. Für diese drei Tage haben sie sich vorgenommen, mit dem Telefon nur zu fotografieren. Nichts sonst. Am Abend zuvor waren sie in »Love Land«. Su-Il grinst: »Da musst du hin, wir haben viel gelernt.«

Ich glaube, diese Paare hat Namju gemeint, beide sind gestresst, haben kaum Zeit.

Doch vorher fahre ich noch an einem Felsen vorbei, der wie ein Drachenkopf aussieht: *Yongdu-am* heißt er und es ist eine Touristenhölle am Meer. Hunderte Menschen schieben sich einen Weg entlang, um dann ein paar Minuten einen Felsen anzuschauen, der ins Wasser hineinragt und nur mit sehr viel Fantasie nach einem Drachenkopf aussieht. Der Drache soll einer Legende nach Jade gestohlen haben und dann zur Strafe versteinert worden sein. Die wohl größere Strafe ist es, als Hintergrund auf Tausenden von Hochzeitsbildern zu landen. Immer wieder sind unter den Touristenmassen Paare in Festkleidung zu erkennen. Ich mache kehrt und kaufe mir lieber ein paar Mandarinen, noch so eine Spezialität von Jeju, die man nicht verpassen sollte. Es sind so viele, dass Hyae-Mi und Su-Il ganz schön zu tun haben, in drei Tagen alle Spezialitäten zu probieren: die scharfe Fischsuppe, frisch gefischte Abalone, Grüntee-Kuchen und Erdnüsse von der Insel Udo.

Ich sitze etwas abseits auf einem Podest und schaue den Massen zu. Namju hatte gesagt, dass neben den Liebespaaren die Chinesen mehr und mehr diese Insel übernehmen. Sie können ohne Visum auf die Insel reisen und inzwischen kaufen sie auch Häuser. Auch bei den Touristen sind viele Chinesen dabei, ein kleiner Junge weigert sich weiterzulaufen. Er hat ein Pandabär-Kostüm an. Die Mutter hebt ihn hoch und stellt ihn auf einen Stein: Panda und Drache auf einem Bild. Die Reise soll sich schließlich gelohnt haben.

Als ich am Love Land ankomme, wird es schon dunkel. Es ist ein Park, der von Studenten der Hongik-Universität ins Leben gerufen wurde. 140 Statuen stehen hier, fast alle sind nackt. Die sonst eher prüden Koreaner dürfen hier einmal Sex zumindest sichtbar machen. In einem Land, in dem Pornobeauftragte täglich das Internet durchkämmen und Seiten löschen, ist dieser Park hier wirklich eine Besonderheit. Seit rund zehn Jahren laufen hier Pärchen kichernd Hand in Hand an verschiedenen Liebesstellungen entlang.

Frauen legen sich für ein Erinnerungsfoto in die Messingarme eines Mannes, oder die Männer stellen sich provokant hinter einer nackten lebensgroße Frauenstatue auf. Manche Statuen sind mit Hebeln und Kurbeln ausgestattet und beweglich. Genau: das alte Rein-Raus-Spiel. Der Park ist nur für Gäste ab 18 Jahren erlaubt und vom Türgriff an der Toilette (Phallus) bis zum Klingelknopf (Brust) gibt es nur wenig, was nicht in spielerischer Form an Lust erinnern soll. Als Souvenir kann man sich auch Kuchen kaufen in der Form von Geschlechtsteilen.

Ich kaufe mir also kleine Penis- und Brustkuchen und laufe zwischen zwei riesigen geöffneten Schenkeln hindurch, vorbei an Schildern, die verschiedene Stellungen zeigen, und komme schließlich an der temporären Ausstellung an, natürlich in zwei Gebäuden, die von weitem zwei Brüsten ähneln. Die Ausstellung besteht aus fingergroßen, comichaften Puppen, die verschiedene Sexszenen in 3D nachstellen. Man kann von außen in kleine Papphäuser hineinschauen, man wird also zum Spanner. Da sind Frauen, die mit mehreren Männern in einem Bad sitzen, da sind Puppen beim SM-Sex und eine Puppe lehnt sich aus dem Fenster und winkt einem Mann, während hinter ihr ein kleiner Comic-Mann mit großen Augen steht. Das alles ist irgendwie auch pubertärer Humor, aber die Sexologin in Seoul, Bae Jeong-Won, hatte gesagt: »Nur die Oberfläche Koreas ist so prüde, Südkoreaner können sehr wild sein.«

Die meisten Statuen im Park haben keine asiatischen Gesichtszüge. So ist es vielleicht auch abstrakter, dieses Thema der körperlichen Liebe, oder wie schon der Park heißt: Love Land. Er benutzt im Namen nicht das Wort 사랑, das »Liebe« bedeutet, sondern 러브, also »Love«. So als wäre diese Art von Sex hier etwas Amerikanisches, ein neues Konzept von außen. Und als würden Koreaner so etwas nicht tun. Am Ende des Abends sitze ich allein auf einer Pärchen-Schaukel, die unter einem großen roten blinkenden Herz aufgehängt ist. Ich sitze dort so lange, bis ein Paar kommt und mich höflich bittet, von ihm ein Bild zu machen. Mit einer richtigen Kamera.

Allein im Love Land macht auch keinen Spaß. Aber Hallasan-Soju ist keine Lösung. Morgen habe ich Großes vor.

TAG 3

Am nächsten Morgen mache ich mich auf den Weg an die Südküste. Ich will einen sogenannten *Olle* entlanglaufen, so heißen die Wanderwege hier auf Jeju. Insgesamt 21 *Olle* wurden von einem Wanderfan zusammengestellt, einer ehemaligen Journalistin, Suh Myung-suk, die sich irgendwann so gut auf Jeju auskannte, dass sie Wanderwege entwickelte, die über die Jahre immer weiter ausgebaut wurden. Inspiriert vom Jakobsweg, den sie selbst gelaufen war, begann sie, selbst Routen zu entwickeln und sie mit Bändern an Bäumen zu kennzeichnen. Inzwischen gibt es überall Hinweis-Pfeile in Blau und Gelb und als Zeichen ein kleines Pferdchen. Die gesamte Küste ist von *Olles* durchzogen. Es gibt Südkoreaner, die sich vornehmen, einmal im Leben alle *Olles* gelaufen zu sein. Um das anzuspornen, bekommt jeder zu Beginn der Reise einen *Olle*-Pass. Der erste dieser Wege wurde erst 2007 eröffnet und ein paar Jahre später steht das komplette Programm, diese Schnelligkeit wundert mich nicht mehr.

Ich habe Reiseweg Nummer zehn ausgesucht: fünfzehn Kilometer in fünf Stunden. Weil ich aber ausgeschlafen habe und zu lange zu Mittag gegessen, ist es 3 Uhr nachmittags, als ich loslaufe, eigentlich schon zu spät, um die Reise zu beginnen, sagt die Frau im Häuschen, die meinen Pass abstempelt. Aber mit »Reisepass« und Wegbeschreibung ausgestattet, geht es im Süden beim Hwasun-Strand los. Einen *Olle* zu laufen, ist wie eine Schnitzeljagd. Immer genau dann, wenn ich denke, ich hab mich verlaufen, taucht ein buntes Bändchen in einem Baum oder Strauch auf. Ich laufe meist am Ufer entlang. Es heißt, einen *Olle* läuft man am besten allein. Man solle nachdenken und aufs Wasser schauen.

Die Waldwege sind mit rutschfesten, aber durchlässigen Matten ausgelegt, die Treppen sind allesamt frisch renoviert, es gibt immer Geländer zum Festhalten – in Jeju zu wandern ist eine Art Luxusausflug. Kein Wunder, dass Pärchen in allen Altersgruppen mir entgegenkommen: 70-Jährige und 20-Jährige. Einen *Olle* kann man immer in beide Richtungen laufen. Eine schwangere Koreanerin begrüßt mich freundlich und läuft vorsichtig weiter an der Hand ihres Mannes. Sie sagt, es sei noch weit, ich solle mich beeilen.

Sie alle machen Fotos von sich vor einer ständig anderen Kulisse: Im Inland wechseln Wälder, Wiesen und Felder rhythmisch einander ab und zwischendurch geben die Bäume mit ihren bunten Bändern den Blick frei auf ein Meerpanorama, besonders beeindruckend am Berg Songaksan im Süden.

Immer wieder treffe ich auf Alleinreisende. Es heißt, man solle einen Olle allein laufen, ein Weg zu sich selber mit dem Meer in der Nähe. Je länger ich laufe, immer auf der Suche nach bunten Bändern im Baum, desto klarer wird, dass es hier wirklich um das Ziel geht. Der Weg führt manchmal bewusst im Zickzack durch die Landschaft oder formt eine Schleife, das ist gewollt, denn auch wenn ich einmal an der gleichen Stelle lande, dann nur, weil der Umweg einen besonderen Blick auf die Landschaft ermöglicht. Es fällt auf, wie sehr sich Mühe gegeben wurde beim Erstellen der Strecke. Als ob die Landschaft um den Weg komponiert wurde, fast wirkt die Strecke wie ein Liebesbrief an die Welt über Korea. Windige Hügelspitzen, kleine Flüsse mit Mini-Brücken, Waldwege und breite Felder. Außerdem ist Jeju von mehr als 350 kleinen erloschenen Vulkanen übersät, diese Hügel heißen *Oreum* und werden im Volksmund auch »Mütter von Jeju« genannt – manche sagen, weil sie einer Brust ähnlich sehen. Einmal fällt mir beim Laufen ein Friedhof an solch einem Hügel auf. Auf Jeju, sagt man, kehren die Toten zur »Mutter« zurück.

Plötzlich steht auf meinem Olle-Weg ein Monument, eine große Tafel mit vielen koreanischen Namen. Ich dachte erst, es ist ein
Kriegsdenkmal, aber das Datum, das groß angeschrieben steht,
passt nicht dazu: 3. April 1948.

Ich hatte vom »Aufstand in Jeju« nur einmal gehört: Ich hatte einen Film gesehen, der ein Massaker auf Jeju beschrieb: »Jiseul«, der
Film hatte den Hauptpreis in Sundance gewonnen, der erste koreanische Film, der das schaffte. Arme Soldaten, die selbst unter dem
militärischen System litten, mussten Jagd machen auf Menschen,
die sie Kommunisten nannten, die aber Opfer eines diktatorischen
Systems in Seoul waren. Der Film hatte kein Happy End. In Südkorea war »Jiseul« kein Erfolg. Ich schicke Eunji, einer Freundin in Seoul, ein Foto vom Monument. Sie schreibt zurück: »Keine Ahnung.«
Wenn sie als Koreanerin das nicht weiß, wer dann? Offenbar sind
Tausende damals gestorben. Eine südkoreanische Flagge weht vor
dem Monument. Und es gibt ein Hinweisschild auf ein Museum im
Ostteil der Insel. Dort muss ich wohl noch hin.

Um sieben Uhr beginnt die Dämmerung, ich bin noch mindestens drei Kilometer vom Ziel entfernt. Die letzten Meter zum
Moselpo-Hafen, dem Ziel der *Olle*-Tour Nummer 10 laufe ich im
Dunkeln. Mir kommen – natürlich – Liebespärchen entgegen, die
nach dem Abendessen noch etwas im Leuchtturm-Schein sitzen
wollen. Wenn ich sie frage, ob der Hafen noch weit ist, fragen sie
zurück: »*Olle* Nummer zehn, hm? Ganz schön spät dran.« Doch es
geht nur noch geradeaus. Als ich nach 15 Kilometern angekommen
bin, hat das Häuschen, wo ich mir meinen Ziel-Stempel abholen
kann, schon geschlossen. Aber es ging ja nie um das Ziel. Das alte Je-
ju-Dialekt-Wort »Olle« beschreibt den kurzen Weg zwischen Straße
und Haustür. Ein *Olle* soll also eine Form sein, »heim« zu kommen.

Tag 4

Am nächsten Tag muss ich meine Füße ausruhen. Ich verbringe
ihn sitzend im Auto, die Sehenswürdigkeiten sind gleichmäßig

über die Insel verteilt und tauchen praktisch nacheinander am
Straßenrand auf: grüne Tee-Plantagen, dunkle Höhlen, Wasser-
parks und historische Museen. Darunter gibt es immer wieder ungewöhnliche Orte wie das »Nakcheonri 9-gut«. Das ist ein seltsames kleines Dorf, in dem 1000 Stühle stehen, bemalte Hocker,
Schaukelstühle, Sessel und natürlich Pärchenstühle. Das Sitzen
kostet nichts und nachdem ich 10 der 1000 Stühle ausprobiert
habe, sehe ich den Riesen-Stuhl hinter einem Baum – in dem wiederum mehrere Stühle Platz haben. Es soll ein Symbol sein für die
Wanderer, heißt es, denn der *Olle*-Wanderweg Nummer 13 führt
hier vorbei. Hinsetzen, weiterlaufen, nach Hause.

Ein paar Kilometer weiter steht ein kleines Café, das »Mu-in«-
Café. Mu heißt »Kein« und In »Mensch«. Das Haus ist von außen
komplett weiß, das sieht schon ungewöhnlich aus, aber drinnen ist
es noch seltsamer: Überall hängen Zettel an den Wänden und unter der Decke. Kleine Nachrichten an die anderen Reisenden, in
den Sprachen der Welt. Viele Liebesbotschaften (»Er und ich sind
heute hier« und viele Herzen), natürlich, Wünsche (»Ich hoffe,
meine Nichte wird wieder gesund!«) und dazwischen auch einfach
ein Zettel mit drei Namen und darunter: »Wir haben drei Kaffee
getrunken und niemand kam, bei dem wir bezahlen mussten. Danke.« Es gibt dort also niemanden, der bedient, dafür Kaffee, Tee
und kleine Snacks für jeden. Wer etwas davon zu sich nimmt, kann
am Ausgang so viel Geld lassen, wie er möchte. Das Prinzip ist ungewöhnlich – aber es funktioniert seit mehreren Jahren.

Mein Ziel für den Tag aber ist das Museum des 3. April, über den
Jeju-Aufstand. Es liegt etwas versteckt in den Bergen, am Fuß des
Vulkans Hallasan. Es ist wirklich groß, wie das Gwangju-Museum
auch, als ob die Architektur etwas wieder gut machen will. Es ist
eine Ausstellung, die mit vielen Effekten arbeitet. Ein Künstler hat
Plastiken in die Wände eingearbeitet, es sieht aus, als seien darin
Leichen versteckt. Reliefartig heben sich Gesichter, Arme und

Beine ab. Außerdem führt ein Wasserstrom durch die Ausstellung, immer neben den Füßen ist entweder ein blaues leuchtendes Band oder es tropft echtes Wasser an der Wand herunter. Am Ende tropft es in ein großes Becken, verursacht erst kleine dann immer größere Kreise. Ich muss zweimal auf das Becken blicken, um zu erkennen, dass es virtuell ist, ein Hologramm auf eine Steinwanne projiziert. Der Ton des Tropfens kommt aus den Lautsprechern. Der See, den sie gebildet haben, ist auch nur per Video entstanden. Aber alles sieht sehr beeindruckend aus. Nur: Warum ist hier niemand? Ich bin der Einzige in diesem großen Gebäude.

Zitate von Zeitzeugen, darüber, wie das Militär auf Jeju gewütet hat. Es begann damit, dass die Einwohner von Jeju nicht wie die Zentralregierung in Seoul direkt nach dem 2. Weltkrieg auf US-Kurs einschwenken wollten. Als die ersten Wahlen für Südkorea für den 10. Mai 1948 festgelegt wurden, begannen in Jeju Proteste dagegen. Die Einwohner fürchteten, zu Recht, wie sich ja herausstellte, die permanente Teilung Koreas. Die Proteste erreichten ihren Höhepunkt als ein sechsjähriger Junge von einem Querschläger bei einer Demonstration getötet wurde. Die Proteste wurden lauter, gewalttätiger, gegen die USA und die südkoreanische Regierung. Aus Warnschüssen wurden scharfe Schüsse auf die Demonstrierenden.

In den folgenden Monaten radikalisierten sich die politisch Linken, demonstrierten immer wieder, sie forderten schon damals nichts anderes als: die Wiedervereinigung. Dafür waren sie bereit, sehr weit zu gehen: Am 3. April 1948 griffen sie mehrere Polizeistationen auf der ganzen Insel an, eine geplante Anschlagsserie, sie töteten über dreißig Polizisten. Heute würde man wohl von Terror sprechen. Die Regierung versuchte damals noch zu vermitteln, doch jegliche Kompromisse scheiterten, die Gewaltspirale ging noch weiter nach der Wahl im Mai. Der neu gewählte Präsident Rhee Syngman war ein Hardliner und ließ die Anzahl der Militärs auf Jeju stark erhöhen. Das Militär ging jetzt nicht nur gegen

Rebellen vor, sondern bestrafte ganze Dörfer. Als sie herausfan-
den, dass ein bestimmtes Dorf Rebellen mit Nahrung unterstützt
hatte, brannten sie alle Häuser nieder, erschossen Frauen, Kinder,
alte Menschen. Das wiederum radikalisierte die Linken, auch, dass
die USA schweigend zuschauten. Der Präsident beruhigte die US-
Diplomaten mit dem Wort: Das sind Kommunisten. Noch heute
denken viele, es sei ein Kampf gegen Kommunisten gewesen.

An der Wand steht ein Satz geschrieben: »Ich sah, wie das noch
lebende Baby versuchte, von der Brust der toten Mutter zu trinken.«

Es sind wirklich schlimme Bilder, die hier hervorgebracht wer-
den, nicht nur im Kopf. Massenvergewaltigungen, Erschießungen,
Massengräber, Folterungen, im Museum wird das mit Schwarz-
Weiß-Bildern von Leichenbergen illustriert. Immer absurder der
Gedanke, dass ausgerechnet diese Insel das Ferienparadies von
heute ist. Wieder bleibt in Südkorea vieles unausgesprochen, oder
man muss lange suchen, wie nach diesem Museum mitten im
Wald, um zumindest eine andere Version der Geschichte dieser
Insel zu hören, die nichts mit Drachen oder Göttinnen zu tun hat.

Am Ende der Ausstellung, neben dem virtuellen Teich mit
dem niemals endenden Tropfen steht noch einmal ein 3D-Modell
von Jeju, dieses Mal ohne die drei Halbgötter mit ihren Pfeilen
in der Mitte. Mit Knöpfen kann ich Lichter an- und ausstellen.
Die Lichter beschreiben einen Ring um die Insel, vier Kilometer vom Strand entfernt. Im März 1949 ließ das Militär verkün-
den, dass alle Einwohner von Jeju in einem Bereich von vier Kilometern zum Strand wohnen sollten. Alle anderen Orte innerhalb
der Insel wurden praktisch zum Kriegsgebiet erklärt. Operation verbrannte Erde. Insgesamt starben in diesen Monaten rund
30.000 Einwohner Jejus, 90 Dörfer wurden ausgelöscht. Eine
Aufarbeitung der Ereignisse fand nur zögerlich statt, in den Ge-
schichtsbüchern für die Schulen wird es noch immer nicht erwähnt. Und wenn, dann als Aufstand der Kommunisten, der niedergeschlagen wurde.

Es dauerte bis zum 31. Oktober 2003, dass der Präsident von Südkorea sich für das Massaker entschuldigte. Als dieses Museum im Jahr 2008 eröffnet wurde, kamen keine hohen Staatsvertreter. Bis heute war Präsidentin Park Geun-Hye nicht in diesem Haus. Auch wurde einem Japano-Koreaner die Einreise nach Korea verwehrt, weil er einen Roman über Jeju geschrieben hat, der positiv über die Rebellen urteilt. Es gibt also dieses Museum und doch ist es, als wäre es im Grunde nie gebaut worden.

Als ich hinaustrete, auf die Ferieninsel, regnet es in Strömen. Jeju ist auch bekannt für eine hohe Niederschlagsdichte, es regnet häufiger als in Seoul. Ich drehe mich noch einmal um, von Weitem sieht das Haus wie eine fliegende Untertasse aus, die auch jederzeit wieder abheben könnte. Ich gehe ins Auto zurück und fahre langsam Richtung Südküste, in die Stadt Seogwipo, vorbei an einem Teddybär-Museum, einem Planetarium und einem Haus voller gemalter Illusionen, wo ein Dinosaurier so echt an die Wand gemalt ist, dass ich meinen Kopf nur anlehnen muss, und auf dem Foto soll es später aussehen, als beiße der T-Rex gleich zu.

Tag 5

Am Nachmittag, treffe ich Seonhee, eine Koreanerin im Osten der Insel, die sich gemeldet hatte, als ich in einem Online-Forum von meiner Reise erzählt hatte. Sie fand vor allem interessant, dass ich wissen wolle, was *Han* sei. Sie könne mir etwas erzählen, schrieb sie. Sie wohnt in »Hallim«, bei dem Strand, den ich bereits besuchte. Wir verabredeten uns inmitten der Insel Jeju, in einem Park am Fuß des Bergs Hallasan: im Jeolmul-Wald. Dieses Treffen mit Seonhee ist vielleicht eines der überraschendsten meiner ganzen Reise durch das Land. Ausgerechnet auf einer Ferieninsel treffe ich auf jemanden, der gern über sein Leben berichten will, um endlich zu klären, was *Han* sei.

Seonhee hatte vorher schon per E-Mail geschrieben, dass sie gern über ihre Familie reden möchte. Ich hatte gesagt, dass mich

Südkoreaner von heute interessieren, wie sie leben, was sie interessiert. Seonhee ist 36 Jahre alt und wir erkennen einander sofort. Sie sieht jünger aus und sagt, dass sie nur zwei Stunden Zeit habe, weil sie ihre Tochter bald abholen müsse. Sie ist nicht für eine Wanderung gekleidet und sagt, sie habe diesen Ort ausgewählt, weil sie hier manchmal zum Nachdenken herkomme. »Ich muss gerade viel nachdenken«, sagt sie. Es habe sich kürzlich viel verändert. Sie lächelt dabei, aber sagt, davon wolle sie später erzählen.

Wir laufen in den Park hinein und ich rede von meinen vergangenen Tagen auf Jeju, von dem Museum über den Jeju-Aufstand. Sie sagt, dass ihre Eltern davon nie gesprochen haben. Es sei wie ein Tabu. Das sei wie das Reden über den Norden, ein Thema, das nur Ärger bringt. Dann tut sie etwas, das ich schon länger nicht mehr erlebt habe: Sie gratuliert mir zur Wiedervereinigung. Das ist in Korea nicht so besonders, aber es ist jedes Mal etwas, das auffällt. Sie sagt: »Ihr habt schon geschafft, was wir noch erreichen müssen.« Sie sagt, sie habe damals, als der Geumgang-Nationalpark im Norden für Touristen geöffnet war, ihrer Mutter eine Reise dorthin bezahlt. »Das war meine Art, mich bei ihr zu bedanken.« Aber jetzt gehe das nicht mehr, der Park ist für Touristen geschlossen, politische Eiszeit. »Wir sind so weit von der Wiedervereinigung entfernt wie seit Jahren nicht.« Sie meint Korea und ich habe das Gefühl, auch das Verhältnis zu ihrer Mutter.

Seonhee sagt, dass Jeju für sie noch nie eine »romantische« Insel war. Das sei wie mit den Haenyo, den berühmten Taucherinnen von Jeju. »Sie sind Teil von Jejus romantischem Image«, sagt sie, dabei sei es wirklich harte Arbeit. Die Mutter ihrer besten Freundin war ihr ganzes Leben Haenyo, stieg früher jeden Tag in das kalte Wasser. »Ich glaube, *Haenyo* kennen das *Han* sehr gut.« Ihre Arbeit sei anstrengend, sie müssen minutenlang die Luft anhalten können. »Sie haben das Tauchen nicht gelernt, weil es eine angenehme Arbeit ist«, sagt sie. »Sie mussten es lernen, weil während der japanischen Besatzung so viele Männer von Jeju nach Japan verschifft wurden.« Es sei der Überlebenswille der Frauen hier gewesen und die Not, die sie zu Taucherinnen machte. Heute gilt es als nationales Brauchtum. »Aber wer will schon gern in rauer See Meeresfrüchte suchen?«

Haenyo sind ein Teil davon, warum sie denkt, dass Jeju eine Insel voller *Han* sei. Seonhee sagt: »Ich glaube, Männer können *Han* nicht verstehen.« *Han* sei ein Gefühl, dass Frauen betreffe, sie seien diejenigen, die in Südkorea so viel erdulden mussten. »Auf Jeju ganz besonders.« Ihre Mutter sei zwar keine *Haenyo*, aber habe auch viel *Han* erlebt. Sie arbeitete als Milchfrau und musste von Haus zu Haus ziehen. »Als sie mit mir schwanger war, wurde sie in Seoul überfallen, ihr wurde all ihr Geld gestohlen.« Sie sei dann mit ihrem Mann nach Jeju zurückgekehrt, weil ihre Eltern sie zumindest anfangs unterstützen konnten. »Sie hat ihr ganzes Leben gearbeitet auf der Insel, um mich und meine zwei Geschwister zu ernähren.«

Ist harte Arbeit *Han*? Seonhee schüttelt den Kopf. Nein. *Han* sei die Abwesenheit von Liebe im Leben. Sie versuche jetzt ihrer Mutter etwas zurückzugeben, weil diese sich so aufgeopfert habe. »Aber wir haben trotzdem kein gutes Verhältnis.« Die Mutter akzeptiere nicht, dass Seonhee einen Mann geheiratet hat, dessen linkes Bein verkürzt ist. »Es ist absurd, aber für traditionelle Südkoreaner ist eine Behinderung noch immer ein großer Makel.«

Vielleicht ist es ihre Offenheit, die das provoziert und auch die wenige Zeit, die wir haben – aber von den ersten Abenden in Seoul angefangen, von der Beerdigung von Gin, der Zeit im Tempel, den Filmen in Busan, dem Mörder in Uiryeong (von dem auch sie vorher nie gehört hatte), sogar im Penispark und auf jeden Fall an der Grenze, da ist immer etwas Nachdenkliches dabei. Als ob einem hier nichts geschenkt wird. Selbst die gut gelaunten Olle-Wanderwege mussten vor ein paar Jahren geschlossen werden, weil eine

Frau ermordet wurde. Sie war ein Zufallsopfer, aber noch Jahre später wird die Geschichte erzählt, wie ihre Hand in ihrem Wanderschuh gefunden wurde.

Der Nationalpark ist groß und wenn man in ihn hineinläuft, verschwinden plötzlich die anderen Touristen, die am Eingang noch den Eindruck entstehen ließen, hier sei eine große Attraktion zu erwarten. aber die einzige Attraktion sind die Bäume, die den Weg immer dunkler werden lassen. Als wir eine Schlange über den Weg schleichen sehen, müssen wir beide lachen. Im traditionellen Schamanismus von Jeju gelten Schlangen als ein positives Zeichen. Vielleicht wird bald alles viel besser?

Sie sagt, diese Naturerlebnisse waren der Hauptgrund, zurückzukehren nach Jeju. »Ich habe zehn Jahre in Seoul gelebt, ich war dort nicht glücklich.« Sie sei dorthin gezogen, um es ihrer Mutter recht zu machen. »Sie wollte, dass ich Beamtin werde, so wie alle Eltern in Südkorea das für ihre Kinder wollen.« Sie wurde Polizistin und hasste ihren Beruf. »Schau mich an«, sagt sie, »als Polizistin muss man Autorität ausstrahlen, ich bin eine schüchterne Frau, ich passte da nicht hin.« Tatsächlich kann ich sie mir nicht als harte Streifenpolizistin vorstellen. Sie habe es probiert, trotzdem, die Ausbildung abgeschlossen und vielleicht weil sie so eine ruhige Ausstrahlung hatte, kam sie in die Abteilung für Gewalt gegen Frauen. »Was ich da erlebt habe, hat mich auf Dauer kaputt gemacht, all diese Geschichten von Vergewaltigungen und Männern, die Frauen wehtun und dann doch nicht im Gefängnis landen.« Als sie um Versetzung bat, wurde es nicht besser. »Ich habe genug von der dunklen Seite gesehen.« Aber es war die Zeit, als ihre Mutter stolz auf sie war. »Jetzt wohne ich zwar wieder bei ihr, mit meinem Mann und der Tochter, aber ich glaube, ich habe sie enttäuscht.« Sie sei eben keine Beamtin mehr, sondern arbeite jetzt als Koreanisch-Lehrerin für ein Online-Portal. Die Schüler sitzen in Australien und den USA und sie unterrichtet per Skype. »Mir macht das Spaß, aber meine Mutter denkt, das sei keine Arbeit.«

Bei der Arbeit in Südkorea geht es nicht nur ums Geldverdienen. Es geht um den Status in der Gemeinschaft, in der Familie, aber auch unter Freunden.

Ich sage ihr, dass ich das häufiger in Südkorea gehört habe, dass das Leben keinen Spaß machen soll. Ich denke an die Frau, die mich mitgenommen hat, in ihrem Auto, für die »YOLO« ein neuer Spruch war. Seonhee sagt, in Korea gibt es wirklich kein YOLO. Es gehe darum, einen Platz zu finden, und den möglichst gut auszufüllen. Auch sie hat Freunde wie Namju, die deshalb das Land verlassen wollen. »Vielleicht haben wir vor lauter Pflichtbewusstsein verlernt, das Glück zu suchen.« Sie meint nicht den Spaß in einem Museum mit Dinosauriern, die Köpfe abbeißen oder Teddybären, die berühmte Szenen aus der Weltgeschichte nachstellen. »Ich meine, dass es gut sein kann, zusammen zu sein und nicht nur darauf zu hoffen, dass wir irgendwann wiedervereint sind.« Wieder weiß ich einen Moment lang nicht, ob sie von dem Norden oder ihrer Mutter spricht.

»Als ich fünf Jahre alt war, verließ meine Mutter die Familie.« Eine Woche war sie nicht da, sie spricht bis heute nicht darüber. »Aber da ist diese Härte dem Leben gegenüber, die sie ausstrahlt.«

Ich frage sie: Hast du *Han*? Sie sagt: »Ich halte es weiter hier aus, jeden Tag. Das ist wohl mein *Han*, ja.« Was ist Glück? »Wenn mein Mann und meine Tochter da sind und wenn wir gemeinsam mit meiner Mutter essen. Bei allem, was in meiner Familie nicht gut läuft«, sie muss lachen, »meine Mutter macht noch immer das beste *Kimchi*.«

TAG 6

Am nächsten Tag, um genau 14.11 Uhr stehe ich auf dem höchsten Punkt Südkoreas. Der Hallasan ist 1950 Meter hoch. Meine Füße schmerzen noch Tage später, der Weg – ich habe mich für den Seongpanak-Trail entschieden, ist kein *Olle*, kein Luxuswanderweg. Turnschuhe waren die falsche Entscheidung. Das Besteigen tut wirklich weh. Fast denke ich kurz, das solle es auch. Man muss ihn morgens besteigen, wer nach zwölf Uhr beginnt, schafft den Weg nicht und wird beim letzten Checkpoint wieder nach Hause geschickt.

Einige Wolken ziehen unterhalb der Spitze entlang, der Blick in alle Richtungen zeigt: das Meer. Als ich von oben hinunterschaue, ist es auch ein Abschiednehmen. Von einem Land, dass in vielerlei Hinsicht das perfekte Gastland ist. Mit keiner einfachen Geschichte, sicherlich, und keiner problemlosen Gegenwart. Oder habe ich nur die falschen Fragen gestellt? Immerhin hat Südkorea eine Diktatur überwunden, ist technisch das wohl fortschrittlichste Land der Welt, baut schöne Autos und wenn ich auf Jejus breiten Straßen fahre, mit einem Eis-Kaffee in der einen Hand, könnte es perfekter nicht sein.

Eine Frau in einem orangefarbenen Oberteil mit einem pinken Hut, spricht mich an: »Warum so traurig?«, ruft sie etwas zu laut, »Ist es nicht wunderbar hier?« Das gemeinsame Erreichen von einem großen Ziel muss wohl gefeiert werden. Sie steht bei einer Gruppe von Wanderern, die gerade mehrere Flaschen Soju auspacken. Sie stellen sich auf zu einem Gruppenfoto, wie das Koreaner so gern tun. Als ich an ihnen vorbeilaufen will, reicht die fremde Frau mit pinkem Hut mir ein Glas. »Trink«, befiehlt sie, und sie lächelt nicht einmal dabei.

Wir stoßen an, der Wind wird heftiger, sie wollen wissen, woher ich komme und ob mir Jeju gefalle. »Es ist der schönste Ort, den wir haben«, sagt schon wieder einer aus ihrer Runde. »Und von hier haben wir den besten Blick im ganzen Land.« Er erzählt die Geschichte von der alten Frau, die diesen Berg geschaffen hat. Das hatten wir im Koreanisch-Kurs einmal gelernt. Sie hieß Seolmundae, kein Wunder, dass es hier auf Jeju eine Frau sein muss. Eine sehr starke Frau offenbar, denn sie brauchte nur sieben Schaufeln voller Erde aufhäufen und schuf so diesen Berg. Am Ende hat sie die Spitze genommen und hinuntergeworfen. So soll der Krater im Osten der Insel entstanden sein. Doch die alte Frau fand ein tragisches Ende: Sie wollte ihre fünfhundert Söhne bekochen und fiel selbst in den Topf. Als die Söhne nach Hause kamen, aßen sie die Suppe, nichtsahnend. Als sie ihre Tat bemerkten, wurden sie zu Stein.

Am Abend in meinem Hotel im Süden der Insel blicke ich auf den Sonnenuntergang, auf das Meer, Südkorea liegt in meinem Rücken und bald auch die Zeit hier. Es begann mit einem Rausch und es endet mit Rauschen, dem Meer, das dieses Land umspült. Ich nehme mein Telefon und schalte es aus. Morgen wieder Seoul, die Hauptstadt, noch ein paar Tage. Zum ersten Mal kann ich eine Trauer empfinden, darüber, dass Dinge vorbeigehen, und manche für immer ungeklärt sind. Vielleicht bleiben nicht nur in Südkorea Wunden häufiger offen liegen und wollen einfach nicht heilen. *Han* wäre ja dann etwas zutiefst Menschliches, etwas, dass Menschen überall haben, ohne eine harte Historie, eingeklemmt zwischen Japanern und Chinesen, mit Folter und Diktatoren, mit einer industriellen Revolution, die für einige eben zu schnell ging. Vielleicht nehme ich das mit zurück: das *Han*. Denn darin sind Koreaner, egal ob im Norden oder im Süden, wirklich die Besten: Im Aushalten des Status quo. Im »das-Beste-daraus-machen«. Und im Hoffen darauf, dass die Trauer eines Tages vorbeigeht und plötzlich nur noch die Sonne scheint. Sie singen es in der ersten Strophe der Nationalhymne: »Bis das Meer des Ostens ausdörrt und der Paektusan-Berg abgetragen ist, möge Gott unser Land ewig schützen.« Paektusan, der Berg liegt im Norden, er ist noch höher als der Hallasan.

Der Hallasan wiederum ist ein Sehnsuchtsort für einen Koreaner, den ich im Norden kennengelernt habe. Einer unserer nordkoreanischen Reiseführer war immer sehr zurückhaltend, nur am letzten Abend wurde er sehr emotional. Wir saßen alle schon im Reisebus, einem neuen, der keine Pannen mehr hatte, wir fuhren durch das nächtliche Pjöngjang, stark angetrunken von dem nordkoreanischen Bier. Die Häuser waren dunkel, die Straßen leer, und der Guide nahm das Mikrofon im Bus und rief hinein: »Danke, dass ihr hier wart, ihr wart eine gute Gruppe, und wenn ihr das nächste Mal kommt, dann habe ich vielleicht schon mein eigenes Reiseunternehmen, das ist mein Traum, mit euch noch einmal für neun Tage zu reisen: 3 Tage Pjöngjang, 3 Tage Seoul, 3 Tage Jeju.« Dann machte er eine Pause, alle klatschten, hatte er wirklich gerade von seinem eigenen Unternehmen gesprochen? In einem kommunistischen und getrennten Land? Dann rief er noch lauter: »Und jetzt singe ich euch mein Lieblingslied.« Ich werde nie vergessen, wie wir durch Pjöngjang fuhren und im Hintergrund sang eine Stimme a capella das Lied »My Heart Will Go On«.

Every night in my dreams / I see you, I feel you

TAG 7

Am letzten Tag singen die Haenyo von Jeju ein Lied. Es sind sieben alte Frauen, die lächelnd am Strand stehen, ihre Netze und eine Boje hin- und herschwenken, sie tragen ihre Neoprenanzüge, die Falten in ihren Gesichtern wirken beim Singen nicht wie Sorgenfalten, sondern wie vom Wasser gegraben. Das Lied, das sie singen, soll das Meer beruhigen. Es handelt davon, dass sie in das »Unbekannte« gehen, um ihr »Zuhause« zu retten. Es ist kein trauriges Lied, eher eines, das Mut macht.

Es gibt viele Geschichten über die Haenyo. Nach dem Treffen mit Seonhee hatte ich noch ihre beste Freundin getroffen, die Tochter einer Haenyo. Ihre Mutter hatte ihr verboten, auch diesen Beruf zu ergreifen. Es sei vielleicht nicht das Schlechteste, wenn der Beruf ausstürbe. Es sei hart, gefährlich und der Ertrag dann doch zu gering: Ein paar Abalone, ein paar Tintenfische und Muscheln. Davon lässt sich keine Familie auf Dauer ernähren. Aber sie mussten es tun, damals für die Familie, heute für die Tradition.

Die Haenyo von Jeju vor der Arbeit

Als ich ihnen beim Singen und Tanzen zuschaue, merke ich,
dass sie auch das personifizieren, was mir an allen Koreanern im-
poniert: den unbedingten Willen dazu, bestimmte Dinge einfach
zu tun, auch wenn sie anstrengend sind. Das Zähne zusammenbei-
ßen und durchhalten, auch dafür stehen diese Meerfrauen. Zweimal am Tag gehen die Haenyo noch in das Wasser und lassen sich
dabei filmen und fotografieren. Die Damen, die weit älter als 70
Jahre alt aussehen, stapfen vorsichtig in das Wasser und beugen
ihre alten Körper in die kalten Wellen. Zehn Minuten später tauchen sie mit einigen Meeresfrüchten im Netz wieder auf. Doch als
ich eine von ihnen auf Koreanisch anspreche, sagt sie etwas Bar-
sches auf Jeju-Dialekt. Sie geht angestrengt die steile Treppe vom
Steinstrand nach oben, weg von den Touristen. Weg von dem
Meer. Die Show ist vorbei.

Ich setze mich in eines der Häuschen. Frisches Seafood soll
gut gegen einen Kater wirken. In meiner letzten Nacht in Jeju hatte ich mich in die Hände eines koreanischen Paars begeben, die
eine Pension betreiben. »Chanibini« hieß sie, das Haus lag direkt

am Meer. Ich hatte mir vorgenommen, mich in mein Zimmer zu-
rückzuziehen und endlich den Film »Seopyeonje« zu schauen, den
mir der Korea-Film-Experte Nam Dong-Chul in Busan empfohlen hatte. Dann würde ich das *Han* verstehen. Ich ging in mein
8-Betten-Zimmer, es war leer und ich schaute den Film mit Kopfhörern. Gerade als ich fertig war, kamen meine Zimmergenossen.
Zwei südkoreanische Soldaten und ein IT-Spezialist aus Seoul.

Sie sprachen kein Englisch, aber sie kannten den Film. Wir kamen ins Gespräch und gegen neun Uhr abends packte einer die
Sojuflasche auf den Tisch, um zehn klopfte die Inhaberin des
»Chanibini« und fragte uns vier, ob wir in ihrer Wohnung rohen
Fisch essen wollen – und mehr Soju trinken. Sie wollten den Abend
in Gesellschaft verbringen. Mein Koreanisch, das noch immer
nicht flüssig ist, wurde bis auf die letzte Vokabel ausgeschöpft.
Das Inhaber-Pärchen war aus Seoul geflüchtet und weil sie England so lieben, dekoriert der Union-Jack ihre Wohnung. Es wurde
eine lange Nacht, die letzte Soju-Nacht für eine ganze Weile.

Am nächsten Morgen sehe ich erst den *Haenyo* zu und steige
dann auf den Seongsan Ilchulbong, den grünen Vulkanberg ganz
im Osten. Es ist der Hügel, der entstand, als die Göttin auch den
Hallasan erschuf, ein großer Krater, der auf einer Halbinsel hinaus
ins Meer ragt. Von dort oben kann man auf den Hallasanberg blicken, auf das angrenzende Dorf, selbst das »Chanibini« und die be-
nachbarte Insel Udo. Und dann weiß ich mein letztes Ziel: die Insel vor der Insel vor der Halbinsel.

Die Überfahrt dauert nur 15 Minuten mit der Fähre. Zum
Glück, mit einem Kater Boot fahren, macht keinen Spaß. Ich den-
ke an die beiden Soldaten, die gerade ihren Dienst beendet hatten,
an den IT-ler, der von Seoul nach Jeju kam, um bei einem »Swing«-
Festival zu tanzen. Bei »Swing« fühle er sich frei, hatte er gesagt.
Und dann fällt mir »Seopyeonje« ein, jener seltsame Film, der eine
Geschichte erzählt hat, die wirklich nur in Korea spielen kann. Al-
les ist drin: der Kampf gegen die Japaner, die Nachwehen des Ko-

reakriegs, der Wunsch nach Demokratie, sogar eine Liebe kommt vor, die von Eltern verhindert wird. Eine Opernsängerin, deren Gesangslehrer ihr das Augenlicht raubt, damit sie besser singen kann. Er sagte:»Deine Stimme ist schön, aber es fehlt die Traurigkeit. Du musst fühlen wie eine Garnele auf dem Trockenen, nur noch 20 mal schlimmer muss dein Schmerz sein. Stapele die Traurigkeit auf, dann hast du *Han*.«

Plötzlich sehe ich vor mir nicht nur die Insel Udo näher kommen, sondern das Korea, wie es eigentlich sein will: ein Leuchtturm, ein Café, ein Fahrradverleih und ein kleines Wohnhaus. Alles sieht sehr geordnet aus, es gibt Felsen, Statuen, Kühe und laut Reiseführer sogar eine Spezialität: Erdnüsse. Ein kleiner *Olle* führt einmal um die Insel, auch über Hügel. Doch selbst wenn jemand hinter einem Hügel verschwindet, taucht er hinter dem nächsten wieder auf. Es liegt kein Drama in der Luft.

Nicht Jeju ist der Traum, den Korea träumt, eigentlich ist es Udo. Es ist ein Ort, der abgetrennt vom Rest der Welt ist, von dem nicht viele etwas mitbekommen, nicht groß, der aber wirklich viel zu bieten hat – auf jeden Fall immer einen guten Kaffee. Es wird auch hier schnelles Internet geben und irgendein Großkonzern wird auch schon einen Shop eröffnet haben. Die Frage ist, ob Udo der Ort ist, an dem Koreaner glücklich sind, an dem es kein *Han* gibt?

Als das Boot anlegt, laufen alle von Bord, als könnte es nicht schnell genug gehen.